For Todd!

Thanks for all your
help with this
Mega-Project

Love,
Edith Parcefall

EDITH PARZEFALL

Das Fortwirken des
Simplicissimus von Grimmelshausen
in der deutschen Literatur

Diese Arbeit wurde als Dissertation an der Universität Passau angenommen.

Die Deutsche Bibliothek – CIP-Einheitsaufnahme

Parzefall, Edith:
Das Fortwirken des Simplicissimus von Grimmelshausen in der deutschen Literatur / Edith Parzefall. - Berlin : Logos-Verl., 2001

Zugl.: Passau, Univ., Diss., 2000
ISBN 3-89722-638-3

ISBN 3-89722-638-3

Logos Verlag Berlin
Michaelkirchstr. 13
10179 Berlin
Tel.: +49 030 42 85 10 90
Fax: +49 030 42 85 10 92
INTERNET: http://www.logos-verlag.de

Inhaltsverzeichnis

1. Vorwort

Im Jahr 1989 läßt der Schriftsteller und Literaturwissenschaftler Gerhard Mensching Grimmelshausen in einer Kriminalnovelle mit dem Titel *Grimmelshausen und der Mörder von Soest* wiederauferstehen. Bis in die Gegenwart wirken Leben und Werk des Barockautors als Inspiration auf Literaturschaffende. Selbst in den populären englischen Spionageromanen des John le Carré spielen der *Simplicissimus* und sein Verfasser eine Rolle.[1]

Der *Simplicissimus* von Grimmelshausen gehört heute zweifellos zu den bekanntesten Werken des Barock, was nicht nur an der immer noch lebendigen Begeisterung für den Originaltext liegt, sondern auch an den vielfachen Adaptionen und der kreativen Rezeption des Werkes in der deutschen Literatur. Schon bald nach dem Erscheinen setzt die produktive Aneignung des *Simplicissimus* ein. In Anknüpfung an den Erfolg von Grimmelshausens simplicianischem Werk erschien eine Reihe von Büchern mit Titeln wie *Deß Frantzösischen Kriegs-Simplicissimi Hoch-verwunderlicher Lebenslauff* oder *Ungarischer oder dacianischer Simplicissimus*. Prediger entlehnten Episoden aus dem Simplicissimus als Exempel, aber auch weltliche Schriftsteller bezogen sich in ansonsten keineswegs „simplicianischen" Werken auf Grimmelshausen und den *Simplicissimus* wie zum Beispiel der Mediziner Ettner von Eiteritz. Nach einer ersten Hochphase im Spätbarock bis hinein in die Frühaufklärung verlor sich das Interesse am *Simplicissimus* in der Aufklärung. Eine zweite bedeutende kreative Rezeptionsphase erlebte Grimmelshausens simplicianisches Werk erst wieder in der Romantik. Ludwig Tieck war der erste romantische Schriftsteller, der den *Simplicissimus* für sein eigenes Schaffen fruchtbar werden ließ. Clemens Brentano, Achim von Arnim, Joseph von Eichendorff und viele mehr folgten seinem Beispiel und bereicherten ihre Werke

---

[1] Vgl. Italo Michele Battafarano: Das Barock und die Spy Story. Simplicianisches bei John le Carré. In: Simpliciana IX (1987), S. 163-169.

durch den Rückgriff auf die Tradition. Mit dem Ende der Romantik flaute auch die produktive Rezeption Grimmelshausens durch deutsche Schriftsteller wieder ab, um dann im 20. Jahrhundert eine neue Blütezeit zu erleben. Mit der satirischen Wochenschrift *Simplicissimus* erwachte das Interesse am satirisch-moralischen Barockroman von Grimmelshausen erneut. Besonders unter dem Eindruck der beiden Weltkriege nahmen viele Schriftsteller Rekurs auf die Zeit des Dreißigjährigen Krieges, der schon einmal große Teile Europas verwüstet hatte. Doch auch in der zweiten Hälfte des Jahrhunderts erfreute sich der *Simplicissimus* noch großer Popularität und schlug sich in der Produktion von Romanen, Erzählungen, Theaterstücken und auch Gedichten nieder.

Diese intensive Beeinflussung der deutschen Literatur durch das simplicianische Werk Grimmelshausens ist bisher nur in Teilbereichen erforscht worden. Es gibt eine Reihe von Aufsätzen zu einzelnen Autoren oder Werken, die in der Grimmelshausen- bzw. *Simplicissimus*-Tradition stehen. Peter Heßelmann beschäftigt sich in einem umfangreichen Aufsatz mit der Rezeption Grimmelshausens im Spätbarock und speziell mit dem Schriftsteller Johann Christoph Ettner von Eiteritz.[2] Hubert Rausse verfaßte einen grundlegenden Aufsatz „Zur Geschichte der Simpliziaden".[3] Marian Szyrocki arbeitete über „Die Dichter des Dreißigjährigen Krieges in Bechers Werk".[4] Einige Monographien erschließen größere Zeiträume der produktiven Rezeption Grimmelshausens. Peter Heßelmanns *Simplicissimus redivivus* von 1992 liefert eine kommentierte Rezep-

---

[2] Peter Heßelmann: Zur Rezeptionsgeschichte Grimmelshausens im Spätbarock: Das Werk Johann Christoph Ettners. In: Simpliciana XII (1990), S. 229-266.

[3] In: Zeitschrift für Bücherfreunde 4 (1912), S. 195-215.

[4] In: Annäherung und Distanz. DDR-Literatur in der polnischen Literaturkritik, hrsg. von M. Diersch und H. Orlowski, Halle/Leipzig 1983, S. 439-449.

tionsgeschichte zu Grimmelshausen im 17. und 18. Jahrhundert.[5]
Jakob Koeman untersuchte die Rezeption Grimmelshausens in der
Romantik.[6] Eberhard Mannack beschäftigte sich mit dem Fortwirken des Barock in der Moderne.[7] Wichtige Erkenntnisarbeit in Teilbereichen wurde hier bereits geleistet, dennoch fehlt es für einen der
bedeutendsten Barockromane, den *Simplicissimus* von Grimmelshausen, an einer Gesamtdarstellung der produktiven Rezeption, die
bereits in der Literaturwissenschaft Geleistetes zusammenträgt und
prüft, um schließlich die fehlenden Mosaiksteine zu ergänzen und
ein Gesamtbild zu erstellen.

Die Analyse des Fortwirkens des *Simplicissimus* läßt sich am besten in drei Arbeitsschritten durchführen, entsprechend den drei
bedeutendsten Rezeptionsphasen: Barock und Frühaufklärung, Romantik und 20. Jahrhundert. Diese drei Phasen unterscheiden
sich durch den jeweils veränderten historischen Hintergrund und
neue Literatursysteme. Innerhalb jedes Bereichs lassen sich gewisse Gemeinsamkeiten aufweisen, aber es entsteht doch keineswegs
ein homogenes Bild der Grimmelshausen-Rezeption für den jeweiligen Zeitraum, da die Interpretation des *Simplicissimus* durch einzelne Autoren viel zu stark abweichen kann bzw. unterschiedliche
Aspekte des Romans betont oder isoliert herausgegriffen werden.
Dennoch ist es sinnvoll, zunächst die drei Hochphasen der Rezeption getrennt zu betrachten, um dann in einem letzten Abschnitt
durchgängige Traditionslinien zu bezeichnen und auszuwerten.

---

[5] Peter Heßelmann: Simplicissimus redivivus. Eine kommentierte Dokumentation der Rezeptionsgeschichte Grimmelshausens im 17. und 18.
Jahrhundert (1667-1800), Frankfurt am Main 1992.

[6] Jakob Koeman: Die Grimmelshausen-Rezeption in der fiktionalen Literatur der deutschen Romantik, Amsterdam 1993.

[7] Eberhard Mannack: Barock in der Moderne. Deutsche Schriftsteller des
20. Jh. als Rezipienten deutscher Barockliteratur, Frankfurt am Main
1991.

2. Grimmelshausens simplicianisches Werk

Hans Jakob Christoffel von Grimmelshausen wurde erst im 19. Jahrhundert als Verfasser des *Simplicissimus* entdeckt, da er häufig unter Pseudonymen veröffentlichte, die wiederum anagrammatische Verschlüsselungen seines wirklichen Namens waren.[1] Der *Simplicissimus* erschien 1668 als Werk eines „German Schleifheim von Sulsfort". Eng verbunden mit dem *Simplicissimus* sind folgende Werke Grimmelshausens: *Trutz Simplex: Oder Ausführliche und wunderseltzame Lebensbeschreibung Der Ertzbetrügerin und Landstörtzerin Courasche* von 1670, *Der seltzame Springinsfeld*, der im selben Jahr erschien wie *Courasche*, und die beiden Teile von *Das Wunderbarliche Vogelnest* aus den Jahren 1672 und 1675. Im zweiten Teil des *Vogelnests* wird ausdrücklich auf diesen Zusammenhang hingewiesen:

> Sonsten wäre dieses billich das zehende Theil oder Buch deß Abentheuerlichen Simplicissimi Lebens=Beschreibung/ wann nemlich die Courage vor das siebende/ der Spring ins Feld vor das achte/ und das erste part deß wunderbarlichen Vogel=Nests vor das neundte Buch genommen würde/ sintemahl alles von diesen Simplicianischen Schrifften aneinander

---

[1] Siehe dazu Hermann Kurz' Rezension in: Der Spiegel. Zeitschrift für literarische Unterhaltung und Kritik 1, 1837, Heft 5, vom 18.1.1837 sowie Theodor Echtermeyers Rezension: Die Abentheuer des Simplicissimus. Ein Roman aus der Zeit des dreißigjährigen Krieges. Hrsg. E. v. Bülow. In: Hallische Jahrbücher für deutsche Wissenschaft und Kunst 52 (1838), Sp. 413-424 und Sp. 430-432, und Wilhelm Arthur Passows Rezension in: Blätter für litterarische Unterhaltung 259-264 (1843) und 273 (1847); Karl Hartwig Gregor von Meusebach kannte angeblich die Auflösung der Anagramme schon 14 Jahre vorher, wie aus einem Brief an den preußischen Innenminister Hassenpflug vom 8. April 1837 hervorgeht; vgl. dazu auch Ruprecht Wimmer: Die Wiederentdeckung Grimmelshausens. In: Simplicius Simplicissimus, hrsg. vom Westfälischen Landesmuseum für Kunst und Kulturgeschichte Münster in Zusammenarbeit mit dem Germanistischen Institut der Westfälischen Wilhelms-Universität, Münster 1976, S. 225-228.

hängt/ und weder der gantze Simplicissimus, noch eines auß
den obengemeldten letzten Tractätlein allein ohne solche Zu-
sammenfügung genugsam verstanden werden mag.[2]

Aus diesem Grund müssen in die Untersuchung der Fortwirkung des
Simplicissimus auch die weiteren simplicianischen Schriften Grimmelshausens einbezogen werden.

2.1. Hans Jakob Christoffel von Grimmelshausen

Aus Grimmelshausens Biographie sind nur wenige gesicherte Informationen überliefert.[3] Einige Eckdaten sollen im folgenden einen
Eindruck vom wechselhaften Lebensweg des Schriftstellers geben.
Grimmelshausen wurde 1621 oder 1622 in Gelnhausen geboren.
Man nimmt an, daß er mit seiner Familie nach Hanau geflohen ist,
als die Stadt 1634 von kaiserlichen Truppen überfallen wurde. Ver-
mutlich nahm er zunächst als Troßbube am Dreißigjährigen Krieg
teil. Er diente im Dragonerregiment des kaiserlichen Feldmarschalls
Hans Graf von Götz und war Musketier unter dem kaiserlichen
Obersten Hans Reinhard von Schauenburg in Offenburg. Ab 1643
war er bei diesem in der Regimentskanzlei tätig und wurde später
Kanzleisekretär. Bald nach Ende des Krieges, am 30. August 1649,

---

[2] Zitiert nach: Grimmelshausen, Das wunderbarliche Vogelnest, hrsg. von
Rolf Tarot, Tübingen 1970, S. 150.

[3] Die bedeutendsten Arbeiten zur Biographie Grimmelshausen sind: Gustav Könneke: Quellen und Forschungen zur Lebensgeschichte Grimmelshausens. Hrsg. von Jan Hendrik Scholte, 2 Bände, Weimar, Leipzig, 1926
und 1928, sowie Günther Weydt: Nachahmung und Schöpfung im Barock.
Studien um Grimmelshausen. Bern, München 1968, und spätere Aufsätze
von Günther Weydt; eine gute und kritische Darstellung der rekonstruier-
ten Biographie von Grimmelshausen findet man bei Axel Marquardt: Der
Lebensweg Grimmelshausens. In: Simplicius Simplicissimus, hrsg. vom
Westfälischen Landesmuseum für Kunst und Kulturgeschichte Münster
in Zusammenarbeit mit dem Germanistischen Institut der Westfälischen
Wilhelms-Universität, Münster 1976, S. 69-75.

heiratete Grimmelshausen Katharina Henninger und war seit September 1649 als Schaffner für die Familie Schauenburg in Gaisbach in der Ortenau tätig. In den Jahren 1657 und 1658 führte er zusätzlich die Wirtschaft „Zum Silbernen Stern". Von 1662 bis 1665 übernahm er das Amt des Burgvogts und Schaffners auf der Ullenburg bei Gaisbach. Anschließend betrieb er wieder seine Wirtschaft, bis er 1667 als Schultheiß in Renchen eingesetzt wurde. Dieses Amt hatte er bis zu seinem Tode am 17. August 1676 inne.

2.2. Simplicissimus

Die erste Ausgabe des *Simplicissimus* mit dem vollständigen Titel: *Der Abentheuerliche SIMPLICISSIMUS Teutsch/ Das ist: Die Beschreibung deß Lebens eines seltzamen Vaganten/ genant Melchior Sternfels von Fuchshaim/ wo und welcher gestalt Er nemlich in diese Welt kommen/ was er darinn gesehen/ gelernet/ erfahren und außgestanden/ auch warumb er solche wieder freywillig quittirt. Überauß lustig/ und männiglich nutzlich zu lesen* erschien vermutlich 1668, obwohl sie die Jahreszahl 1669 trägt. Das Buch wurde bereits zur Ostermesse 1668 in Frankfurt im Katalog aufgeführt und war mit größter Wahrscheinlichkeit spätestens auf den Herbstmessen in Frankfurt und Leipzig im selben Jahr erhältlich.[4] Als Verfasserangabe wurde das Pseudonym German Schleifheim von Sulsfort verwandt. Die zweite Ausgabe erschien zur Leipziger Ostermesse 1669 und enthielt bereits die *Continuatio*. Noch im selben Jahr erfolgte ein unrechtmäßiger Nachdruck des Verlegers Georg Müller, der auch sprachliche Veränderungen des mundartlich gefärbten Werkes durchführen ließ oder selbst durchführte.

---

[4] Vgl. dazu Arthur Bechtold: Grimmelshausens Schriften in den Messkatalogen 1660-1675. In: Der Simplizissimus-Dichter und sein Werk, hrsg. von Günther Weydt, Darmstadt 1969, S. 85; Manfred Koschlig: Grimmelshausens Schriften in den Messkatalogen 1665-1675. In: Ebda., S. 105; Tarots Einleitung zu seiner Simplicissimus-Ausgabe von 1984, S. X-XI.

Diese Ausgabe wurde im Katalog der Herbstmesse in Frankfurt angezeigt, und bereits sechs Wochen später zur Leipziger Buchmesse konnte der Verleger Felßecker eine neue, die insgesamt vierte Ausgabe präsentieren, die mit folgendem Titel im Katalog angezeigt wird: „Der gantz neue Abentheuerl. Simplicissimus samt seinen ewig währenden und wunderbaren Calender." Der Kalender war allerdings nicht enthalten, und die Veränderungen gegenüber der zweiten Ausgabe waren nur geringfügig. Dagegen hielt sich die fünfte Ausgabe vom Herbst 1671 an die sprachlichen Veränderungen von Georg Müller. Felßecker verlegte noch eine sechste Ausgabe, die aber mit der fünften weitgehend identisch ist und nicht in den Meßkatalogen angezeigt wurde. Nach dem Tode Grimmelshausen erschienen noch drei Gesamtausgaben, die aber teilweise auch Texte enthielten, die nicht von Grimmelshausen stammten. Die erste Gesamtausgabe erschien 1683/84, die zweite bereits 1685, allerdings erschien der dritte Teil dazu vermutlich erst 1699. Im Jahr 1713 erschien dann die letzte Gesamtausgabe aus dem Verlagshaus Felßecker.[5]

Grimmelshausen verdankt „der pikarischen Tradition die Konzeption des *Simplicissimus* als fiktive Autobiographie."[6] Der *Simplicissimus* ist der erste deutsche Schelmenroman, der die in der zweiten Hälfte des 16. Jahrhunderts in Spanien entstandene Tradition des Pikaro-Romans in den deutschen Sprachraum überträgt. Der Lebenslauf des Simplex wird im Bild der unablässigen Auf- und Abbewegung des Rads der Fortuna symbolisiert und gestaltet sich entsprechend abenteuerlich. Die Hauptfigur wird von großer Einfalt zu Lebenserfahrung, Welterkenntnis und christlicher Weisheit geführt.

---

[5] Zur Editionsgeschichte siehe Tarots Einleitung zu seiner *Simplicissimus*-Ausgabe: Grimmelshausen, Der Abentheuerliche Simplicissimus Teutsch und Continuatio des abentheuerlichen Simplicissimi, hrsg. von Rolf Tarot, Tübingen 1984.

[6] Volker Meid: Grimmelshausen. Epoche – Werk – Wirkung, München 1984, S. 102.

Die dargestellte Welt im *Simplicissimus* ist als Schöpfung Gottes eine allegorische Welt, ein zweites Offenbarungsbuch, das man zu lesen verstehen muß. Die Allegorie als literarische Ausdrucksform prägt das Werk Grimmelshausens wie den Großteil der Barockliteratur überhaupt. Es ist die Welt des Dreißigjährigen Krieges, in der sich der Held behaupten und seinen Weg zu Gott finden muß.

Grimmelshausens Roman zeichnet das vollständige chaotische Tableau der deutschen Zustände im 17. Jahrhundert: Deutschland ist der Schauplatz des internationalen Ringens um kontinental-europäische Hegemonie zwischen Habsburg und Frankreich; das Reich ist zerrissen und die Ständeordnung zerrüttet; die Menschen stehen sich feindlich gegenüber, als seien sie nicht „einerley Geschlechts von Adam her" (ST, 43/45). Nur der Krieg scheint soziale Perspektiven zu bieten, aber er vernichtet oder verstümmelt auch die, die auf ihn setzen.[7]

Um Übernahmen aus dem und Anlehnungen an den *Simplicissimus* in späteren Werken leichter bestimmen und einordnen zu können, soll der Roman inhaltlich, strukturell und hinsichtlich besonders bedeutsamer Motive kurz vorgestellt werden. Der Hauptteil des Werkes gliedert sich in fünf Bücher, denen eine Continuatio als sechstes Buch folgt. Zunächst wird Simplex' Kindheit auf dem Hof seiner Pflegeeltern beschrieben, bis dieser von Soldaten überfallen wird. Der Junge entkommt völlig verstört in den Wald, wo er auf einen Einsiedler trifft. Zunächst fürchtet sich Simplex vor ihm, doch er faßt Zutrauen zu ihm, als er ihn in der ersten Nacht das Nachtigallenlied singen hört, dessen erste Strophe hier wiedergegeben werden soll, da das Lied von späteren Rezipienten wieder aufgegriffen wird:

Komm Trost der Nacht/ O Nachtigal/
Laß deine Stimm mit Freudenschall/

---

[7] Walter Busch: Hans Jakob Christoffel von Grimmelshausen. Der abentheuerliche Simplicissimus Teutsch, Frankfurt am Main 1988, S. 10.

Auffs lieblichste erklingen:/:
Komm/ komm/ und lob den Schöpffer dein/
Weil andre Vöglein schlaffen seyn/
Und nicht mehr mögen singen:
Laß dein/ Stimmlein/
Laut erschallen/ dann vor allen
Kanstu loben
Gott im Himmel hoch dort oben.[8]

Der fromme Man nimmt sich seiner an und gibt dem Jungen, der seinen richtigen Namen nicht kennt, den Namen Simplicius. Von ihm erhält Simplex nun religöse Unterweisung und lernt Lesen und Schreiben. Er wird „auß einer Bestia zu einem Christenmenschen".[9] Als der Einsiedler stirbt, will Simplex zunächst das Einsiedlerleben im Wald weiterführen, doch dann bricht die Welt des Krieges in seine Idylle ein. Als er den Pfarrer eines nahegelegenen Dorfes besuchen und um Rat fragen will, findet er das Dorf geplündert und in Brand gesteckt, und der Pfarrer wird mit anderen Bewohnern übel zugerichtet, dann jedoch kommt eine Übermacht an bewaffneten Bauern den Dorfbewohner zu Hilfe und vertreibt die Soldaten. Zwei Tage später kommen 40 bis 50 Musketiere in den Wald und durchsuchen Simplex' Hütte. Weil sie aber nichts von Wert bei ihm finden können und Respekt vor seiner Frömmigkeit haben, bitten sie ihn lediglich, ihnen den Weg aus dem Wald zu weisen. Unterwegs wird Simplex Zeuge, wie die Soldaten einige Bauern foltern, weil diese zuvor mehrere Soldaten geschunden und getötet hatten. Der verwirrte Junge kehrt in seine Hütte zurück und hat einen Traum, der von den Kriegserlebnissen angeregt wird, aber eigentlich im Widerspruch zu seiner Unkenntnis der Welt steht. Es

---

[8] Grimmelshausen: Der Abentheuerliche Simplicissimus Teutsch und Continuatio des abentheuerlichen Simplicissimi, hrsg. von Rolf Tarot, Tübingen 1984, S. 23.

[9] Ebd., S. 6.

handelt sich dabei um die Ständebaum-Allegorie, die die Gesellschaft des Krieges widerspiegelt:

> [...] auff jedem Giffel sasse ein Cavallier/ und alle Aest wurden an statt der Blätter mit allerhand Kerlen geziert; von solchen hatten etliche lange Spieß/ andere Mußqueten/ kurtze Gewehr/ Partisanen/ Fähnlein/ auch Trommeln und Pfeiffen. Diß war lustig anzusehen/ weil alles so ordentlich und fein grad=weis sich außeinander theilete; die Wurtzel aber war von ungültigen Leuten/ als Handwerckern/ Taglöhnern/ mehrentheils Bauren und dergleichen/ welche nichts desto weniger dem Baum seine Krafft verliehen/ und wieder von neuem mittheilten/ wann er solche zu Zeiten verlor;

Diese unterste Gesellschaftsschicht hat durch ihre Arbeit die „gantze Last deß Baums" zu tragen.[10] In den untersten Ästen sitzen die einfachen Soldaten, die sich gegenseitig bekämpfen und einander Leid zufügen, und nur wenige von ihnen schaffen den Aufstieg in höhere Zweige. Zwischen dem einfachen Volk und den Adligen besteht eine unüberwindliche Kluft, da über ein größeres Stück keine Äste aus dem Baum wachsen und der Stamm mit „seltzamer Saiffen deß Mißgunsts geschmieret" ist. Auch der Gipfel, der dem Adel vorbehalten ist, ist hierarchisch strukturiert, und je weiter oben jemand sitzt, umso größer ist sein Anteil aus der Wurzel: „Dahero war ein unauffhörliches gegrabel und auffkletterns an diesem Baum/ weil jeder gerne an den obristen glückseeligen Orten sitzen wolte".[11] An die Schilderung des Baumes schließt sich ein Gespräch zwischen einem Adligen und einem Feldwebel an, in welchem der Feldwebel die begrenzten Aufstiegsmöglichkeiten für gute Soldaten beklagt, während der Adlige diesen Zustand verteidigt. In einer abschließenden Vision weitet sich die Allegorie des Ständebaumes auf den ganzen Wald aus, über dem der Kriegsgott Mars herrscht.

---

[10] Ebd., S. 43f.
[11] Ebd., S. 46.

17

Der Erzähler kritisiert nicht die hierarchische Ordnung, die durch das Bild des Baumes als natürlich erscheint, sondern vielmehr die Kämpfe um höhere Positionen und den Neid der verschiedenen Schichten aufeinander. Die Feudalgesellschaft erscheint als natürliche und damit von Gott gegebene Ordnung, in der jeder Teil des Baumes für die Gesundheit des Ganzen wichtig ist. Durch den Krieg und die egoistischen Ambitionen der Menschen ist diese Ordnung gestört, denn nicht Gott steht über allem, sondern Mars. Die Bauern werden geschunden und ausgebeutet, weil der Krieg finanziert werden muß. Die guten Soldaten haben wenig Aufstiegsmöglichkeiten, weil sie in den Schlachten gebraucht werden, während unfähige Adlige aufgrund ihrer Beziehungen befördert werden, da sie für den eigentlichen Kriegsdienst nicht zu gebrauchen sind, dafür aber die Position ihrer mächtigeren Verwandten stärken. Die Kriegswelt verkehrt die natürliche Hierarchie des Baumes in eine Hierarchie der zunehmenden Laster. Simplex war nach seiner Unterweisung durch den Einsiedler in christlichen Tugenden zum ersten Mal wieder mit der Welt des Krieges, einer verkehrten Welt konfrontiert worden, und seine Erfahrungen spiegeln sich in den Kämpfen innerhalb des Ständebaumes. Dieser Traum weist außerdem auf den weiteren Lebensweg des jungen Simplex voraus, der, als Bauernjunge aufgewachsen, bald in den Kriegsdienst tritt und nichts heftiger begehrt als seinen militärischen Aufstieg.

Da man Simplex seine letzten Lebensmittelvorräte gestohlen hat und er vom Pfarrer keine Hilfe erwarten kann, begibt er sich in die Gesellschaft der Menschen. Auf Umwegen gelangt er nach Hanau, wo er zunächst festgenommen wird. Da sich aber auch der Pfarrer dort befindet und sich für Simplex einsetzt, stellt sich bald heraus, daß der Einsiedler der Schwager des Gouverneurs Ramsay war, und Simplex wird freundlich aufgenommen. Doch der unerfahrene Junge muß feststellen, daß sich die Menschen völlig entgegen den Lehren des Einsiedlers und damit den Geboten Gottes verhalten. Durch seine Ermahnungen macht er sich schnell unbeliebt, und aufgrund seiner Unkenntnis der Gepflogenheiten in der Welt fällt er bei seinem Herrn in Ungnade. Dieser versucht, aus Simplex einen Narren zu machen, indem er ihn um seinen Verstand bringen will, doch Simplex wird vom Pfarrer gewarnt und mit einer stärkenden Medizin versehen, so daß er die Prozedur schadlos übersteht. Er spielt den Narren, das heißt ein Kalb, und genießt die Freiheiten, die er sich nun bei den Herrschaften herausnehmen kann. Er beginnt, sich in die Welt zu fügen, und lernt ihre Spielregeln, doch dabei verliert er seine religiöse Unschuld und wendet sich allmählich von den Lehren des Einsiedlers ab.

Als Simplex sich mit anderen Kindern vor der Festung aufhält, werden sie von kroatischen Soldaten überfallen und entführt. Simplex muß nun einem kroatischen Obristen dienen und bekommt ein neues Kalbskleid. Sobald sich ihm die erste Gelegenheit bietet, entwischt er in den Wald, wo ihn nachts Räuber überfallen wollen. Diese halten ihn jedoch wegen seines Felles und seiner Eselsohren, die wie Hörner wirken, für den Teufel. Sie fliehen in Panik, und Simplex nimmt das Gewehr und die Pulvertasche eines der Räuber an sich. In dem Beutel findet er neben reichlich Proviant auch noch mehr als 300 Dukaten Gold. Wieder lebt er einsam im Wald, aber diesmal stiehlt er sich bei den Bauern, was er zum Leben braucht. Einmal beobachtet er dabei, wie einige Leute mit Stühlen und Bänken aus dem Fenster fliegen, und als er sich auch auf eine Bank setzt, fliegt diese mit ihm zu einer Hexenversammlung. In seiner Not ruft Simplex Gott an, da verschwinden die Hexen spurlos. In den wiederholten Teufels- und Hexenmotiven spiegelt sich Simplex' zunehmender Abfall von Gott und seine Verstrickung in die Sünde.

Im Lager vor Magdeburg, in dessen Nähe er durch seinen Hexenritt gelangt ist, muß Simplex wieder den Narren agieren, doch kümmert sich um ihn nun ein Hofmeister, dem er sich anvertrauen kann und mit dessen Sohn, Ulrich Hertzbruder, er enge Freundschaft schließt. Weil der Obrist den jungen Hertzbruder zu seinem

Regimentssekretär machen möchte, versucht Olivier, der die Stelle für sich begehrt, den Rivalen mit Hilfe des Provoßen aus dem Weg zu räumen. Es gelingt ihnen, Ulrich einen Diebstahl anzulasten, den er nicht begangen hat. Er muß aus dem Lager fort, und Simplex gibt ihm von dem Gold, das er im Wald gefunden hat, damit er sich auf gegnerischer Seite eine angemessene Stellung suchen kann. Nach dem Tod des Hofmeisters kümmert sich Olivier um Simplex, weil der alte Hertzbruder vorhergesagt hatte, daß Simplex einmal den Tod Oliviers rächen werde. Als Simplex nun auch mit auf Fourage reiten darf, entledigt er sich in einem unbeobachteten Augenblick seiner Narrenkleider, kann aber als Ersatz nur ein Frauenkleid auftreiben. So kommt Simplex als Magd, die beinah den plündernden Soldaten in die Hände fällt, in den Dienst einer Rittmeisterin. Als vermeintliches Mädchen kann er sich kaum vor Nachstellungen retten, doch als einige Soldaten versuchen, ihn zu vergewaltigen, wird sein wahres Geschlecht offenbar. Da man ihn bald als den ehemaligen Narren im Kalbsfell erkennt und jemand bezeugt, ihn auf einem Hexentreffen gesehen zu haben, wird Simplex in Ketten gelegt und von demselben Provoßen verhört, der Hertzbruder in den Verdacht des Diebstahls gebracht hatte. Währenddessen werden sie jedoch von feindlichen Truppen, unter welchen sich auch Hertzbruder befindet, angegriffen. Diesem gelingt es, Simplex zu befreien und sich dabei an dem Provoßen zu rächen. Während Simplex in Sicherheit gebracht wird, gerät Hertzbruder in Gefangenschaft.

Simplex muß sich nun als Pferdejunge gebrauchen lassen und darf mit seinem neuen Herrn in das Frauenkloster Paradeis reisen, wo sich der angeschlagene Obrist-Leutnant erholen soll. Sie führen ein faules und genußreiches Leben, und Simplex übt sich im Fechten und Schießen und erlernt die Jagd. Hier legt er sich auch sein erstes grünes Gewand zu und erhält den Spitznamen Jäger. Als sein Herr nach Beendigung der Kur stirbt, wird Simplex angeboten, dessen Besitz und Stellung zu übernehmen, was er gerne annimmt. Als Jäger von Soest macht er sich einen Namen als tapferer, kluger und einfallsreicher Soldat, der immer wieder das unmöglich Scheinende vollbringt.

> War Simplicius bislang das Opfer des Unglücks und aller Kriegsereignisse, so gelangt er [...] auf die Sonnenseite des Glücks. Als Jäger von Soest wird er zum Täter. War er bislang Diener, so hält er sich nun selbst Pagen. [...] Daß aber eine Fortentwicklung stattgefunden hat, in der dem Abnehmen an Moralität eine Zunahme an weltlichem Erfolg gegenübersteht, dürfte auf der Hand liegen.[12]

Simplex steht nun auf dem Höhepunkt seiner Hoffart und Habgier. Als er einmal einem Pfarrer den Speck stiehlt, spielt er bewußt den Teufel, um sich vor Entdeckung zu schützen. Als Wiedergutmachung schickt er jenem Pfarrer später einen kostbaren Ring. Simplex' Eitelkeit und zunehmender Wohlstand verführt ihn zur Verschwendung. Großzügig bringt er seine Beute unter die Leute, was ihm viele Neider schafft. Noch einmal verkleidet sich Simplex als Teufel, als er sich am Jäger von Werle rächt, welcher manches üble Verbrechen unter dem Namen des Jägers von Soest verübt hatte. Erst später wird sich herausstellen, daß Olivier der falsche Jäger war. In seinem Jägerkleid und den Teufelsverkleidungen zeigt sich Simplex' größte Nähe zum Teufel und seine tiefste Verstrickung in die Sünde.

Eines Tages lesen Simplex und seine Reiter im Wald einen geistig Verwirrten auf, der sich für Jupiter hält und in Simplex seinen Mundschenk Ganymed zu erkennen meint. Dieser Jupiter beschreibt seine Vision von einer besseren Welt, die durch einen deutschen Helden mit Gewalt geschaffen werden soll. Jupiter phantasiert von einer demokratischen Regierung und von einer überkonfessionellen Religion, doch schon die Vorstellung, daß der Friede durch Gewalt geschaffen werden kann, ist paradox. Jupiters

---

[12] Stefan Trappen: Grimmelshausen und die menippeische Satire. Eine Studie zu den historischen Voraussetzungen der Prosasatire im Barock. Tübingen 1994, S. 285.

Utopie ist einerseits nicht realisierbar, da es den erforderlichen Helden nicht gibt, und andererseits nicht mit der christlichen Vorstellung vereinbar, daß das irdische Dasein dem Menschen Anlaß zur Bewährung für das wahre Paradies im Himmel geben soll. Vollends lächerlich wird Jupiter durch seinen Krieg gegen die Läuse in seiner Kleidung, denn er zieht kurzerhand seine Hose aus und beginnt die Läuse zu vernichten. Jupiter ist ein wahrer, wenn auch in seinem Wahn logisch argumentierender Narr, während Simplex den Narren nur gespielt hatte, deshalb ist seine Utopie nur das kurze Aufflackern der Vision von einer besseren Welt, die es auf Erden nicht geben kann. Die Konfrontation der realen Kriegswelt mit Jupiters Utopie dient allerdings auch dazu, die Welt als eine verkehrte zu zeigen. Simplex nimmt sich seiner vorübergehend an, bis er ihn zu Verwandten nach Köln mitnehmen kann. Hier überläßt er einen beträchtlichen Schatz, den er aus einem Spukschloß geholt hat, einem Kaufmann. Die Begegnung mit dem närrischen Gott Jupiter stellt für Simplex' Lebensweg einen Wendepunkt dar, denn er wendet sich in einem allmählichen Prozeß langsam vom Teufel ab und Gott zu. Hatte er zuvor noch selbst den Teufel gespielt, erschrickt er bei einem Beutezug nun selbst vor einem Mohren, den er für den Teufel hält: „Ich kann schwören/ daß ich mein Lebtag nie so erschrocken bin/ als eben damals/ da ich diesen schwartzen Teuffel so unversehens erblickte".[13]

Nur wenig später gerät der Jäger in Gefangenschaft. Aufgrund seines Ruhmes bietet man ihm an, auf schwedischer Seite zu kämpfen, doch Simplex beruft sich auf seinen Eid gegenüber dem Römischen Kaiser. Man setzt ihn dennoch auf freien Fuß, als er verspricht, sechs Monate nicht gegen die Schweden zu kämpfen. Zum Müßiggang verurteilt, beginnt Simplex, sich für die Frauen zu interessieren, und schließlich wird die Unkeuschheit zu seinem Hauptlaster. Er unterhält mehrere Liebesaffären gleichzeitig, doch

---

[13] Simplicissimus, S. 225.

ein junges Mädchen, das ihm besonders gut gefällt, bleibt ihm unerreichbar, bis er mit den Eltern Bekanntschaft schließt. Er darf die Tochter im Lautespielen unterrichten und verliebt sich in sie. Als sie ihn endlich eines Nachts zu sich ins Zimmer läßt, darf er sich nur neben sie legen und sie in seinen Armen halten. Nicht zufällig werden sie vom Vater überrascht, als sie eingeschlafen sind. Der droht zunächst damit, beide umzubringen, doch dann entschließt er sich sehr schnell, die vermeintlichen Sünder auf der Stelle zu verheiraten. Simplex ist in die Falle getappt, doch er findet sich schnell damit ab, da er noch immer in seine Braut verliebt ist. Unter diesen Umständen erklärt sich Simplex nun bereit, auf schwedischer Seite zu kämpfen, besonders da man ihm eine vielversprechende militärische Karriere in Aussicht stellt. Seine Hoffart erhält neue Nahrung. Vorher jedoch will er seinen Schatz aus Köln holen, um für sich und seine Frau angemessen sorgen zu können. Enttäuscht muß er dort allerdings erfahren, daß jener Kaufmann das Vermögen veruntreut hat. Bis seine Ansprüche geprüft worden sind und eventuell Schadensersatz gewährt werden kann, muß Simplex in Köln bleiben.

Um in der Zwischenzeit etwas Geld zu verdienen, nimmt er einen Auftrag seines Kostherrn an, dem er zuvor manchen Streich gespielt hatte. Er begleitet zwei junge Edelleute mit dessen Pferden nach Paris, wo er festgenommen wird, weil ein Kaufmann behauptet, Simplex' Auftraggeber sei ihm noch Geld schuldig. Allerdings handelt es sich in Wirklichkeit um eine späte Rache seines Kölner Wirtes, und da man ihm auch die Pferde abnimmt, sitzt Simplex ohne Geld und Reisemöglichkeit in Frankreich fest. Notgedrungen nimmt er eine Stellung bei einem großzügigen Arzt an, der ausgezeichnet Deutsch spricht, und läßt sich als Darsteller des Orpheus in einem Theaterstück feiern. Dieser Ruhm bringt ihm eine Reihe von Liebesabenteuern mit adligen Damen ein, die jedoch strengstens ihr Inkognito wahren. Er wird unter falschem Vorwand in ein vornehmes Haus gebracht und dort von mehreren maskierten

Damen zum Liebesspiel verführt. Simplex wird reichlich für seine Dienste entlohnt, wodurch die Rückkehr zu seiner Frau in greifbare Nähe zu rücken scheint. Kurzentschlossen schließt sich Simplex Weimarischen Soldaten an, die ihn jedoch zurücklassen, als er an den Kindsblattern erkrankt. Sein Geld ist in kurzer Zeit für Medizin und Pflege aufgebraucht, so daß sich Simplex auf Betrügerei und Kurpfuscherei verlegt, um so die Reise in die Heimat zu finanzieren. In Lothringen wird er von kaiserlichen Truppen aufgegriffen und zum Dienst als Musketier gezwungen. Bei den Truppen des Grafen von Götz trifft Simplex seinen Freund Ulrich Hertzbruder wieder, der ihn großzügig ausstaffieren läßt und ihn mit sich nimmt. Simplex bekommt eine gute Stellung, ist jedoch faul und nachlässig und landet bald bei den Merode-Brüdern, wo er ganz zufrieden ist. Er ist dem Laster der Trägheit erlegen.

Durch Zufall trifft Simplex auf Olivier, der ihn ausrauben will. Sie kämpfen miteinander, sind aber gleich stark, so daß keiner den anderen überwinden kann. Als sie sich einander zu erkennen geben, nimmt Olivier Simplex freundlich bei sich auf, weil er die Prophezeiung nicht vergessen hat, daß Simplex einmal seinen Tod rächen werde. Olivier, dessen Name auf die grüne Leibfarbe des Teufels anspielt, führt ein gottloses Leben als Räuber und Mörder, für das er Simplex gewinnen möchte. Der bleibt zunächst bei ihm, um ihn nicht gegen sich aufzubringen, denkt aber ständig darüber nach, wie er wieder gefahrlos von Olivier loskommen könne. Als sie von Musketieren überfallen werden, tötet Simplex tatsächlich denjenigen, der unmittelbar zuvor Olivier umgebracht hat. Die Prophezeiung des alten Hertzbruder hat sich erfüllt. Mit dem Gold Oliviers macht Simplex sich nach Villingen auf, wo er in einem Gasthaus Ulrich wiedertrifft, der nun vom Glück verlassen scheint. Nach einer Verwundung hat er eine lange Zeit im Hospital zugebracht und ist noch nicht wieder bei voller Gesundheit. Nun ist es an Simplex, sich um den Freund zu kümmern und ihn neu einzukleiden.

Als sich Hertzbruder erholt hat, will er in die Schweiz nach Einsiedeln pilgern, und Simplex besteht darauf, ihn zu begleiten: „nicht zwar der Ursach/ daß mich die Andacht darzu getrieben/ sondern die Aydgnoßschafft/ als das einige Land/ darinn der liebe Fried noch grünete/ zu besehen".[14] Während Hertzbruder den Weg betend zurücklegt, sieht sich Simplex neugierig um. Bekehrt wird er erst, als ihn in der Kirche zu Einsiedeln der Teufel durch einen Besessenen anspricht. Simplex bereut seine Sünden und beichtet, doch seine Andacht hält nicht lange vor, da ihn nicht die Liebe zu Gott dazu bewegt, sondern seine Furcht vor der Verdammnis.

Den Winter bringen die Freunde in Baden zu und leben von Oliviers geraubtem Geld. Da Simplex von seiner Frau oder deren Eltern keine Nachrichten mehr erhält, begleitet er Hertzbruder nach Wien. Als dieser erneut im Kampf verletzt wird, verordnen ihm die Ärtzte eine Sauerbrunnenkur im Schwarzwald. Simplex begleitet ihn, entschließt sich aber dann, endlich zu seiner Frau zurückzukehren. In L. muß er erfahren, daß seine Schwiegereltern tot sind und seine Frau nach der Geburt ihres gemeinsamen Kindes ebenfalls gestorben ist. Das Kind lebt bei Schwester und Schwager der Mutter in guter Obhut. Simplex, durch die Blatternnarben entstellt, gibt sich nicht zu erkennen, sondern spielt einen Boten und überreicht lediglich die Briefe, die er selbst geschrieben hat. Da er seinen Sohn gut aufgehoben weiß, läßt er ihn bei den Verwandten.

Zum Sauerbrunnen zurückgekehrt, muß Simplex feststellen, daß sich Hertzbruders Zustand wesentlich verschlimmert hat. Er sorgt so gut als möglich für ihn und beginnt gleichzeitig eine Affäre mit einer Frau, die sich als adelig ausgibt und ihn für einen Edelmann hält. Es handelt sich hier um die Courage, welche sich durch die Veröffentlichung ihres eigenen Lebenslaufs an Simplex rächen wird, weil er sie in seinem Buch bloßgestellt hat. Nach dem Tod von Ulrich Hertzbruder verliebt sich Simplex in ein Bauernmädchen, hei-

---

[14] Ebd., S. 374.

ratet wieder und lebt mit ihr auf deren Hof. Seine Frau kümmert sich aber nicht um das Anwesen und trinkt. Da sie auch noch ein Verhältnis mit dem Knecht hat, läßt sich Simplex mit der Magd ein. Eines Tages trifft er zufällig seinen Pflegevater wieder und nimmt ihn und seine Pflegemutter zu sich. Von ihnen erfährt er nun, daß seine Mutter Susanna Ramsay war, die Schwester des Gouverneurs zu Hanau, und sein Vater Kapitän Melchior Sternfels von Fuchsheim, eben jener Einsiedler, welcher Simplex im Wald bei sich aufgenommen und unterrichtet hatte. Nach dem Tod seiner Frau und seines ehelichen Kindes, das vermutlich vom Knecht gezeugt worden ist, übergibt er den Hof an seine Pflegeeltern und setzt das uneheliche Kind seiner angeblich adeligen Geliebten aus dem Sauerbrunnen als seinen Erben ein.

Als er zufällig von den Sagen um den Mummelsee erfährt, will Simplex diese Wunder unbedingt mit eigenen Augen sehen. Sein Pflegevater weist ihm den Weg, verläßt ihn dann aber, als Simplex beginnt, Steine in den See zu werfen. Die erzürnten Wasserwesen holen ihn zu sich in den See, denn durch die Kraft eines Wundersteines kann er im Wasser atmen. Der König der Sylphen möchte von ihm Auskunft über die Zustände auf der Erde erhalten, da er befürchtet, daß die Gottlosigkeit der Menschen schon bald den Weltuntergang herbeiführen werde. Simplex lügt und beschreibt eine heile Welt, in der man nach Gottes Gebot lebt, also das genaue Gegenteil der realen Welt. Die Verkehrtheit der Welt wird durch diese Spiegelung besonders augenfällig. Zum Dank für seine Auskunft darf er sich im Reich der Sylphen weiter umsehen und erfährt mehr über ihre Existenz. Sie werden sehr alt, sind immer gesund und führen ein vorbildliches Sozialleben frei von Unterdrückung und Aggression. Sie sind unfähig zur Sünde, aber sie besitzen keine unsterbliche Seele wie der Mensch. Eine ideale Gegenwelt zur sündhaften Menschenwelt wird hier vorgestellt, aber sie ist kein Vorbild für die menschliche Gesellschaft, denn der Mensch muß seinen Weg zu Gott finden, indem er der Versuchung durch den

Teufel widersteht, deshalb muß er auch die Freiheit haben, Böses zu tun, wovon er reichlich Gebrauch macht.

Bei seiner Rückkehr findet Simplex seinen Hof von schwedischen Truppen besetzt. Der Obrist lockt Simplex mit allerlei Versprechungen wieder in den Krieg. Er nimmt ihn mit nach Rußland, wo Simplex von den Tartaren entführt und nach Korea verkauft wird. Er gelangt bis nach Japan und schließlich auf einer türkischen Galeere nach Venedig. Von hier aus pilgert er durch Italien und kommt erst nach über drei Jahren zurück in die Heimat, als bereits Frieden geschlossen ist. Er hat nun genug Gelegenheit, über sein sündiges Leben nachzudenken:

> Ich hab mein Leben vielmal in Gefahr geben/ und hab mich doch niemal beflissen solches zu bessern/ damit ich auch getrost und seelig sterben könte; Ich sahe nur auff das gegenwärtige und meinen zeitlichen Nutz/ und gedachte nicht einmal an das künfftige/ viel weniger/ daß ich dermaleins vor Gottes Angesicht müste Rechenschafft geben! Mit solchen Gedancken quälte ich mich täglich/ und eben damals kamen mir etliche Schrifften des Quevarae unter die Hände/ darvon ich etwas hieher setzen muß/ weil sie so kräfftig waren/ mir die Welt vollends zu erleiden.[15]

Simplex sagt der Welt ab und begibt sich wie sein leiblicher Vater vor ihm in die Einsiedelei.

In der Continuatio erzählt Simplex, wie wenig er in der Einsiedelei zur Frömmigkeit und Andacht geneigt ist. Es zieht ihn schließlich wieder in die Welt, zunächst als Pilger, der sich strikt weigert, Geld anzunehmen. Sein Weg führt ihn zu einem Schloß, dessen Herrn er einmal im Sauerbrunnen getroffen und wegen seiner Spukgeschichten ausgelacht hatte. Dieser sperrt nun Simplex in jenem Zimmer ein, das von Gespenstern heimgesucht wird. Es gelingt Simplex jedoch, das Schloß von den Geistern zu befreien, und

---

[15] Ebd., S. 456f.

so verdient er sich die Dankbarkeit des Schloßherrn. Da Simplex kein Geld annimmt, schenkt der Edelmann ihm einen warmen Rock für den Winter, in dessen Futter er allerdings Geld einnähen läßt. Als Simplex dies unterwegs entdeckt, beschließt er, nach Jerusalem zu reisen. Er gelangt wohlbehalten bis nach Alexandria, doch hier sitzt er wegen Kriegsunruhen fest. Um sich die Zeit zu vertreiben, besucht er die Pyramiden, wird dabei aber von Arabern gefangen und am Roten Meer verkauft. Seine Besitzer verkleiden ihn als wilden Mann und sperren ihn als Jahrmarktsattraktion in einen Käfig. Erst als er Europäer in lateinischer Sprache anspricht, wird er befreit. Er gibt seinen ursprünglichen Plan, die Heilige Stadt zu besuchen auf, und begibt sich auf ein Schiff nach Portugal, das jedoch Schiffbruch erleidet.

Zusammen mit einem Zimmermann kann er sich auf eine einsame Insel retten. Die beiden Männer finden Nahrung im Überfluß und führen ein gutes Leben, bis der Teufel eine Frau an den Strand spülen läßt. Sie stiftet den Zimmermann an, Simplex zu töten, und verspricht, dafür seine Frau zu werden. Als Simplex das Tischgebet spricht, verschwindet die Frau jedoch und läßt Schwefelgeruch zurück. Nachdem der Zimmermann gestorben ist, führt Simplex ein einsames, aber gottgefälliges Leben. Nur seine Gedanken sind sein einziger Feind, so daß er sich keinen Müßiggang erlaubt und stattdessen lieber auch überflüssige Arbeit verrichtet. Auf Palmblättern schreibt er seine Lebensgeschichte auf, die er einem holländischen Kapitän mitgibt, als dessen Schiff vor der Insel vor Anker geht, um Proviant und Wasser aufzunehmen. Obwohl Simplex nun die Gelegenheit hätte, wieder nach Europa zurückzukehren, lehnt er das Angebot des Kapitäns ab, da er vermutlich nur wieder den Versuchungen des Teufels erliegen würde. „Als Eremit auf der Insel gelingt es ihm jedoch, alle irdischen Antriebe zu beherrschen, da asketische Übungen und seine Frömmigkeit den Gehorsam des Fleisches erzwingen."[16]

---

[16] Trappen 1994, S. 268.

Die Geschichte des Simplicius Simplicissimus liest sich sehr unterhaltsam und spannend, während sie eine moralische Botschaft
vermittelt. Die grandios satirische Schreibweise Grimmelshausens
mildert den Ernst der Ermahnungen, ohne daß dabei ihre Ernst-
haftigkeit jemals zweifelhaft würde. „Theologisches Gedankengut
wurde von Grimmelshausen in eine wirklichkeitsnahe, lebendige
Erzählhülle verkleidet."[17] Im ersten Kapitel der *Continuatio* gibt
der Erzähler ironisch–selbstironisch Auskunft über seine Absichten:

> Wann ihm jemand einbildet/ ich erzehle nur darumb meinen
> Lebens=Lauff/ damit ich einem und anderem die Zeit kürtzen:
> oder wie die Schalcks=Narrn und Possen=Reisser zu thun pfle-
> gen/ die Leut zum lachen bewögen möchte; so findet sich der-
> selbe weit betrogen! [...] daß ich aber zu zeiten etwas pos-
> sierlich auffziehe/ geschiehet der Zärthling halber/ die keine
> heilsame Pillulen können verschlucken/ sie seyen dann zuvor
> überzuckert und vergült. [...] Ich möchte vielleicht auch be-
> schuldigt werden/ ob gienge ich zuviel Satyricè drein; dessen
> bin ich aber gar nicht zuverdencken/ weil männiglich lieber ge-
> dultet/ daß die allgemeine Laster Generaliter durch gehechlet
> und gestrafft: als die aigne Untugenden freundlich corrigirt
> werden; So ist der Theologische Stylus beym Herrn Omne
> (dem ich aber diese meine Histori erzehle) zu jetzigen Zei-
> ten leyder auch nicht so gar angenehm/ daß ich mich dessen
> gebrauchen sollte [...].[18]

Dabei betont Grimmelshausen, wieviel wichtiger die moralische
Botschaft seiner Geschichte gegenüber der vergnüglichen Darstellungsweise ist. Dennoch: „In seinem Verteidigungsplädoyer sieht
sich der offenbar beschuldigte Autor schließlich zu einem heftigen

---

[17] Peter Heßelmann: Gaukelpredigt. Simplicianische Poetologie und Didaxe. Zu allegorischen und emblematischen Strukturen in Grimmelshausens Zehn-Bücher-Zyklus, Frankfurt am Main, Bern, New York, Paris
1988, S. 168.

[18] Simplicissimus, S. 472.

Einspruch gegenüber verärgerten Kritikern veranlaßt:"[19]

> Dem sey nun wie ihm wolle/ ich protestire hiemit vor aller Welt/ kein Schuld zuhaben/ wann sich jemand deßwegen ärgert/ daß ich den Simplicissimum auf die jenige mode außstaffirt/ welche die Leute selbst erfordern/ wann man ihnen etwas nutzliches beybringen will; läßt sich aber in dessen ein und anderer der Hülsen genügen und achtet deß Kernen nicht/ der darinnen verborgen steckt/ so wird er zwar als von einer kurtzweiligen Histori seine Zufriedenheit: Aber gleichwohl das jenig bey weitem nicht erlangen/ was ich ihn zu berichten aigentlich bedacht gewesen [...].[20]

Volker Meid weist Grimmelshausen eine Stellung „zwischen den Ansprüchen der überlieferten religiösen Weltinterpretation und einer ‚realistischen‘, diesseitigen Sicht der Dinge" zu.[21] Grimmelshausens weltbejahende Einstellung zeigt sich in der drastischen, satirischen Erzählung von Simplex' Lebenslauf, während gleichzeitig die Welt in traditonell religiöser Weise nach der Methode der Allegorese gedeutet wird.

> Die Natur selbst ist ein Buch (Liber Mundi), das dem geoffenbarten Wort, der Sacra Scriptura an theologischer Würde zwar unterlegen ist, als Schöpfungsordnung jedoch immanente Verweiskraft auf ihren göttlichen Urheber besitzt. Gottes Wort hat die Dinge der Natur geschaffen, und es ist in ihnen als Keim möglicher Erkenntnis durch den Menschen eingeschlossen; verdunkelt zwar und nur als stumme Sprache weisen die Zeichen der Natur doch auf Gott als ihren Schöpfer zurück.[22]

So liest Simplex auf seiner Insel in Ermangelung religiöser Literatur im Buch der Schöpfung Gottes:

---

[19] Heßelmann 1988, S. 17.

[20] Simplicissimus, S. 473.

[21] Meid, S. 103.

[22] Busch, S. 65.

Demnach ich aber vor diesem von einem heiligen Mann gele-
sen/ daß er gesagt/ die gantze weite Welt sey ihm ein grosses
Buch/ darinnen er die Wunderwercke GOttes erkennen: und
zu dessen Lob angefrischt werden möchte; Alß gedachte ich
demselbigen nachzufolgen/ wiewol ich/ so zusagen/ nit mehr
in der Welt war; die kleine Insul muste mir die gantze Welt
seyn/ und in derselbigen ein jedes Ding/ ja ein jeder Baum!
ein Antrieb zur Gottseligkeit: und eine Erinnerung zu denen
Gedancken die ein rechter Christ haben soll; also! sahe ich ein
stachelecht Gewächs/ so erinnerte ich mich der dörnen Cron
Christi/ sahe ich einen Apffel oder Granat/ so gedachte ich
an den Fall unserer ersten Eltern und bejammert denselbigen;
gewanne ich ein Palmwein auß einem Baum/ so bildet ich mir
vor/ wie mildiglich mein Erlöser am Stammen deß H. Creutzes
sein Blut vor mich vergossen [...].[23]

Ebenso soll sich dem Leser die tiefere Sinnschicht des Romans erschließen. Der abenteuerliche Lebenslauf des Simplex demonstriert
in erster Linie die Schwachheit des Menschen und seine leichte Verführbarkeit zur Sünde. Beim Einsiedler wird Simplex zum Christen erzogen, doch die Neugier zieht ihn in die Welt, die nicht seinem christlichen Maßstab entspricht. Wie ein roter Faden zieht
sich das Motiv der verkehrten Welt durch den Roman. Es beginnt damit, daß Simplex als einfältiger Narr den verständigeren
Menschen Moral predigen muß, und setzt sich fort in Simplex' Ge-
schlechterrollenwechsel. Den satirischen Höhepunkt allerdings erreicht die Verkehrte-Welt-Thematik in der Mummelsee-Episode, da
Simplex eine heile Welt beschreibt, die genau das Gegenteil der realen Welt darstellt. Die Welt ist kein Ort der geschilderten und
wünschenswerten Tugenden sondern eine Brutstätte aller Laster
und Sünden. „An der Spitze der Lasterrevue steht die Hoffart, gefolgt von Neid, Zorn, Unkeuschheit, Völlerei, Trägheit und Geiz."[24]

---

[23] Simplicissimus, S. 568.
[24] Heßelmann 1988, S. 219.

Auch Simplex verfällt einem Laster nach dem anderen.[25]

Die verschiedenen im Roman dargestellten utopischen Lebensgemeinschaften dienen dazu, die Verkehrtheit und Sündhaftigkeit der Welt durch den Kontrast zu betonen. Zunächst will der Narr Jupiter durch einen Helden mit übermenschlicher Kraft gewaltsam die Menschen zu einem friedlichen Miteinander zwingen, doch dies ist schon mangels eines solchen Helden unmöglich. In der utopischen Mummelseegesellschaft wird ein idealer Sozialstaat vorgeführt, der aber für den Menschen unmöglich zu realisieren ist, da sie sich in ihrer Wahlfreiheit zwischen Gut und Böse häufig für die Sünde entscheiden. Bevor der gereifte Simplex sich wieder in die Einsiedelei begibt, zieht er in Erwägung, eine Gemeinschaft nach dem Vorbild der Wiedertäufer zu gründen, die er in Ungarn gesehen hatte. Die Wiedertäufer vermeiden jedes Laster, arbeiten fleißig und dienen Gott, doch sie sind Ketzer, so daß sich Simplex ihnen nicht anschließen kann. Seine Idee, in dem wahren christlichen Glauben eine Gemeinschaft nach dem Ideal der Wiedertäufer zu begründen, scheitert vor allem daran, daß er wohl kaum Anhänger finden würde. Erst auf der Kreuzinsel findet Simplex eine beinahe ideale Umgebung, um sich seines Seelenheils zu versichern, denn hier kann er die Versuchung zur Sünde weitgehend ausschalten, indem er die Insel mit Kreuzen übersät und sehr viel betet und arbeitet, um sich vor lasterhaften Gedanken zu schützen. Doch auch hier ist er der Versuchung ausgesetzt, denn er bleibt ein schwacher Mensch.

In der Welt nach den Geboten Gottes zu leben und sich so des ewigen Heils nach dem Tode zu versichern, fällt auch jenen Christen schwer, die sich mit größter Überzeugung diesem Lebensziel verschreiben. Simplicius' leiblicher Vater widmet sich völlig einem frommen Leben, aber er muß dazu die menschliche Gesellschaft meiden, wie auch Simplex selbst, der in der Gesellschaft seiner Mitmenschen der Versuchung zur Sünde erliegt. Vater und Sohn Hertz-

---

[25] Vgl. ebd., S. 168-197.

bruder dagegen demonstrieren ein christlich-moralisches Leben innerhalb eines sozialen Umfelds, das ihre Werte nicht akzeptiert und sie deshalb immer wieder anfeindet. Auch sie sind den Launen der Fortuna-Welt ausgeliefert, aber sie halten am richtigen Weg zum ewigen Heil fest. Simplex verliert den Kampf gegen die Versuchungen der Welt immer wieder, weil er zu sehr nach irdischem Glück strebt. „Der Lebensweg des Simplicius steht seit der Baumallegorie im Zeichen der Hoffart als Hauptneigung und mindestens seit der Hanauer Episode unter dem Vorzeichen der ignorantia sui.“[26] Während Hertzbruder die positive Kontrastfigur zu Simplex darstellt, denn er zeigt, was aus Simplex hätte werden können, wenn er den Lehren seines Vaters gefolgt wäre, erfährt er durch Olivier eine negative Spiegelung, denn dieser führt das Leben, dem auch Simplex jederzeit verfallen könnte, wenn sich nicht doch immer wieder das Gewissen bei ihm regen würde. Olivier wendet sich bewußt gegen Gott, während Simplex immer wieder gegen besseres Wissen der Versuchung erliegt. Für ihn besteht die Möglichkeit zur Umkehr. Zunächst versucht Simplex, durch ein einsiedlerisches Leben auf dem Mooskopf den Verlockungen der Welt zu entgehen, aber die Lebensbedingungen sind zu hart für ihn und die Versuchung zu groß. Für Walter Busch wird Simplex' Weltabsage bereits durch das Zitat von Guevaras „Adieu Welt“ relativiert:

> Das rhetorisch Aufgesetzte des Stils verleiht dem Romanschluß etwas Uneigentliches, ja man gewinnt den Eindruck, als veranstalte Grimmelshausen mit Hilfe einer erborgten Partitur ein Pseudofinale.[27]

Doch der Erzähler gibt diese Worte nicht als seine eigenen aus, sondern erklärt, daß ihm die Lektüre der Guevaraschen Weltabsage vollends die Freude an einem weltlichen Leben verleidet und ihn zu dem Entschluß bewegt habe, wieder ein Einsiedler zu werden.

---

[26] Rolf Tarot: NOSCE TE IPSUM. Lebenslehre und Lebensweg in Grimmelshausens *Simplicissimus Teutsch*. In: Daphnis 5 (1976), S. 514.

[27] Busch, S. 55.

Simplex findet seine eigenen Gefühle in der Literatur vorgegeben und zitiert diese, um sie auch dem Leser näher zu bringen. Erst aus der Kenntnis der *Continuatio* heraus gewinnt der Schluß des fünften Buches eine vorläufige Qualität, doch für einen Leser der ersten fünf Bücher des *Simplicissimus* ergibt sich Simplex' ernsthafter Entschluß zur Weltabkehr und Einsiedelei konsequent aus seinen negativen Erfahrungen in einer unbeständigen Welt, sowohl in Friedens- als auch Kriegszeiten in verschiedenen Ländern. Rolf Tarot weist darauf hin, daß Simplex auch am Ende des fünften Buches noch nicht die Lehre des Einsiedlers beherzigt, nicht Selbsterkenntnis sondern Welterkenntnis treibt ihn in die Flucht:

> Simplicius ist — wie im ganzen Roman — auch am Ende des fünften Buchs kein positives Exempel. Der *Simplicissimus Teutsch* ist demnach e negativo erbaulich, er ist ein Roman, der mit äußerster Konsequenz den „Theologischen Stylus" vermeidet und sein Kernmotiv — die ignorantia sui — als Gegenteil des nosce te ipsum bis zum Ende des fünften Buchs konsequent durchhält.[28]

In der *Continuatio* wird schließlich der Schluß des fünften Buches von Grimmelshausen selbst problematisiert und weiterentwickelt. Dazu muß er mit der bisherigen Erzähllogik brechen, denn am Ende des fünften Buches schreibt Simplex auf dem Mooskopf seine Lebensgeschichte auf. Im sechsten Buch jedoch heißt es, dass er auf der Kreuzinsel seine Geschichte aufschreibt.

Für Trappen scheitert die Mooskopf-Einsiedelei vor allem an der fehlenden „Liebe zu Gott", welche „nach der Logik der verfehlten Bekehrung in Einsiedeln und der erreichten Bekehrung in der ‚Continuatio' geistliche und geistige Beständigkeit" garantiert.[29] Vordergründig wird Simplex' Andacht durch die Nähe zur menschlichen Gesellschaft gestört. Auf dem Mooskopf läßt er sich mit Nahrungsmitteln versorgen und wird durch seine Besucher von seinem

---

[28] Tarot 1976, S. 527.
[29] Trappen 1994, S. 294.

religiösen Eifer abgelenkt. Erst als er mit nur einem Gefährten und später allein auf einer paradiesähnlichen Insel lebt, gelingt es ihm, konsequent dem Bösen zu widerstehen und nach Gottes Geboten zu leben. Die innere Weltabkehr spiegelt sich in der isolierten Lebensweise. Allerdings bleibt er auch hier nicht unangefochten und darf sich niemals in Sicherheit wiegen. Die Einsiedelei erscheint damit nicht als die ideale christliche Lebensweise, sondern als eine Daseinsform, die es einem reliösen, aber leicht verführbaren Menschen erleichtert, den Versuchungen des Teufels zu widerstehen. Deshalb gelingt es hier Simplex endlich, die Lehren seines Vaters umzusetzen:

> Im Leben auf der Insel erfüllt Simplicius die dreiteilige Lehre des Einsiedels, seines Vaters: er erkennt sich selbst, er meidet in der Einsamkeit böse — jede! — Gesellschaft, und er übt sich täglich in Demut, Reue und Buße.[30]

Volker Meid weist auf „Merkmale einer skeptischen Haltung gegenüber dem Einsiedlerleben" hin.[31] Er führt unter anderem Simplex' Reflexionen während seiner Einsiedelei auf dem Mooskopf an:

> Simplici was thust du? du ligst halt hier auff der faulen Berrenhaut und dienest weder GOtt noch den Menschen! wer allein ist wann derselbe fält/ wer wird ihm wieder auffhelffen? ists nicht besser du dienest deinem Neben=Menschen und sie dir hingegen hinwiederumb/ als daß du hier ohn alle Leutseeligkeit in der Einsambe sitzest wie ein Nacht=Eul? bist du nicht ein todtes Glied deß Menschlichen Geschlechts wann du hier verharrest? und zwar wie wirstu den Winter außdauren können/ wann diß Gebirg mit Schnee bedeckt: und dir nit mehr wie jetzt von den Nachbarn dein Unterhalt gebracht wird?[32]

---

[30] Tarot 1976, S. 528.

[31] Meid, S. 132f.

[32] Simplicissimus, S. 509.

Simplex sorgt sich im Grunde mehr um sein leibliches Wohlergehen, als daß er den Menschen dienen möchte. Ihn verlangt es nach
der Sicherheit einer Gemeinschaft und nicht danach ein nützliches
Glied der Gesellschaft zu sein. In dieser Phase seiner Einsiedelei ist
Simplex bereits wieder den Reizen und Annehmlichkeiten der Welt
verfallen. Gott und Mitmensch sind ihm weniger wichtig als sein
gutes Auskommen und etwas „Leutseeligkeit". Unmittelbar auf
diese Überlegungen folgt sein Entschluß zur Rückkehr in die Welt.
Seine Zweifel am Sinn eines einsiedlerischen Lebens sind Ausdruck
seiner Weltverfallenheit. Allerdings kann Simplex auch auf seiner
Insel in einem Gespräch mit dem Kapitän die Möglichkeit nicht
ausschließen, daß er eines Tages wieder nach Europa zurückkehren
werde.[33] Im *Springinsfeld* ist Simplex schließlich tatsächlich in seine
Heimat zurückgekehrt und führt auf seinem Bauernhof ein frommes
und ruhiges Leben.

Das Fortuna-Motiv wurde bereits mehrfach erwähnt. Im Laufe
der Geschichte ist Simplex immer weniger der aktive Gestalter seines Lebens. Vielmehr spielt ihm das Leben mit, er wird zum Narren gemacht, zum Pferdeknecht und zum Soldaten, er findet und
verliert Schätze, macht reiche Beute und wird beraubt. Das Liebesglück ist ebenso unbeständig — innerhalb kurzer Zeit wird er
verheiratet und wieder verwitwet — wie das Kriegsglück: einmal
verspricht man ihm eine Offizierskarriere, dann findet er sich bei
den Merodebrüdern wieder. Auch das Leben seiner Kontrastfiguren Olivier und Hertzbruder weist diese Unbeständigkeit auf, welche
ihren allegorischen Ausdruck in der Baldanders-Figur in der Continuatio findet. Im Wald auf dem Mooskopf findet Simplex eine
Steinfigur, die er mit einem Hebel umdrehen will:

> da fieng sie selbst an sich zuregen und zusagen/ lasse mich
> mit frieden ich bin Baltanders/ ich erschrack zwar hefftig/
> doch erholte ich mich gleich widerumb/ und sagte/ ich sihe

---

[33] Ebd., S. 578.

wol daß du bald anders bist; dann erst warestu ein todter Stein/ jetzt aber bist du ein beweglicher Leib/ wer bist du aber sonst/ der Teuffel oder sein Mutter? Nein antwortet er/ ich bin deren keins/ sonder bald anders/ massen du mich selbst so genant und darvor erkandt hast; und köndte es auch wol möglich seyn/ daß du mich nicht kennen soltest/ da ich doch alle Zeit und Täge deines Lebens bin bey dir gewesen? daß ich aber niemahl mit dir mündlich geredt hab wie etwan Anno 1534. den letzten Julij mit Hanß Sachsen dem Schuster von Nörnberg/ ist die Ursach/ daß du meiner niemahlen geachtet hast; unangesehen ich dich mehr als ander Leut bald groß/ bald klein/ bald reich bald arm/ bald hoch bald nider/ bald lustig bald traurig/ bald böß bald gut/ und in summa bald so und bald anders gemacht hab; [...] gleich wie mein Ursprung auß dem Paradeiß ist/ und mein Thun und Wesen bestehet so lang die Welt bleibt/ also werde ich dich auch nimmermehr gar verlassen biß du wider zur Erden wirst davon du herkommen/ es seye dir gleich lieb oder laid [...].[34]

Die Unbeständigkeit gehört zur Welt, so lange diese besteht, und der Mensch ist ihr unterworfen für die Dauer seines irdischen Daseins. Umso wichtiger ist es für ihn, in seinem Glauben beständig zu bleiben, denn nur darin findet der Christ wahres Glück. Er leitet ihn auf dem Weg zu Gott, seinem wahren Vater. In dieser Hinsicht bekommt auch Simplex' Erkenntnis seiner adligen Herkunft eine tiefere Sinndimension. Der Einsiedler ist Simplex' geistiger und leiblicher Vater und damit auch ein Sinnbild für Gott, den Vater aller Menschen. Als Simplex am Ende wirklich in die Fußstapfen seines leiblichen Vaters tritt, bedeutet dies seine Rückkehr zum Vater und damit zu Gott.

---

[34] Ebd., S. 506.

2.3. Courasche

Im Jahr 1670 erschien die Lebensgeschichte der ehemaligen Geliebten des Simplex mit dem Titel: *Trutz Simplex: Oder Ausführliche
und wunderseltzame Lebensbeschreibung Der Ertzbetrügerin und
Landstörtzerin Courasche.*[35] Die Courage oder Libuschka erzählt
ihre Geschichte nicht aus Reue über ihre begangenen Sünden und
Verbrechen. Für eine religiöse Umkehr ist es in ihren Augen schon
zu spät, deshalb empfiehlt sie den Geistlichen, sich um die jungen
Mädchen zu kümmern, solange diese sich noch im Stand ihrer Unschuld befinden und eine Chance haben, diese zu bewahren. Da sie
sich heute nicht mehr ändern kann und will, stellt sie sich gegen
Gott und die menschliche Gesellschaft: „Die Protagonistin des Buches setzt sich dezidiert und aggressiv in Gegensatz zu den in der
Gesellschaft anerkannten Wertungen."[36] Als Grund dafür, daß sie
dem Verfasser des Werks ihre Geschichte diktiert, nennt sie ihren
Wunsch nach Rache:

> Das thue ich dem Simplicissimo zu Trutz! weil ich mich an-
> derer Gestalt nicht an ihm rächen kan; dann nach dem die-
> ser schlimme Vocativus mich im Saurbrunnen geschwängert
> scilicet, und hernach durch einen spöttlichen Possen von sich
> geschafft/ gehet er erst hin/ und rufft meine und seine eigne
> Schand/ vermittelst seiner schönen Lebens-Beschreibung vor
> aller Welt aus; aber ich will ihm jetzunder hingegen erzehlen/
> mit was vor einem erbarn Zobelgen er zu schaffen gehabt/ da-
> mit er wisse/ wessen er sich gerühmt; und vielleicht wünschet/
> daß er von unserer Histori allerdings still geschwiegen hätte;
> Woraus aber die gantze erbare Welt abzunehmen/ daß gemei-
> niglich Gaul als Gurr: Hurn und Buben eins Gelichters: und

---

[35] Im folgenden zitiert nach der Ausage von Wolfgang Bender: Grimmelshausen: Lebensbeschreibung der Ertzbetrügerin und Landstörtzerin Courasche, Tübingen 1967.

[36] Jürgen Jacobs: Der deutsche Schelmenroman, München und Zürich 1983,
S. 53.

keins umb ein Haar besser als das ander sey [...].[37]

Da Simplex sich also mit ihr eingelassen hat, ist er nicht besser als die Courage selbst. Indem sie nun ihre ganze Verwerflichkeit offenbart, will sie sein Ansehen beschmutzen. Mathias Feldges weist dagegen auf eine „viel weitere Bedeutung" des Titels *Trutz Simplex*:

> Ein gelehrter Leser jener Zeit mußte bei dem Titel „Trutz-Simplex" etwa an Friedrich von Spees berühmtes Liederbuch „Trutznachtigal" denken. Die Nachtigall ist auch für Grimmelshausen [...] die höchste Sängerin zu Gottes Lob. Es wäre absurd zu glauben, daß der Jesuit Spee seine 1639 posthum erstmals erschienene Liedersammlung als Trotzreaktion gegen die Gottessängerin aufgefaßt hat. Spees Lieder zeugen von einer tieferen Sehnsucht der Seele nach der Vereinigung mit Gott. Sie sind nicht „wider" die Nachtigall, sondern im „Widerstreit" mit ihr entstanden. Der Dichter macht eine Art Sängerkrieg, einen Wettkampf mit dem Vogel.[38]

So wie Spee mit der Nachtigall wetteifert im Lobe Gottes, so beginnt die Courage mit Simplex einen Wettstreit in Schriftform. Betrachten wir zunächst wiederum den Lebenslauf der Courage, während und nach dem Dreißigjährigen Krieg.

Als ihre Heimatstadt Bragoditz erobert wird, verkleidet ihre Pflegemutter die noch unschuldige Jungfrau Libuschka als Junge, um sie vor den üblichen Vergewaltigungen zu schützen. Stattdessen wird Courage von den Soldaten mitgenommen. Das Motiv des Geschlechterrollenwechsels aus dem *Simplicissimus* wird hier unter umgekehrten Vorzeichen wieder aufgenommen. Als Diener eines Rittmeisters lernt Libuschka das Soldatenhandwerk und ahmt das typisch männliche Verhalten nach. Doch währendessen entwickelt

---

[37] Courasche, S. 16.

[38] Mathias Feldges: Grimmelshausens „Landstörtzerin Courasche". Eine Interpretation nach der Methode des vierfachen Schriftsinns, Basler Studien zur deutschen Sprache und Literatur 38, Bern 1969, S. 43.

sich ihr Körper, und sie verliebt sich in ihren Herrn. Nach einer Rauferei, bei der ihr ein Soldat nach dem Geschlechtsteil greift, erhält sie ihren Spitznamen, denn sie erzählt dem Rittmeister, der Kerl habe ihr „nach der Courage gegriffen".[39] Sie offenbahrt nun dem Rittmeister auch ihr wahres Geschlecht und wird seine Geliebte, aber er heiratet sie erst, als er im Sterben liegt und sie ihm vorlügt, daß sie schwanger sei. Mit seiner Hinterlassenschaft begibt sie sich für einige Zeit nach Wien, wo sie sich von ihrer Wirtin „festmachen" läßt und das Leben einer Edelprostituierten führt.

Auf dem Weg in ihre Heimat wird sie von Soldaten überfallen und vergewaltigt. Bei der Armee findet sie allerdings in einem Hauptmann einen neuen Ehemann, der nichts dagegen hat, daß sie mitkämpft und reichlich Beute macht. Als dieser wiederum erschossen wird, heiratet sie einen Leutnant, der durch einen Kampf mit ihr seine Herrschaft über sie demonstrieren will. Da er verliert, macht er sich davon und läuft zum Feind über. Die Courage bringt sich mit Fouragieren und spendablen Liebhabern durch, bis ihr Mann gefangen und als Desserteur hingerichtet wird. Da man teilweise sie verantwortlich macht für sein Unglück, verläßt sie die Armee und reist nach Bragoditz zu ihrer Pflegemutter. Diese erzählt ihr nun, daß sie die uneheliche Tochter eines Grafen ist, der gegen den Kaiser rebelliert hatte und deshalb in die Türkei fliehen mußte. Er hat auch den islamischen Glauben angenommen und versinnbildlicht damit den Teufel.

In Prag findet sie wieder einen Hauptmann, der sie heiratet und mit in den Krieg führt. Sie führen eine glückliche, aber kurze Ehe, denn bald schon wird die Courage wieder Witwe. Kurz darauf wird sie gefangen genommen und von einem Major erkannt, den sie zuvor auf dem Feld besiegt und gefangen genommen hatte. Der nimmt nun Rache für die ihm zugefügte Schmach. Nachdem er sie selbst mehrfach vergewaltigt hat, überläßt er sie den anderen Offizieren,

---

[39] Courasche, S. 24.

und schließlich den Dienern und Knechten. Als sie den gemeinen Soldaten preisgegeben werden soll, rettet sie ein Rittmeister, der ebenfalls von ihr auf dem Schlachtfeld besiegt worden war, sich dabei aber in sie verliebt hatte. Er bringt sie in Sicherheit auf sein Schloß und läßt sie wie eine Prinzessin behandeln. Als seine vornehmen und reichen Eltern von dieser Beziehung erfahren, lassen sie Libuschka nach Hamburg entführen und drohen ihr, sie umzubringen, falls sie versuchen sollte, zu ihrem Geliebten zurückzukehren. Zunächst bringt sie sich wieder durch, indem sie ihren Körper verkauft, doch dann findet sie einen Reiter, der sie heiratet. Als ihr Mann einem Vorgesetzten den Befehl verweigert, weil dieser nur eine Gelegenheit sucht, mit der Courage zu schlafen, wird er hingerichtet.

Die Courage muß die Armee verlassen und trifft unterwegs den Musketier Springinsfeld, der sie mit zu seinem Regiment nimmt. Die Courage zieht als Marketenderin mit nach Italien und hält sich Springinsfeld als hündisch ergebenen Diener: „Also hatte ich nun an meinem Spring-ins-feld einen Leibäignen; bey Nacht / wann ich sonst nichts bessers hatte / war er mein Mann; bey Tag mein Knecht / und wann es die Leute sahen / mein Herr und Meister überall".[40] Courage läßt sich raffinierte Raubzüge und Streiche einfallen, und Springinsfeld hilft ihr bei der Ausführung. Dabei geht es ihr weniger um Geld, denn davon hat sie reichlich in sicheren Städten liegen, als vielmehr um Rache und den Spaß an der Sache. Als Springinsfeld faul wird und nur noch Spielen und sein leibliches Wohlergehen im Sinn hat, wird er von seinen Kameraden gegen die Courage aufgehetzt. Erst schlägt er sie mit der Faust ins Gesicht, als sie schläft, und behauptet, geträumt zu haben, doch als er sie wieder aus dem Schlaf reißt und vor allen Leuten in ein Lagerfeuer werfen will, kommt er mit seiner Ausrede nicht mehr durch, sondern muß die Armee verlassen.

---

[40] Ebd., S. 86f.

Zurück aus Italien, reist Courage mit ihrer Pflegemutter nach Passau, wo diese stirbt und begraben wird. Noch einmal heiratet die Libuschka einen Offizier, der allerdings ebenfalls bald stirbt. Sie zieht sich nun auf ein Gut, das ihr ein früherer Ehemann hinterlassen hat, zurück und beginnt dort Viehwirtschaft, doch als die Truppen durchziehen bzw. bei ihr Winterquartier halten, verlegt sie sich mit ihren Mägden wieder auf ihr altes Gewerbe, die käufliche Liebe, so daß sie trotz der ihr abverlangten Kontributionen mehr verdient als verliert. Auf diese Weise zieht sie sich allerdings die Syphilis zu und begibt sich in den Sauerbrunnen, um sich völlig zu kurieren. Dort versucht sie, sich den als Edelmann auftretenden Simplicissimus zu angeln, doch er will bald nichts mehr von ihr wissen und spielt ihr einen üblen Streich. Sie bricht ihre Kur ab, sinnt aber auf Rache. Als ihre Magd einen Sohn zur Welt bringt, schickt sie diesen Simplex als seinen unehelichen Sohn. Er wird dafür von der Obrigkeit gestraft, und die Courage ist zufrieden.

Sie kehrt nach Hause zurück und beginnt ein ehebrecherisches Verhältnis mit ihrem Nachbarn, das allerdings bald entdeckt wird und den anständigen Bürgern endlich den gewünschten Vorwand gibt, sie aus der Stadt zu jagen. Ihr Besitz wird konfisziert, nur ihre Kleider und etwas Schmuck bleiben ihr. Noch einmal heiratet sie einen Soldaten, doch auch diese Ehe währt nicht lange, denn der Musketier fällt in der Schlacht. So schließt sie sich den Zigeunern an und heiratet deren Anführer. Hier kann sie all ihre Verschlagenheit und Leidenschaft ausleben. Auch als endlich Friede wird, will sie kein anderes Leben mehr führen.

Courage und Simplex sind als Komplementärfiguren angelegt. Äußerlich ähnelt sich ihr Leben von der adligen Abkunft und der Erziehung durch Pflegeeltern bis hin zum liederlichen Soldatenleben. Sie sind ähnlich einfallsreich in ihren Streichen und Schelmenstücken, ähnlich tapfer und klug. Eine Figur ist das Spiegelbild der anderen, doch es gibt einen wesentlichen Unterschied, denn Simplex bekommt als Kind eine religiöse Erziehung durch seinen leiblichen Vater, während die Jungfrau Libuschka nie geistlichen Beistand und Rat erfahren hatte, worüber sie sich in der Einleitung beklagt.[41] Der Krieg lehrt sie, um jeden Preis zu überleben und ihren Nutzen aus jeder Gelegenheit zu ziehen. So führt sie unbeirrbar ihr Leben weiter, angetrieben nur durch Habgier, Rachsucht und ihre fleischlichen Begierden. Die Courage ist das Beispiel des in der Welt hoffnungslos verlorenen Menschen, weil ihr in der Jugend die Führung Gottes nicht zuteil wurde und sie im Alter diese bewußt ablehnt. Die unterschiedliche religiöse Einstellung zum Zeitpunkt der Niederschrift ihrer Lebensgeschichten erfordert auch eine unterschiedliche Erzählhaltung und Darstellungsweise für Simplex und Courage:

> Im Gegensatz zum Lebensbuch des Simplicissimus, der seine Biographie aus der Distanz des reuigen Sünders schreibt, macht bereits das Anfangskapitel des siebten Zyklusteils klar, daß Courage im Alter unbekehrt geblieben ist. Daher fehlen in dem Memoirenwerk erbauliche Reflexionen und Kommentare aus ihrem Mund. [...] Bei der Suche nach dem Kern dieses Romans ist der Leser weitgehend auf sich gestellt.[42]

Damit aber die abschreckende Wirkung garantiert bleibt, wird der Lebenslauf der Courage „derart verdammungswürdig" dargestellt, „daß jedermann ihres abstoßenden Musters und der über den Literalsinn hinausweisenden tropologischen Sinnschicht gedenken muß."[43] Der Leser muß also selbst die „Verknüpfung von Unterhaltung und Unterrichtung" leisten.[44] Die wenigen positiven Züge der Courage verstärken dabei die abschreckende Wirkung ihres Lebenslaufs auf den Leser, dem vor Augen geführt wird, daß jeder

---

[41] Vgl. ebd., S. 15f.

[42] Heßelmann 1988, S. 282.

[43] Ebd., S. 284.

[44] Jürgen H. Petersen: Formen der Ich-Erzählung in Grimmelshausens Simplicianischen Schriften. In: Zeitschrift für deutsche Philologie 93 (1974), S. 505.

Mensch in der Welt Gefahr läuft, auf den falschen Weg zu geraten, wenn er sich nicht vor ihren Verlockungen hütet. Die Courage ist nicht von Beginn an auf das Böse aus wie beispielsweise Olivier im *Simplicissimus*. Die Courage verfällt erst im Krieg den Lastern der Welt. Feldges bezeichnet Grimmelshausens verstecktes literarisches Abschreckungsverfahren in der *Courasche* als Gaukelpredigt:

> Das Kurzweilige dieser Geschichte ist nur Schein. Das *Exempel* der Courage ist als negatives Beispiel zu verstehen, es soll abschrecken. Die „Courasche" als *straffende Schrift*, ist nur scheinbar eine kurzweilige Zerstreuung. In Wahrheit ist sie eine Predigt, eine Gaukelpredigt.[45]

Feldges sieht in der Courage darüber hinaus die Allegorie der Frau Welt gestaltet, einer Frau Welt des Dreißigjährigen Krieges.[46] Dadurch läßt sich der Zorn der Courage auf Simplicissimus überzeugender motivieren:

> Frau Welt gibt sich erst nachträglich zu erkennen. Sie tut es, wie sie in der „Wahrhafftigen Ursach ... dieses Tractätlins" bekennt, aus Rache dafür, daß Simplicissimus ihrer im sechsten Kapitel des fünften Buches *mit schlechtem Lob* gedacht habe. Wir haben schon gezeigt, daß diese Begründung wenig stichhaltig ist, da Simplicissimus den Namen der Courage nirgends erwähnt hat. Er hat aber die Frau Welt an einer anderen Stelle wohl mit Namen genannt und sie mit wirklich schlechtem Lob bedacht, ebenfalls in einem vierundzwanzigsten Kapitel, nämlich im letzten Kapitel des „Simplicissimus Teutsch". In seiner Abschiedsrede, in der er kein Blatt vor den Mund nimmt, liegt die *wahrhafftige Ursache* für die Erbitterung der Frau Welt. Darauf zielt ihre Rache.[47]

Die Warnung des Autors bringt Feldges auf diese Formel: „Die Männer sollen sich vor Frauen wie der Courage hüten, d.h. sie

---

[45] Feldges, S. 151.

[46] Vgl. ebd., S. 81-122.

[47] Ebd., S. 109.

sollen sich vor dem Weib an sich in acht nehmen, sonst werden sie es später bitter bereuen." Die allegorische Botschaft ergibt sich analog als „Meide die Welt" und entspricht damit der Botschaft des *Simplicissimus*.[48] Der anagogische Sinn „deutet die Gegenwart auf letzte Dinge. Nach ihm ist die Courage eine eschatologische Figur. Sie ist eine Art Präfiguration der Hure Babylon und des Antichrist."[49] Feldges stützt sich hier besonders auf die äußerliche Veränderung der Courage bei den Zigeunern, wo sie einen Leutnant antrifft,

> der gleich meiner guten Qualitäten und trefflichen Hand zum stehlen/ wie auch etwas Geldes hinter mir wahr nam/ samt andern mehr Tugenden/ deren sich diese Art Leuth gebrauchen; Siehe! so wurde ich gleich sein Weib/ und hatte diesen Vortheil/ daß ich weder Oleum Talci noch ander Schmirsel mehr bedorffte/ mich weiß und schön zu machen/ weil so wohl mein Stand selbsten als mein Mann die jenige Coleur von mir erforderte/ die man des Teuffels Leibfarb nennet; Derowegen finge ich an/ mich mit Gänß=Schmaltz/ Läußsalbe und andern haarferbenden Ungventen also fleissig zu beschmiren/ daß ich in kurtzer Zeit so höll=riglerisch aussahe/ als wann ich mitten in Aegypten geboren worden wäre [...].[50]

Die Courage hat sich dem Teufel verschrieben und trägt deshalb seine Leibfarbe. Sie ist hierin eine Kontrastfigur zu Simplex, der sich auf seiner Insel dem Kampf gegen den Teufel und dem Leben für Gott verschrieben hat. Nach Feldges gestaltet Grimmelshausen im Antagonismus der beiden Figuren die Courage als „eine Art Vorläuferin des Antichrists" und „Simplicissimus als Wegbereiter Christi".[51] Courage und Simplex sind Menschen, die unterschiedlich mit der Sündhaftigkeit der Welt, dem Walten der Fortuna und der

---

[48] Ebd., S. 125.

[49] Ebd., S. 188.

[50] Courasche, S. 141.

[51] Feldges, S. 172.

Versuchung durch den Teufel umgehen. Courage lehnt schon den Gedanken an Umkehr ab, während Simplex mit aller Überzeugung gegen die Versuchung kämpft.

Letzten Endes will Courasche nur sich selbst gehören, ihrer eigenen Natur folgen, von allem unabhängig sein – von der Veränderlichkeit der Welt, der Herrschaft der Männer, der Bezogenheit auf Gott. Die Ironie dieses Strebens liegt darin, daß sie sich, um ihr Ziel zu erreichen – und sie erreicht es nie völlig – dem Teufel ausliefern, selbst zur Unbeständigen *par excellence* werden muß; dies unterstreicht der Schluß des Romans, wo wir sie als Zigeunerin, als ewig ruhelos Wandernde, außerhalb der normalen menschlichen Gesellschaft sehen.[52]

Springinsfeld kann sich mit knapper Not ihrem verderblichen Einfluß entziehen. Im Traum versucht er, Courage ins Feuer zu werfen, was er später mit dem Teufel im Glas machen muß, um ihn wieder loszuwerden. Die Teufelsnähe der Courage schreckt ihn ab, so daß für ihn noch Hoffnung auf Umkehr besteht.

2.4. Der seltzame Springinsfeld

Der seltzame Springinsfeld erschien im Jahr 1670 als zweite simplicianische Schrift aus der Feder Grimmelshausens.[53] Der Erzähler ist diesmal allerdings nicht Springinsfeld selbst, sondern der Schreiber Tromerheim, der auch die Geschichte der Courage nach ihrem Diktat aufgezeichnet hat. Er trifft zufällig in einem Wirtshaus den von seiner Insel zurückgekehrten Simplex, und kurz darauf kommt Springinsfeld dazu.

Simplex trägt noch immer ein Pilgerhabit und verdient sein Geld mit den Erträgen seines Bauernhofs und durch die Kunst, jungen

---

[52] Herbert A. Arnold: Moralisch-didaktische Elemente und ihre Darstellung in Grimmelshausens Roman ‚Courasche‘ Beitrag zu einer möglichen Interpretation. In: Zeitschrift für deutsche Philologie 88 (1969), S. 545.

[53] Im folgenden zitiert nach der Ausgabe Franz Günter Sieveke: Grimmelshausen: Der seltzame Springinsfeld, Tübingen 1969.

Wein so zu verbessern, daß er wie alter schmeckt. Er zeigt sich hoch erfreut, als er durch den Schweizer Tromerheim erfährt, daß sein Sohn und Erbe nicht von der Courage geboren wurde, sondern von ihrer Magd, mit welcher Simplex gleichzeitig ein Verhältnis hatte. So ist die Betrügerin Courage die Betrogene. Springinsfeld hat ein Bein verloren und ist als Geigenspieler und Bettler unterwegs, obwohl er reichlich Geld hat. Simplex versucht sofort, seinen alten Freund zu einer moralischen und frommen Lebensweise zu bekehren. Zu diesem Zweck schenkt er ihm auch seine Gaukeltasche, ein Buch, in welchem nacheinander verschiedene Symbole erscheinen, die heilsgeschichtliche Lehren vermitteln. Springinsfeld und der Erzähler verbringen die Nacht mit Simplex und seiner Familie in einem Gasthaus, und bei dieser Gelegenheit erzählt Springinsfeld seine Lebensgeschichte.

Wie Simplex gerät auch Springinsfeld, der Sohn einer griechischen Edeldame und eines albanischen Gauklers und Seiltänzers, als Knabe in die Wirren des Dreißigjährigen Krieges. Während Simplex jedoch zuvor beim Einsiedler außer in Lesen und Schreiben vor allem in christlichen Lehren unterrichtet wird, lernt Springinsfeld Fremdsprachen, verschiedene Musikinstrumente und die Künste der Akrobaten. Springinsfeld wird versehentlich von albanischen Söldnern auf einem Schiff mit in den Krieg genommen, wo er zunächst als Tambour zur Armee kommt, doch als er während der Schlacht die Muskete eines Toten ergreift und sich tapfer schlägt, darf er trotz seiner Jugend Soldat werden. Wechselndes Glück beschert ihm einmal reiche Beute, dann wieder völlige Armut. Vorübergehend verläßt er die Armee, um mit der Courage „in allerley Schelmstücken und Diebsgriffen" Beute zu machen. Als sie seiner überdrüssig wird, läßt sie ihn fallen: „sie gab mir zwar ein Stuck Geld/ Pferd/ Kleider und Gewehr mit/ hingegen aber auch den Teufel im Glas/ wessentwegen ich grosse Angst ausstunde/ bis ich seiner wieder ohne Schaden los wurde."[54]

---

[54] Springinsfeld, S. 74.

Springinsfeld stürzt sich wieder in das Kriegsgeschehen, muß dabei auch mehrmals die Fronten und Armeen wechseln und verliert immer wieder, was er durch Plündern von Leichen oder eroberten Städten gewonnen hat. Als Friede geschlossen wird, besitzt er immerhin drei Pferde und 300 Dukaten. In Regensburg trifft er die Witwe eines Leutnants, die nur etwas jünger ist und genauso vermögend wie Springinsfeld. Sie heiraten und eröffnen ein Wirtshaus, das sehr gut läuft, bis man ihn der Zauberei verdächtigt. Man glaubt, ihm nachweisen zu können, daß er Wasser in Wein verwandelt, während er doch nur den Wein mit Wasser verdünnt hat. Die Frau stirbt vor Kummer, und Springinsfeld macht sich davon, weil niemand mehr in sein Wirtshaus kommen will. Er ist schon über fünfzig Jahre alt und zieht noch einmal in den Krieg, diesmal gegen die Türken, wobei es ihm weniger um den Schutz des Christentums geht als vielmehr um reiche Beute. Jedoch wird diesmal Springinsfeld schwer verletzt und bis aufs Hemd ausgeraubt. Bis er sich von seinen Verletzungen erholt hat, ist der Krieg zu Ende.

Wieder erwerbslos geworden, verlegt er sich aufs Betteln und verliebt sich in die Tochter eines blinden Bettlers. Sie spielt Leier, und Springinsfeld begleitet sie mit einer Geige. Schließlich heiraten die beiden, doch schon in der Hochzeitsnacht beginnt die Ernüchterung, als Springinsfeld feststellen muß, daß seine Braut keine Jungfrau mehr ist. Sie lacht nur über seine Naivität. Er muß sich daran gewöhnen, daß seine junge Frau ihn betrügt, besonders da seine Potenz immer mehr nachläßt. Als Springinsfeld auf einem Baum ein Vogelnest entdeckt, das zwar einen Schatten wirft, sonst aber unsichtbar ist und auch jeden Menschen unsichtbar macht, der es berührt, sieht seine Frau darin die Möglichkeit, endlich reich zu werden. Sie will damit unsichtbar auf Raubzüge gehen. Springinsfeld scheut die Gefahr und will lieber weiterhin sein risikoloses, bequemes Bettler- und Straßenmusikerleben führen. Seine Frau verläßt ihn deshalb und sorgt mit diversen Streichen für allerlei Aufregung in der Stadt. Vor allem aber stiehlt sie Geld, Schmuck und sogar ein Brautkleid, wodurch man ihr schließlich auf die Schliche kommt. Bei dem Versuch, sie zu fangen, wird sie tödlich verwundet und ihr Körper als der einer Zauberin verbrannt. Inzwischen aber wird Springinsfeld noch einmal in einen Krieg gegen die Türken gelockt, wobei er so schwer an einem Bein verwundet wird, daß es ihm oberhalb des Knies abgenommen werden muß.

Er bettelt sich zurück nach Deutschland, wo er vom Schicksal seiner Frau erfährt. Springinsfeld schafft sich wieder eine Geige an und zieht bettelnd durchs Land, was ihm sehr gut bekommt. Er wünscht sich kein besseres Leben, doch Simplex widerspricht ihm: „Ich wollte dir wünschen/ antwortet Simplicius/ du führtest hier zeitlich dein Leben daß du das ewige nicht verlierest!"[55]

Am nächsten Tag gibt Simplex dem Schreiber den Auftrag, auch die Geschichte des Springinsfeld aufzuschreiben, so wie dieser sie selbst erzählt hat. Mit der heimlichen Absicht, ihn doch noch zu einem christlichen Leben zu bekehren, lädt Simplex seinen alten Kriegskameraden ein, bei ihm auf dem Bauernhof den Winter zu verbringen. Im folgenden Frühjahr allerdings stirbt Springinsfeld, „nach dem er zuvor durch Simplicissimum in seinen alten Tagen gantz anders umbgegossen und ein Christlichs und bessers Leben zuführen bewögt worden".[56]

Erst im hohen Alter wird Springinsfeld eine wahre religiöse Unterweisung zu teil. In seinem vorangegangenen Leben spielten moralische Überlegungen keine Rolle. Gegen die Türken kämpft er aus Eigennutz, und Kirchen sieht er nur von außen, wenn er vor ihnen um Almosen bettelt. Das Leben von Springinsfeld entspricht in vieler Hinsicht dem von Simplex, aber weil ihm die religiöse Überzeugung fehlt, die Simplex die Umkehr ermöglicht, bleibt er in der Sünde verhaftet, ohne sich dessen recht bewußt zu sein.

---

[55] Ebd., S. 131.
[56] Ebd., S. 132.

Grimmelshausen stellt Simplicius und Springinsfeld also als gegensätzliche Figuren vor. Der eine ist gereift, blickt selbstkritisch auf sein Leben zurück und stellt sich entschieden auf die Seite christlicher Sittlichkeit, der andere hat aus seinem Leben nichts gelernt, flucht wie in jungen Jahren und trachtet nach nichts anderem als einem halbwegs angenehmen Dasein.[57]

Erst durch die geschickte Leitung seines Freundes findet er den richtigen Weg – gerade noch rechtzeitig, bevor ihn der Tod ereilt. Das Exempel des Springinsfeld zeigt, daß es niemals zu spät ist, sein Leben zu ändern und sich auf Gott und das ewige Leben zu besinnen. Es zeigt aber auch, daß dies dem Menschen nur möglich ist, wenn er mit den christlichen Heilslehren vertraut gemacht wird und entsprechende Anleitung erfährt.

Erzähltechnisch unterscheidet sich *Springinsfeld* von den anderen simplicianischen Büchern durch den breit angelegten Erzählrahmen:

> Grimmelshausen experimentiert in der Simpliciade mit dieser neuen Rahmenform. Die gewählte Einfassung ermöglicht es u. a., den Bericht des abgelebten Soldaten und Bettlers von vornherein aus der Distanz zu kommentieren und vor einem eingangs eindringlich betonten christlichen Sinn- und Normenhorizont erscheinen zu lassen.[58]

Zwei Allegorien der Rahmenhandlung deuten auf Simplex' religiös-didaktische Bekehrungsabsichten und spiegeln die Wirkungsabsicht des Autors. Einmal handelt es sich um die Verwandlung des Weins durch Simplex. Heßelmann sieht hier vor allem die „Veredelung" des Springinsfeld vorgeprägt:

> Das allegorisch zu verstehende Bild der Weinverwandlung stellt also in gleichnishafter Weise das Modell der späteren

---

[57] Petersen, S. 498.

[58] Heßelmann 1988, S. 293.

Bekehrung Springinsfelds dar, wobei das Elixier auf die ver-
edelnde Wirkung christlicher Unterweisung deutet.[59]

Dazu gehört auch, daß Springinsfeld während seiner Zeit als Gast-
wirt den Wein mit Wasser verdünnt, während Simplex ihn ver-
bessert. Darin spiegelt sich ihr gegensätzlicher Umgang mit dem
ihnen von Gott verliehenen Leben. Simplex versucht, das Beste für
sein späteres Seelenheil zu tun, und Springinsfeld gefährdet durch
seine Gier seine Chancen auf Erlösung. Und Solbach findet in dieser
Szene einen Hinweis auf Grimmelshausens allegorische Erzählweise:

> Die Verwandlungskraft des Elixiers verweist aber auch auf die
> poetische Verfahrensweise des Autors selbst, der seinen Erzäh-
> lungen eine Substanz beifügt, die der profanen Handlung die
> spirituelle Sinndimension hinzufügt.[60]

Die zweite bedeutende Allegorie stellt die Gaukeltasche dar, welche Simplex auf einem öffentlichen Platz vorführt und schließlich
Springinsfeld überläßt. Es handelt sich um ein Buch mit weißen
Blättern, in welchem Symbole für die Laster des jeweiligen Be-
trachters erscheinen, wenn dieser hineinbläst. Wenn der geläuterte
Simplex selbst hineinbläst, werden die Blätter jedesmal wieder weiß,
wodurch eindringlich der Stand seiner Weltabkehr auch in der Welt
demonstriert wird.[61] Die Gaukeltasche hält den Menschen einen
Spiegel vor und zeigt dabei die Welt. Auch in diesem Buch kann
man die Heilsgeschichte lesen wie in der Bibel oder im Buch der
Natur. Simplex bringt Springinsfeld diese Kunst des richtigen Le-
sens bei, um dem Leser des *Springinsfeld* zu veranschaulichen, wie
auch er das Buch Grimmelshausens lesen soll:

> [...] wann du erstlich den Zusehern lauter weisse Blätter zei-
> gest/ so erinnere dich/ daß dir GOtt in der heiligen Tauff

---

[59] Ebd., S. 295.

[60] Andreas Solbach: Gesellschaftsethik und Romantheorie. Studien zu
Grimmelshausen, Weise und Beer, New York 1994, S. 135.

[61] Vgl. Springinsfeld, S. 40-42.

das weisse Kleid der Unschuld widerum geschenckt habe/ welches du aber seither mit allerhand Sünden so vilmal besudelt habest; weisest du dann die Kriegswaffen/ so erinnere dich wie ärgerlich und gottlos du dein Leben im Krieg zugebracht habest; komstu an das Gelt/ so gedencke mit was vor Leibs und Seelen Gefahr du demselben nachgestellt; also erinnere dich auch bey den Trinckgeschirren deiner verübten unflätigen Saufferey; bey den Würffeln und Karten/ wie manche edle Zeit und Stund du unnützlich damit zugebracht/ was vor Betrug darbey vorgeloffen/ und mit was vor grausamen Gottslästerung der Allerhöchste dabey geunehret worden; bey den Knaben und Jungfrauen erinnere dich deiner Hurenjägerey/ und wann du an die Narrenköpffe komst/ so glaube sicherlich daß dise ohn allen zweiffel Narren seyn/ die sich durch obenerzehlte der Welt Lockungen betrügen: und um ihre ewige Seeligkeit bringen lassen [...].[62]

Simplicissimus führt mit seiner Gaukeltasche den Menschen ihre Laster vor, um sie in der Erkenntnis ihrer Sündhaftigkeit auf einen besseren Weg zu leiten. „Somit stellt die Szene ein Modell für das Verständnis des Zyklus und damit eine Einführung in seine Exegese dar."[63] Springinsfeld wird durch Simplex' Gaukelpredigt wesentlich stärker beeindruckt als durch die vorangegangenen „ohne unterhaltende Hülse vorgebrachten Besserungsaufrufe des predigerhaften und moralinsauren Simplicissimus".[64] Damit rechtfertigt Grimmelshausen noch einmal sein erzählerisches Verfahren im simplicianischen Zyklus, denn die Bekehrung des Springinsfeld wird durch die Vorführung der Gaukeltasche eingeleitet und später auf dem Hof von Simplex vollendet.

Im *Springinsfeld* werden auch die moralischen Bewertungen und Kommentare zur *Courasche* nachgeliefert:

---

[62] Ebd., S. 48.

[63] Heßelmann 1988, S. 299.

[64] Ebd., S. 312.

Grimmelshausen, der mit der Lebensbeschreibung der Landstörzerin eine nahezu implikative Allegorie als erzählerisches
Experiment gewagt hat, hält es nun im „Springinsfeld" für
unabdingbar, die Picara zu kommentieren und vor einen ad-
äquaten Sinnhorizont zu stellen. Die schillernde Figur wird
nachträglich mit Epitheta versehen, die es an Eindeutigkeit der
moralischen Verworfenheit ebensowenig mangeln lassen wie an
der Bereithaltung einer anagogischen Deutungssilhouette zur
Bewertung der Gestalt.[65]

Springinsfeld spart nicht an Schimpfnamen für die Courage,
und nach der Ansicht von Simplicissimus steckt sie bereits „der
Höllen im Rachen".[66] Der Schreiber sieht in ihr gar „ein Ebenbild
der Dame von Babylon".[67] Außerdem wird der rachsüchtige Versuch der Courage, Simplex zu betrügen, als vergeblich erwiesen.
Tatsächlich hat Simplex das Kind, welches ihm die Courage vor die
Tür hat legen lassen, mit deren Magd gezeugt. So ist am Ende die
Courage die Betrogene. Simplex liefert auch gleich die moralische
Lehre dieser Episode in aller Deutlichkeit mit: „Aber hierbey hat
man ein Exempel/ daß oft die Jenige so andere zu betriegen ver-
meinen/ sich selbst betriegen".[68] Grimmelshausen hält es offenbar
für notwendig, die Verworfenheit der Courage durch die Figuren
und die Handlung im *Springinsfeld* noch einmal hervorzuheben.

Im *Springinsfeld* umrahmt die moralische Bewertung den Lebenslauf des alten Soldaten, um auf seine religiöse Wandlung am Ende
des Romans von Anfang an vorauszuweisen. Die Lebensgeschichte
selbst wird nur selten von Simplex unterbrochen und moralisch gedeutet. Deshalb „stößt gerade die Selbstbejahung des im Rahmen diskreditierten Erzählers den Leser ab und führt dazu, daß

---

[65] Ebd., S. 314.

[66] Springinsfeld, S. 38.

[67] Ebd., S. 26.

[68] Ebd., S. 29.

dieser die Fragwürdigkeit solchen Daseins erkennt."[69] Die allegorische Deutung von Springinsfelds Belagerung durch die Wölfe, die schon im *Simplicissimus* dem Teufel angehören, bleibt dem Leser überlassen. „Springinsfeld erlebt dort angesichts von Wölfen, Nacht und Kälte elementar und symbolisch zugleich das Elend seiner Soldatenexistenz."[70] Die für Springinsfeld ungewöhnlichen religiösen Überlegungen lassen keinen Zweifel an der heilsgeschichtlichen Bewandtnis, denn er bedenkt „in was vor einem jämmerlichen Zustand die trostlose Verdammte in der Höllen sich befinden müßten".[71] Nach diesem ersten Anstoß zu kurzfristiger Reue wird Springinsfeld vom Dach des belagerten Hauses aus der Lebensgefahr gerettet, doch er kehrt sofort wieder zu seinem alten sündigen Leben zurück. Auch Springinsfeld ist ein exemplarischer Mensch der Welt des Dreißigjährigen Krieges, der durch die äußeren Umstände bedingt sich zum Schlechten oder zum Guten wendet.

> In der Figur des Springinsfeld hat die Fremdbestimmung des simplicianischen „Helden" ihre reinste Ausprägung erfahren. Grimmelshausen hat ihn seinen Lesern zweifellos zum Musterbeispiel menschlicher Verkümmerung durch den Krieg bestimmt. Da er von christlicher Willensfreiheit nichts und moralischen Normen kaum etwas weiß, macht ihm sein Gewissen wenig Pein. Seine Amoralität ist die des Krieges selbst.[72]

Abschreckend wie die Geschichte der Courage wirkt auch der Lebenslauf des Springinsfeld, aber umso tröstlicher ist seine Bekehrung durch den religiös geläuterten Freund. Mit aller Deutlichkeit weist Grimmelshausen darauf hin, daß jedem Menschen der Weg zu Gott offen steht, daß es niemals zu spät ist für eine Umkehr.

---

[69] Petersen, S. 500.

[70] Conrad Wiedemann: Die Herberge des alten Simplicissimus. In: Germanisch-Romanische Monatsschrift, Neue Folge 33 (1983), S. 399.

[71] Springinsfeld, S. 89.

[72] Wiedemann, S. 398.

2.5. Das wunderbarliche Vogelnest

Der erste Teil von *Das wunderbarliche Vogel=Nest/ Der Spring-
insfeldischen Leyrerin/ Voller Abentheuerlichen/ doch Lehrreichen
Geschichten/ auff Simplicianische Art sehr nutzlich und kurzweilig
zu lesen ausgefertigt durch Michael Rechulin von Sehmsdorff* erschien im Jahr 1672.[73] Der Erzähler befindet sich unter den Hel-
lebardierern, welche die Leierspielerin mit dem Vogelnest fangen
und töten. Zufällig gelangt das Nest in seine Hände und macht
ihn unsichtbar. Er will sich diese Gabe zunutze machen, aber er
nimmt sich das unglückselige Ende der Vorbesitzerin als Warnung
und verhält sich so unauffällig als möglich. Er zieht durch die Gegend und versorgt sich unsichtbar an der Tafel anderer Leute mit
Essen und vor allem auch mit Wein. Dabei bekommt er Gelegenheit, einen Blick hinter die Kulissen der Scheinwelt zu werfen:

> Während der verarmte Adel ein kärgliches Leben fristet, rü-
> sten sich die Bettler, Prototypen des bedürftigen „homo via-
> tor", zu einem üppigen Festschmaus. Die verkehrte Welt er-
> scheint in den beiden Anfangsepisoden zu einem kontrastie-
> renden Gemälde der „inordinatio" geformt.[74]

Der Hellebardier wird Zeuge der menschlichen Torheiten und Laster wie Geiz, Habgier, Geltungssucht, sexuelle Begierden und auch
vieler Verbrechen wie Diebstahl, Raub und Mord. Nur manchmal
greift er in die Ereignisse ein. Er ohrfeigt einen Protestanten, der
die Jungfrau Maria beleidigt, er verhindert den Mord an zwei Studenten und schenkt einer erbärmlich armen Familie Geld und Lebensmittel, lehrt einen lüsternen Pfarrer Keuschheit und hilft dem
jungen Simplex bei einem Prozeß, als er unschuldig des Ehebruchs
bezichtigt wird. Auch der alte Simplicissimus hat dabei einen kurzen Auftritt.

---

[73] Im folgenden zitiert nach der Ausgabe von Rolf Tarot: Grimmelshausen:
Das wunderbarliche Vogelnest, Tübingen 1970.

[74] Heßelmann 1988, S. 331f.

Einige Romanfiguren werden durch die Eingriffe an die Omnipotenz und Präsenz des Schöpfers gemahnt, so daß sie von ihrer Sündenbahn umkehren und sich bessern. Andere erblicken im Nestträger den Teufel, was die ambivalente Beurteilung seines Tuns verdeutlicht. Wie der Unsichtbare auf seiner Wanderung erkennen muß, ist sein gottähnliches Auftreten eine Vermessenheit.[75]

Obwohl er sich häufig für das Gute einsetzt, stiehlt der Erzähler Sehmsdorff in dieser Zeit schamlos Nahrungsmittel und kommt gar nicht auf die Idee, für seinen Lebensunterhalt zu arbeiten. Dennoch muß er immer häufiger über die menschliche Sündhaftigkeit und die Gebote Gottes nachdenken und erkennt, wie töricht es ist, nicht sein zeitliches Leben so einzurichten, daß einem das ewige Leben zuteil wird. Er gibt seinen ursprünglichen Plan auf, einen reichen Juden zu bestehlen und fortan als wohlhabender einflußreicher Mann ein geruhsames Dasein zu führen. „Die Erkenntnis der menschlichen Laster und gesellschaftlichen Mißstände ist die Voraussetzung für die Umkehr des Vogelnestträgers und seine Bewährung in dieser Welt."[76]

Der Hellebardier befindet sich schon auf dem Heimweg, um sein Leben in Ordnung zu bringen, da begeht er selbst eine große Sünde, als er volltrunken bei einem Fest jede Vorsicht vergißt und mit einer ebenso berauschten Jungfrau schläft. Dieser Vorfall bestärkt ihn in seinem Vorsatz, sein Leben völlig zu ändern. Eben in jenem Wald, in welchem sich die Leierspielerin einige Zeit versteckt hielt, kommt er zur Besinnung:

> Während er sich seine eigene Nichtigkeit und die Gefährdung seiner Seele vor Augen hält, sitzt er unter einem Baum und betrachtet den Fleiß und die Emsigkeit der Waldvögel; dann sieht er eine häßliche Kröte, dann eine Nachtigall (WV, S.

---

[75] Ebd., S. 328.

[76] Meid, S. 168.

128 ff.). An seine Beobachtungen knüpft er jeweils lange Betrachtungen über das Verhältnis des Menschen zu Gott und speziell über seine eigene Situation. Erst durch diese Betrachtung der Natur, also nicht des sozialen menschlichen Bereichs, kommt er zu endgültigem Verstehen seiner selbst und zur inneren Einkehr.[77]

Die allegorische Deutung der Kröte durch den Hellebardier sei hier kurz als ein Exempel seiner Reflexionen zitiert:

> [...] also lernete ich auch von dieser Krott/ daß ein Mensch der mit Hoffart beladen (an welche mich ihr gravitetischer Gang ermahnte) oder einer der wie ein Schwein sich Tag und Nacht mit übrigem Fressen und Sauffen mästet: oder einer der dem gifftigen Neid/ Haß und Zorn ergeben: oder einer der immer den fleischlichen Wollüsten abwartet: oder einer der sich aus Geitz mit zuvielen zeitlichen und vielleicht unrechtmässigen Reichthumen beladen hat/ oder einer der auß fauler Trägheit die Himmel=strasse nicht lauffen mag/ beynahe dieser Krotten gleiche/ und der Schlang/ dem höllischen Drachen schwerlich entrinnen möge.[78]

Genau wie Simplex auf der Insel lernt der Hellebardier, das Buch der Natur zu lesen und zu verstehen. Als den Vogelnestträger auch noch — trotz seiner Unsichtbarkeit — Bienen stechen, wird ihm schmerzlich bewußt, daß es Dinge gibt, vor denen er sich nicht verstecken kann. Schlammbad und Reinigung im Fluß verweisen auf das Sakrament der Taufe. Der Vogelnestbesitzer kann nun endlich die einzig richtige Konsequenz für sein eigenes Leben ziehen, da er erkannt hat, daß vor Gott nichts verborgen bleibt. Er zerstört das Vogelnest und verstreut die Teile in alle Richtungen, doch Ameisen tragen sie in ihrem Bau wieder zusammen. Als dann noch eine große Anzahl Wölfe auftaucht, rettet er sich auf einen Baum, auf dem er

---

[77] Hans Wagener: Perspektiven und Perspektivismus in Grimmelshausens Wunderbarlichem Vogelnest. In: The German Quarterly 49 (1976), S. 8.

[78] Vogelnest, S. 129f.

das von Springinsfelds Frau gestohlene Gold findet. „Das Erklettern des Baums bedeutet, daß er sich endgültig für Gott und gegen seinen Widersacher entschieden hat. Für seinen anagogisch zu verstehenden Entschluß erhält der Demütige prompt einen Lohn."[79] Mit diesem Goldschatz will er die von ihm gestohlene Ehre seiner Beischläferin wieder herstellen. Zuvor jedoch beobachtet er, wie ein alter Mann das Vogelnest aus dem Ameisenbau holt und einem jungen, vornehmen Mann übergibt. Für sich selbst birgt der Alte einen vergrabenen Schatz. Mit den beiden Männern verschwinden auch die Wölfe wieder. „Die Raubtiere aus dem Gefolge Satans lassen an dem Charakter der Beschwörungsszene und der infernalischen Herkunft des Nests keinen Zweifel."[80] Sehmsdorff hat sich gerade noch rechtzeitig der Macht des Teufels entzogen.

> Sündenbewußtsein, Erweckungserlebnis, Zerknirschung und Reue, ständige Selbsterforschung und Bitte um Gottes Gnade und Beistand sind die Entwicklungsstufen der Bekehrungsgeschichte des Erzählers, die im Mittelpunkt des Romans steht.[81]

„Für den Erzähler, der mehrfach vom rechten Kurs abgeleitet und die Gefahren nicht wahrnimmt, ist seine Reise in die Welt ein Weg durch die Sünde zur Gottes- und Selbsterkenntnis."[82] Sehmsdorff formuliert deutlich die Lehre, welche er selbst aus seinen Erlebnissen mit dem Vogelnest gezogen hat, und seine Einsicht soll auch dem Leser nahegebracht werden:

> Als ich nun solcher gestalt meinem Vogel=Nest seinen ehrlichen Abschied gegeben/ erinnerte ich mich auch deß Guten so ich durch selbiges zu lernen und zu begreiffen Anlaß bekommen/ seit ichs in Händen gehabt; nehmlich daß der jenig sicher wandele/ der Gottes Gegenwart allezeit vor Augen hielte/ böse Gesellschafften fliehe/ die possirlich scheinende

---

[79] Heßelmann 1988, S. 356.

[80] Ebd., S. 355.

[81] Solbach, S. 169.

[82] Heßelmann 1988, S. 339.

aber vor Suspect halte/ ihme selbst nimmermehr traute/ den
überflüssigen Trunk zu besserer Verwahrung seiner Sinnen ver-
meide/ und im übrigen von allen Creaturen/ ja von allem
dem was ihm vorkommt/ was er höret und siehet/ etwas guts
unterstehe zu lernen/ welches ihm zur Ehr reichen und dem
Dienst Gottes beförderlich und zu seiner Seelen Seligkeit aber
ersprießlich seyn mögte.[83]

Auch in diesem Werk wird eine verkehrte Welt vorgeführt, in
welcher selbst Priester den äußeren Anschein mehr bedenken als ihr
Ansehen vor Gott. „Immer entlarvt der Erzähler die Diskrepanz
zwischen Schein und realem Sein und stellt anhand einer Beispiel-
szene heraus, daß die Welt schauspielert."[84] Die heimlichen Beobachtungen zeigen besonders auch die Doppelmoral der Menschen,
die sich zwar über die Fehler anderer entrüsten, die eigenen aber
übersehen. Scholte urteilt deshalb über *Das wunderbarliche Vogelnest*: „Es ist das Gegenstück zum ‚Simplicissimus Teutsch'. Wie
dieser die Schrecknisse des Dreißigjährigen Kriegs zum Schauplatz
hatte, so schildert die Novellensammlung die moralische Zerrüttung
der Nachkriegszeit."[85] Zuletzt muß der Erzähler selbst am eigenen Leib erfahren, wie leicht man trotz bester Vorsätze in Sünde
gerät. „Gott=ähnlich macht das Zaubermittel. In Menschenhand
gegeben wirkt es mit dämonischer Kraft auf den Träger zurück
und reißt ihn in den Abgrund, wenn nicht Einkehr in sich selbst
und Reue vor Gott ihm den Weg ins Leben zurück zeigen."[86] Michael Rechulin von Sehmsdorff werden durch das Vogelnest die
Augen geöffnet, während die Leierspielerin durch die teuflische

---

[83] Vogelnest, S. 136.

[84] Heßelmann 1988, S. 331.

[85] Jan Hendrik Scholte: Das finstere Licht. Grimmelshausen-Studie. In:
Deutsche Vierteljahrsschrift für Literaturwissenschaft und Geistesgeschichte 22 (1944), S. 362.

[86] Jan Hendrik Scholte: Der Sinn des Wunderbarlichen Vogelnests. In:
Euphorion 32 (1931), S. 141.

Macht ins Verderben stürzte. Schon die Bezeichnung als „Zwissel=Nestlein"[87] und der Fundort, eine Astgabel, kennzeichnet „das Nest vorab als zwiespältiges Motiv", welches die „Wegewahlsituation" versinnbildlicht.[88] Früher oder später müssen sich die Nestbesitzer zwischen dem Weg zum ewigen Heil und dem Weg in die ewige Verdammnis entscheiden.

Das Motiv der Wegewahl wird in der Episode um die beiden Studenten, welche auf den falschen Weg geraten, versinnbildlicht. An einer Wegegabelung folgen sie dem Rat eines Unbekannten, der sie in einen Hinterhalt lockt und mit seinen Kumpanen ausraubt. Den Mord an den beiden jungen Männern allderdings kann der Vogelnestträger verhindern. Haberkamm hat sich ausführlich mit dem Motiv der Wegewahl beschäftigt und besonders mit dem Problem, daß Grimmelshausen hier nicht das gängige Y-Signum mit einem breiten und einem schmalen Arm gestaltet. Die beiden Studenten weichen vom breiten Fahrweg ab und gelangen auf dem schmalen Weg in die Mördergrube. Aber „in der Heiligen Schrift ist der breite Weg die Straße der Verdammnis".[89] Haberkamm sieht den Grund für diese Verkehrung in der realistischen Gestaltungsabsicht Grimmelshausens. Betrachtet man jedoch den breiten Weg, den Fahrweg, näher, so muß man feststellen, daß sich die Studenten hier keineswegs auf dem Weg zum Heil befunden hätten. Im Angesicht des Todes wird ihnen klar: „Ach! sagte damals einer zum andern/ hätten wir an statt der eitelen Thorheiten/ vergeblichen Nachgrüblungen und albern Disputationen gelernet/ wie wir wol

---

[87] Vogelnest, S. 5.

[88] Heßelmann 1988, S. 323.

[89] Klaus Haberkamm: „Fußpfad" oder „Fahrweg"? Zur Allegorese der Wegewahl bei Grimmelshausen. In: Rezeption und Produktion zwischen 1570 und 1730. Festschrift für Günther Weydt zum 65. Geburtstag, hrsg. von Wolfdietrich Rasch, Hans Geulen und Klaus Haberkamm, Bern und München 1972, S. 295.

und seelig sterben solten!"[90] Sie haben sich also bereits vor der Abzweigung auf dem falschen Weg befunden, sonst wären sie nun eines seligen Endes gewiß. Ihre Abweichung auf den schmalen Weg wird ihre Chance, den richtigen Weg zu finden. Die Lebens- und Seelengefahr führt ihnen ihr bisheriges sündiges Leben vor Augen, so kann für sie nun der schmale Weg der Weg zum Heil werden.

Der Umgang mit dem Vogelnest birgt Gefahr, erlaubt aber gleichzeitig höhere Einsichten. Für Heßelmann ist dieses Motiv auch von „hermeneutischer Relevanz", denn: „Das gleicherweise ver- und enthüllende Nest, ein allegorisches Requisit par excellence, verweist auf die nicht sogleich wahrnehmbare Sinnschicht der Erzählung."[91] Auch der Leser soll versuchen, hinter das oberflächlich Wahrnehmbare der Geschichte zu sehen, und sich nicht mit dem Literalsinn begnügen.

Der neue Nestbesitzer im zweiten Teil von *Das wunderbarliche Vogel= Nest*, der im Jahr 1675 erschien, ist jener Kaufmann, den die Leierspielerin bestohlen hatte und dessen Vermögen am Ende des ersten Teils auf magische Weise ausgegraben wird. Aus Habsucht wendet sich der Kaufmann an Schwarzkünstler, um das gestohlene Vermögen zurückzubekommen, dann aber tauscht er es gegen die Macht der Unsichtbarkeit ein und verzichtet auf sein rechtmäßiges Eigentum, weil er sich von dieser teuflischen Kunst einen sehr viel größeren Reichtum verspricht. „Das Motiv hat nicht mehr den Zweck der Darstellung der Allgegenwart und Allmacht Gottes, sondern dient als Mittel zur Demonstration der Macht des Teufels."[92] Bisher war Geldgier das größte, vielleicht einzige Laster des Kaufmanns, nun aber verstrickt er sich immer mehr in die Sündhaftigkeit der Welt. Als er während seiner unsichtbaren Streifzüge durch das

---

[90] Vogelnest, S. 55.

[91] Heßelmann 1988, S. 329.

[92] Ebd., S. 329.

Haus feststellt, daß seine Frau ihn betrügen will, spielt er ihr nicht nur einen grausamen Streich, der sie von derlei Gedanken abbringt, sondern begeht selbst Ehebruch mit der Base seiner Frau. Als diese schwanger wird, verheiratet er sie mit seinem Diener.

Da er einen Weg findet, das Stück des Vogelnests in einer Tasche zu transportieren, ohne dabei unsichtbar zu werden, begibt er sich damit auf eine Handelsreise nach den Niederlanden. In Amsterdam fürchtet man einen Angriff Frankreichs, und der Erzähler beschließt, seine materielle Absicherung durch einen Raubzug noch zu verbessern. Unsichtbar erkundet er das Haus eines reichen Juden, verliebt sich aber dabei in dessen schöne Tochter. Er vergißt die Schätze und begehrt nur noch das jüdische Mädchen. Durch Erasmus, einen Juden, der sich zum Christentum bekehrt hat, erhält er die nötigen Informationen, um die gesamte jüdische Gemeinschaft zu betrügen. Als unsichtbarer Prophet Elias will er mit der schönen Esther den Messias zeugen, was ihm gerne gestattet wird. Nachdem er einige Nächte lang sein Vergnügen hatte, verliert er das Interesse an Esther und wendet sich Schwarzkünstlern und Zauberern zu. Er wird „festgemacht", lernt Gewehre zu bannen und erhält eine „Spring=Wurtzel", die jedes Schloß öffnen kann.[93] Unterdessen bringt Esther statt des Messias ein Töchterlein zur Welt. Als der Erzähler erfährt, daß sich Esther ebenfalls zum Christentum bekehren und mit Erasmus aus Amsterdam hatte fliehen wollen, bevor der falsche Elias ihren Glauben an das Judentum erneuert hat, schmiedet er Pläne, wie er sie und damit seine Tochter dem Christentum zuführen und versorgen könnte. Er weiht Erasmus weitgehend in seine Geheimnisse ein, und gemeinsam gelingt es ihnen, Esther davon zu überzeugen, daß Erasmus in jener Nacht bei ihr war. Die beiden heiraten, und der Erzähler schenkt ihnen zehntausend Gulden, die er Esthers Vater gestohlen hat. Nun aber, da er Esther nicht mehr haben kann, wird sie wieder Gegenstand seines

---

[93] Vogelnest, S. 256.

Verlangens. Er denkt sogar darüber nach, Erasmus umzubringen, doch dieser bringt rechtzeitig sich und seine Familie in Sicherheit.

Durch schwarze Magie bestens geschützt, kämpft der Erzähler als Soldat in der niederländischen Armee gegen Frankreich und macht reichlich recht- und unrechtmäßige Beute. Er liebt den Krieg, bis ihn eines Tages eine magische Kugel verwundet, die sich durch seinen schützenden Zauber nicht abhalten läßt. Um nicht den mordenden französischen Soldaten in die Hände zu fallen, macht er sich unsichtbar, wird aber deshalb von den Pferden so übel zugerichtet, daß er schon den Tod vor Augen hat. Zum ersten Mal überdenkt er nun sein sündhaftes Leben und bereut. Ein Pater und französische Wundärzte nehmen sich seiner an, weil er Reue zeigt und reiche Belohnung verspricht. „Durch die einsetzende Reflexion erreicht der Verwundete langsam Gottes- und Selbsterkenntnis und gliedert sich in die große Ordnung ein."[94] Als sich sein Zustand verschlechtert, beichtet er dem Pater seine Sünden, doch er erholt sich wieder. Erst durch die Gespräche mit dem Geistlichen wird ihm die Schwere seiner Verfehlungen bewußt. Gemeinsam verbrennen sie die vielfältigen Zauberzettel und -gegenstände, die ihn bisher in die größte Seelengefahr gegeben hatten. Das unsichtbar machende Vogelnest werfen sie in die Fluten des Rheins.

Nachdem er schon auf dem besten Wege war, wie die Leierspielerin ein böses Ende zu nehmen, bekehrt sich der Kaufmann, da ihm der Ernst seiner Situation vor Augen geführt wird. In der „Vorrede an den geneigten Leser" wird das Verhältnis der beiden Teile zueinander und beider unterschiedliche Intention folgendermaßen beschrieben:

> Gleich wie der Simplicianische Autor in dem Ersten Theil seines wunderbarlichen Vogelnests nichts anderst gesucht/ als die Menschen zu erinnern/ daß sie jederzeit in allem ihren Thun und Lassen/ Handel und Wandel die Göttliche Gegenwart vor

---

[94] Heßelmann 1988, S. 386.

Augen haben/ und solche kein Augenblick ohnbetrachtet und ausser Acht lassen sollen; Also will er sie in diesem Zweyten vor der Kund= und Gemeinschafft mit dem bösen Geist getreulich warnen/ in welche/ ja gar in eine armselige Verbündnus mit ihme/ und also in die Ewige Verdammnus mancher gar leichtlich und ohnvermerckt/ ehe ers selbsten vermeynt/ oder ihm einbilden mag/ gerathen könne [...].[95]

Während im ersten Teil primär die Sündhaftigkeit der Welt, also die Verkehrtheit der Welt vorgeführt wird, steht im zweiten Teil das Wirken des Teufels und seiner Helfer und Verbündeten als eigentliche Triebkraft hinter den Verfehlungen des Erzählers, der Hilfe bei Schwarzkünstern und Magiern sucht. Ganz wie im *Simplicissimus* werden auch hier die Anfälligkeit des Menschen für die Sünde und die Anfechtungen durch den Teufel thematisiert. Während das Schicksal der Leierspielerin im *Springinsfeld*, ähnlich wie das der Courage, als negatives Exempel von der Sünde abschrecken soll, zeigen die beiden Teile des *wunderbarlichen Vogelnests* exemplarisch den Weg zu Gott auf.

Vergleicht man die ‚Vogelnest'–Romane miteinander, so kommt man zu dem Ergebnis, daß sich beide Werke bezüglich ihrer Grundkonzeption und der epischen Verfahrensweise beträchtlich unterscheiden, daß sie sich aber gleichwohl in den Dienst derselben Erzählabsicht stellen, nämlich zu unterhalten und zu belehren.[96]

Der Hellebardier im ersten Teil findet den rechten Weg durch den heimlichen Blick auf die versteckte Sündhaftigkeit und Verkehrtheit der Welt und gibt so dem Leser ein positives Beispiel. Dagegen benötigt der Kaufmann im zweiten Teil des *Wunderbarlichen Vogelnests*, weil er sich in größere Nähe zum Teufel begeben hat, die Führung eines Geistlichen, um Einsicht in seine eigene Sündhaftigkeit zu erlangen und sich zu bekehren. Heßelmann

---

[95] Vogelnest, S. 148.
[96] Petersen, S. 497.

sieht den Kaufmann in seiner Weltverfallenheit als „Endzeitfigur" und „Gegenspieler Gottes".[97] Er tritt in Teufelsverkleidung auf und stürzt sich, durch Zauberei geschützt, in den Krieg.

Der Interpretation der Figur als eschatologischer Gestalt steht ihre Bekehrung nicht entgegen. Mit der Wandlung des Protagonisten soll der Leser erinnert werden, daß selbst die verruchtesten Sünder und Abgötterer nach einer reinigenden Buße wieder in der Gnade des Herren Aufnahme finden können. Die tropologische Botschaft lautet demgemäß, das Ende vor Augen zu haben und sich zu bessern.[98]

Im letzten Teil des Simplicianischen Zyklus ist die direkte Lesersteuerung wieder ebenso stark ausgeprägt wie im *Simplicissimus*. Der bekehrte Erzähler ist gleichzeitig die moralische Instanz, welche häufig schon im voraus die folgenden Episoden bewertet und für den Leser interpretiert. „Die anrüchigen ‚Possen' kommen also durch das moralisierende Medium gebrochen zur Darstellung."[99] Der Leser verliert in diesem Werk niemals die moralische und anagogische Lehre aus den Augen, wenn er den unterhaltsamen Erzählungen des Vogelnest-Besitzers folgt.

---

[97] Heßelmann 1988, S. 384.

[98] Ebd., S. 385.

[99] Ebd., S. 387.

3. Der Simplicissimus in der deutschen Literatur

Offenbar faszinierte der *Simplicissimus* Generationen von Rezipienten und Schriftstellern noch lange nach seinem Erscheinen, denn kaum ein anderes Werk begründete eine ähnlich breite und vielschichtige Tradition produktiver Rezeption. Die Analyse des Fortwirkens des *Simplicissimus* läßt sich am besten in drei Arbeitsschritten durchführen, entsprechend der drei bedeutendsten Rezeptionsphasen vom Barock bis in die Frühaufklärung, während der Romantik und schließlich im gesamten 20. Jahrhundert, beginnend mit dem Erscheinen der Satirezeitschrift *Simplicissimus*.

3.1. Erste Rezeptionsphase: 1668-1743

Hubert Rausse prägte mit seinem Aufsatz „Zur Geschichte der Simpliziaden" von 1912 den Begriff *Simpliciaden*, mit dem er die Nachfolgeromane des *Simplicissimus* im Barock bezeichnet. Die Zuordnung eines Werkes zu dieser Gruppe ist allerdings problematisch:

> Es ist kein Kriterium möglich, das es erlaubte, ein Werk mit Bestimmtheit ihnen zuzurechnen oder mit Bestimmtheit zurückzuweisen. Will man unter Simpliziaden alle Werke verstehen, die vom Simplizissimus beeinflußt sind, so würden zum Beispiel mehrere Romane Weises hierher gerechnet werden müssen, und mancher Avanturierroman und manche Robinsonade würde sich in eine Simpliziade verwandeln.[1]

Rausse beschäftigt sich aus diesem Grund nur mit Werken, „die in ihrem Titel auf den Simplizissimus Bezug nehmen."[2] Allerdings berufen sich viele der Schriften nur aus Werbezwecken auf den populären *Simplicissimus* und haben mit dem Werk Grimmelshausens tatsächlich wenig zu tun. Nach Rausse diente der *Simplicissimus* wenigstens für folgende drei Simpliciaden als direktes Vorbild:

---

[1] Rausse 1912, S. 196.
[2] Rausse 1912, S. 197.

Johann Georg Schielens *Deß Frantzösischen Kriegs-Simplicissimi Hoch-verwunderlicher Lebens-Lauff* von 1682, Daniel Speers *Ungarischer Oder Dacianischer Simplicissimus* aus dem Jahr 1683 und den 1743/44 anonym erschienenen *Simplicissimus redivivus*. Darüber hinaus gibt es allerdings noch eine Reihe von Werken, die sich in die Grimmelshausennachfolge stellen lassen. Als einer der bedeutendsten Grimmelshausen-Nachfolger gilt der Weißenfelser Hofkonzertmeister Johann Beer. Johann Gottfried Schnabels *Wunderliche Fata einiger Seefahrer* von 1731 wurde besonders die *Continuatio* inspiriert.

3.1.1. Johann Georg Schielen

Im Jahr 1682 erscheint anonym eine Simplicissimus-Nachahmung, die sich bereits im Titel werbeträchtig auf den populären Vorgänger bezieht: *Deß Frantzösischen Kriegs-Simplicissimi Hoch-verwunderlicher Lebens-Lauff.*[3] Manfred Koschlig konnte den Ulmer Bibliotheksadjunkten Johann Georg Schielen (1633-1684) als Verfasser ausfindig machen. Schielen wurde 1633 in Ulm geboren und war früh verwaist. Etwa 15 Jahre verbrachte er im Benediktinerkloster Elchingen, doch dann verschwand er 1668 heimlich und kehrte nach Ulm zurück, wo er auch den protestantischen Glauben wieder annahm. Im Jahre 1671 wurde er Bibliotheksadjunkt der Stadtbibliothek Ulm.[4] Richard Alewyn schreibt über Schielens *Frantzösischen Kriegs-Simplicissimus* und sein Verhältnis zu Grimmelshausens *Simplicissimus*:

> Es gibt zwar eine Unmasse von Schriften, die zu buchhändlerischen Zwecken oder auch als die eingebürgerte Bezeichnung für

---

[3] Johann Georg Schielen: Deß Frantzösischen Kriegs-Simplicissimi Hochverwunderlicher Lebens-Lauff. (2. Auflage) Freiburg 1683.

[4] Vgl. Manfred Koschlig: Der ‚Frantzösische Kriegs-Simplicissimus' oder: Die ‚Schreiberey' des Ulmer Bibliotheksadjunkten Johann Georg Schielen (1633-1684). In: Jahrbuch der deutschen Schillergesellschaft XVIII (1974), S. 174-185.

naturalistisch-satirische Ware das Wort „Simplizianisch" im Titel führen, [...], aber nur eine einzige von ihnen steht wirklich unter dem Einfluß des Simplicissimus, der „Frantzösische Kriegs-Simplicissimus" (1682/83), ein im Übrigen ziemlich hilfloses und unselbständiges Machwerk.[5]

Die Literaturkritik bemängelt am *Frantzösischen Kriegs-Simplicissimus* die formale Gestaltung:

> Es ist das billigste Verfahren der endlosen pikarischen Reihung von oft Ungereimtem, das als ein Mischprodukt aus zeilenfüllender Eile und gestalterischem Unvermögen eines offenbar durch berufliche und persönliche Misere angetriebenen Skribenten den Leser des *Frantzösischen Kriegs-Simplicissimus* ermüdet.[6]

Heßelmann beschreibt die Konzeption des *Frantzösischen Kriegs-Simplicissimus* auf folgende Weise:

> Während der „Teutsche" Simplicissimus mit den kaiserlichen Truppen ins Feld gezogen war, diente sein Vetter bei den Franzosen. Schließlich erzählt der französische Protagonist seinen abwechslungsreichen Lebenslauf, der nichts mit der in Grimmelshausens Werk wiedergegebenen Biographie gemein hat. Ab Buch II nehmen die historischen, politischen, ökonomischen, militärischen und religiösen Diskurse immer breiteren Raum ein, so daß die Darbietung den Charakter eines Romans verliert und die Komposition immer sorgloser wird.[7]

Das Werk besteht aus drei Teilen, die wiederum jeweils in zwei Bücher gegliedert sind. Die verschiedenen Teile und Bücher unterscheiden sich sehr stark in Gehalt und Darstellungsweise. Sie

---

[5] Richard Alewyn: Johann Beer. Studien zum Roman des 17. Jahrhunderts, Leipzig 1932, S. 157.

[6] Koschlig 1974, S. 155.

[7] Peter Heßelmann: Simplicissimus Redivivus. Eine kommentierte Dokumentation der Rezeptionsgeschichte Grimmelshausens im 17. und 18. Jahrhundert (1667-1800), Frankfurt am Main 1992, S. 155.

sind nur durch die Hauptfigur miteinander verknüpft und bilden keine erzählerische Einheit. Hirsch sieht in der „Hauptfigur des Romans eine der wenigen echten Nachahmungen von Grimmelshausens Helden, die wir kennen."[8] Ein in Lumpen gekleideter, alter Soldat mit narbenzerfurchtem Gesicht, der sich als Vetter des Simplicissimus ausgibt, erzählt seinen Lebenslauf. Sein Vater und Simplex' Vater waren angeblich Brüder, genaueres erfährt man allerdings nicht über diese behauptete Verwandtschaft, die sich kaum mit dem *Simplicissimus* von Grimmelshausen vereinbaren läßt.

Im Alter von zwölf Jahren läuft der französische Simplex von zu Hause weg, weil er viele Prügel und wenig Essen bekommt. Er schließt sich zwei Mönchen an, die verkleidet nach Rom reisen, um die Generalabsolution zu erhalten. Erst in Rom erfährt der naive, protestantische Junge, in welche Gefahr er sich begeben hat, da er nicht katholisch ist und auch keine Empfehlungsschreiben mitbringt. Völlig auf sich allein gestellt in einer feindlichen Umgebung, lernt Simplex mit allen Mitteln zu überleben. Zunächst gerät er an einen homosexuellen Mönch, der ihm reichlich Schweigegeld zahlt, als Simplex in seinen Armen zu schreien anfängt. Daraufhin kann er sich falsche Papiere kaufen und erhält nach reiflicher Vorbereitungszeit und strengen Katechismus-Prüfungen die Absolution in der Beichte. Da man ihm Bücher zur Gewissenserforschung gegeben hat, gehen Simplex allmählich die Augen auf, wozu der Mensch fähig sein kann. So lernt er aus der Beichte nicht, welche Gnade die Vergebung der Sünden für den Menschen ist, sondern er lernt zu sündigen. Durch Schwindel und Betrug kann er in Rom viel Geld gewinnen, das er ebenso schnell wieder verliert. Daraufhin beschließt er, in ein Kloster einzutreten, aber weil er „nicht Gott zu dienen/ sondern nur gute faule Tag suchte",[9] hält es ihn nicht

---

[8] Arnold Hirsch: Bürgertum und Barock im deutschen Roman. Ein Beitrag zur Entstehungsgeschichte des bürgerlichen Weltbildes, 2. Aufl., Köln 1957, S. 9.

[9] Frz. Kriegssimplicissimus, S. 23

lange dort. Als er einmal für den Orden betteln geht, hält er sich zu lange bei Wein und Essen auf. Aus Angst vor Strafe wagt er nicht mehr, ins Kloster zurückzukehren. Das Motiv der verkehrten Welt ist durchgängig mit dem Mönchstum verknüpft. Das Leben in Rom spiegelt alle Laster der Menschen und steht unter dem Wirken der Fortuna.

Simplex legt nun bettelnd den Weg nach Deutschland zurück und reist dann in die Schweiz nach Basel, wo er Stellung sucht, aber allenfalls Schweinehirt werden kann. Der Zufall führt ihn zu einem ungewöhnlich faulen Edelmann, der den ganzen Tag nur herumliegt oder sitzt und sich mit Essen und Trinken vergnügt, wobei ihm Simplex Gesellschaft leisten soll. Außerdem muß er sich zu ihm ins Bett legen und ihm zum Einschlafen den Rücken kratzen. Jeden Morgen sucht Simplex die Läuse aus der Kleidung seines Herren und erhält für jedes Dutzend einen extra Lohn. Dem faulen Leben des erst achtzehnjährigen Herrn Urian wird schließlich durch seine Verwandten ein Ende gesetzt. Diese Episode wurde aus Johann Beers *Narrenspital* übernommen, das nur ein Jahr vor dem *Frantzösischen Kriegs-Simplicissimus* erschienen war, allerdings nimmt die Geschichte bei Beer einen anderen Ausgang.[10]

Simplex zieht nun nach Straßburg, um Poetik, Rhetorik, Italienisch und Französisch zu studieren. Nach Abschluß seiner Studien tritt er den Dienst bei einem Pariser Kaufmann an, den er auf der Leipziger Messe kennengelernt hatte. Simplex sieht, wie andere Kaufmannsdiener ihre Herren betrügen, aber er hält sich zunächst redlich und fleißig. Erst als sein Herr stirbt und er den gesamten Handel übernimmt, verführt ein Freund ihn dazu, Waren aus dem Lager zu stehlen und auf dem Schwarzmarkt zu verkaufen. Dazu muß er allerdings die Magd, welche die Hausschlüssel verwaltet,

---

[10] Vgl. Johann Beer: Narren-Spital. In: Sämtliche Werke, hrsg. von Ferdinand van Ingen und Hans-Gert Roloff, Band 5, Bern u.a. 1991, S. 157-179. Siehe auch das Kapitel über Johann Beers *Narrenspital* in dieser Arbeit.

verführen und ihr die Ehe versprechen. Als sie schwanger wird, entledigt er sich ihrer und ihres Kindes, indem er sie auf ein Schiff nach Virginia lockt, selbst aber noch rechtzeitig von Bord geht. Er erleichtert seine Herrin um eine erhebliche Summe und muß verschwinden, bevor man seinen Betrug entdeckt. War Simplex bisher überwiegend das Opfer unglücklicher Umstände und seiner eigenen Lasterhaftigkeit, so verstrickt er sich als Kaufmannsdiener aktiv in Schuld und verübt grausame Verbrechen.

Auf seiner Flucht reitet Simplex nach Köln und meldet sich bei der Armee, als der französische König Ludwig XIV den Vereinigten Niederlanden 1672 den Krieg erklärt. Hier trifft Simplex auch seinen Duzbruder aus Paris wieder, der ihn zum Diebstahl angewiesen hatte. Simplex hofft, von ihm noch allerlei Schelmenstücke zu lernen, allerdings plagt ihn gelegentlich auch das schlechte Gewissen, das ihn einmal sogar in die Kirche treibt, wo er jedoch keine moralische Erbauung findet.

Im folgenden wird vor allem das Kriegsgeschehen wiedergegeben, wobei Simplex häufig nur berichtet, was man ihm erzählt hat. Sein Duzbruder schildert die Truppenbewegungen der französischen Armee an den Grenzen zu den Niederlanden und welchen Schaden der Welthandel bereits durch die Kriegserklärung genommen hat. Ein Niederländer beschreibt den gescheiterten Überfall der Engländer auf die Smirnische Flotte, welche eine kostbare Ladung mitgeführt hatte. Sogar die Kriegserklärung Englands an die Vereinigten Niederlande wird wiedergegeben. Zunächst marschieren die französischen und die chur-kölnischen Truppen nach Maastricht, wo sie sich mit der restlichen Armee des Königs vereinigen. Der Einmarsch nach Holland beginnt und damit die Grausamkeiten der französischen Soldaten an der Zivilbevölkerung. Häuser und Ernten werden zerstört und die Menschen gefoltert, obwohl Ludwig XIV. in einem Manifest verkündet hatte, daß nur die niederländische Regierung, nicht aber die Untertanen gestraft werden sollten. Auch der Bischof von Münster tritt auf Seiten der Franzosen in den Krieg ein. Innerhalb von nur einem Monat werden drei niederländische Provinzen erobert, dabei halten sich die Franzosen nur selten an ihre Versprechen gegenüber den eroberten Städten und verfahren erbarmungslos mit den Einwohnern. Auf See sind allerdings die Niederländer siegreich und setzen sich mit Erfolg gegen die französische und englische Flotte zur Wehr.

Als sich Simplex und sein Duzbruder im Quartier befinden, bitten sie um eine achttägige Beurlaubung, die ihnen gewährt wird. Unterwegs treffen sie auf Zigeuner, welchen Simplex einen Jungen abkauft. Dessen Lebensgeschichte ist zu einem großen Teil wiederum dem *Narrenspital* von Beer entlehnt.[11] Der Junge war von einem gewalttätigen Schullehrer so lange mißhandelt worden, bis er von zu Hause weglief und sich unterwegs Zigeunern anschloß, die ihm das Wahrsagen beibrachten. Während ihrer freien Tage begegnen ihnen immer wieder Soldaten und Staatsmänner, die sie über das aktuelle Kriegsgeschehen informieren. Nachdem die französische Armee den Rhein überschritten hat, fallen die Städte Arnheim, Bommel, Ravenstein, Nimwegen und viele mehr an die Franzosen. In Friesland und Groningen will man sich bis zum bitteren Ende verteidigen, und als die Franzosen versuchen, den Kommandanten der Stadt Coeverden zu bestechen, erhalten sie eine barsche Abfuhr. Nur mühsam kann die Festung eingenommen werden, weil am Ende die Bevölkerung dem Feind ohne das Wissen des Kommandanten die Tore öffnet. Nach der Schilderung der Eroberungen der Generäle Turenne und Condé beschreibt Simplex die besondere Grausamkeit der Armee des Herzogs von Luxemburg, denn er hört, wie sich im Wirtshaus Luxemburger Soldaten ihrer unmenschlichen Verbrechen rühmen. Sie plündern und zerstören die Häuser der Bauern, vernichten ihre Ernte und töten das Vieh, vergewaltigen die Frauen und töten sie sowie ihre Männer und Kinder auf grausame Weise unter den Augen der Offiziere.

---

[11] Vgl. Narrenspital, S. 150ff.

Das dritte Buch und damit der zweite Teil beginnt mit einem historischen Abriß über die Entwicklung Frankreichs zu einer wirtschaftlichen und militärischen Großmacht. Daran schließt sich ein phantastisches Abenteuer auf dem Parnaß an. Der Zigeuner bringt Simplex mittels Zauberei zu einer Versammlung von bedeutenden Philosophen der Vergangenheit, die sich über die Ursachen der Lasterhaftigkeit der Menschen beraten und auf Abhilfe sinnen. Der Vorschlag, den Menschen ein Fenster in die Brust zu pflanzen, durch welches man direkt ins Herz sehen könnte, wird abgelehnt, weil die Operation zu gefährlich wäre und daraus sowieso nur die verschlagenen Menschen einen Nutzen ziehen würden. Die Episode dient ähnlich wie die Jupiterepisode und Simplex' Mummelseefahrt bei Grimmelshausen dazu, die Lasterhaftigkeit der Welt zu zeigen. Die Versuche, etwas daran zu ändern, werden auch hier als Utopien verworfen. Nach diesem phantastischen Exkurs wendet sich der Erzähler wieder politisch-historischen Gegenständen zu, denn in der Gesellschaft der Philosophen läßt sich Simplex auf eine Diskussion über Frankreich ein. Er schildert, wie der König aus seinen Untertanen genug Geld für seine Kriege preßt und welche geographischen Vorteile Frankreich zur Sicherung seiner Grenzen nutzen kann.

Nachdem Simplex vom Parnaß in die Niederlande zurückgekehrt ist, erzählt man ihm von den Machenschaften der de Witts, die für die Schwäche des Landes verantwortlich gemacht werden. Simplex ist dabei, als die Städte Utrecht und Wörden kampflos von den Städteregierungen übergeben werden. Es kommt sogar zu Verhandlungen über die Kapitulation der Vereinigten Niederlande, die allerdings scheitern. Die Niederländer beschließen, bis zum bitteren Ende zu kämpfen, aber weil das Volk den Städteregierungen nicht mehr traut, kommt es zu einer Reihe von Aufständen, die dazu führen, daß der Prinz von Oranien zum Statthalter über die gesamten Provinzen ernannt wird. Dadurch nimmt auch die militärische Schlagkraft zu, denn der Prinz ist nun oberster Heerführer. Durch zusätzliche Steuern rüstet er die Armee auf.

Im vierten Buch zeigen sich die Vorteile der Statthalterschaft des
Prinzen, da er das gespaltene Land vereinen und dem Volk Selbstvertrauen geben kann. Darüber hinaus ist der Prinz mit dem englischen König verwandt, und es besteht nun die Hoffnung auf Frieden
mit England, das die Provinz Seeland angegriffen hatte. Simplex
fügt in seine politischen Ausführungen einige Schelmenstücke ein
und begründet sein Verfahren folgendermaßen:

> In Erwögung/ daß ich nunmehr ein geraume Zeit hero/ nur
> von ernstlichen Kriegs-Händlen/ als von Feld-Zügen/ Belä-
> gerungen/ Blocquierungen/ rauben und morden/ wie auch
> von Meuttereyen/ Aufruhren und dergleichen/ geredet und
> geschrieben hab: Deßwegen/ damit ich nit entweder/ als ein
> gantzer Narr/ oder ein gantzer unfreundlicher Sauer-Topff und
> Eßig-Krug/ von der klugen Welt außgeschieden werde/ so
> hab ich für rathsam erachtet/ bey diesen anmuthigen Hunds-
> Tägen/ eine oder die andere Lust-Daube/ und Ergötzungs-
> Mucke wider auß meinem Schlag herauß fliegen zu lassen/ biß
> dann wieder andere Zeit vorhanden/ so etwas ernstliches vor-
> zubringen/ und zu referieren erfordern wird.[12]

Zwar wird hier nicht wie bei Grimmelshausen dem Leser eine
bittere, aber heilsame Pille versüßt, aber er soll doch bei Laune
gehalten werden, damit der Autor auch noch weiter über den Krieg
berichten kann, dem sein eigentliches Interesse gilt. So hilft Simplex
beispielsweise einmal seinem Wirt, das Schultheiß-Amt zu behalten
und seinen Sohn vor dem Kriegsdienst zu bewahren, indem er sehr
geistreich einem rachsüchtigen Adligen vier Fragen beantwortet, die
für alle anderen unlösbar scheinen. Simplex schadet dabei niemandem, sondern hilft der ohnmächtigen Familie gegen den Mächtigen.
Ein raffiniertes Schelmenstück ersinnt allerdings seine Wirtin, die
mit Simplex ihren Mann betrügt und es zwege bringt, daß der
Wirt sowohl sie als auch seinen Gast für überaus treu und anständig

---

[12] Frz. Kriegssimplicissimus, S. 289.

hält. Auch beim Pferdediebstahl seines Zigeuners ist Simplex eher ein passiver Begleiter als ein wirklicher Schelm. Er meldet sogar religiöse Bedenken an, wenn auch etwas halbherzig:

> Wolan/ sagte der Zügeiner/ Herr reuttet in GOttes Namen heut mit mir/ nach dem Dorf N. allda ist ein reicher Wirth und Fuhrmann/ der hat drey schöne Schemmel/ drey schöne Fuechse/ drey schöne Braunen/ und drey überaus schöne Rappen/ in seinem Stall stehen/ darvon müssen zwey für euch/ und mich/ so gewiß biß Morgen werden/ als wann ichs bereits schon hätte: Daß GOtt walt/ sprach ich/ soll man dann auch in GOttes Namen auffs Mausen und Stehlen außreitten; Ich gedencke der liebe Zeit/ daß ich gesagt hab; Ich will in GOttes Namen in die Kirchen/ oder in die Schul/ gehen; Oder ich will in GOttes Namen/ diß oder jenes gute Werck angreiffen/ und dergleichen; Jetzt kommt es so weit/ daß man auch in GOttes Namen/ zu rauben und zu plündern begehrt.[13]

Der Erzähler wendet sich nun wieder den politischen Vorgängen zu. Er berichtet von einem Mordanschlag auf den Prinzen durch die Familie de Witt und von deren anschließender Entmachtung durch die Bürger. Wieder kommt es in verschiedenen Städten zum Aufstand gegen die Ratsherren, da man eine Verschwörung gegen den Statthalter befürchtet. Währenddessen muß Simplex seinem Duzbruder helfen, sich aus dem Gefängnis zu befreien, denn er hat wegen einer Prostituierten einen Mann erstochen. Simplex schmuggelt einen Strick in die Zelle und verhilft dem Mörder so zur Flucht. Als dieser sich mit folgenden Worten bedankt: „Bruder! dieser Kerls/ den Strick meynende/ ist/ schlag mich der Plunder /heut mein bester Herrgott", weist Simplex ihn zurecht: „Daß dir es GOtt verzeihe/ du leichtfertiger Vogel! [. . .]/ sollest du den Strick höher/ als GOtt im Himmel schätzen?"[14] Mit einem Geistlichen führt Simplex ein interessantes Gespräch über die Natur der Fortuna. Das Glück

---

[13] Ebd., S. 309.
[14] Ebd., S. 380.

ist in dessen Augen „ein pures/ falsches/ nichtiges und Erdichtetes Wesen".[15] Die Menschen mißdeuten die göttliche Vorsehung als Glück, dabei bewegt Gott das Rad der Veränderung. Bis zum Ende des vierten Buches folgen nur noch Schilderungen des Kriegsgeschehens, wobei besonders das wechselnde Kriegsglück hervorgehoben wird.

Der dritte Teil beschreibt die Vorgänge des Jahres 1673:

> Ich nehme mir/ mit der Hülffe GOttes/ anjetzo vor/ das 23. Jahr meines Lebens-Lauffs/ welches in gemeiner Jahrszahl/ das 1673. Jahr ist/ in diesem III. Teil/ zu beschreiben; theils/ was ich für verschiedene Laster und Untugenden/ entweder selber begangen/ oder von meinem Dutz-Bruder/ und Zügeiner/ welche sie ins Werck gesetzt haben/ erzehlen gehöret; theils/ was für wunderseltzame Träum-Gesichter,' Verzuck- und Erscheinungen gehabt; und theils auch/ was für allerley Kriegsbegebenheiten/ entweder persöhnlich erfahren; oder/ was andere/ für merck- und denkwürdige Discursen/ so wohl von gegenwärtigen Kriegs-Läufften/ als von anderen der Zeit passierenden Stucken mehr/ glaub- und wahrhafftig mit mir zu führen gepflogen haben.[16]

Im folgenden wird das Eingreifen der kaiserlichen und brandenburgischen Hilfstruppen beschrieben. Außerdem muß sich Simplex auf dem Parnaß für die Veröffentlichung seines Lebens-Lauffs verantworten, weil sich viele Personen unterschiedlicher Stände und Berufe durch diese Schrift geschmäht fühlen. Doch die Götter und Philosophen sind auf seiner Seite und weisen die Anklage zurück. Über mehrere Kapitel erstrecken sich die wunderlichen Erzählungen eines alten Mannes, der sich Christusius nennt. Nach diesen Exkursen widmet sich der Erzähler wieder dem Krieg, denn das schwer

---

[15] Ebd., S. 416.

[16] Ebd., S. 6f.

geschädigte Chur-Brandenburg muß mit Frankreich Frieden schließen. Ein deutscher Staatsmann klärt Simplex darüber auf, welche Eigenschaften einen erfolgreichen Staatsdiener ausmachen und warum es so schwierig ist, die Herrschaft über eroberte Länder zu behalten. Nach diesen theoretischen Exkursen beschreibt Simplex bis zum Ende des fünften Buches den weiteren Kriegsverlauf. Er schildert die neue Allianz zwischen dem Kaiser und den General-Staaten der Niederlande. Der König von Frankreich kann dagegen immer mehr deutsche Fürsten auf seine Seite ziehen. Er rüstet seine Armee kräftig auf, wirbt Soldaten an und finanziert die Kriegsausgaben durch erhöhte Kontributionen.

Im sechsten Buch steht das Privatleben des Erzählers wieder im Vordergrund. Simplex ist unzufrieden mit dem, was er bisher im Leben erreicht hat. Er träumt von einem Glücksbaum, von welchem allerlei symbolische Gegenstände auf die unter ihm versammelten Menschen fallen, aber niemand bekommt das, was er sich wünscht. Diese Glücksbaum-Allegorie im Traum erinnert an den Ständebaum, von welchem Grimmelshausens Simplex träumt.[17] Wenn auch die allegorische Bedeutung der Bäume unterschiedlich ist, so geht es doch in beiden Fällen um die Unzufriedenheit des Menschen mit dem, was Gott ihm zuweist. Bei Grimmelshausen geht es primär um die soziale Stellung, bei Schielen überwiegend um materielle Güter. Die Allegorie stellt in Schielens Roman eher eine Ausnahme dar und wird nur sehr lose in die Handlung integriert, während Grimmelshausen den Traum des Jungen durch die vorhergehenden Ereignisse motiviert und in einen Sinnzusammenhang stellt.

Weil Simplex dem Zigeuner seine Gedanken und seinen Traum anvertraut, liest dieser ihm aus der Hand: Das Glück habe für ihn in einer geistlichen Laufbahn bestanden, aber diese Chance habe er in seiner Jugend vertan. Da er nicht mehr lange Soldat sein werde,

---

[17] Vgl. Simplicissimus, S. 43ff.

rät der Zigeuner ihm zu einer politischen Karriere. Ein Bekannter
des Zigeuners macht Simplex mit verschiedenen politischen Tricks
vertraut. Simplex jedoch erkennt, wie sehr diese „Politic-Reglen"[18]
den christlichen Lehren widersprechen. Er überrascht den Leser mit
der Erkenntnis, daß Gott zu ehren viel wichtiger sei als nach eigenen
Ehren zu streben:

> Gedencke demnach/ mein Simplex! hinfüro mit der jenigen
> Ehre/ allein vergnügt zu seyn/ welche dir GOtt in dieser Welt
> bescheret/ und lasse dich an der jenigen Beförderung genügen/
> in welche dich dein GOtt gesetzet hat.[19]

Das eigentliche Darstellungsanliegen im *Frantzösischen Kriegs-
Simplicissimus* ist der siebenjährigen französisch-niederländischen
Krieg. Es wird genau erklärt, welchen Nutzen Frankreich sich von
diesem Krieg verspricht, weshalb Frankreich so erfolgreich dabei ist,
wie es diesen Krieg finanziert und vieles mehr. Kriegserklärungen
und Kapitulationsverträge werden abgedruckt, sowie Beratungen
der obersten Heerführer detailliert beschrieben. Da eine rein sach-
liche Präsentation der Ereignisse wohl eine wesentlich geringere
Käuferschicht angesprochen hätte, erzählt eine simplicianische Figur zunächst ihren ereignisreichen Lebenslauf, der in die Beteili-
gung an diesem Krieg mündet. Simplex gibt nun aber kaum noch
wieder, was er selbst erlebt, sondern häufig nur das, was man ihm
erzählt hat. Besonders wenn es darum geht, politische Vorgänge
zu erläutern, wäre der Erzähler kaum eine glaubwürdige Autorität,
deshalb vermittelt er lediglich das Wissen von Fachleuten oder liefert Augenzeugenberichte.

> Schielens praktisch didaktische Einschiebsel sind oft weder
> handlungsfördernd noch reflektiv. Dadurch lockert sich bei
> ihm nicht selten die für den älteren Schelmenroman als gat-
> tungstypisch angesehene episodisch reihende offene Struktur

---

[18] Frz. Kriegssimplicissimus, S. 265.

[19] Ebd., S. 266.

zur Formlosigkeit auf. [...] So tritt der Protagonist gelegentlich auf Kosten der Handlungseinheit ganz in den Hintergrund. Die durch die gleichzeitige Teilnahme zweier oder mehrerer Sprecher erzielte dramatische Lebendigkeit und objektive Formulierung diametral entgegengesetzter Standpunkte resultiert nicht selten in einer gewissen Ambivalenz.[20]

Es werden aber nicht nur Feldzüge, Belagerungen und Eroberungen beschrieben, sondern mit großem Nachdruck wird das Elend der Zivilbevölkerung vorgeführt, Plünderungen, Folterungen, Vergewaltigungen und sinnloses Morden begleiten den Vormarsch der französischen Soldaten in die Niederlande. Simplex muß mitansehen, wie sein Duzbruder vier Bauern grausam foltert, weil diese einen französischen Soldaten an Händen und Füßen an einen Baum genagelt hatten. Auch hier liegt die Situation wieder ganz ähnlich wie in Grimmelshausens *Simplicissimus*, als der junge Simplex im Wald Soldaten beobachtet, die Bauern foltern. Auch diese Bauern hatten zuvor Soldaten gequält. Während bei Grimmelshausen sich Simplex ratlos abwendet und zu seiner Hütte zurückkehrt, ist der französische Simplex fähig, etwas zu unternehmen. Da er die Bauern nicht retten kann, erschießt er einen von ihnen, um ihn von seinen grausamen Leiden zu erlösen. Simplex riskiert damit sein eigenes Leben, aber er spielt den Mordlüsternen und besänftigt so den Zorn seiner Kameraden, denen er den Spaß verdorben hat.[21] Für Simplex wird das Grauen des Krieges zum Anlaß für eine religiöse Umkehr. Auf diese Weise bleiben dennoch Kriegserzählung und Lebenslauf eng miteinander verflochten, obwohl der Erzähler über weite Strecken völlig in den Hintergrund tritt. Simplicianische Episoden, welche eingeflochten werden, um die Kriegsberichte

---

[20] Maria C. Roth: Der Schelm als Soldat: *Der Frantzösische Kriegs-Simplicissimus* und *Schwejk*. In: Der deutsche Schelmenroman im europäischen Kontext. Rezeption, Interpretation, Bibliographie, hrsg. von Gerhart Hoffmeister, Amsterdam 1987, S. 119.

[21] Vgl. Frz. Kriegssimplicissimus, S. 321.

aufzulockern, stellen weniger Simplex in den Mittelpunkt, sondern vielmehr seinen Duzbruder oder den Zigeuner. Diese beiden hecken in der Regel raffinierte Schelmenstücke aus, bei welchen Simplex häufig nur Mitläufer ist oder völlig unbeteiligt bleibt.

Parallelen zwischen dem französischen und dem deutschen Simplicissimus gibt es nicht viele. Der Ausgangspunkt ihrer Geschichten ist ähnlich. Sie kommen als naive, weltunerfahrene Jungen in eine ihnen feindliche Umgebung, in welcher sie schnell lernen müssen, sich zu behaupten. Sie leben beide in einer verkehrten Welt, die von der Lasterhaftigkeit der Menschen geprägt ist. Schielens Simplex verfällt dabei völlig der Sünde, während Grimmelshausens Simplex ständig zwischen gut und böse hin- und hergerissen wird. Der französische Simplicissimus macht einen extremen Wandel durch, der wenig durch die Handlung motiviert wird, während der deutsche Simplicissimus sein Leben lang darum kämpft, sich aus seinem sündigen Treiben zu lösen oder der Versuchung des Teufels zu wiederstehen. Interessant ist hierbei, daß der französische Simplex durch die katholische Kirche in Rom auf den Weg der Sünde geführt wird, während der deutsche Simplex in Einsiedeln durch die Beichte einen ersten Anstoß zurück auf den Weg der Tugend erhält. Ähnlich verhält es sich mit der Funktionalisierung des Krieges: Schielens Schelm wird erst als Soldat durch das Erleben der unmenschlichen Verbrechen bekehrt, Simplex dagegen entfernt sich im Krieg als Jäger von Soest am weitesten von Gott. Die Botschaften der Werke unterscheiden sich vor allem in ihrer Komplexität. Was sich bei Schielen auf den Nenner bringen läßt: Lebe ein gottgefälliges Leben auf Erden, so daß du zum ewigen Leben gelangst, wird bei Grimmelshausen problematisiert: Wie kann der Mensch den Versuchungen zur Sünde widerstehen und damit sein Seelenheil retten?

Auch die Erzählweise unterscheidet sich gravierend. Während Grimmelshausen auch in satirisch-unterhaltsamen Episoden moralische, allegorische und anagogische Botschaften vermittelt, dienen die im *Frantzösischen Kriegs-Simplicissimus* eingeflochtenen Schelmenstücke allein der Unterhaltung. Schielens satirische Darstellung der verkehrten Welt in Rom, auf der Leipziger Messe oder im Krieg führt nicht zur Ablehnung der Welt und zur Weltflucht seines Helden. Für diesen ist ein gottgefälliges Leben in der Welt mit dem nötigen ernsthaften Willen dazu auch zu verwirklichen. Moralische und religiöse Ermahnungen werden vom Erzähler selten, dann aber direkt ausgesprochen. Da allerdings Simplex' plötzliche religiöse Besinnung für den Leser nicht nachvollziehbar ist, scheinen auch seine Ermahnungen kraftlos und wenig überzeugend. Schielen verarbeitet einige Motive aus Grimmelshausens *Simplicissimus*, versucht seinen Stil nachzuahmen und schreibt ganze Episoden von Johann Beers *Narrenspital* ab, aber es gelingt ihm nicht, ein stimmiges Kunstwerk mit eigenständigem Charakter zu entwickeln. Schielen ist im Grunde ein Kriegsberichterstatter, der versucht, das erfolgreiche literarische Konzept des *Simplicissimus* seiner Kriegschronik überzustülpen, doch Schelmenstücke, Satire und Moral bleiben Fremdkörper im Lauf der Erzählung.

3.1.2. Daniel Speer

Daniel Speer wurde am 2. Juli 1636 als Sohn eines Kürschners in Breslau geboren. Im Alter von acht Jahren wurde er Waise und kam zu einem Stiefbruder des Vaters, bei welchem es ihm ziemlich schlecht ging. Nachdem auch sein Onkel gestorben war, kam er in ein Waisenhaus, wo er eine gute Erziehung und Schulbildung erhielt. Er lebte in Polen und Ungarn und kam schließlich wieder zurück nach Deutschland. In Göppingen wurde er Kirchenmusiker und Musiklehrer, später Provisor. Speer komponierte und begann in seiner freien Zeit, die zwei Teile des *Ungarischen oder Dacianischen Simplicissimus* und den *Simplicianischen Lustig-politischen Haspel=Hannß* zu schreiben. Für seine politische Schrift über den Einfall der Franzosen 1688 wurde er einige Monate ins Gefängnis gesperrt. Am 5. Oktober 1707 starb Daniel Speer.[22]

3.1.2.1. Ungarischer oder Dacianischer Simplicissimus

Im Jahre 1683 erschien anonym: *Ungarischer Oder Dacianischer SIMPLICISSIMUS, Vorstellend Seinen wunderlichen Lebens-Lauff / Und Sonderliche Begebenheiten gethaner Räisen. Nebenst Wahrhafter Beschreibung deß vormals im Flor gestandenen / und öffters verunruhigten Ungerlands: So dann Dieser Ungarischen Nation ihrer Sitten / Gebräuch / Gewohnheiten / und führenden Kriege. Sambt Deß Grafen Tekely Herkommen / und biß auf jetzige Zeit verloffenen Lebens-Lauff. Denck-würdig und lustig zu lesen. Heraußgegeben von gedachtem Dacianischen Simplicissimo. Gedruckt im Jahr MDCLXXXIII.* Erst 1933 gelang es Moser, Daniel Speer als Verfasser zu ermitteln.[23] Weitere Zeugnisse für Speers Verfasserschaft konnte Manfred Koschlig präsentieren.[24]

Die Jugend des Simplicissimus weist starke Analogien zur Biographie des Verfassers auf. Nach dem Tod seiner Eltern wird Simplicissimus in die Familie des Stiefbruders seines Vaters aufgenommen, wo er nur noch „Dickkopf" gerufen wird. Da er nie genug zu essen bekommt, beginnt er zu stehlen, wird jedoch erwischt und von seinem Vetter halb tot geprügelt. Als dieser stirbt, kommt Simplex ins Breslauer Waisenhaus, wo er zum ersten Mal Unterricht und eine religiöse Erziehung erhält. Ausführlich wird auch die Stadt Breslau geschildert. Sein älterer Bruder, der bei einem polnischen Edelmann dient, holt ihn schließlich zu sich. Hier arbeitet Simplex als Schreiber und lernt allmählich die polnische Sprache und

---

[22] Zur Biographie Speers siehe auch Felix Burkhardt: Der „Ungarische Simplicissimus". Vom Leben und Schaffen Daniel Speers aus Breslau, Schlesien. In: Organ des Kulturwerks Schlesien 1 (1969), S. 15-20.

[23] Hans Joachim Moser: Der Musiker Daniel Speer als Barockdichter. In: Euphorion 34 (1933), S. 293-305.

[24] Manfred Koschlig: Daniel Speer und die Ulmer Bücherzensur. In: Archiv für die Geschichte des Buchwesens 15 (1975), Sp. 1201-1288.

höfische Manieren. Ebenso beginnt er, sich für Frauen zu interessieren, und läßt sich auf eine Affäre mit der Tochter des Edelmannes ein. Dennoch hält es ihn nicht lange in seiner Stellung, denn er möchte gerne in einer polnischen Stadt die Sprache richtig lernen. Hier stellt er in Frauenkleidern manchen Possen an. Dieser freiwillige Geschlechterwechsel durch Verkleidung erinnert natürlich an den *Simplicissimus*, allerdings schlüpft Simplex bei Grimmelshausen aus reiner Not in die Kleider und die Rolle einer Magd, um seine Narrenkleider loszuwerden.[25]

Auf einer Reise nach Oberungarn wird Simplex mit seinen Reisegefährten von Räubern überfallen. Da sich die Reisenden als katholisch ausgeben, müssen sie zum Beweis Marienlieder singen. Die Protestanten unter ihnen bewegen nur die Lippen, und man läßt sie unbehelligt ziehen. Andere Räuber geben sicheres Geleit gegen Bezahlung, so daß sie wohlbehalten über die Karpaten nach Zips gelangen. Die Stadt Keeßmarckt ist eine Residenzstadt des Grafen Teckely, der mit den Bürgern der Stadt wegen Grenzen und Vieh im Streit liegt. Der Erzähler beschreibt sehr ausführlich die Stadt, die Region Zips, und berichtet über die Bräuche und Sitten der Ungarn. In Leutschau nimmt Simplex Gesangsunterricht und studiert Theologie, bis sein Lehrer nach Breslau zieht. Im Alter von 20 Jahren beginnt er eine Musiker-Lehre in Zeben, doch nach nur eineinhalb Jahren stirbt sein Lehrmeister, und Simplex hat noch nicht viel gelernt. In Barthfällt findet er einen neuen Lehrherrn, der aber wegen seiner kritischen Reden häufig im Gefängnis sitzt. Simplex soll schließlich anstelle seines Lehrers Turmtrompeter werden, da man dieser hingerichtet werden soll. Doch Simplex lehnt ab und rettet damit seinem Meister das Leben. Er selbst muß daraufhin allerdings die Stadt verlassen.

Unterwegs fällt Simplex noch einmal unter die Räuber, wird aber gut behandelt und mit Diebesgut beschenkt, weil er ihnen vorspielt.

---

[25] Vgl. Simplicissimus, S. 168ff.

Als er in Scharosch davon erzählt, fordert man die gestohlenen Gegenstände von ihm zurück. Als Entschädigung erhält er eine Anstellung als Trompeter und erlebt mit, wie man drei Räuber-Hauptleute gefangen nimmt, foltert und hinrichtet. Es folgt eine ausführliche Schilderung der Stadt Scharosch und Informationen über den Grafen Ragozi. Simplex erhält hier außerdem Gelegenheit, einer Hexe bei der Arbeit zuzusehen, und wird von den Leuten für einen Kollegen gehalten. Die Analogie zur Hexenfahrt von Grimmelshausens *Simplicissimus* ist deutlich, allerdings ist dieses Erlebnis für den ungarischen Simplex ein aufregendes Abenteuer, während Grimmelshausens Figur sich fürchtet und Gott um Beistand anruft.

Als der Krieg gegen die Türken ausbricht, wird Simplex Heerpauker. In seinem ersten Gefecht versagt er, aber es gelingt ihm, sich den Schein eines tapferen Soldaten zu geben, da er ein schönes herrenloses Pferd erbeutet. Ihm wird daraufhin sogar die besondere Förderung durch einen ungarischen Offizier zuteil. Simplex bewährt sich nun bei einem Duell und auch in der Schlacht, und einmal rettet er sogar seinen Capitän aus den Händen feindlicher Soldaten. Er bringt es zu Geld, zwei Pferden und Diener und schafft sich damit viele Neider, genau wie Grimmelshausens Simplex als Jäger von Soest.[26] Doch das Rad der Fortuna dreht sich weiter, und er wird von abtrünnigen Christen im Dienste der Türken gefangen genommen, so wie Grimmelshausens Figur von den Schweden gefangen genommen wird. Während andere Christen als Sklaven in Erla verkauft werden, kommt Speers Simplex, da er ein Soldat ist, ins Gefängnis, wird allerdings bald gegen einen gefangenen Türken ausgetauscht. Inzwischen hat der Kommandant jedoch seinen Besitz verkauft.

Simplex gibt das Soldatenleben auf und will stattdessen besser Trompete spielen lernen. Beim Landherrn Botzskay findet er eine neue Lehrstelle, doch spielt er bereits besser als sein Meister. Ein

---

[26] Siehe unter anderem Simplicissimus, S. 188.

Jahr lang zieht er mit seinem Herrn herum und lernt Ungarn jenseits der Theiß kennen. Dabei kommt es zu folgender Episode, die eine unübersehbare *Simplicissimus*-Reminiszenz darstellt:

> Einsmal reiseten wir in der Char-Wochen auf ein Calvinisches Hoch-Adeliches Beylager/ weil es nun noch zimlich kalt war/ und in keiner Scheuren/ wie sies sonst im Brauch haben/ Taffel konten halten/ muste die Kirch her halten/ und machte man die Kuchen und Herde auf den Kirchhoff/ die Taffeln und Gäste logirte man in die Kirch/ in die Sacristey schrottete man den Wein/ und weil die Kantzel-Staffeln in der Sacristey auf die Kantzel gerichtet waren/ so schenckete man auf der Kantzel die Gläser ein/ da dachte ich an die Wort Christi; da er gesaget: Mein Hauß ist ein Beth Hauß/ ihr aber habts gemacht zur Mördergruben;[27]

Die Bezeichnung Mördergrube für die zum Festschmaus mißbrauchte Kirche erscheint weit überzogen, erinnert damit aber umso mehr an Oliviers Haushaltung in einer Kirche, von deren Turm aus er das ganze Land überblickt und sich nähernde Opfer für seine Raubzüge rechtzeitig ausmachen kann. Der skrupellose Olivier macht die Kirche wirklich zur Mördergrube.[28] Im *Simplicissimus* gerät diese Episode allerdings auch zu einer heftigen Kritik an den Geistlichen. Daß diese Kritik von Olivier, einem Verbrecher und Mörder, geübt wird, schmälert nicht ihre Wirksamkeit, sondern zeugt wiederum von der Verkehrtheit der Welt.

Der ungarische Simplex gelangt mit einem neuen Herren nach Siebenbürgen, wo er wiederum die Stellung wechselt. Er hat reichlich Gelegenheit, Land und Leute kennenzulernen. Als sein Herr an der Pest stirbt, kehrt Simplex nach Ungarn zurück. Bei der Besichtigung eines Bergwerkes sieht er ein sogenanntes Bergmännchen,

---

[27] Ungarischer oder dacianischer Simplicissimus (1683), hrsg. von Marian Szyrocki und Konrad Gajek, Wiener Neudrucke Band 3, Wien 1973, S. 126f.

[28] Simplicissimus, S. 342.

das nach der Legende den Minenarbeitern anzeigt, wo sie graben müssen.

Fürst Ragozy und Fürst Wayda aus Moldau beginnen einen Krieg mit den türkischen Besatzern, doch sie unterliegen und müssen vor dem eigenen Volk ebenso fliehen wie vor den Türken. Stephan Wayda flieht in die Caschau, wo sich Simplex inzwischen wieder befindet. Als Wayda nach dem Abzug der Türken einen Schatz holen will, den er in einem Versteck zurücklassen mußte, läßt sich Simplex als Trompeter anwerben. Unterwegs werden sie von den Türken überfallen, und eine große Zahl von Waydas Leuten wird niedergemetzelt, doch Simplex kommt heil davon.

Simplex trifft einen alten Schulfreund wieder, der ihm eine Stellung bei seinem siebenbürgischen Herrn beschafft, welchen die beiden Freunde nach Konstantinopel begleiten sollen. Teilweise reisen sie in Bauernkleidern, damit sie niemand erkennt, denn Simplex' Dienstherr Barozako soll der Nachfolger von Fürst Ragozy werden. Unterwegs wird Simplex krank und muß zurückbleiben. Mit griechischen Kaufleuten kommt er schließlich doch noch nach Konstantinopel, wo ein Schulkamerad aus Zips der Kanzler des Patriarchen ist. Da Simplex einen Rückfall erleidet, muß sein Herr ohne ihn die Rückreise antreten. Als Barozako die Heimat erreicht, wird er als Verräter hingerichtet. Nach der Ankündigung einer Fortsetzung folgt noch die „Wahre Abbildung Und Kurtze Lebens-Beschreibung Deß Ungarischen Grafen Emerici Tökeli".[29]

Die Literaturwissenschaft hat Speers Simplicissimus-Roman überwiegend negativ beurteilt:

> Die Kindheits- und Jugendgeschichte erinnert noch an den Pikaro- und Schelmenroman; sie ist aber sehr individuell gestaltet und ohne ein übergreifendes Konzept geschildert. Mit den Lehrjahren beginnt die Wanderzeit; Landschaftsbeschreibungen, Städteschilderungen und Exkurse über Landessitten

---

[29] Ungarischer Simplicissimus, S. 158.

überwiegen. Das unstete Wanderleben des Musikers dient nur noch dazu, geographisches und historisches Wissen auszubreiten. Es ist eine empirische Weltfahrt, ein Reisebericht, weit entfernt von einer simplicianischen Pilgrimschaft. Welt wird subjektiv erfahren; nichts deutet mehr auf eine dualistische Spannung zwischen Sein und Schein.[30]

Hubert Rausse übt scharfe Kritik an dieser Simpliciade: „Der Faden des Romans wird nur gesponnen, um die jeweiligen Diskurse besser anbringen und (vom Standpunkt des kaufmännischen Verlegers) besser absetzen zu können."[31] Nach seiner Meinung handelt es sich eher um einen Reisebericht oder Reiseführer denn um einen Roman. Trotzdem sieht er die Handlung stark von Grimmelshausens *Simplicissimus* beeinflußt. Konrad Gajek vertritt eine gegenteilige Ansicht: „die Gemeinsamkeiten erschöpfen sich in Äußerlichkeiten, darin, was sich sowohl der ‚Simplicissimus Teutsch‘ als auch der UoDS [Ungarische oder Dacianische Simplicissimus] aus der Tradition des Schelmenromans angeeignet haben."[32] Und im Nachwort zur Neuausgabe des *Ungarischen oder Dacianischen Simplicissimus* von Szyrocki und Gajek liest man:

> Der strukturelle Unterschied zwischen beiden Romanen ist vor allem im Bereich der Komposition zu suchen. Grimmelshausen, selbst Verfasser von komplizierten höfischen Romanen, hat seine Kenntnisse auch seinem Schelmenroman zugute kommen lassen und ihn mit einer durchdachten komplizierten Komposition ausgestattet, die, später als Mischform benannt, nicht zuletzt einen ganz besonderen Reiz für den Literaturforscher hat. Der UoDS dagegen bleibt der einfacheren Struktur

---

[30] Hans Gerd Rötzer: Der Schelmenroman und seine Nachfolge. In: Handbuch des deutschen Romans, hrsg. von Helmut Koopmann, Düsseldorf 1983, S. 143f.

[31] Rausse 1912, S. 211.

[32] Konrad Gajek: Daniel Speers romanhafte und publizistische Schriften, Wroclaw 1988, S. 41.

des Schelmenromans treu.[33]

Peter Heßelmann bewertet den Roman positiver als Rausse, sieht aber keine Nähe zu den simplicianischen Romanen Grimmelshausens gegeben:

> Das Buch ist seiner Struktur nach ein Konglomerat aus Schelmengeschichte und Reisebeschreibung. Ausführungen zur Geschichte, über die Topographie, die Bewohner, Sitten und Gebräuche nehmen breiten Raum ein, so daß fast von einer Landeskunde oder Ethnographie zu sprechen ist. Es geht vorzugsweise darum, die Leser mit geographischen, historischen, militärischen und politischen Informationen zu versorgen. Speers Werk kommt damit dem Publikumsbedürfnis nach aktuellen Nachrichten über die dem Deutschen Reich drohende türkische Gefahr nach. Die Heilsbotschaft und die spirituell zu verstehende Pilgrimschaft des Protagonisten treten dabei – wie schon in den Schriften Schielens – in den Hintergrund. Sieht man von der pikarischen Gattung, der rudimentären satirischen Erzählhaltung und wenigen, nicht zwingend von Grimmelshausen herrührenden Motiven ab, so erinnert außer dem werbekräftigen Namen Simplex nichts an simplicianische Romane.[34]

Der äußere Lebensweg der beiden Helden zeigt deutliche Parallelen: sie wachsen bei Pflegeeltern unter erbärmlichen Umständen in großer Unwissenheit auf. Religiöse Unterweisung sowie Unterricht in Lesen und Schreiben erhalten sie erst später, der ungarische Simplicissimus im Hospital und Grimmelshausens Simplex bei seinem leiblichen Vater, dem Einsiedler. Beide Romane gestalten die Wirklichkeit als Fortuna-Welt. Der Lebensweg eines jeden Menschen unterliegt dem ständigen Wechsel zwischen Glück und Unglück, Reichtum und Armut, Frohsinn und Schwermut. Das Symbol des Rades der Fortuna versinnbildlicht die ewige Auf- und

---

[33] Nachwort zum Ungarischen Simplicissimus, S. 189.

[34] Heßelmann 1992, S. 158f.

Abbewegung, welcher das menschliche Leben unterworfen ist. Entsprechend turbulent verlaufen die Lebenswege der Romanfiguren bei Speer und Grimmelshausen. Anna Hofer sieht darin die Rechtfertigung, den *Ungarischen oder Dacianischen Simplicissimus* als Simpliciade zu bezeichnen:

> Es hat also dem Schicksal dieses Schlesiers an überraschenden Wendepunkten nicht gemangelt, und dieser bunte Wechsel im äußeren Geschehen ist es hauptsächlich, der dem Roman das Gepräge einer Nachahmung des deutschen Simplicissimus gibt.[35]

Die überraschenden Wendepunkte entsprechen allerdings viel mehr der Deutung der Welt als einer Fortunawelt, in der sich das Rad des Glücks unaufhörlich dreht. Glück und Unglück stehen in ständigem Wechsel. Da dieses Weltbild nicht nur für den *Simplicissimus* von Grimmelshausen typisch ist, sondern für Literatur und Weltverständnis des Barock überhaupt, darf man diese Parallele nicht überbewerten, auch wenn das sich ständig drehende Rad der Fortuna in beiden Romanen eine ähnliche narrative Struktur bewirkt. Hofer liest den *Ungarischen oder Dacianischen Simplicissimus* als Speers Autobiographie, wofür sie keine Begründung angibt.[36] Es fehlt jede Grundlage für diese Annahme, abgesehen von gewissen Parallelen in der Jugend des Helden zu Speers Biographie.

Als eine weitere Gemeinsamkeit der beiden Werken betrachtet Hofer die volkstümliche Sprache:

> Die Sprache ist wie bei Grimmelshausen von höchster Lebendigkeit und Klarheit; sie ist nie konventionell, gestelzt oder vollgepfropft von gelehrtem Zeug wie die der Zeitgenossen, sondern bis in die Grobheiten hinein wahr und echt. [...] Ein

---

[35] Anna Hofer: Daniel Speers Nachahmungen des Simplicissimus von Grimmelshausen, Wien 1940, S. 11f.

[36] Ebd., S. IX.

Buch, für das Volk bestimmt, mußte auch in der Sprache des Volkes geschrieben werden, und diese war kräftig und derb.[37]

Was Hofer unter „gelehrtem Zeug" versteht, bleibt ungewiß, deshalb soll hier nur darauf hingewiesen werden, daß Grimmelshausen umfangreiche Kenntnisse aus unterschiedlichen Wissenschaften und klassischen Künsten in seinen Roman einbringt. Als Beispiel sei hier nur die Geometrie genannt, mit deren Hilfe Simplex den Mummelsee vermißt: „ich nahm oder masse die Länge und Breite deß Wassers vermittlest der Geometriae, [...]/ und brachte seine Beschaffenheit vermittelst deß verjüngten Maaßstabs in mein Schreibtäfelein".[38] Hofer entwickelt für ihre Interpretation, die 1940 erschien, einen Volksbegriff, der der Rassenlehre des Dritten Reiches nahesteht, wenn sie ausführt:

Die Personen, die in der Erzählung auftreten, Bauern, Bürggr [!], Hirten, Adelige, Studenten, Soldaten, Räuber, Zigeuner und Türken sind blutvolle Gestalten und echte Repräsentanten ihres Stammes, ihres Standes und ihrer Zeit. Der Held selbst aber trägt die Züge des deutschen, besonders schlesischen Volkscharakters, so wie der Held Grimmelshausens den deutschen Michel verkörpert, nur daß sich in beiden Gestalten eben das Höchstmaß bodenständiger Eigenheiten entwickelt hat.[39]

Hofers Versuch, Speer und Grimmelshausen als dichterische Gestalter deutschen Wesens[40] zu vereinnahmen, verfehlt beide Texte völlig. Sie kann deshalb auch keine Belege für eine völkische Ideologie in den Barockromanen beibringen. Beide Autoren lassen ihre Helden reisen, damit sie lernen. Grimmelshausens Simplex lernt, daß die Menschen auf der ganzen Welt in Sünde und Selbstsucht leben und sich den Lockungen des Teufels ergeben. Speers Simplex studiert ohne Überheblichkeit verschiedene Sprachen, Kulturen

---

[37] Ebd., S. 25.

[38] Simplicissimus, S. 411.

[39] Hofer, S. 5.

[40] Vgl. ebd., S. 6.

und Gesellschaften und hält auch Details für berichtenswert. Seinen Bezug zur schlesischen Heimat verliert er dabei weitgehend.

Phantastische Geschichten werden auch im *Ungarischen oder Dacianischen Simplicissimus* als erlebte Realität dargestellt. Während der Besichtigung eines Bergwerks begegnet Simplex ein Bergmännchen, welches den Bergleuten die richtige Stelle für ihre Grabungen anzeigt:

> kaum eines Vatter-unsers lang/ als wir da stunden/ und sie wieder wollten den Hammer anlegen/ auch mein Führer sie eben grüssete/ wie oben gedacht/ wurden wir eines Spannenlangen Männleins/ in Gestalt eines Bergknappen/ mit tragendem Schirm-Hammer und Stiel gewahr/ ging einer Elen lang in einen andern Felß/ kam bald wieder und ließ sich auf 5. mal nach einander sehen/ mein Führer sprach Glück auf mit Hammer und Stiel/ die sagten auch/ das gebe Gott/ und legten gar starck die Hammer an/ wo sich das Männlein gezeigt hatte/ und nach einer halben Elen tieffen Außbrechen/ funden sie Strohhälmen dick pur und lauter gediegen Silber/ zwischen dem Felsen wie bekandt gewachsen [...].[41]

Das Legendenmotiv wird allerdings nicht weiter für den Roman funktionalisiert, wie Grimmelshausen dies beispielsweise mit der Mummelsee-Episode oder Simplex' Begegnung mit Baldanders tut Neben den phantastischen Elementen finden sich gemeinsame Motive wie der Kleidertausch und das Schlüpfen in Frauenrollen. Auch die Begegnungen mit Hexen sind beiden Werken gemein. Allerdings besitzt im *Simplicissimus* die Fahrt zum Hexensabbat symbolischen Charakter und verweist auf die zunehmende Welt- und Teufelsverfallenheiten des Titelhelden. Außerdem wird die Episode vom Erzähler ironisiert: „und wers nicht glauben will/ der mag einen andern Weg ersinnen/ auff welchem ich auß dem Stifft Hirschfeld oder Fulda [...] in so kurtzer Zeit ins Ertz=Stifft Magdeburg marchirt

---

[41] Ungarischer Simplicissimus, S. 142.

seye."[42] Der ungarische Simplex dagegen beobachtet eine Henkerin und Hexe bei der Arbeit und schildert ihre Kunst ungebrochen als Teil der fiktiven Realität.[43]

Im *Ungarischen oder Dacianischen Simplicissimus* fehlt die allegorische Ebene. Speer beschäftigt sich nicht mit den religiösen Fragen, die Grimmelshausen in den Mittelpunkt seines *Simplicissimus* rückt. Während Simplex nach einem Weg sucht, sein Seelenheil dauerhaft zu retten, und sich deshalb am Ende immer weiter aus der Welt zurückzieht, kümmert sich sein ungarisches Pendant nicht weiter um ein Leben nach dem Tod. Er genießt sein weltliches Dasein ohne Bedenken, folgt dabei aber gewissen Moralvorstellungen.

Was den *Ungarischen oder Dacianischen Simplicissimus* zur Simpliciade macht, sind vor allem Analogien im Lebenslauf der Helden, die auch für den Schelmenroman typisch sind, und der satirische Humor des Erzählers. Speers Simplicissimus genießt es ebenso wie die Figur Grimmelshausens, Anekdoten und witzige Begebenheiten zu erzählen und seinen Mitmenschen allerlei Streiche zu spielen. So läßt er sich beispielsweise einmal von seinen Reisegefährten sein Gepäck tragen, indem er es heimlich auf ihre Bündel verteilt. Dennoch erreicht der Schlesier nicht den Witz, die Situationskomik und die satirische Qualität des *Simplicissimus* von Grimmelshausen.

3.1.2.2. Türckischer Vagant

Die Fortsetzung des *Ungarischen oder Dacianischen Simplicissimus* trägt den Titel: *Türckischer Vagant/ oder: Umschweiffend=Türckischer Handels=Mann/ Welcher eine Reise mit zweyen Calogeri (oder Griechischen München) und drey Griechischen Kauff=Leuthen in Constantinopeln angetretten/ und durch Aegypten/ das Gelobte Land: item, auf dem Euphrath durch die sandigte*

---

[42] Simplicissimus, S. 147.

[43] Vgl. Ungarischer Simplicissimus, S. 91f.

Wüsten Arabiae/ und andere viel Türckische Örther mehr kommen.
Endlich auch nach drey Jahren wiederum in die Christenheit gelan-
get. Um wunderlichen Begebenheiten begierig und nutzlich zu lesen.
Gedruckt/ im Jahr Christi 1683.

Dieser zweite Teil unterscheidet sich sowohl vom ersten Teil als
auch von Grimmelshausens Simplicissimus in seiner Gesamtkon-
zeption. Es ist weniger ein Roman als vielmehr ein Reisebericht.
Simplex beginnt in Konstantinopel Handel zu treiben und knüpft
Verbindungen zu wichtigen Persönlichkeiten wie dem Patriarchen
der Stadt. Durch dessen Vermittlung bekommt er einen Reisepaß
nach Jerusalem und einige Empfehlungsschreiben. In Begleitung
von zwei griechischen Mönchen und drei weiteren Kaufleuten begibt er sich mit allerlei Handelswaren auf ein Schiff nach Alexandria,
wo er bedrängt wird, die Tochter eines Geschäftspartners zu heiraten. Er verspricht dem Mädchen zwar die Ehe, aber er hat nicht
vor, nach seiner Jerusalem-Reise nach Alexandria zurückzukehren.
Er besucht mit seinen Kameraden den Berg Sinai und den Berg
Horeb, wo man ihm allerlei „heilige Schnacken"[44] erzählt. Simplex
läßt sich allerdings nicht anmerken, daß er den Heiligenlegenden
wenig Glauben schenkt. Unterwegs nach Jerusalem gelangen sie
an verschiedene biblische Orte, die sie besichtigen. In der heiligen
Stadt interessieren sie sich besonders für den Ölberg, die Hinrich-
tungsstätte und natürlich das Grab Jesu, das sie gegen Eintrittsgeld
besichtigen dürfen. Ihre Neugier führt sie auch nach Bethlehem und
an den See Genezareth. Und auch auf dem Weg nach Damaskus
gelangen sie immer wieder an Orte, die in der Bibel Erwähnung
finden.

In Tripoli verbringen die Kaufleute den Winter und treten im
Frühjahr eine Schiffsreise auf dem Euphrat an, die sie zunächst
nach Babylon und dann weiter bis Bagdad führt. Auf der Rückreise

---

[44] Türckischer Vagant, S. 72.

nach Damaskus wird die Karavane, welcher sich die Kameraden angeschlossen haben, von Kurden überfallen. Simplex gerät mit einem Juden in die Hände der Räuber, aber er wird verschont, da er ein Christ ist. Der Jude dagegen wird erschlagen und zerstückelt. Auch Simplex muß dem Leichnam ein Glied abtrennen und dieses später in einem heidnischen Tempel opfern. Als er mit seinen Entführern durch finstere Felsenhöhlen klettert, findet er sich unversehens allein an einem Höhlenausgang an einem Flußufer. Er wird von einem Floß aufgenommen und gelangt schließlich wieder glücklich zu seiner Karavane zurück. Von Damaskus aus reisen sie nach Zypern, wohin ihnen die griechischen Mönche oder Calogeris schon vorausgereist sind. Hier nimmt der Bassa Simplex seine Seidenstoffe weg und gibt ihm eine schriftliche Anweisung, daß er sich das Geld dafür bei den griechischen Einwohnern der Insel holen kann. Nur mit Unterstützung anderer Kaufleute und der Mönche gelingt es ihm, Wein als Gegenleistung von den Griechen zu erhalten. Den Wein muß er allerdings an Bord des Schiffs schmuggeln, da sie mit türckischen Soldaten nach Konstantinopel zurückreisen, denen es verboten ist, Alkohol zu trinken.

Während der Reise durch das türkische Reich hat Simplex mit seinem Handel viel Geld verdient. Mit Hilfe seiner Freunde in Konstantinopel gelingt es ihm, sich einem Gesandten aus Siebenbürgen anzuschließen. Von da aus reist er über Ungarn nach Schlesien und gelangt schließlich wieder in seine Heimatstadt Breslau. Da er nicht recht weiß, was er mit sich anfangen soll, läßt er sich als Soldat im Krieg gegen die Türken werben. Außerdem kündigt der Erzähler eine Fortsetzung des Werks an.

Abgesehen von seiner Entführung verläuft die gesamte Orientreise für Simplex weitgehend unspektakulär. Er paßt sich einem fremden Kulturkreis an, obwohl er niemals die Perspektive des schlesischen Christen verliert. Als Christ unter Moslems erfährt er allerdings auch immer wieder Feindseligkeit. Die detaillierten Beschreibungen vermitteln kulturelles und geographisches Wissen.

Der Verfasser beschreibt Sitten und Gebräuche in den verschiedenen Gegenden, schildert die Städte, die Kleidung und die Nahrung der Menschen. Er versucht auch, die Lehre Mohammeds zu erklären, beschimpft den Propheten allerdings mehr, als daß er sich auf Argumente einließe. In der Regel sind in diesem Werk die Beschreibungen anderer Völker oder Bräuche überheblich und mit Vorurteilen besonders gegen die Türken befrachtet. Der Schlesier stößt sich an der Unordentlichkeit und der Faulheit der Griechen, Türken und Araber, daß er selbst aber seit vielen Jahren nicht seßhaft ist, durch viele Länder zieht und durch Handel Profit macht statt zu arbeiten, kommt ihm dabei nicht in den Sinn. Der seltsam ruhige Reiseverlauf läßt sich vielleicht durch Speers Quelle erklären, denn, wie Rausse festgestellt hat, stammt ein großer Teil der Beschreibungen ursprünglich von einem Augsburger Arzt, welcher im 16. Jahrhundert den Orient bereiste und seine Eindrücke niederschrieb:

> Die Beschreibungen des heiligen Landes sind dem „Reyßbuch des heylichen Landes, das ist eine gründtliche Beschreibung aller und jeder Meer- und Bilgerfahrten zum heylichen Land ... Gedruckt zu Franckfort am Mayn, im Jar 1584" entnommen. Das prächtig ausgestattete, der Feyerabendschen Offizin entstammende Werk enthält achtzehn Beschreibungen von Reisen ins heilige Land, beginnend mit Gottfried von Bouillon bis auf die botanischen Zwecken dienende Reise des Augsburger Arztes Leonhard Rauchwolff (1563). Schon Freudehold hatte für sein [!] Fortsetzung des Gusman dies „Reyßbuch" geplündert. So verschuldet die gemeinsame Quelle, daß Gusman und der dacianische Simplicissimus fast die gleiche Reise und gleiche Erlebnisse haben.[45]

Den Nutzen seiner Türkeireise sieht Simplex darin, daß er lernt, Gefahren zu bestehen und schwierige Situationen zu meistern. Dabei wird er in seinem Glauben an Gott bestärkt und gewöhnt sich an ein bescheidenes Leben. Er lernt die türkische, griechische und

---

[45] Rausse 1912, S. 210.

arabische Sprache und wird begierig darauf, das christliche Abend-
land gegen die Türken, welche ihre christlichen Sklaven so grausam
behandeln, zu verteidigen. Diese Reisebeschreibung knüpft zwar
unmittelbar an den *Ungarischen oder Dacianischen Simplicissimus*
an, hat aber mit dem *Simplicissimus* von Grimmelshausen nichts
mehr zu tun, abgesehen davon daß auch Simplicius nach Alexandria reist.[46] Die Wallfahrt nach Jerusalem gibt Grimmelshausens
Figur allerdings auf, da „sich schlechte Hoffnung erzaigte/ daß der
Damascenische Krieg in Syria und Iudea bald ein Loch gewinnen
würde [...].“[47] Trotz der Pilgerfahrt an heilige Stätten fehlt im
Ungarischen oder Dacianischen Simplicissimus ein religiöser oder
auch nur moralischer Überbau. Es lassen sich auch keine motivischen Anklänge an Grimmelshausen aufspüren.

3.1.2.3. Simplicianischer Lustig-Politischer Haspel-Hannß

Die dritte Simplicianische Schrift von Daniel Speer hat mit den
beiden Teilen des *Ungarischen oder Dacianischen Simplicissimus*
inhaltlich nichts gemein. Der vollständige Titel lautet: „Simplicia-
nischer/ Lustig=Politischer Haspel-Hannß/ oder/ H. Hannß Haspelinsky von Fadenstätt auf Garnwinden und Gunckelhausen/ Nachdenckliche Hasen Sprünge/ So er auf XV Universitäten, als: Zu
Krakaw/ Königsberg/ Rostock/ Gripswaldt/ Franckfurth/ Wien/
Prag/ Leipzig/ Jena/ Altdorf/ Heydelberg/ Tübingen/ Straßburg/
Basel/ und zu Leyden; fleißig zusammen getragen. Anjetzo in
Druck herauß gelassen von Einem Seines Gleichen. Im Jahre 1684.“

Erzählt wird die Geschichte eines einfältigen, körperlich behin-
derten und verunstalteten Jungen, der sich zu einem schlauen,
gutaussehenden Mann entwickelt. Der Vater war zwar für seine
Verdienste im polnischen Krieg gegen die Türken geadelt worden,

---

[46] Vgl. Simplicissimus, S. 545f.

[47] Ebd., S. 550.

muß aber dennoch als Torwächter seinen Lebensunterhalt verdienen. Die adlige Mutter stirbt früh, und die Stiefmutter, eine Bürstenbindertochter, wünscht dem ungeschickten Kind den Tod. Die anderen Kinder verspotten und mißhandeln den auf Krücken angewiesenen Jungen. Sein Name Haspel-Hannß ist ursprünglich sein Spottname, weil er ständig über seine eigenen Beine stolpert oder die Treppe hinunterfällt. Nach dem Tod des Vaters muß er die Lateinschule verlassen und soll das Bürstenbinderhandwerk erlernen. Er hat aber keine Lust dazu und stellt sich ungeschickter, als er wirklich ist. Als er geschlagen wird, läuft er zum Bruder seines Vaters, der sich Haspelinsky nennt und sich recht vornehm gibt, obwohl er mit Garnwinden und als Käsehändler sein Geld verdient. Hannß muß sich wundern, wie es seinem Vetter immer wieder gelingt, seine armseligen Verhältnisse vor den Leuten zu verbergen. Allerdings stellt Hannß seinen Onkel bei einem Haspelmacher bloß, welcher sich darüber so sehr amüsiert, daß er den Jungen dann auch ohne die übliche Bezahlung in die Lehre nimmt. Die Frau des Haspelmachers kümmert sich um seine körperlichen Gebrechen, so daß Hannß sowohl seinen Buckel als auch seinen Kropf verliert. Auch die ungelenken Beine werden durch die Arbeit und Pflege geschmeidiger. Dennoch muß Hannß seinen Meister verlassen, bevor seine Lehrzeit beendet ist, da er ihm in aller Einfalt einen üblen Streich spielt.

Nun schließt er sich Musikern an und beginnt eine vierjährige Lehre, die er wiederum abbricht, um zu studieren. Dazu aber versetzt er die Instrumente seines Meisters und begibt sich mit dem Geld auf die Universität nach Krakau. Er hinkt nicht mehr und hat als attraktiver junger Mann viel Erfolg bei den Frauen. Innerhalb kurzer Zeit wechselt Haspel-Hannß häufiger die Universität. Mehrmals wird er aufgrund bösartiger Streiche relegiert und einmal auch wegen eines verbotenen Duells. An jeder Universität überwiegen die Laster der Studenten deren Interesse an Sprachen und Künsten bei weitem. Da er mit seinen Studien nicht vorankommt und das

Studentenleben leid ist, nimmt er die Stelle eines Hofmeisters an. Er soll die Studien zweier Brüder betreuen, die ihr gesamtes Geld für Kleider ausgeben oder beim Kartenspiel verlieren. Hannß bezahlt immer wieder ihre Schulden aus seiner eigenen Tasche, damit die Eltern nichts von ihrem Lebenswandel erfahren. Als er ernsthaft versucht, den Jungen ins Gewissen zu reden, muß er gehen. Mehr Glück hat er in seiner Stellung als Hofmeister bei einem Adligen aus Tübingen, den er nach Straßburg und Basel begleitet. Als dieser gegen den Willen seiner Eltern eine Reise nach Frankreich unternimmt, werden ihm allerdings die Geldmittel entzogen, bis er verspricht, sich unverzüglich an die Universität nach Leyden zu begeben. Dies ist die fünfzehnte Universität, welche Haspel-Hannß besucht. Als der junge Mann jedoch kurz vor einer geplanten Englandreise stirbt, zieht Hannß nach Schwaben weiter, wo er den Rest seines Lebens verbringen will.

In diesem Werk trägt die Hauptfigur nicht den Namen Simplex, wird aber im Titel als simplicianisch bezeichnet – mit gewissem Recht. Wie Simplex ist Hannß in seiner Jugend einfältig, aber auch vorwitzig genug, um die Heuchler, wie seinen Vetter Haspelinsky, mit seiner Offenheit in Verlegenheit zu bringen. Als Student ist er einfallsreich und geschickt, wenn es darum geht, Geld zu erschwindeln oder sich sonst einen Vorteil zu verschaffen. Er ist aber niemals einer der Rädelsführer, wenn es darum geht, wirklich bösartige Anschläge zu verüben. Im Gegenteil, aus moralischen Gründen zieht sich Haspel-Hannß schließlich aus der Gesellschaft der Studenten zurück: „machte mich derohalben in kurzer Zeit von dannen (weil es Nächtlicher Zeit fast ärger als zu Wien mit Rauben/ Hauen/ Stechen und Schlagen unter der Pursch hergieng)“.[48] Er versucht stattdessen, als Hofmeister in Leipzig junge Studenten auf den rechten Weg zu führen. Haspel-Hannß ist durchaus religiös bzw. bekenntnistreu, wenn er auch nicht den Gottesdienst besucht oder betet.

---

[48] Haspel-Hannß, S. 132.

Immerhin lehnt er es ab, die Tochter eines Wirts zu heiraten und die Wirtschaft zu übernehmen, und er akzeptiert auch nicht den Magistertitel, welchen man ihm in Prag anbietet, da er beide Male erst zum Katholizismus konvertieren müßte. Haspel-Hannß ist als Junge ein simplicianischer Schelm, der allerlei Streiche anstellt, zum Teil aus Einfalt und zum Teil, indem er den Einfältigen spielt. Als Musiker und Student schreckt er nicht vor Diebstahl und Betrug zurück, aber in reiferen Jahren wird er zusehends ein anständiger und bedachter Mann, der sich auf sein Lebensende vorbereitet.

Heßelmann meint, das Werk rekurriere „nur im Titel auf Grimmelshausen.“[49] Und auch Rausse tut diese dritte simplicianische Schrift von Speer mit wenigen Sätzen ab: „Die verfaulenzte und verprügelte Jugend des Helden hat Ähnlichkeit mit dem Schelmenroman und ist wohl von diesem beeinflußt. Der Rest ist eine Schilderung studentischen Lebens und örtlicher Sitten“.[50] Die Jugend von Haspel-Hannß ist allerdings weniger durch Faulheit und Prügel geprägt, denn er wird zwar von seinen Mitschülern und Nachbarskindern gequält, doch nicht geschlagen, und die Stiefmutter wünscht ihm – wenn auch nur im Zorn – häufig den Tod, aber mit Schlägen hält sie sich zurück. Trotz dieses harten Lebens ist der Junge in der Schule fleißig. Als Kind ist Hannß weniger ein Schelm als ein einfältiger Narr, der häufig aufgrund seiner Unkenntnis der Welt in Schwierigkeiten gerät. Als er langsam seinem Vetter auf die Schliche kommt, stellt er sich dumm, wie Simplex in Hanau, um schließlich im entscheidenden Moment den Betrüger bloßzustellen. Simplex und Hannß spielen notgedrungen den Narren und warten auf gute Gelegenheit, die Maskerade zu beenden.

Was dem *Haspel-Hannß* tatsächlich fehlt im Vergleich mit dem *Simplicissimus*, ist der religiöse Hintergrund, die Suche nach dem rechten und sicheren Weg zum ewigen Heil. Für Hannß steht fest,

---

[49] Heßelmann 1992, S. 160.
[50] Rausse 1912, S. 211.

daß er nur an seinem lutherischen Glauben festhalten muß, bis er „dermal eins auß diesem Leyden in jenes Engelland aufbrechen" wird.[51] Auch werden Themen wie Krieg und Ehe nicht behandelt. Das Motiv des wechselnden Glücks zeigt sich allenfalls darin, wie schnell Hannß zu Geld kommt, aber es auch wieder schnell durchbringt. Allerdings ist dies für ihn niemals wirklich ein Problem, da er die Fähigkeit besitzt, immer wieder auch ohne Geld durchzukommen. Die narrative Struktur des Werks folgt dem Vorbild des *Simplicissimus*, denn so wie Grimmelshausen an den Reisen durch Europa und Asien zeigt, daß auf der ganzen Welt der Mensch der Versuchung zum Bösen ausgesetzt ist, so zeigt Speer durch die Reisen seiner Hauptfigur, daß an allen Universitäten die Laster der Studenten gedeihen, während die Studien vernachlässigt werden. Auch hier soll also ein spezifischer Bereich der Welt als verkehrt angeprangert werden. Der *Haspel-Hannß* weist stärkere Analogien zum *Simplicissimus* auf, als man auf den ersten Blick annehmen mag.

---

[51] Haspel-Hannß, S. 164.

3.1.3. Metzger- und Becker-Streit

Die Einordnung der sehr kurzen Schrift *Metzger- und Becker-Streit* als Simpliciade ist problematisch:

> Ob es sich bei dem illustrierten Flugblatt, überschrieben „Metzger= und Becker=Streit sehr nachdencklich/ lustig und nutzlich zu lesen/ und von dem Simplicissimo entscheiden" (o.O. u.J.), um ein Rezeptionszeugnis handelt, ist bei derzeitigem Wissensstand nicht mit Sicherheit zu klären. Ähnlich wie bei der „Abbildung der wunderbarlichen Werckstatt des Weltstreichenden Artzts Simplicissimi" (o.O. u.J.) darf eine Beteiligung Grimmelshausens am Bild- bzw. Textteil als möglich angenommen werden.[52]

Speter geht davon aus, daß dieses „Simplicianische Kunckel-Brief-Blatt anfangs der 80er Jahre des 17. Jahrhunderts ausgegeben worden ist".[53] Es erzählt von einem Wettstreit zwischen den Metzgern und Bäckern einer Stadt, welcher vom gerade heimkehrenden Simplicius Simplicissimus entschieden werden muß. Dabei geht es darum, „ob nemlich jene einen längeren Zopffwecken: Oder diese eine längere Brat-Wurst machen könnten".[54] Nur Simplex erkennt, daß sich beide, Wurst und Wecken, beliebig verlängern lassen. Er schlägt deshalb vor, daß man nicht noch mehr Lebensmittel verschwenden möge, sondern gemeinsam das gebackene Brot und die Bratwurst verzehren solle.

> Der *Metzger- und Becker-Streit* läßt Simplicissimus in einer Rolle auftreten, die er auch im *Springinsfeld* einnimmt. Hier wie dort ist Simplicissimus weniger selbst aktiv an der Handlung beteiligt als vielmehr Beobachter und Kommentator von

---

[52] Heßelmann 1992, S. 248f.

[53] Speter, Max: Grimmelshausens Simplicissimus-Flugblätter. In: Zeitschrift für Bücherfreunde N.F. 18 (1926), S. 120.

[54] Zitiert nach Stefan Trappen: *Metzger- und Becker-Streit* – eine vergessene Simpliziade. In: Simpliciana XI (1989), S. 9.

Erzählungen, Begebenheiten und Geschehnissen.[55]

Simplex lacht über den sinnlosen Wettstreit der beiden Zünfte, da niemand einen Nutzen von der Arbeit hat, wenn man sich nicht zusammensetzen und gemeinsam die Früchte genießen kann, wie Simplex es vorschlägt. Simplex ist hier das „Medium der Ordnung" in einem System, „in dem jeder an seinem Ort seine Aufgabe und Bestimmung erfüllt und in dem es wirtschaftlichen Verdrängungswettbewerb nicht gibt. Ein Konkurrenzkampf ist die Verkehrung dieser Ordnung."[56] Dem Verfasser geht es also darum, „mittels Darstellung einer Verkehrtheit wenigstens schlaglichtartig auf die gültige Ordnung hinzuweisen." Damit verfolgt er dieselben „literarischen Absichten, die auch Grimmelshausen mit seinen verschiedenartigen Schriften verfolgte."[57]

Das Flugblatt gehört also durchaus in die Nachfolge des simplicianischen Zyklus, was sich gerade auch in der allegorischen Bedeutung zeigt. Hoffart und Habgier veranlassen die Metzger und Bäcker, nach etwas zu streben, was sie doch um den eigentlichen Nutzen ihrer Arbeit bringt. Der Wettstreit, das Streben nach einer immer längeren Wurst und einem immer längeren Brotwecken, hindert sie daran, Brot und Wurst zu verzehren, da sie ja immer weiter produzieren müssen. So führt jedes unmäßige Streben nach irdischen Gütern über den tatsächlichen Bedarf hinaus ins Leere. Der Mensch bringt sich durch diese Sünde nicht nur um sein irdisches Wohl, sondern auch um sein ewiges Heil, worauf sein irdisches Dasein eigentlich gerichtet sein sollte. Simplex hat gelernt, worauf es in der Welt ankommt, und kann deshalb die Menschen zur Vernunft bringen.

---

[55] Trappen 1989, S. 13.

[56] Ebd., S. 13.

[57] Ebd., S. 14.

3.1.4. Johann Beer

Johann Beer wurde am 28. Februar 1655 in St. Georgen im Attergau geboren. Er besuchte die Schule des Benediktinerklosters Lambach, bis er im Jahr 1670 seinen Eltern nach Regensburg folgte, die wegen ihres protestantischen Glaubens das katholische Österreich verlassen hatten. Hier besuchte er das Gymnasium Poeticum und nahm privaten Musikunterricht. In Leipzig begann Beer ein Theologiestudium, das er jedoch abbrach, als ihm der Herzog von Sachsen-Weißenfels eine Stellung als Sänger und Komponist an seinem Hof anbot. Er heiratete die Erbin eines Gasthofs, die ihm in 15 Jahren elf Kinder gebar. Im Jahr 1700 starb Beer bei der Vogeljagd durch eine verirrte Kugel.

Schon während seiner Schulzeit begann Johann Beer zu schreiben. Seine bedeutendsten Werke verfaßte er, als er bereits ein angesehener Komponist war. „Beer schrieb seit der Mitte der siebziger Jahre in knapp zehn Jahren über zwanzig Romane, die er unter Pseudonymen veröffentlichte. Das Spektrum reicht vom parodistischen Ritterroman bis zu höfisch-galanten Abenteuergeschichten."[58] Richard Alewyn mißt dem Einfluß Grimmelshausens auf Johann Beers dichterisches Werk ein außerordentliches Gewicht bei: „Es ist kaum auszudenken, welche Bedeutung Grimmelshausen für Beer gehabt hat. Er ist nach den Ritterromanen sein stärkstes literarisches Erlebnis, in der Bedeutung für sein eigenes Schaffen noch folgenreicher als jene."[59]

---

[58] Rötzer 1983, S. 144.
[59] Alewyn, S. 157.

3.1.4.1. Der Simplicianische Welt-Kucker

Die vier Teile des *Simplicianischen Welt-Kuckers oder abentheuer-lichen Jan Rebhu* von Johann Beer erschienen in den Jahren 1677 bis 1679.[60] Viele Motive, Handlungselemente oder auch religiöse Einsichten im *Simplicianischen Welt-Kucker* sind aus dem *Simplicissimus* bekannt. Jörg Krämer stellt als dominante „Handlungs-sequenz" folgende „Ereigniskette"[61] fest, die immer wieder neu variiert wird: „Liebesabenteuer – Bestrafung: Gefangenschaft, meist mit Todesdrohung – Flucht oder Befreiung."[62] Diese Elemente kehren auch in den Lebensläufen von Orbato und Faneto wieder. Meist ist damit das Motiv des wandelbaren Glückes verbunden, das schon im Eingangssatz des ersten Buchs im ersten Teil angesprochen wird:

> Ob es zwar zuweilen scheinet/ als hätte das Glück ein bestän-diges Verbündnis mit uns Menschen eingegangen/ finden wir uns doch öffters von demselbigen betrogen; Dann gleich wie ein Ball/ so in die Höhe geworffen wird/ sich hin und wieder verändert/ also hat auch unser Menschliches Leben hier auf Erden seine stäte Abwechselungen.[63]

Der Lebenslauf des Jan Rebhu – der Name ist eine anagramma-tische Spielerei mit dem Namen des Verfassers – demonstriert diese Erkenntnis ebenso anschaulich wie die Schicksale einiger Nebenfiguren. Jan wird früh Waise und von seinem nächsten Verwandten in einer fremden Stadt zurückgelassen. Auf sich allein gestellt, begibt er sich zu einem angesehenen Musiker in die Lehre. Seine ersten sexuellen Erfahrungen macht er ungewollt mit einer italienischen

---

[60] Zitiert wird nach Johann Beer: Der Simplicianische Welt-Kucker. In: Sämtliche Werke, hrsg. von Ferdinand van Ingen und Hans-Gert Roloff, Band 1, Bern u.a. 1981.

[61] Jörg Krämer: Johann Beers Romane. Poetologie, immanente Poetik und Rezeption „niederer" Texte im späten 17. Jahrhundert, Frankfurt am Main 1991, S. 109.

[62] Ebd., S. 110.

[63] Welt-Kucker, S. 15.

Gräfin, welche ihn zu einem Gesangsabend einlädt. Als er ihren erotischen Wünschen nicht nachkommen möchte, flößt sie ihm ein Betäubungsmittel ein und verführt ihn. Als er seinem Lehrmeister davon berichtet, wird er an den Hof eines vornehmen Fürsten geschickt, wo er vor weiteren Nachstellungen durch die Gräfin sicher ist. Im Dienst dieses neuen Herren verübt Jan Rebhu eine Reihe simplicianischer Streiche und verliebt sich außerdem in das adlige Fräulein Sqvalora. Unter dem Vorwand, der Dame Gesangsunterricht zu erteilen, kann Jan Rebhu seine Geliebte häufig sehen. „Es gienge aber dieses singen lehrnen auf eine gantz simplicianische Arth hinaus: dann/ an statt sie Notten lernen solte/ unterrichtete sie mich in etwas anders/ und suchte nichts als mich [...] zuverführen".[64] Auch Simplex kommt seiner zukünftigen Frau näher, indem er sie lehrt, die Laute zu spielen.[65] Heßelmann weist noch auf weitere Zusammenhänge hin:

> „Simplicianisch" ist doppelsinnig gemeint. Erstens soll der Leser an die Episode erinnert werden, in der Beau Alman unter dem Vorwand, einen jungen Mann auf der Laute zu unterrichten, in den Venus-Berg zu den Damen geführt wird [...]. Zweitens bedeutet die Wendung bei Beer, daß sich etwas anderes hinter dem Wunsch Sqvaloras verbirgt, also der Schein der Dinge und Verhaltensweisen trüglich sein kann: „Der Wahn betreugt" – so lautet die Devise des alten Simplicissimus [...].[66]

Jan Rebhu muß fliehen, als man beginnt, Verdacht zu schöpfen. Aus seinem Versteck wird er von den Dienern der italienischen Gräfin entführt. Sie will sich an ihm rächen, weil sie sich von ihm verraten glaubt. Jan wird einige Tage in einem Spukschloß gefangen gehalten und soll dann hingerichtet werden, aber durch sein flehentliches Bitten und konsequentes Leugnen seiner Schuld

---

[64] Ebd., S. 54.

[65] Vgl. Simplicissimus, S. 271.

[66] Heßelmann 1992, S. 137.

kann er die Gunst der Gräfin zurückgewinnen. Er geht mit ihr nach Italien und steht ihr diesmal in jeder Hinsicht bereitwillig zu Diensten. Er gewöhnt sich an das lasterhafte Leben und findet Gefallen daran, obwohl ihn doch das Gewissen plagt. Vor diesem Hintergrund wird das Motiv der verkehrten Welt entwickelt:

> Sie hiesse mich ihren Schatz/ ihr Hertz/ ihr Kind/ ihre Liebe/ ihren besten Freund/ ihr Kleinod/ ihre Ergötzung/ ihre Freud/ und ihr eintziges Leben/ aber Wenn man solle betrachtet und angesehen haben den Grund/ warum sie mich so genennet/ so war ich vielmehr ein elender/ ein armseeliger/ ein lasterhaffter/ liederlicher/ unzüchtiger/ ein gottloser/ irrig-verdamter und verführter Mensch zu heissen/ aber gleich wie alle ihre Handlungen/ umbgekehrt und vom Weg der Warheit entfernet gewesen/ als ist sichs nicht zuverwundern/ das sie mich auch mit verkehrtem Nahmen angeredet/ und aus einer stinkenden Blume eine Narcisse gemacht.[67]

Als die Gräfin einen Fürsten heiratet, bleibt Jan dennoch bei ihr. Und schließlich wird er mit einem anderen Musiker aus Venedig in der Kammer seiner Herrin ertappt, als der Ehemann überraschend von einer Reise zurückkehrt. Jan und Procelli sollen hingerichtet werden, doch die Fürstin verhilft ihnen zur Flucht. Jan kehrt nach Deutschland zurück, denn er ist noch immer in Sqvalora verliebt. Von seinem früheren Herrn wie auch von seiner Geliebten wird er gerne wieder aufgenommen.

Im zweiten oder anderen Teil beginnt Jan ein Verhältnis mit Sqvalora und will mit ihr in eine fremde Provinz fliehen, damit sie heiraten können, doch ihr Plan scheitert, und Sqvalora heiratet schließlich einen reichen Grafen. Jan Rebhu bittet daraufhin seinen Herrn, ihn auf die Universität zu schicken, doch hier verbringt er seine Zeit in schlechter Gesellschaft. Er trinkt und spendiert kräftig, bis er hohe Schulden angehäuft hat, so daß er Sqvalora um Geld bitten muß. Bei seinem Besuch überredet sie ihn, ihren Gatten zu

---

[67] Welt-Kucker, S. 77f.

ermorden. Nach anfänglichem Zögern willigt Rebhu ein, doch er erschießt nicht den Grafen, sondern einen von drei Räubern, der nach einem Überfall auf den Grafen in dessen Kleidung auch noch die Gräfin berauben will. Der fliehende Jan Rebhu verirrt sich im Wald und bereut seine Tat zutiefst. Seines Irrtums wird er sich erst bewußt, als er den Grafen und seinen Diener an einen Baum gebunden findet. Jan befreit sie und wird Hofmeister des Grafen und Liebhaber der Gräfin. Doch wieder wird er beim Ehebruch erwischt und in ein dunkles Loch voll Schlangen gesperrt. Hier hat Jan Gelegenheit, sich in Reue zu üben:

> Diese Gefängniß war ein Anfang meiner ernstlichen Bekehrung; hier finge ich an meine so vielfältige Fähler recht schmertzlich zu beweinen/ und setzte mir gäntzlich vor/ so ich mit dem Leben davon würde kommen/ mein Leben in allen zu verbessern/ in eine Wildniß zu gehen und einen Wald-Bruder zu agiren.[68]

Zweimal wird Jan Rebhu von einer Schlange gebissen, dann erst holt man ihn aus der Grube und pflegt ihn gesund. Im zweiten Buch des zweiten Teils wird Jan tatsächlich Einsiedler und wendet sich von der Welt vorübergehend ab:

> Der Wald wurde mir ein Spiegel meines Gewissens/ muste endlichen unter dem wilden Vieh lernen/ was ich bey vernünfftigen Menschen nicht erkennen wollen. Deßwegen sagte ich: „Gute Nacht O arge Welt/ O Krancken-Haus/ in welchem der Todt das Hertze abstösset/ ehe die Kranckheit die Glieder recht eingenommen! lebe wohl du verführer in meiner Kindheit/ du Ergerniß meiner Jugend/ du betrügerin meines Alters! Ich habe dich verlassen/ dann dein süsser Honig ist mir in bittern Gifft verwandelt/ deine Schmeicheley hat sich in Scorpionen verkehret/ und deine Warheit ist zur Lügnerin worden. [...] Ich habe geirret vom Wege der Warheit/ nun will ich hinführo deinem Licht nicht mehr folgen/ weil solches von der zeitlichen

---

[68] Ebd., S. 144.

in die ewige Finsterniß leitet."[69]

Die Anlehnung an das Ende des fünften Buches des *Simplicissimus* ist nicht zu übersehen, denn Grimmelshausen läßt Simplex aus den „Schrifften des Quevarae" zitieren.[70] Hier sei zum Vergleich nur ein kurzer Ausschnitt aus dem langen Zitat angeführt:

Adjeu O Welt/ O schnöde arge Welt/ O stinckendes elendes Fleisch/ dann von deinetwegen und umb daß man dir gefolget/ gedienet und gehorsamet hat/ so wird der gottloß unbußfertig zur ewigen Verdamnus verurtheilt [...].[71]

Analog zum Traum des jungen Simplex vom Ständebaum träumt Jan Rebhu in seiner ersten Einsiedelei von einem Haus, das eine Allegorie der Menschenwelt darstellt.[72] Der Traum gibt dem Erzähler „Anlaß, über sehr viele Probleme nachzudenken – oder sich darüber lustig zu machen."[73] Während für Knight Johann Beer der „produktivste und phantasievollste Träumer der 80er Jahre"[74] ist, betont Krämer die mangelnde Funktionalisierung der Allegorie für das Romangeschehen:

Der eindeutige allegorische Impuls, mit dem der Traum Rebhus anhebt, wird durch die Führerfigur der „Miseria", die erste Explicatio Rebhus (152) und seine Frage nach dem Expertus Rupertus betont. Die Allegorese macht aber in der Folge schnell einer satirischen Revue bestimmter Lieblingsziele Beers (Studenten, Schneider, Hofleben, Frauen, Literatursatire) und biographischen Anspielungen Platz. Der Gesellschafts– und Weltausschnitt bleibt zufällig und ohne zusammenfassende allegorische Aussagekraft; die Allegorese erscheint im Verlauf

---

[69] Ebd., S. 150.

[70] Simplicissimus, S. 457.

[71] Ebd., S. 462.

[72] Welt-Kucker, S. 151ff.

[73] Kenneth Knight: Die Träume des Simplicius, Philanders und Jan Rebhus. In: Daphnis 5 (1976), S. 273.

[74] Ebd., S. 272.

des Traums immer weniger als exemplarische Deutungsform, sondern wirkt mehr als literarische Einkleidungstechnik.[75]

Wie Simplex kehrt auch Jan Rebhu aus der Einsamkeit in die menschliche Gesellschaft zurück, als der Winter herannaht und der Wald zu unwirtlich wird. Während Simplex sich auf eine Pilgerreise begibt, sucht Jan Rebhu Dienst bei einem Ritter, der ihn allerdings in einem grausamen Opferritual ermorden will. Durch schwarze Magie gewinnt der Ritter Unbesiegbarkeit. Jan wird jedoch rechtzeitig von einigen Rittern befreit und schließt sich einem seiner Retter an, der aber schon wenig später bei einem Turnier tödlich verwundet wird. Seine Witwe schickt Jan als Hofmeister mit ihrem Sohn Orbato an eine italienische Universität, die Tochter Cassiopaea hat sich unterdessen in Rebhu verliebt und verspricht ihm die Treue für die Zeit seiner Abwesenheit.

Im dritten Teil geraten Jan und Orbato in Schwierigkeiten, als zwei italienische Edeldamen die jungen Männer zum Rendez-vous bitten. Jan, der schon zweimal erleben mußte, wie die Lust nicht nur zur Sünde führt, sondern auch in ernste Lebensgefahr, versucht alles, um seinen Schützling von einem Besuch bei einer der Damen abzuhalten. Er möchte ihn mit zwei Mönchen in Teufelsverkleidung erschrecken, so wie es Simplex mit Olivier als Jäger von Werle getan hat, aber Orbato und sein Schildknecht Faneto erschlagen einen der Mönche. Orbato soll für den Mord hingerichtet werden, doch Jan kann ihm mit Hilfe befreundeter Franziskaner-Mönche zur Flucht verhelfen. Zurück in Deutschland, lebt Jan mit Cassiopaea in einem heimlichen Liebeseinverständnis, bis der Mutter die Situation zu gefährlich wird. Da sie nicht auf Jans Dienste verzichten will, schickt sie die Tochter zu Verwandten. Hier jedoch können die Verliebten ein heimliches Treffen während eines Turniers arrangieren. Gerade als Cassiopaea ihn bittet, die Nacht bei ihr zu verbringen, werden sie von ihrem Vormund überrascht und Jan wird

---

[75] Krämer, S. 194f.

in Ketten gelegt. Obwohl nichts geschehen ist, soll Jan hingerichtet werden, doch seine Geliebte kann ihn befreien. Rebhu flieht auf das Schloß von Cassiopaeas Mutter und bittet um Gnade, die ihm auch gewährt wird. Darüber hinaus wird ihm die Verwaltung der Burg übertragen, und er darf Cassiopaea heiraten. Das Glück scheint vollkommen, doch am Abend des Hochzeitstages erkrankt die Braut und stirbt überraschend schon am folgenden Tag.

Die Umstände von Jans Hochzeit erinnern an Simplex' erste Ehe, denn auch er wurde im Zimmer seiner Geliebten überrascht und mit dem Leben bedroht, obwohl es zu keiner Liebesnacht gekommen war. Während Simplex jedoch heiratet, um sein Leben zu retten, heiratet Jan freiwillig aus Liebe. Und auch Simplex' Ehe dauert nicht lange, denn kurz nach der Hochzeit reist er nach Köln, um seinen Schatz zu holen. Fortuna schickt ihn allerdings auf eine Reise durch halb Europa, während seine Frau nach der Geburt ihres gemeinsamen Sohnes stirbt.

Wieder begibt sich Jan Rebhu in die Einsiedelei, diesmal – wie Simplex, allerdings freiwillig – auf eine einsame Insel. Das zweite Buch des dritten Teils besteht überwiegend aus religiösen Betrachtungen und Ermahnungen des Eremiten. Er beschäftigt sich eingehend mit dem Tod und sehnt diesen als Weg zu Gott herbei.[76] Auf seiner Insel begegnet er einer Frau, die ebenfalls als Einsiedlerin lebt, um ihre Sünden zu büßen und so das ewiges Heil zu erlangen. Erst als Menschen kommen, um nach dieser Frau zu forschen, erfährt Jan Rebhu, daß es die italienische Gräfin war, die ihn in seiner Jugend verführt hatte und lange Zeit seine Geliebte gewesen war. Als man sie findet, ist sie bereits gestorben.

Im vierten Teil wird ein Schiffbrüchiger auf Jans Insel gespült, der sich als sein früherer Gefährte Procelli erweist. Jan Rebhu gibt sich nicht zu erkennen und verschweigt auch das Schicksal der gemeinsamen Geliebten. Procelli ist ebenfalls ein Büßender und war

---

[76] Vgl. Welt-Kucker, S. 284.

unterwegs zum Heiligen Grab gewesen, als er Schiffbruch erlitten hatte. Sie führen gemeinsam ein gottgefälliges Leben, beten und fasten und meditieren über religiösen Fragen. Als sie beschließen, die Insel zu verlassen und nach Jerusalem zu pilgern, machen sie ein vorbeisegelndes Schiff auf sich aufmerksam, doch sie geraten an türkische Seeräuber. Allerdings werden sie von Orbato, der inzwischen bei einer mächtigen Fürstin Seehauptmann geworden ist, befreit. Er nimmt seinen früheren Hofmeister und Procelli mit auf die Rote Insel, wo er dem König den Krieg erklären soll. Hier wird Orbato endgültig das Opfer seiner sündhaften Leidenschaft. Höflich und gastfreundlich vom Fürsten aufgenommen, versucht Orbato, die Prinzessin zu verführen. Als die Prinzessin tatsächlich in seine Kammer kommt, werden die beiden vom Fürsten überrascht, und Orbato wird zum Tode verurteilt. Vor seiner Hinrichtung zeigt er große Reue über seine begangenen Sünden und gibt zu, daß er den Tod schon mehrfach verdient hat. Er ermahnt die Zuschauer, immer ihren bevorstehenden Tod und ihr Seelenheil vor Augen zu haben und entsprechend zu leben. Die Begnadigung durch den bewegten Fürsten kommt zu spät, denn der Henker führt im selben Augenblick den Schwertstreich aus. Die Seeleute des Orbato stürmen die Burg und morden und verwüsten, bis das aufgebrachte Volk sie vertreibt. Procelli stirbt auf der Flucht an seinen Verletzungen.

Das Schiff, auf welchem sich Jan Rebhu befindet, wird von Türcken überfallen und erobert. Jan wird als Sklave verkauft, kann aber seinem türkischen Herrn entfliehen. Als er kurz vor der Grenze aufgegriffen und in einen Turm gesperrt wird, befreit er sich durch einen riskanten Sprung ins Meer. An ein Stück Holz geklammert treibt er zu einer Insel, die seit wenigen Tagen von einem Einsiedler bewohnt wird. Dieser hat, unmittelbar vor seiner Abreise, Orbatos Schildknecht getroffen. Auch Faneto soll wegen der Verführung einer Jungfrau hingerichtet werden. Jan Rebhu läßt sich vom nächsten Schiff mitnehmen und kommt gerade noch recht-

zeitig zur Hinrichtung. Wie sein früherer Herr zeigt Faneto große
Reue über seine begangenen Fehltritte und sein sündhaftes Leben.
Wie Orbato erkennt er den Tod als gerechte Strafe und Weg zum
ewigen Heil an. Damit ist der Mord, den Orbato und Faneto an dem
Franziskaner-Mönch verübt hatten, doch noch gesühnt worden.

> Wichtig scheint, daß mit dieser Grundvorstellung der Tod der
> Figuren rational erklärt wird. Nicht das blinde Walten der
> Fortuna, sondern ihre eigenen Verfehlungen führen ihren Tod
> herbei. Dieser Gedanke wird gleich zweimal nahezu identisch
> an exponierter Stelle herausgearbeitet: in den Abschiedsreden
> von Orbato [...] und Faneto [...].[77]

Jan Rebhu macht sich auf die Heimreise und erfährt unterwegs
vom Schicksal der Dame Squalora. Sie hat als Äbtissin ihre Sünden
gebüßt und wird gerade beerdigt, als Jan Rebhu am Kloster vorbei-
kommt. Er begibt sich nun zur Mutter von Orbato und Cassiopaea,
tröstet diese, so gut er kann, und bleibt bei ihr. Sie setzt ihn als
Erben ein, und nach ihrem Tod heiratet Jan eine schöne Jungfrau.
Jan Rebhus „Concellist" berichtet von dessen letzten, glücklichen
Jahren. Es werden ihm einige lustige Streiche nachgesagt, sonst
aber führt er ein recht andächtiges Leben bis „er sich an einem
Rebhun tode gefressen."[78] Der Schluß wird zur „Karikatur: Rebhu
erstickt an einem Rebhuhn, fällt letztlich einem Wortspiel seines
Autors zum Opfer. Der fiktionale Charakter der Figur Rebhus wird
hier auf geradezu lächerliche Weise evident."[79]

Dem vierten Teil ist ein Vorbericht an den Leser vorangestellt,
in welchem sich der Erzähler für seine Schreibweise ganz im Sinne
Grimmelshausens rechtfertigt:

> Ich muß vor das andere gestehen/ daß ich in vielen Sachen
> einen Satyricum praesentiret/ entweder/ weil es die Welt nicht

---

[77] Krämer, S. 112.

[78] Welt-Kucker, S. 352.

[79] Krämer, S. 102.

anders haben will/ oder weil diese Arth zuschreiben die aller lustigste ist/ indem in einer Vorstellung die Sache so wol
als deroselben Schatten gleicher proportion sind/ und nicht
leichtlich etwas in denenselben anzutreffen/ was nicht in eine
ersprießliche Lehre möchte gezogen werden.[80]

Während Grimmelshausen die „heilsame Pillulen", die er für die
Leser bereitet, erst „überzuckert und vergült",[81] damit sie die Menschen leichter schlucken, schreibt Beer seine Geschichten vorrangig
zur Unterhaltung, bietet aber durch seinen satirischen Stil gleichzeitig moralische Lehren an. Beiden, Grimmelshausen und Beer, geht
es also darum, die Leser mit ihren Schriften auf amüsante Weise
zu belehren, doch setzen sie dabei unterschiedliche Prioritäten. Die
verschiedenen Verfahren werden auch in der Anweisung des Pfar-
rers an Rebhu deutlich: „Machs nicht so grob/ ein Weltlich Lied
oder eine lustige Geschicht schreiben/ ist wohl erlaubt/ aber mische
moralien mit ein."[82] Bauer deutet diesen Rat als Umkehrung des
Pillenmotivs bei Grimmelshausen:

> *Mit einmischen* hat aber eine andere, schwächere Bedeutung
> als das Bild der bitteren Pille, die überzuckert werden soll.
> Die Vorstellung der Beimischung von *Moralien* zu einem kurz-
> weiligen Stoff kehrt eher das Pillenbild um: Während die
> Überzuckerung die Einnahme und Verdauung der bitteren
> Pille erleichtern sollte, wertet die Beimischung von *moralien*
> eine kurzweilige, lustige Geschichte von einem bloßen Bonbon
> zu einem nützlichen Lebensmittel auf.[83]

Beer Erzähler entwickelt seine Moralien zwar auch aus der Handlung, aber sie sind weniger gut in die Erzählung integriert. Er läßt

---

[80] Welt-Kucker, S. 295.

[81] Simplicissimus, S. 472.

[82] Welt-Kucker, S. 63.

[83] Barbara Bauer: Ritterabenteuer und moralische Reflexion. Zur narrativen Technik im *Simplicianischen Welt-Kucker* Johann Beers (1677/79).
In: Euphorion 87, H. 2/3 (1993), S. 245f.

den Leser kaum selbst Lehren ziehen, sondern nimmt ein Ereignis zum Anlaß, dem Leser ins Gewissen zu reden. Manchmal bleibt die Mischung aus Unterhaltung und Lehre auch seltsam unverbunden. Krämer vergleicht die unterschiedliche Erzähltechnik von Beer und Grimmelshausen:

> Die Moralisatio scheint weniger von erzählerischen Notwendigkeiten bestimmt als auf bestimmte Rezeptionsinteressen hin konzipiert zu sein. Sie erwächst nicht aus dem Erzählten als zur Deutung herausfordernde Allegorese (wie z.B. bei Grimmelshausen, wo die Struktur der Erzählung ihren Sinn trägt), sondern wird explizit vom Erzähler vorgepredigt, löst sich dafür oft aus dem engeren erzähltechnischen Nexus und Funktionszusammenhang und wirkt in ihrer Rigidität häufig unangemessen.[84]

Darüber hinaus stellt Krämer im *Welt-Kucker* ein „Normengerüst" fest, das man als eine „Mischung aus bürgerlichen (Fleiß, Obrigkeitsfurcht) und kirchlichen Wertvorstellungen (Glaube, Nächstenliebe, Hoffnung, Barmherzigkeit) charakterisieren könnte".[85] Wie Grimmelshausen bedient sich auch Johann Beer der Erzählform der Satire, um seine Leser auf unterhaltsame Weise zu bessern.

> Grundsätzlich bezieht sich die satirische Gestaltung im ‚Weltkucker' auf ein bestimmtes Arsenal von Figuren und Situationen, wobei stets die Diskrepanz von Rollen-Erwartung und Verhalten zu komischen Wirkungen führt.[86]

Beers Satire richtet sich dabei nicht gegen die herrschende Gesellschaftsordnung, sondern bestärkt vielmehr ihre Normen und Moralvorstellungen, denn Opfer seines Spotts werden einzelne Figuren, die gegen bestimmte Normen verstoßen. „Beers Satire

---

[84] Krämer, S. 131.

[85] Ebd., S. 132.

[86] Ebd., S. 136.

überschreitet keine gesellschaftlichen oder moralischen Tabus, sondern befestigt diese eher in ihrem Zusammenspiel mit der Moralisatio der Texte."[87]

Im *Welt-Kucker* herrscht eine „locker gefügte Episodenstruktur",[88] welche aus den drei Elementen Narratio, Moralisatio und eingelagerte Diskurse aufgebaut ist.[89] Während sich bei Grimmelshausen eine stimmige Gesamtkomposition feststellen läßt, scheint bei Beer häufig die Handlung dadurch motiviert, daß populäre Motive und Elemente eingebaut werden sollen, wie beispielsweise Schiffbruch, Einsiedelei, Entführung in die Sklaverei, die auch schon im Simplicissimus verwendet wurden. Von Grimmelshausen entlehnte Beer außerdem die Motive der Weltabsage, der verkehrten Welt und der ewigen Verlockung durch die Sünde. Außerdem treten Jan Rebhu wie Simplex in Teufelsverkleidung auf.

> An das Ambiente der Venus-Berg-Szenerie bei Grimmelshausen erinnert eine Beersche Variante der Episode im „Welt=Kucker" I. Wie Simplicius gelangt Jan Rebhu nachts heimlich und über labyrinthische Umwege, die die Gefangenheit in der Sünde versinnbildlichen, in das Haus der Gräfin. [...] Wegebildlichkeit, Links-Rechts-Allegorik, Lichtmetaphorik und die Schilderung des kostbaren Boudoirs sind bei Grimmelshausen vorgebildet.[90]

Immer wieder kommt es im *Simplicianischen Welt-Kucker* im Angesicht des Todes als einer verdienten Strafe für ein sündiges Leben zur religösen Bekehrung, während im *Simplicissimus* konstant das Bewußtsein des sündhaften Verhaltens wach gehalten wird. Seit Simplex von seinem Vater, dem Einsiedler, religiös unterrichtet wurde, kennt er den Unterschied zwischen richtigem und falschem

---

[87] Ebd., S. 137.
[88] Ebd., S. 210.
[89] Vgl. ebd., S. 139.
[90] Heßelmann 1992, S. 137f.

Handeln, doch er kommt trotzdem immer wieder vom rechten Weg ab. Einmal führt ihn ironischer Weise der Teufel, welcher aus dem Mund eines Besessenen zu ihm spricht, zurück zu Gott. Am Ende des fünften Buches führen ihn seine Betrachtungen über die Welt zur Erkenntnis, daß in ihr keine Möglichkeit besteht, der Sünde dauerhaft zu entgehen. Jan Rebhu bekehrt sich erstmals, als er in der Schlangengrube sitzt und auf seinen Tod wartet. Hier beschließt er, Waldbruder zu werden, falls er überlebt, um so Buße zu tun. Es handelt sich um einen Entschluß, der aus der Todesangst geboren wurde, während Simplex aufgrund rationaler Überlegungen der Welt den Rücken kehrt.

Trotz mannigfacher Bußgedanken kann sich Jan Rebhu nicht aus eigener Kraft aus seinen verschiedenen ,Laster'–Existenzformen lösen; dies benötigt äußere Anlässe wie den Verlust der erotischen Partnerin und führt dann zwar zum Versuch einer geistlichen Lebensform in der Einsiedelei, die aber leicht wieder aufgegeben werden kann.[91]

Einen gravierenden Unterschied zwischen *Simplicissimus* und *Simplicianischem Welt-Kucker* stellt zweifellos das Ende dar. Während Simplex sich weigert, mit dem holländischen Schiff von seiner einsamen Insel nach Europa zurückzukehren, heiratet Jan Rebhu und verbringt seinen Lebensabend als lustiger Burgherr. Allerdings ist Simplex in anderen simplicianischen Schriften auch wieder von seiner einsamen Insel zurückgekehrt, um auf seinem Hof ein geruhsames Leben zu führen, wie es beispielsweise im *Seltzamen Springinsfeld* vorgeführt wird. Deshalb scheint es übertrieben, wenn Kremer feststellt: „Von einer innerlichen Verwandtschaft zum ,Simplicissimus' kann keine Rede sein".[92] Barbara Bauer beschreibt Johann Beers Erzählabsicht folgendermaßen

---

[91] Krämer, S. 133.

[92] Manfred Kremer: Die Satire bei Johann Beer, Düsseldorf 1964, S. 146.

Er benutzt den Roman als Experimentierfeld, auf dem hypothetisch vorgeführt werden soll, welche Umstände einen jungen Mann zum Verführer, Hurenbock und Ehebrecher machen, welches Unheil er dadurch anrichtet und wie er trotzdem zum Heil gelangen kann. Die polyperspektivische Anlage des SW [*Simplicianischer Welt-Kucker*] ermöglicht dem Autor Lösungsvorschläge auf verschiedenen Ebenen. Unerlaubte Beziehungen zu Frauen höheren Standes bringen Rebhù und seine Gefährten wiederholt ins Gefängnis oder aufs Schafott. Nur in solchen existenziellen Krisensituationen geloben die Angeklagten Enthaltsamkeit. Der Erzähler Rebhù nimmt sich aber wiederholt selbst in Schutz mit dem Argument, er sei nur Opfer weiblicher Verführung gewesen. Orbato muß die von seinem Erzieher Rebhù getadelte Neigung zur Hurerei mit dem Leben büßen. Rebhù entkommt dagegen glücklich und erhält die Chance, sich nach Abbüßung seiner mehrfachen Strafen noch einmal als bürgerlicher Ehemann zu bewähren.[93]

Rötzer geht noch weiter in seiner Deutung, denn für ihn ist der *Simplicianische Welt-Kucker* nur noch auf das Diesseits ausgerichtet:

> Die Einstellung zur Welt hat sich entscheidend geändert; sie ist das Feld indvidueller Erfahrungen geworden; die Aktualität der Einzelheiten, die erlebte Wirklichkeit, hat die heilsgeschichtliche Deutung der Phänomene verdrängt.[94]

An Grimmelshausen erinnert auch, daß gewisse Zentralfiguren durch Zufall immer wieder den Weg Jan Rebhus kreuzen, allerdings erfährt er häufig nur, welches Schicksal sie genommen haben, während für Simplex' die Begegnungen mit Ulrich Hertzbruder gewöhnlich einen Wendepunkt in seinem Lebenslauf bedeuten. Immer braucht gerade der eine Freund dringend die Hilfe des anderen. Auch das Wiedersehen mit Olivier ist für den Roman und

---

[93] Bauer, S. 242f.

[94] Rötzer 1983, S. 144.

den Helden von tieferer Bedeutung. Als Jäger von Soest spiegelt er sich in der Bösartigkeit des Jäger von Werle, und am Tiefpunkt seiner militärischen Karriere und seiner Moral begegnet er noch einmal dem skrupellosen Mörder. Durch sein negatives Beispiel bringt Olivier ungewollt Simplex zur Besinnung und auf den Weg der Besserung. Mehrere weitere Handlungselemente im *Simplicianischen Welt-Kucker* erinnern an den *Simplicissimus*. Die Verknüpfung von Musik und Erotik wurde bereits angedeutet, die selbstgewählte Einsiedelei, welche doch wieder aufgegeben wird für den Wunsch, die Welt zur bereisen und nach Jerusalem zu pilgern, stellt eine deutliche Parallele dar. Beide Protagonisten werden in die Sklaverei verschleppt und wieder daraus befreit. Sie sind Spielbälle des Glücks und können selten das ausführen, was sie sich vorgesetzt haben. Der Zusammenhang der beiden Werke ist nicht zu übersehen und wird auch bewußt von Johann Beer hergestellt:

> Beer schickt sich an, erklärtermaßen die Scheinhaftigkeit der Dinge darzustellen, was unter seiner Feder streckenweise die Züge einer Verkehrten Welt annimmt. Das hatte nach dem Erfolg von Grimmelshausens Schriften, deren Kenntnis vorauszusetzen ist und auf deren Publikum Beer natürlich abzielt, zweifellos Signalfunktion. Der von Beer sicher nicht ohne Absicht aktivierte Leser konnte die Lebensgeschichten des lustigen Ich-Erzählers in die simplicianische Tradition einrücken [...].[95]

3.1.4.2. Ritter Spiridon

Des Abentheuerlichen Jan Rebhu Ritter Spiridon aus Perusina erschien 1679.[96] Johann Beer verbirgt hier seine Identität hinter der

---

[95] Ferdinand van Ingen: Spielformen der ‚Satirischen Schreibart'. Zum Autor-Leser-Verhältnis bei Grimmelshausen und Johann Beer. In: Simpliciana XIII (1991), S. 140.

[96] Zitiert wird nach Johann Beer: Ritter Spiridon. In: Sämtliche Werke, hrsg. von Ferdinand van Ingen und Hans-Gert Roloff, Band 2, Bern u.a. 1992, S. 71-195.

fiktiven Figur des Jan Rebhu, des Erzählers des *Simplicianischen Welt-Kuckers*. Nur die eingeschobene Erzählung des Pagen Palandro stellt im *Ritter Spiridon* eine Verbindung zum *Simplicissimus* von Grimmelshausen her.

In Alexandria wird Palandro in einer Kutsche entführt und in ein Schloß gebracht, wo er einer verhüllten Dame Liebesdienste erweisen soll. Mehrmals pro Woche holt man ihn ab, ohne daß er weiß, wohin und zu wem er gebracht wird. Als es ihm durch eine List dennoch gelingt, die Identität seiner Geliebten festzustellen, wird er übermütig, denn es ist die Prinzessin Dulcibella. Von ihrer aufrichtigen Liebe gegen ihn überzeugt, meldet er sich zur Audienz an und sagt ihr ins Gesicht, daß sie seit Wochen miteinander heimlich ein Verhältnis hätten. Daraufhin will ihn die erzürnte Prinzessin töten lassen, doch Palandro kann mit knapper Not entkommen.[97]

Auch Simplex wird in Paris von mehreren Damen, die ihre Identität geheimhalten, als Liebhaber gebraucht und erhält dafür reiche Belohnung. Simplex ist allerdings zu klug, um seinen Gönnerinnen nachzuforschen. Er genießt und schweigt.[98]

3.1.4.3. Corylo

Im Jahr 1679 erscheint *Die vollkommene Comische Geschicht Des CORYLO. Das ist: Die absonderliche und denckwürdige Beschreibung Eines Ertz-Landstreichers Coryli, Welche dessen vielfältige und ungemeine Buhlereyen mit hohen und nidrigen Standes-Personen/ Glück und Unglück in und ausser Landes/ Amt/ Stand und Condition mit lebendigen Farben entwirfft/ und der gantzen Welt durch sonderliche Zeit-Verkürtzung vor Augen stellet.*[99] Beer greift

---

[97] Vgl. ebd., S. 90ff.

[98] Vgl. Simplicissimus, S. 300ff.

[99] Zitiert wird nach Johann Beer: Corylo. In: Sämtliche Werke, hrsg. von Ferdinand van Ingen und Hans-Gert Roloff, Band 3, Bern u.a. 1986.

in diesem Werk einige Motive aus dem Simplicissimus wieder auf und verwandelt sie.

Gleich zu Beginn des Romans wird die unbekannte Herkunft des Ich-Erzählers hervorgehoben. Der junge Corylo wächst bei einem adligen Pflegevater auf, den er für seinen leiblichen hält. Deshalb quält ihn auch seine Liebe zu Sancissa, der Tochter des Schloßherren, so sehr, da er sie für seine Schwester hält. Als diese Liebe schließlich bekannt wird, verjagt man den Jungen kurzer Hand. Erst später erfährt er, daß man ihn als Säugling in einer Bärenhöhle gefunden hatte ohne einen Hinweis auf seine Herkunft.

Nachdem Corylo einige Zeit als Page und Kammerdiener gearbeitet hat, zieht es ihn nach Paris. Besonders während der Reise lernt er, „das die Unbeständigkeit das fundament seye / auf welchem das Glück ihre Gebäue aufzuführen pfleget."[100] Zurück in Deutschland, begegnet er wieder seiner Jugendliebe Sancissa, welche ihm noch immer sehr zugetan ist. Der Standesunterschied macht allerdings eine Heirat unmöglich, da trifft Corylo im Wald einen Einsiedler aus adliger Familie, der dafür Buße tut, daß er seinen unehelich gezeugten Sohn vor der Familie der Mutter in diesem Wald versteckt hatte. Als er zurückgekehrt war, um das Kind zu holen, war es verschwunden. Corylo ist überzeugt, seinem leiblichen Vater gegenüberzustehen, und als Corylo ihm seine Geschichte erzählt, ist auch der Einsiedler glücklich, doch noch seinen Sohn gefunden zu haben. Corylo kann nun seine geliebte Sancissa heiraten und zieht mit ihr auf das Gut seines Vaters in der Normandie. Erst nach dem frühen Tod seiner Frau erfährt er, daß er in Wahrheit das uneheliche Kind eines Bauern ist, das zur gleichen Zeit in eben jenem Wald versteckt wurde. Versehentlich wurden dabei die Jungen vertauscht. Nicht nur weil Corylo fürchtet, als Erbschleicher entlarvt zu werden, sondern auch aus religiöser Überzeugung tritt er in ein Kloster ein.

---

[100] Ebd., S. 116.

Es handelt sich hier um eine ironische Verkehrung des Motivs der unbekannten adligen Herkunft, das im *Simplicissimus* verwendet wird. Während Simplex bei einem Bauern aufwächst und in Wirklichkeit der Sohn des adligen Einsiedlers ist, wächst Corylo in einem Schloß auf, wird verstoßen und glaubt schließlich, der Sohn eines adligen Einsiedlers zu sein. Er erbt sogar den Besitz des Einsiedlers, obwohl er doch nur ein Bauernkind ist. Für Simplex dagegen hat seine tatsächliche adlige Abstammung wirklich keinen Einfluß auf sein Leben. Im Grunde allerdings bleiben beide Spielball der Fortuna und ziehen die Konsequenz, der Welt zu entsagen und ein frommes Leben zu führen, einmal in der Abgeschiedenheit eines Klosters und einmal auf einer einsamen Insel. Eine auffällige Gemeinsamkeit beider Werke ist die Parisreise, die als Höhepunkt der Darstellung der Wechselhaftigkeit des Glücks gestaltet ist. Simplex und Corylo müssen sich in Frankreich zunächst ohne Geld durchschlagen. Corylo findet bei einem deutschen Kaufmann eine Stellung und bringt es zu einem stattlichen Vermögen, das er jedoch wieder verliert. Simplex nimmt Stellung bei einem Pariser Arzt an. Vor allem seine Liebesdienste bringen ihm ein Vermögen ein, das er jedoch auf der Heimreise nach Deutschland samt seiner außergewöhnlichen Schönheit einbüßt.

Für *Corylo* diente der *Simplicissimus* nur zu einem Teil als Anregung und Fundgrube von Motiven, die sich Beer auf sehr eigenwillige Weise anverwandelt. Im Mittelpunkt des Romans stehen die Streiche, welche Corylo seinen untreuen Herrinnen und ihren Liebhabern spielt. Die Beziehungskonflikte zwischen Männern und Frauen werden auf satirische Weise dargestellt. Corylo spielt sich dabei zum Richter über die lasterhaften Frauen auf, obwohl er selbst mit seiner Herrin schläft und sich auch mit der Tochter eingelassen hätte, wenn ihm nicht der Stallknecht zuvorgekommen wäre. Beer geht es hier in erster Linie darum, die Lasterhaftigkeit der Menschen, besonders der Frauen, vorzuführen und ihre Bestrafung noch auf Erden zu demonstrieren.

3.1.4.4. Jucundus Jucundissimus

Jucundi Jucundissimi Wunderliche Lebens-Beschreibung erschien 1680, und schon der Titel erinnert an Simplicius Simplicissimus.[101] Der spätere Ich-Erzähler wächst in ärmlichen Verhältnissen auf, doch eines Tages kommt eine adlige Dame in das Dorf, die vergeblich nach ihrer durchgebrannten Tochter sucht. Diese Edeldame nimmt Jucundus mit Zustimmung seiner Eltern bei sich auf und läßt ihn zur Schule gehen.

> Das mit dem barocken Fortuna-Konzept verbundene und im Pikaroroman häufige Motiv des Glückswechsels findet hier seinen Ausdruck. Allerdings wird ein Bruch mit der Tradition der Gattung insofern vollzogen, als sich das Glück des Jucundus als dauerhaft erweist und der am Ende des Romans erreichte Zustand im Grunde schon am Anfang des Romans antizipiert wird.[102]

Im Grunde kann man hier das Fortuna-Motiv gar nicht in Anspruch nehmen, denn Jucundus hat auch im weiteren Verlauf der dargestellten Handlung immer nur Glück, niemals wirklich Unglück. Es findet also kein Wechsel statt. In seiner Jugend ist Jucundus ein Schelm, der sich allerlei Streiche einfallen läßt. Als er gerade achtzehn Jahre alt ist, macht ihn dennoch seine Gönnerin zum Hofmeister und engagiert einen Studenten, der ihn weiter unterrichten soll. Dessen eingeschobener Lebenslauf ist deutlich von ständigem Glückswechsel geprägt und trägt pikareske Züge:

> Der Student nämlich ist als Sohn eines Soldaten im Krieg zur Welt gekommen und früh verwaist. Er hat bei einer ganzen

---

[101] Zitiert wird nach Johann Beer: Jucundus Jucundissimus. In: Sämtliche Werke, hrsg. von Ferdinand van Ingen und Hans-Gert Roloff, Band 4, Bern u.a. 1992, S. 101-186.

[102] Manfred Kremer: Vom Pikaro zum Landadligen: Johann Beers *Jucundus Jucundissimus*. In: Der deutsche Schelmenroman im europäischen Kontext: Rezeption, Interpretation, Bibliographie, hrsg. von Gerhart Hoffmeister, Amsterdam 1987, S. 119.

Reihe geiziger und absonderlicher Herrschaften gedient und sagt von sich, er sei „ein rechter Ball des Glücks gewesen, mit welchem fast alle Winde gespielt."[103]

Als Jucundus mit seinem Lehrer eine Reise zu seinen Eltern unternimmt, hören sie unterwegs von einer bevorstehenden Hinrichtung und sprechen mit dem Verurteilten im Gefängnis. Dieser war ein Räuber und Mörder und darüber hinaus der Ehemann ihrer beider Herrin gewesen. Unter der Vorspiegelung einer vornehmen Abstammung hatte der Betrüger das Herz der Dame gewonnen, war aber dann nach wenigen Monaten mit ihrer Schwester und ihrem Vermögen durchgebrannt.

Auf ihrer weiteren Reise erleben Jucundus und sein Lehrer wunderliche Abenteuer und hören die Geschichte eines Jägers, der jahrelang bei Zigeunern gelebt hatte. Von diesem Jäger, der offenbar über magische Kräfte verfügt, und seinem Herrn werden die Reisenden betrogen und beraubt. Außerdem muß Jucundus erfahren, daß seine Eltern mittlerweile gestorben sind. Nach ihrer Rückkehr zum Hof der Edeldame, führen die beiden jungen Männer mit den Bauern des Dorfes ein Theaterstück auf. Allerdings legen sie es von Anfang an darauf an, die Bauern lächerlich zu machen und gegeneinander auszuspielen. Der Abend wird ein voller Erfolg, denn er endet in einer großen Balgerei zur Belustigung der vornehmen Zuschauer:

> Die mit Bierbranntwein animierten und auf das lächerlichste entwürdigend kostümierten Bauern geraten schon in der zweiten Szene des ersten Aktes in eine Prügelei, weil sie die Aussagen des Textes auf ihre eigene Person beziehen. Sie fallen im wahrsten Sinne des Wortes aus der Rolle.[104]

---

[103] Jacobs 1983, S. 67.

[104] Knut Kiesant: Die Bauern-Opera — Zur Literatursatire bei Johann Beer. In: Simpliciana XIII (1991), S. 185.

Da die Edeldame nach dem Verschwinden ihrer Tochter kinderlos ist, setzt sie Jucundus als Erben ein und schickt ihn aus, um sich eine Braut zu suchen. Als er mit seinem Lehrer ohne Erfolg wieder an den Hof zurückkehrt, stellt sich heraus daß die Tochter der Dame seit Jahren in Männerkleidung als Kammerdiener unerkannt für sie gearbeitet hatte, um auf diese Weise für ihre Verfehlungen Buße zu tun. Jucundus verliebt sich in das kluge und sonderbare Mädchen, und die beiden heiraten zur großen Freude der Mutter.

Die Handlung ist kaum durch Grimmelshausens Simplicianisches Werk beeinflußt, aber Beer greift einige Motive aus dem *Simplicissimus* auf wie den Geschlechterwechsel der Tochter durch Verkleidung und funktionalisiert diese Motive für sein Anliegen. Dazu gehört auch die Jägerfigur, der Jucundus und der Student auf ihrer Reise begegnen, mit ihrer Teufelsymbolik. In der Erzählung des Jägers werden beide Motive verwendet: Eine Dame verkleidet sich als Jäger, um einen Jüngling zu verführen, der wiederum schickt ein Mädchen zu ihr ins Bett, das allerdings in Wirklichkeit ein Mann ist. Der Jäger im *Jucundus Jucundissimus* weist gewisse Analogien zu Simplex als Jäger von Soest auf. Sie betrügen beide die Menschen um ihr Hab und Gut, indem sie sich raffinierte Streiche einfallen lassen. Die grüne Kleidung, welche auch der Teufel trägt, wenn er auf Erden als Versucher auftritt, spiegelt ihre moralische Verwerflichkeit und ihre Verfallenheit an die Sünde.

Auffällig gestaltet ist auch das Narrenmotiv. In dem kurzen Werk treten sechs Narren auf, deren Phantastereien viel Platz eingeräumt wird. Fünf von ihnen sind ehemalige Studenten, welche über ihren Studien verrückt geworden sind, und ein weiterer zieht als vermeintlicher Prinz durch das Land und befindet sich unter den Zuschauern der Bauernkomödie. Die Gestaltung der närrischen Torheiten dient bei Beer primär der Unterhaltung. Während Simplex als weiser Narr den Menschen den Spiegel der Wahrheit vorhält und der Narr Jupiter sich mit dem Problem befaßt, wie man die Menschen bessern könnte, gehen von Beers Narren keine satirischen Impulse zur

Verbesserung der Welt aus. An eine Episode aus der *Courasche* erinnert die Schatzsucherin, welche unter dem Vorwand, einen verborgenen Schatz heben zu wollen, in das Schloß kommt, um der Dame ihr Geld und ihren Schmuck zu stehlen.[105] Die Betrügerin und ihre Tochter werden allerdings erwischt, während die Courage und Springinsfeld Erfolg haben.[106]

> Vergleicht man den kleinen Roman mit Grimmelshausens Simplicianischen Erzählwerken, so erweist sich als wichtigster Unterschied, daß hier bei Beer nicht mehr religiöse und moralische Absichten im Vordergrund stehen. Die Intention des Buches ist offensichtlich, den Leser durch die Erzählung kurioser und sensationeller Vorfälle zu unterhalten, wobei Beer vor extremen Unwahrscheinlichkeiten in der Folge der Geschehnisse nicht zurückschreckt.[107]

Im *Jucundus* fehlt die religiöse Dimension völlig, welche für den Simplicissimus so ausschlaggebend ist. Die Hauptfiguren hoffen weniger auf eine Belohnung im Jenseits, sondern erfreuen sich vielmehr an ihrem irdischen Glück.

> Während im *Jucundus Jucundissimus* alle Übeltäter ihre verdiente irdische Strafe finden, war noch so manche Sünde von Grimmelshausens Simplex ungesühnt geblieben, und er kann in seiner Einsiedelei nur reflektierend bereuen und auf Vergebung seiner Sünden durch die göttliche Gnade hoffen.[108]

Grimmelshausen betont die Sündhaftigkeit und Versuchbarkeit aller Menschen, um die Leser so auf den rechten Weg zum Heil zu führen, dagegen sind die Figuren in Beers *Jucundus Jucundissimus* von Beginn an in gute und böse eingeteilt und erfahren entsprechend Strafe oder Belohnung im Diesseits.

---

[105] Vgl. Jucundissimus, S. 129ff.

[106] Vgl. Courasche, S. 101ff.

[107] Jacobs 1983, S. 67f.

[108] Kremer 1987, S. 124.

3.1.4.5. Der Berühmte Narren-Spital

Der Berühmte Narren-Spital wurde 1681 veröffentlicht und erzählt die Geschichte eines Jungen, welcher bei einem außerordentlich faulen Herrn Stellung annimmt:[109]

> Der Adlige Lorentz ist jedoch, wie sich sehr bald herausstellt, kein einfacher Faulenzer, er kommt vielmehr der Arbeit vor allem deswegen nicht nach, weil er die mit der Arbeit verbundene soziale Integration und Disziplinierung ablehnt.[110]

Der Ich-Erzähler muß seinem Herrn den Rücken und die Füße kratzen und ihm gelegentlich auch vorlesen. Neben dem *Fortunatus* gehört auch der *Simplicissimus* zur bevorzugten Lektüre:

> [...] du Hannß lies ein Capitel oder zwey aus dem SIMPLICIS-SIMO, und erzehle mir fein hibsch wie es ihme bey dem faullen Tragoner gegangen/ lebte derselbe Tragoner noch/ ich wollte ihn zu meinem Hauß=Hoffmeister und noch darzu zum VICE Lorentz hinter der Wiesen machen.[111]

Im 28. Kapitel des zweiten Buches kommt Simplex zu einem Dragoner, der fromm, keineswegs ehrgeizig, dafür aber sparsam und faul ist. Simplex muß sogar hungern, bis er mit seinem Herrn in das Kloster Paradeis geschickt wird, wo sie umsonst so viel essen und trinken können, wie es ihnen gefällt. Auf dieses „allerfäulste Leben von der Welt"[112] bezieht sich Lorentz, denn es entspricht seinem eigenen Lebenswandel. Heßelmann stellt dazu fest: „Wie es scheint, waren selbst Nebenfiguren aus Grimmelshausens Roman – wie der

---

[109] Im folgenden zitiert nach der Ausgabe Johann Beer: Narren-Spital. In: Sämtliche Werke, hrsg. von Ferdinand van Ingen und Hans-Gert Roloff, Band 5, Bern u.a. 1991, S. 140-210.

[110] Italo Michele Battafarano: Literarische Skatologie als Therapie literarischer Melancholie: Johann Beers *Der Berühmte Narren-Spital*. In: Simpliciana XIII (1991), S. 199.

[111] Narren-Spital, S. 179.

[112] Simplicissimus, S. 184.

sechste Herr des Simplicius – um 1680 beim Lesepublikum bereits so bekannt wie das Personal aus den volkstümlichen Schriften."[113]

Wie schon der Titel anzeigt, steht im Zentrum des Werk die Narrenthematik. Allerdings gilt:

> Lorenz, nicht irgendein Insasse des Narrenspitals, ist der Narr größten Formates in diesem Text. [...] Er verstößt gegen alle gesellschaftlichen Konventionen, verzehrt sein ererbtes Gut, ohne sich selbst etwas zu erarbeiten.[114]

Trägheit und Völlerei sind die Hauptlaster von Lorentz, allerdings führt ihn der Besuch eines Narren-Spitals auf den Weg der Besserung: „Das ganze Spital ist ein Spiegelsaal, in dem die Betrachter sich selbst erkennen".[115] So wie sich Simplex zunächst an dem Narren Jupiter und seinen Allmachtsphantasien belustigt, besucht eine Gruppe von Adligen ein Narren-Spital, um sich hier über die Torheit der Insassen zu amüsieren. Simplex erkennt jedoch bald, daß Jupiter sich verständiger mit den Problemen der Welt auseinandersetzt als manch gesunder Mensch. Er hält ihn anfangs sogar für einen Betrüger, der sich närrisch stellt, wie es Simplex selbst getan hatte. Das Narrenmotiv ist bei Grimmelshausen weit komplexer ausgearbeitet, denn der Narr entwickelt über mehrere Kapitel hinweg eine Friedens- und Gesellschaftsutopie, die durchaus in ihren Intentionen positiv erscheint, allerdings unmöglich realisierbar ist.[116] Diese Utopie wird auch gerade durch das Narrentum ihres Urhebers satirisch gebrochen.

---

[113] Heßelmann 1992, S. 136.

[114] Peter Rusterholz: Die Weisheit in Johann Beers *Narren-Spital.* In: From Wolfram and Petrach to Goethe and Grass. Studies in Literature in Honour of Leonard Forster, hrsg. von D.H. Green, L.P. Johnson und Dieter Wuttke, Baden-Baden 1982, S. 514.

[115] Ebd., S. 522.

[116] Vgl. Simplicissimus, S. 208ff.

Bei Beer dagegen führen die Narren mit ihrem eigenen Beispiel die Lasterhaftigkeit und Dummheit der Menschen vor, die von Jupiter im *Simplicissimus* getadelt werden.[117] Für Battafarano geht es „in der Beerschen Erzählfiktion weniger um eine medizinische oder theologische, sondern um eine soziale Definition von Narrheit".[118] Die Insassen des Spitals sind vor allem aufgrund ihres normbrechenden Verhaltens eingesperrt worden. Tatsächlich erreicht die Narrenrevue bei Lorentz und dem Erzähler die gewünschte Wirkung, denn sie erkennen ihre eigene Narrheit. Interessant ist dabei jedoch, daß der gebesserte Lorentz, der nun sogar heiratet, dennoch scheitert:

> Herrn Lorenzens Versuch, aus seiner regressiven Narrenexistenz auszubrechen und, den Rat von Hans befolgend, als Ehemann und redlicher Verwalter seines Guts zu einem nützlichen Glied der Gesellschaft zu werden, erweist sich als Fehlschlag und Fortsetzung des alten Zustands mit anderem Zivilstand.[119]

Die Menschen sind und bleiben töricht und in ihrem Narrentum verhaftet, auch wenn sie es erkennen. Der Text zeigt keinen Ausweg auf im Gegensatz zu Grimmelshausens *Simplicissimus*.

Eine kurze Episode, die sich während der Fahrt zum Narrenspital ereignet, spielt auf die Beziehung von Simplicissimus und Courage an. Die Reisegesellschaft trifft unterwegs eine Frau, die sich jämmerlich beklagt, weil sie in einem „TRACTAT durchgezogen worden"[120] sei, allerdings sei ihr Name nicht genannt worden. Vor Gericht hat sie keine Chance, da sie beweisen müßte, daß sie gemeint ist, und dadurch würde sie sich zum Inhalt des Buchs bekennen. Der Anwalt rät stattdessen zur Gegenwehr mit densel-

---

[117] Vgl. Narren-Spital, S. 192ff.

[118] Battafarano 1991, S. 205.

[119] Rusterholz, S. 525.

[120] Narren-Spital, S. 188.

ben Waffen. Sie solle „wieder den AUTHOREM ein anders Buch schreiben lassen und ihme auch wacker durch die Hächel ziehen".[121] Die Courage schlägt auf diese Weise zurück. Auch ihr Name war im *Simplicissimus* nicht genannt worden. Indem sie allerdings in der Antwortschrift ihren Namen offenbahrt und sich zu den ihr zugeschriebenen Lastern bekennt, akzeptiert sie auch ihre eigene Schande in der Hoffnung, damit Simplex zu schaden.[122] Die geschmähte Frau im *Narren-Spital* dagegen greift lieber zur Pistole, aber der Mordanschlag scheitert, so daß sie sich von dem Autor und der Adelsgesellschaft auslachen lassen muß.

3.1.4.6. Teutsche Winternächte

Im Jahr 1682 erscheinen *Zendorii à Zendoriis Teutsche Winternächte*, doch nur noch wenige Motive erinnern in diesem Werk an Grimmelshausen *Simplicissimus*.[123] Die Schreibintention Zendorios ist allerdings nach wie vor, die „Laster mit lachendem Munde zu straffen / und die gemeinen Fehler mit gelinder Hand zu züchtigen".[124] In doppelter Verwendung findet sich das Motiv der unbekannten adligen Abstammung bei Zendorio und Ergasto. Darüber hinaus finden sich in den *Teutschen Winternächten* sechs Einsiedlerfiguren, zwei von ihnen, Zendorio und Caspia, flüchten allerdings nicht aus religiöser Gesinnung in die Einsamkeit, sondern aufgrund ihrer überwältigenden Trauer um den jeweiligen Liebespartner. Der Irländer allerdings demonstriert ein Einsiedlertum, wie es dem Geist des *Simplicissimus* entspricht. Er erklärt seine Weltflucht den Freunden mit folgenden Worten:

---

[121] Ebd., S. 188f.

[122] Courasche, S. 16.

[123] Zitiert nach Johann Beer: Teutsche Winternächte. In: Sämtliche Werke, hrsg. von Ferdinand van Ingen und Hans-Gert Roloff, Band 7, Bern u.a. 1994.

[124] Teutsche Winternächte, S. 228.

Alle Eitelkeit der Welt läufft meinem Geist zuwider/ und ich wollte daß ich schon begraben/ und meiner Mutter der Erden in ihrem Schloß ruhete/ in welcher wir alle noch werden verwandelt werden. Fahret wol/ ihr meine gewesene Güter/ lebt wol/ ihr meine geweste Freunde/ ich bin von euch geschieden/ und werde nicht wieder zurücke kommen. Ich liebe die Einsamkeit mehr/ dann eure Gesellschafft/ dann/ dardurch fliehe ich keine geringe Gelegenheit zu sündigen.[125]

Wie Simplex auf seiner Insel will auch der Irländer der Versuchung zur Sünde entgehen und meidet dazu die menschliche Gesellschaft. Allerdings kommt er noch einmal auf das Schloß von Zendorio, um den früheren Freunden nach einer übermäßigen Feier ins Gewissen zu reden. Das Buch endet mit allgemeiner Besinnung und Reue. Man verspricht Besserung ohne grundsätzlich die Lebensweise zu verändern. Die Einsiedelei wird zwar positiv dargestellt, aber sie bleibt eine Lebensform, die nur für besondere Menschen wie den Irländer tatsächlich durchführbar ist.

3.1.4.7. Die kurzweiligen Sommer=Täge

Unter dem Pseudonym Wolffgang von Willenhag veröffentlicht Beer 1683 die Ich-Erzählung *Die Kurzweiligen Sommer=Täge*,[126] die in der Forschung als Fortsetzung der *Teutschen Winternächte* betrachtet wird, obwohl sie unter einem anderen Pseudonym veröffentlicht wurde und die Hauptfigur einen anderen Namen trägt.

Es steht zu vermuten, daß BEER zu diesem Namenwechsel wiederum ökonomische Überlegungen veranlaßten: er wollte neue Leser gewinnen. Denn Leser, die seinen Winternächte-Band nicht kannten, wären schwerlich zum Kauf eines Buches zu bewegen gewesen, das eindeutig als Continuation eines anderen

---

[125] Ebd., S. 329.

[126] Zitiert nach Johann Beer: Die kurzweiligen Sommer=Täge. In: Die teutschen Winter=Nächte & Die kurzweiligen Sommer=Täge, hrsg. von Richard Alewyn. Frankfurt am Main 1963.

Bandes kenntlich gewesen wäre. Solchen Lesern aber, die den Winternächte-Band kannten, war der Titel „Sommertäge" aufgrund der in den Winternächten gegebenen Vorankündigung schon Hinweis genug, in dem neueren Band die Fortsetzung zu erkennen.[127]

Das Motiv der Einsiedelei kehrt in den *Sommer-Tägen* verstärkt wieder. Eingangs wird von einer Gruppe adliger Freunde berichtet, welche sich alle einem einsiedlerischen und andächtigen Leben verschreiben. Wolffgang von Willenhag hält seine Eremitage allerdings in einem Turmzimmer seines Schloßes, in welchem er zurückgezogen und bescheiden lebt und sich die Zeit mit dem Studium geistlicher Bücher vertreibt. Allerdings hält dieses fromme Leben nicht allzu lange vor, denn als Friedrich, welcher zuerst beschloß, der Welt zu entsagen, zurückkehrt, lassen auch die Freunde bald von ihren guten Vorsätzen ab. Friedrich begründet seinen Entschluß mit folgenden Worten:

> Wir fliehen hin, wo wir wollen, so laufen wir doch nicht aus der Welt und tragen einmal wie allemal unser sündliches Fleisch mit uns, und solang wir dieses nicht ablegen, solang legen wir auch unsere Unart nicht ab. [...] Ich bin demnach entschlossen, meine bisher geführte Einsiedlerei auf diesen Tag zu schließen, meinen vorigen Habit wieder anzuziehen, aber mitnichten das Herz hinweg zu tun, welches ich, soviel ich gekonnt, in aller Geduld wohl ausgehärtet habe.[128]

Kremer sieht hier den *Simplicissimus* parodiert:

> In den „Sommertägen", in denen zeitweise sämtliche Freunde Eremiten „agieren", herrscht für den Leser der Eindruck eines neuen amüsanten Gesellschaftsspiels vor. Es wundert darum auch nicht, wenn der Hauptheld des Romans aus dem Streben nach materieller Sicherheit heraus seine Einsiedelei einfach in

---

[127] Jörg-Jochen Müller: Studien zu den Willenhag-Romanen Johann Beers, Marburg 1965, S. 14.

[128] Sommer-Täge, S. 443f.

einem Zimmer seines Schlosses installiert, das er mit Baumrinde und dergleichen recht „einsiedlerisch" herrichtet.[129]

Hier von einem Gesellschaftsspiel zu sprechen, heißt, völlig die Intentionen und Einsichten der Figuren außer Acht zu lassen. Manche der Einsiedler tragen schlechte Kleidung und betteln um Almosen, während sich andere zugegebenermaßen lieber der Jagd als religiösen Kontemplationen hingeben. Dennoch zeigt gerade die zitierte Rede Friedrichs eine religiöse Läuterung an. Der Vorwurf der mangelnden Askese ist auch deshalb unangebracht, weil auch Simplex auf seiner Insel nicht den geringsten Mangel leidet. Er hat jederzeit köstliche Nahrung zur Verfügung, so daß er gar von einem „Schlauraffenland" spricht,[130] und lebt in einem äußerst angenehmen Klima. Simplex lebt sicherlich nicht entbehrungsreicher als Wolffgang in seinem Turmzimmer, nur hat er keine Bücher zur Verfügung außer dem Buch der Natur.

In *Die kurzweiligen Sommer-Täge* kehren die Freunde wieder zu ihrer vorherigen Lebensweise zurück, aber sie versuchen, den früheren Lastern zu entsagen. Gegen Ende des Romans allerdings geht der Erzähler, Wolffgang von Willenhag, in den Wald, um hier in aller Abgeschiedenheit ein andächtiges und frommes Leben zu führen. Auch Wolffgang verabschiedet sich – wie Jan Rebhu und Grimmelshausens Simplex – von der Welt mit den Worten Gevaras.[131] Auch Wolffgang weiß noch nicht, wie lange er in der Einsamkeit leben will:

> Ob ich aber darinnen bleiben oder sonsten meine Lebensart wegen hereinbrechendem Alter verändern werde, das muß man der künftigen Zeit anheimstellen. Aber gewiß ist es, daß ich ein solches Leben allezeit vor das glückseligste schätze, darinnen der elende Mensch GOTT von Herzen fürchtet und

---

[129] Kremer 1964, S. 141.

[130] Vgl. Simplicissimus, S. 555.

[131] Vgl. Sommer-Täge, S. 770ff.

täglich, stündlich, ja augenblicklich betrachtet sein herannahendes Ende.[132]

Simplex schließt das fünfte Buch mit den Worten:

> Begab mich derhalben in eine andere Wildnus/ und fienge mein Spesserter Leben wieder an; ob ich aber wie mein Vatter seel. biß an mein End darin verharren werde/ stehet dahin. Gott verleyhe uns allen seine Gnade/ daß wir allesampt das jenige von ihm erlangen/ woran uns am meisten gelegen/ nemlich ein seeliges ENDE.[133]

Die Grundaussage des Werkes gleicht damit der von Grimmelshausens *Simplicissimus*, auch wenn Handlung und Hauptfiguren ganz unterschiedlich gestaltet sind. Es finden sich aber auch viele Charaktere, welche an Simplex in einer bestimmten Lebensphase erinnern, so zum Beispiel Wolffgangs Bruder. Er war als Kind bei einem Brand verschwunden und von Plegeeltern aufgezogen worden. Der Zufall führt ihn später auf das Schloß seiner adligen Familie, wo er schließlich seine wahre Herkunft erfährt. Die Lebensgeschichte des alten Soldaten erinnert gelegentlich an die Simplex' oder Springinsfelds Kriegsabenteuer. Die Streiche, welche Dietrich, Philipp und andere gelegentlich ausführen, bilden Analogien zu Simplex' Schelmenstücken. Auch *Die kurzweiligen Sommer=Täge* empfingen einige Anregungen durch den *Simplicissimus*.

3.1.4.8. Bruder Blaumantel

Im Jahr 1700 erschien: *Der kurtzweilige Bruder Blau-Mantel/ Welcher Umständlich erzehlet/ wie er in dieser Welt sein Stück Brod suchen und sich mit Sorg und Kummer unter allerley Leuten habe hinbringen müssen. Allen blauen Mänteln zum Erkenntniß ihrer selbst und zum fernern Nachsinnen beschrieben/ Durch Jan*

---

[132] Ebd., S. 847.
[133] Simplicissimus, S. 463.

Rebhu.[134] Beer verwendet für diesen Roman wieder das Verfasser-Pseudonym Jan Rebhu, den Namen des Ich-Erzählers aus dem *Simplicianischen Welt-Kucker.* Trotz der Autorfiktion wird aus der Ich-Perspektive von Bruder Blau-Mantel erzählt.

Ein „Blaumantel" ist ein Leutebetrüger, der seinen Mantel nach dem Winde dreht. Der Ausdruck wird von Beer offensichtlich sehr großzügig verwendet, da der Held des Romans natürlich nicht so recht in die Definition paßt.[135]

Blau-Mantel ist ein Student, der durch die Wirren des Französisch-Holländischen Krieges im Lande umhergetrieben wird und so anstelle der Wissenschaften die menschliche Gesellschaft studiert. Nachdem er auf seinen Reisen die Sündhaftigkeit der Menschen und die Verkehrtheit der Welt zu Genüge kennengelernt hat, beschließen Blau-Mantel und sein Freund Pamphilius, nach Einsiedeln zu pilgern und dort als Eremiten der Welt zu entsagen. Diese Pilgerreise ähnelt derjenigen von Simplex und Hertzbruder nicht nur in der Wahl ihres Reiseziels. Wie Simplex will auch Blau-Mantel unbekannte Gegenden kennenlernen. Während allerdings Simplex durch die Wallfahrt nur vorübergehend zu Besinnung und Reue gelangt, mündet die Reise für Blau-Mantel und Pamphilius in ein frommes Einsiedlerleben. Diese Entscheidung lehnt sich wiederum an den Schluß des *Simplicissimus* an, wobei auch in diesem Werk im Ton Guevaras der Welt und ihren Versuchungen eine Absage erteilt wird:

Gute Nacht O Welt/ in dir ist die Unordnung die angenehmste Haushalterin. Die Sünden herrschen/ und die sie begehen/ wollen nicht gestrafft seyn. Wer dich nicht liebet/ O Welt/ der ist denen Gottlosen ein Greul/ wer es mit dir hält/ der

---

[134] Zitiert nach Johann Beer: Der kurtzweilige Bruder Blau-Mantel, hrsg. von Manfred K. Kremer, Bern, Frankfurt am Main, Las Vegas 1979 (Faksimiledruck der Ausgabe von 1700).

[135] Vorwort von Kremer zu seiner Ausgabe des Bruder Blau-Mantel, S. 20f.

wird groß und herrlich/ aber nur zu seinem desto grössern Untergang.[136]

In seinem Vorwort zur Faksimileausgabe des *Bruder Blau-Mantel* weist Manfred Kremer darauf hin, daß „der größte Einfluß auf den *Blau-Mantel* zweifellos von Grimmelshausens *Simplicissimus* ausgegangen" ist:

> Das wird an den Resten pikarischer Struktur im Roman deutlich; aber auch inhaltliche *Simplicissimus*-Nachahmungen sind häufig. Zum Beispiel ist die Schwarzwald-Episode dem Räuberleben des Simplex nachgebildet. Auch Einzelmotive des Grimmelshausen'schen Romans sind übernommen, so etwa der Läusekrieg oder der Schatzfund (S. 95) und auch das Einsiedler-Projekt am Schluß des *Blau-Mantel*.[137]

Weiterhin stellt Kremer fest, daß sich Beer „in dieser Schrift allmählich vom direkten Einfluß Grimmelshausens und des pikarischen Romans löste und mehr und mehr den Übergang zum satirisch-politischen Roman vollzog."[138] Mit Recht konstatiert Kremer eine „veränderte religiöse Einstellung" im *Bruder Blau-Mantel* im Vergleich zu Grimmelshausen; aber er geht doch zu weit, wenn er die Einsiedelei von Blau-Mantel und Pamphilius lediglich als „komfortables Arrangement" bezeichnet, „bei welchem sich der Einsiedler sozusagen als Pensionär in ein Kloster einkauft, das ihn in seiner Klause mit allem Nötigen versorgen soll".[139] Läßt man die beiden Büßer selbst zu Wort kommen, dann überzeugt ihre Reue durchaus:

> Nach diesem resolvirten wir uns beyde/ die bißher geführte Lebens=Art in einen andern Format zu giessen/ und nacher Einsideln in der Schweitz zu reisen/ allda wir in einem Wald eine Zelle und Clausen bauen/ und also unser Leben in stäter

---

[136] Bruder Blau-Mantel, S. 143.

[137] Kremers Vorwort zum Bruder Blau-Mantel, S. 35.

[138] Ebd., S. 37.

[139] Ebd., S. 38.

Bußfertigkeit/ als arme Eremiten zubringen wollten. Hiezu hatten wir gute Gelegenheit durch meinen stattlichen Reichthum/ dann ich dörffte solchen nur in ein Closter geben/ so hatten wir Zeit unsers Lebens von daraus mit Brod/ Fisch und Fleisch können versehen werden.[140]

Blau-Mantel verzichtet auf all den Luxus und den Genuß, welchen ihm sein Reichtum bereiten könnte, um als armer Eremit Buße zu tun. Er schenkt seinen Besitz einem Kloster, und alles, was er dafür verlangt, sind Lebensmittel. Noch nicht einmal gute Kleidung oder Bücher läßt er sich geben, um sein sogenanntes „Pensionärsdasein" komfortabler zu gestalten. Blau-Mantels Hinwendung zu Gott ist zwar nicht so absolut wie Simplex' auf der Kreuzinsel, aber doch genauso ernst zu nehmen. Nach einem abenteuerlichen und sündhaften Leben will er nun büßen.

3.1.4.9. Der verkehrte Staats-Mann

In *Der verkehrte Staats-Mann Oder Nasen=weise SECRETARIUS*, erschienen 1700,[141] wird der Traum eines Einsiedlers erzählt, der schon viele Jahre alleine auf der Insel Sankt Helena lebt: „Dann ich bin eben der Einsiedler in Sanct Helena/ welcher sich zur Besserung seines Lebens vor acht oder mehr Jahren dahin gesetzet [. . .]."[142] Zu Beginn des Romans wird der Einsiedler von ankommenden portugiesischen Kolonisten unter der Führung einer Prinzessin aus dem Schlaf geweckt. Tatsächlich beginnt so allerdings sein Traum von drei lasterhaften Staatssekretären, von welchen der erste besonders wegen seines Hochmuts, seiner Habgier und seiner Bösartigkeit getadelt wird. Der zweite, ein naseweiser Sekretär, will alles ändern, was sich bisher bewährt hat, was zwangsläufig zum völligen Chaos

---

[140] Bruder Blau-Mantel, S. 142.

[141] Zitiert nach Johann Beer: Der verkehrte Staatsmann, unveränderter Nachdruck, Frankfurt am Main 1970.

[142] Ebd., S. 167.

führt. Der letzte Sekretär scheitert an seiner Verschwendungssucht. Aus diesem Traum wird nun der fromme Büßer durch die Ankunft eines holländisches Schiffes geweckt. Die Besatzung soll sich auf Sankt Helena erholen von den Strapazen heftiger Stürme. Und so erhält der Einsiedler überraschend Gesellschaft: „Ich bekame Gelegenheit mit einem Staats=Mann aus Holland zu reden und ihm meinen wunderlichen Traum zu erzählen".[143] Nach einer ausführlichen Diskussion über die Überheblichkeit der Sekretäre verspricht der Holländer, ihr gesamtes Gespräch nach seiner Rückkehr in Amsterdam drucken zu lassen.

> Dieser Roman hebt sich von den anderen darin ab, daß er sich von Anfang zu Ende auf dasselbe Thema konzentriert — die verhängnisvollen Folgen für die Gesellschaft, wenn ein machtgieriger skrupelloser Intrigant zu einer Position der Macht gelangt. Das schöne Titelblatt illustriert den Lehrsatz, daß die Früchte des Ehrgeizes, im Vergleich zu denen des Mannes, der seine Felder bebaut, illusorisch sind. [...] Die Moral, die immer wieder im *Verkehrten Staatsmann* betont wird, besagt, daß die Verantwortung für eine schlechte oder tyrannische Ausübung der Gewalt bei selbstsüchtigen und ungeschickten Beamten liegt. Auf eine Verbesserung der Verhältnisse kann man erst dann hoffen, wenn die Staatsdiener und die Regierenden mehr Verantwortungssinn zeigen und alle Stände eine moralische Reform durchmachen: das hieße Ausrottung der Korruption, der Bestechung, der Titelsucht und die Einführung weitgehender Erziehungsreformen.[144]

Neben der satirischen Schreibweise erinnert im *verkehrten Staatsmann* nur das Einsiedler-Motiv an Grimmelshausens *Simplicissimus*. Wie Simplex schätzt auch der Einsiedler, daß er auf seiner Insel wenig Möglichkeiten zur Sünde hat:

---

[143] Ebd., S. 168.

[144] Kenneth Knight: Grimmelshausen, Beer und die politische Satire. In: Simpliciana XIII (1991), S. 40.

Ich bin fern [...] so wohl von Hof/ also auch anderem Welt=Leben. Meine Einsamkeit weiß nichts von Geld/ viel weniger vom Ehrgeitz. Mich plaget weder Weib noch Kind/ und meine Augen sehen in dieser Insul nichts Hoffärtiges. Meine einzige Sorge lasse ich dahin gestellet seyn/ wie ich selig werde/ und bin froh/ daß Ich so vielem Unwesen und gefährlichen Welt=Händeln entgangen bin.[145]

Aus diesem Grund kehrt auch Beers namenloser Einsiedler wie Grimmelshausens Simplex nicht mit dem Schiff in die sündhafte Welt zurück. Stattdessen gelangt seine Geschichte durch den Holländer nach Europa, so wie auch Simplex Aufzeichnungen von einem holländischen Kapitän nach Europa gebracht und in Druck gegeben werden. Dabei handelt es sich um grundverschiedene Geschichten, da Simplex seinen Lebenslauf niedergeschrieben hatte und der Einsiedler auf Sankt Helena nur einen Traum hat aufzeichnen lassen. Der Traum des Einsiedlers allerdings bildet eine Analogie zum Traum von Simplex zu Beginn des sechsten Buches, in welchem die Verschwendung und der Geiz miteinander in Wettstreit treten. In beiden Träumen geht es darum, die Laster der Menschen anzuprangern, bei Grimmelshausen werden jedoch die Menschen wie Marionetten von den teuflischen Personifikationen der Laster Verschwendung und Geiz geleitet. Bei Beer werden stärker die persönlichen und politischen Verfehlungen der Menschen in den Vordergrund gerückt.

3.1.4.10. Der Verliebte Österreicher

Jan Rebhu ist erneut das Autorenpseudonym von Beers Roman *Der Verliebte Österreicher/ Oder Die Liebs= und Lebens=Geschicht Mit der an Tugenden und Schönheit unvergleichlichen SORONA Durch Jean Rebhu*, das im Jahr 1704 gedruckt wurde.[146] Der

---

[145] Staats-Mann, S. 177.

[146] Zitiert nach Johann Beer: *Der Verliebte Österreicher*, hrsg. von James N. Hardin, Bern, Frankfurt am Main, Las Vegas 1978.

Ich-Erzähler wird zunächst aufgrund seiner Nationalität nur als Österreicher bezeichnet.

Als kleiner Junge von vier Jahren geht er bei einer Bootsfahrt mit seiner Mutter und Freunden in einem Unwetter verloren. Die Mutter und ihre Freunde können sich ans Ufer retten, während ihr Sohn in einem kleinen Ruderboot abgetrieben und auf einem Fluß weit fortgetragen wird. Als das Boot schließlich ans Ufer gespült wird, nehmen gutmütige Edelleute das Kind auf. Wegen seiner Aussprache nennt man das Findelkind schlicht den Österreicher.

Zu Beginn der Erzählung kennt der inzwischen erwachsene Österreicher seine Herkunft noch nicht. Er steht im Dienst einer adligen Witwe, als er auf ein benachbartes Schloß zu Hilfe gerufen wird. Dort verkleidet er sich als die Tochter des Grafen von Sorona, da ein abgewiesener Verehrer versucht, diese mit Gewalt für sich zu gewinnen. Durch die List gelangt die Jungfrau in Sicherheit und nur der junge Österreicher in die Hände Pardophirs. Um Rache an dem jungen Mann zu nehmen, will Pardophir ihn mit einem Boot auf sein Schloß bringen lassen, doch wieder hat der Österreicher Glück, denn ein Unwetter treibt das Boot, an das er gekettet ist, auf die offene See hinaus. Nach großer ausgestandener Angst wird er wieder ans Ufer getrieben, wo eben der Schloßherr seinen Angreifer im Kampf überwindet. Der Österreicher ist gerettet und wird gesundgepflegt. Er hat sich längst in die Tochter des Grafen von Sorona verliebt, aber wegen seiner ungewissen Herkunft kann er nicht auf ihre Liebe hoffen, obwohl sie ihm diese in Rätseln andeutet.

Durch Zufall entdeckt er in einer Herberge, wer seine Mutter ist, nämlich die Gräfin von Schwarzenberg. Sein Vater war ein tapferer und tugendhafter Edelmann, der noch vor dem Verschwinden des Kindes gestorben war. Der Name des Findlings ist Sylvius, und er ist der einzige Erbe eines stattlichen Besitzes. Plötzlich steht einer Heirat mit dem Fräulein von Sorona nichts mehr im Wege, aber noch vor der Hochzeit befallen ihn Zweifel, ob er nicht lieber ein geistlich-frommes Leben in einem Kloster führen solle, statt nach seinem irdischen Glück zu streben. Die Entscheidung wird Sylvius abgenommen, da Pardophir ihm die Braut entführt. Bei diesem Überfall kommt ihr Vater, der Graf von Sorona, ums Leben, und Sylvius kann keine Spur seiner Braut entdecken. Er beginnt nun tatsächlich ein frommes Einsiedlerleben in einem Wald auf einem Berg, von wo aus er die nähere Umgebung überblicken kann, ganz wie Simplex auf dem Mooskopf. Er liest, jagt, baut an seiner Hütte und dressiert junge Bären, bis ihn die Neugier überkommt, einen Brunnen zu besehen, dessen Wasser das Gedächtnis schärfen soll. Wie Simplex auf dem Mooskopf wird es also auch Sylvius zu langweilig.

Bei diesem Brunnen, der allerdings verfallen ist, stößt Sylvius auf Pardophir und seine Mörderbande. Weil er stark abgemagert ist und immer noch seinen Pilgerrock trägt, erkennt man ihn nicht. Er erfährt, daß seine Geliebte von einem Edelmann in der Umgebung aus Pardophirs Händen gerettet worden war, seither aber dort von den Mördern belagert wird. Der vermeintliche Pilger soll nun auf dieses Schloß gehen und ein Feuer legen, sobald er herausgefunden hat, wo sich das Edelfräulein befindet. Sylvius stimmt allem zu, doch auf dem Schloß gibt er sich sofort zu erkennen und verrät den Plan. So gelingt es ihm zusammen mit den Männern des Edelmannes, Pardophir eine Falle zu stellen und ihm einen elenden Tod zu bereiten. Sylvius kann nun glücklich seine Braut heimführen und Hochzeit halten, allerdings faßt er auch den Vorsatz, sich immer die Vergänglichkeit der irdischen Freuden vor Augen halten. Und sein Wahlspruch lautet fortan: „Wer nach der ewigen Glückseligkeit trachten will/ muß sich die irdische Verdrüßlichkeiten nicht zu sauer lassen werden."[147]

Im *Verliebten Österreicher* wird zwar die Einsiedelei durchweg

---

[147] Ebd., S. 247.

positiv bewertet, als Sylvius aber seine Braut wiederfindet, zweifelt er nicht einen Augenblick, daß es richtig ist, seinen Pilgerrock abzulegen und mit ihr wieder sein früheres weltliches Leben zu beginnen. Dennoch will er versuchen, das irdische Dasein nicht mehr so ernst zu nehmen und das ewige Heil immer höher zu schätzen. Er glaubt, daß er in der Welt ein gottgefällliges Leben führen kann, was Simplex noch im sechsten Buch des *Simplicissimus* für unmöglich hält. Neben dem Einsiedlermotiv kehrt hier auch das Motiv der unbekannten adligen Herkunft wieder, der Sylvius ein reiches Erbe verdankt und die Heirat mit dem von ihm verehrten Fräulein von Sorona. Wie der junge Simplex kennt auch der Österreicher seinen wahren Namen nicht, bis ihm seine Mutter wiederbegegnet.

Ein weiteres bekanntes Motiv ist der Schiffbruch der adligen Gesellschaft, bei welchem Sylvius von seiner Mutter getrennt wird. Ganz ähnlich wiederholt sich diese Situation, als Sylvius, an das Boot gekettet, aufs Meer hinausgetrieben wird, aber doch wieder ans rechte Ufer gelangt. Dieses Sinnbild des ohnmächtigen Menschen, der im Leben hin und her geworfen wird, ohne Einfluß nehmen zu können, benutzt auch Grimmelshausen zweifach, denn einmal fällt Simplex in den Rhein und kann sich gerade noch auf einen Ast vor dem Ertrinken retten, und zum anderen erleidet er Schiffbruch, als er seine Pilgerreise nach Jerusalem aufgibt und wieder in die Heimat zurückkehren möchte. Simplex wie Sylvius werden gerettet und ohne ihr Zutun an den für sie richtigen Ort geführt. Nur eine weitere augenfällige Anlehnung Beers an Grimmelshausen soll hier noch bezeichnet werden: die Verkleidung der Helden in Frauenkleider. Simplex versucht auf diese Weise, sein Narrenkostüm loszuwerden, während Sylvius die Stelle der bedrängten Jungfrau einnimmt, um sie zu schützen. Das Gesamtkonzept des *Verliebten Österreichers* hat kaum etwas mit dem *Simplicissimus* zu tun, aber zentrale Motive aus dem Roman Grimmelshausens werden hier wiederverwertet.

3.1.4.11. Johann Beers Simplicissimus-Nachfolge

Die meisten Romane [Beers] stellen sich in eine noch junge Tradition, die, obwohl frühere Übersetzungen spanischer Schelmenromane vorliegen, ihren Anfang mit Grimmelshausens *Simplicissimus* nimmt. Sieht man vom *Welt-Kucker* einmal ab, erfüllt keiner der Texte diesen eigenen Anspruch, ist keiner der Ich-Erzähler ein Simplicissimus, der die Welt in ihrer Totalität erlebt. Ihre Welt-Erfahrung nimmt in chronologischer Reihenfolge vom *Welt-Kucker* bis zu den *Sommer-Tägen* immer stärker ab, epischer Lebenslauf und satirischer Lauf der Welt klaffen immer mehr auseinander. Damit ist eine neue, die Struktur des Schelmenromans verändernde Romankonzeption verbunden: Die Biographien der Ich-Erzähler werden durch diejenigen verschiedener anderer Personen ergänzt oder gar ersetzt, der einsträngige, am Leben des Titelhelden orientierte Aufbau des Romans ist nicht mehr möglich, eine Vielzahl von Erzählern tritt auf. Dieses poetische Verfahren vermittelt zwischen dem Anspruch der Satire auf Wahrheit und Vollständigkeit der Darstellung und dem Lebenlauf von Romanfiguren, die nur noch zu einer reduzierten Welterfahrung fähig und bereit sind.[148]

So sehr der Schriftsteller Johann Beer durch den *Simplicissimus* Grimmelshausens beeinflußt war, so ging er doch eigene, ganz persönliche Wege in seiner Nachfolge. Laut Rötzer war Beer sogar „der einzige wirkliche Nachfolger Grimmelshausens".[149] Bestimmte Motive aus den simplicianischen Schriften kehren in einem großen Teil von Beers Werken wieder.

Der Simplicissimus muß für Beer geradezu eine dichterische Bibel gewesen sein, ein wahres Kompendium von Motiven, dessen Spuren wir auf Schritt und Tritt begegnen. Aber die Art

---

[148] Kuno Gurtner: „Ich hab ein Korb voll Obst beisammen". Studien zur Poetik der Romane Johann Beers, Bern 1993, S. 138f.

[149] Hans Gerd Rötzer: Der Roman des Barock. 1600-1700. Kommentar zu einer Epoche, München 1972, S. 119.

dieser Abhängigkeit ist eine eigenartige und in diesem Zeitalter der literarischen Eigentumslosigkeit ganz ungewöhnliche.[150]

Richard Alewyn stellt fest, daß besonders der Anfang des *Simplicissimus* sich im Werk Beers niederschlagen hat:

> Auch die Flucht in die Welt und das Verirren im tiefen Wald, oder der komische Zusammenstoß des einfältigen Knaben mit der Welt und seine Beratung und Aufklärung durch einen Mentor sind typische bei Beer immer wiederkehrende Situationen. Und fast stets ist der weltfern und ärmlich aufgewachsene Knabe am Ende ein Findling und in Wirklichkeit von adliger Geburt.[151]

Dieses Motiv der unbekannten adligen Herkunft, welches beispielsweise in den *Teutschen Winter=Nächten* und im *Verliebten Österreicher* gestaltet ist, wird im *Corylo* auf geschickte Weise verkehrt und dadurch ironisiert. Das Waldeinsiedlertum am Ende des fünften Buches des *Simplicissimus* spiegelt sich im *Simplicianischen Welt=Kucker*, im *Bruder Blau-Mantel*, im *Verliebten Österreicher*, in den *Teutschen Winter=Nächten* und gleich mehrfach in den *Kurtzweiligen Sommer=Tägen*. Ebenso stark wirkt der Schluß des *Simplicissimus* bei Beer nach:

> Einen so starken Nachhall wie der Anfang hat nur noch der Schluß des Simplicissimus, oder genauer die zwei Schlüsse, das Bergeinsiedlertum am Ende des fünften Buchs und das Inseleinsiedlertum am Ende des sechsten Buchs hinterlassen.[152]

Die Einsiedelei auf einer Insel als Form größerer Weltabgeschiedenheit wird im *Simplicianischen Welt=Kucker* wie auch im *Verkehrten Staatsmann* gestaltet. „Und regelmäßig sprechen die Einsiedler an dieser Stelle ihren melodischen Abschied an die Welt, der das eifernde ‚Adieu Welt!‘ des Guevara-Albertinus bei Grimmelshausen

---

[150] Alewyn, S. 158.

[151] Ebd., S. 159.

[152] Ebd., S. 160.

virtuos immer neu variiert.["153] Bei Grimmelshausen wie Beer geht es bei diesem Einsiedlertum weniger um klösterliche Askese als vielmehr um Weltflucht, und Schutz vor ihrer eigenen Sündhaftigkeit. Die verschiedenen Einsiedlerfiguren wollen sich die Gelegenheit zum Laster und zur Sünde verwehren, was ihnen natürlich nur bedingt gelingen kann, da sie nicht wirklich die Welt verlassen können, sondern sich nur der menschlichen Gesellschaft entziehen. Durch die Abgeschiedenheit ist es ihnen möglich, sich ganz auf ihr jenseitiges Heil zu konzentrieren. Robert Aylett sieht hierin die bedeutendste Gemeinsamkeit zwischen Grimmelshausen und Beer: „their preoccupation with the efficacy and appropriateness of eremitic solitude in finding a path to salvation is one of the strongest links between Beer and Grimmelshausen."[154] Manfred Kremer dagegen stellt hier einen grundlegenden Unterschied fest:

> Daß hier der starke Einfluß von Grimmelshausens Simplizissimus wirksam wurde, verrät nicht nur der Titel seines ersten Pikaroromans. Aber die pikarischen Romane Beers unterscheiden sich grundsätzlich von ihrem Vorbild, das ja eine einmalige Erscheinung unter den Schelmenromanen bleibt. Die barockasketische Sicht, aus der der „Simplizissimus" geschrieben ist und die den Helden in ständiger Entwicklung auf sein ewiges Heil hin zeigt, tritt bei Beer völlig zurück.[155]

So wie Simplex bei seinem ersten Versuch zur Rückkehr in die Einsiedelei auf dem Mooskopf scheitert, scheitern auch manche der Beerschen Gestalten. Beide Autoren sehen das Einsiedlerleben durchaus problematisch, und nur in der größtmöglichen Weltabgeschiedenheit gelingt es Simplex, seine Vorstellung von einem gottgefälligen Leben zu verwirklichen. Dennoch kann er nicht versprechen, für immer auf seiner Insel zu bleiben, er erklärt lediglich, er

---

[153] Ebd., S. 160.

[154] Robert Aylett: Alewyn Revisited: Realism in Grimmelshausen and Beer. In: Daphnis 19 (1990), S. 86.

[155] Kremer 1964, S. 29.

begehre „noch nicht wider in Europam zu kehren".[156] Ein so grund-
legender Unterschied, wie Kremer ihn feststellt, besteht also zwischen den Einsiedlerfiguren nicht, dennoch sind die Romane Beers
vom allgemeinen „Säkularisierungsprozeß" der Jahrhundertwende
beeinflußt.[157]

Vielfach resultiert bei Beer wie bei Grimmelshausen die Entscheidung für ein einsiedlerisches Leben aus der Erkenntnis der Verkehrtheit der Welt, wie sie in Guevaras „Adieu Welt!" beklagt wird:

> Das Unterfutter von Beers kurzweiligen Geschichten und
> Späßen, die aus einem scheinbar nie versiegenden Quell
> der Phantasie hervorsprudeln, sind unverkennbar des Autors
> „Meinungen von diesem zeitlichen Leben". Ihre Quintessenz
> ist, auf eine kurze Formel gebracht, daß die Dinge nicht sind,
> was sie zu sein scheinen. Die Nähe zu Grimmelshausens
> Spruch „Der Wahn betreugt" ist offenkundig: Die Liebe hält
> nicht, was sie verspricht, die ‚ewige Jugend' vergeht, oder,
> konkreter gefaßt: ein Adelsfräulein ist nicht tugendvoll, ein
> Kantor nicht der Musikverständige, als den er sich ausgibt,
> der fromme Prediger ein Schürzenjäger, - die Liste ließe sich
> unschwer verlängern.[158]

Simplex muß nach dem Tod seines Vaters, des Einsiedlers, lernen,
wie verkehrt die Welt sich zu den christlichen Lehren verhält, und
er wird nach und nach Teil dieser sündhaften Welt. So erfährt er,
wie schwer es für die Menschen ist, ihr Leben nach den christlichen
Geboten einzurichten und auf diese Weise das ewige Leben zu erlangen. Auch die Geschichten Johann Beers führen diese Verkehrtheit
der Welt auf satirische Weise vor, und in einigen von ihnen ziehen
die Hauptfiguren dieselbe Konsequenz wie Simplex: Rückzug aus
der Welt in einsame Gegenden, wo der Versuch zu einem christlichen Leben unternommen wird.

---

[156] Simplicissimus, S. 578.
[157] Heßelmann 1992, S. 151.
[158] Van Ingen, S. 130.

Ein Thema aber durchzieht in diesem Zusammenhang wie ein Leitmotiv das ganze Werk: Die Verschleierung der wahren Identität. Niemand ist der oder die, für den er oder sie sich ausgibt. Die Täuschungen, Verwechslungen und Verkleidungen machen auch oder gerade vor den Grenzen des Geschlechts nicht Halt. Ein Beispiel, dazu noch gleichsam in der zweiten Potenz, gibt die Lebensgeschichte des Jägers im *Jucundus*.[159]

Häufig scheinen Stoffe und Motive aus Grimmelshausens Simplicianischen Schriften bei Beer, manchmal in verkehrter Weise, wieder auf. Beer spielt damit, probiert diese vorgegebenen Muster an verschiedensten Figuren. So erleben die Übernahmen aus dem *Simplicissimus* komplexe Verwandlungen, die doch immer noch ihren Ursprung erkennen lassen. Dennoch muß man Jörg Krämer beipflichten:

Der einseitige Bezug auf Grimmelshausen, an dem die Forschung bis heute Beer zu messen pflegt, wird weder Beers spezifischem Erzählgestus gerecht noch Grimmelshausen, dessen aus anderer Erzählmotivation und –haltung erwachsenes Werk völlig andere Problemgehalte transportiert.[160]

3.1.5. Prokop von Templin

Prokop von Templin wurde 1608 geboren und stammt aus einer protestantischen, bürgerlichen Familie. Im Dienst eines kaiserlichen Offiziers kommt er nach Böhmen und konvertiert in Prag zum Katholizismus. Im Jahr 1627 tritt er in Wien dem Kapuzinerorden bei. Als Wanderprediger zieht er durch Ober- und Niederösterreich, Böhmen und Süddeutschland. Er lebt einige Zeit in Wien und Linz und kommt dann in das Passauer Kloster Mariahilf, wo er

---

[159] Kuno Gurtner: „Bald droben, bald drunten, bald gar verschwunden" — Bilder der Gesellschaft im Werk Johann Beers. In: Simpliciana XIII (1991), S. 117.

[160] Krämer, S. 281.

die „Blütezeit seines dichterischen Schaffens" erlebt.[161] Nachdem das Kloster beim Stadtbrand 1662 niedergebrannt war, ging Prokop nach Salzburg, und kurz vor seinem Tod im Jahre 1680 kam er wieder in das Kapuzinerkloster in Linz. Im Jahr 1671 erschien Prokop von Templins Predigtsammlung: *Encaeniale, Das ist: Hundert Kirch=Tag=Predigen, In welchen Das Menschliche Gemüth durch den Weeg der vielfaltigen edlesten Creaturen zu der Erkantnuß Gottes ihres Erschaffers mit einer sonderbars lieblichen Manier geleitet, auch zum Lob seiner hiermit an uns erwiesenen Güte auffgemuntert unnd Geistreich angefrischet, wie nicht weniger mit mancherley erwünschlichen Wissenschafften gar lustig contentirt und vergnüget wird.*[162]

> Der alles überragende, von Grund auf *christliche Roman* des Jahrhunderts, Grimmelshausens *Simplicissimus*, ist [...] zunächst und eine lange Zeit verkannt worden. Um so erstaunlicher Prokop von Templin, der das Buch 1671 auf die Kanzel bringt.[163]

In einigen der Predigten des *Encaeniale* erzählt Prokop Episoden aus dem *Simplicissimus* nach. In großer Ausführlichkeit schildert er „als ein Predigtexempel von der Arglist des Teufels",[164] wie Simplex und der Zimmermann auf der Insel durch den Teufel in Frauengestalt in Versuchung geführt werden.[165] Der Kapuziner scheut sich

---

[161] Literaturlexikon. Autoren und Werke deutscher Sprache, hrsg. v. Walther Killy, Bd. 9, München 1991, S. 234.

[162] Zitiert nach Prokop von Templin OFMCap (1608-1680) ENCAENIALE, Das ist: Hundert Kirch-Tag-Predigen (1671). Photomechanischer Nachdruck und Bibliographie von Dieter Bitterli, 2 Bände, Amsterdam, Maarssen 1990.

[163] Urs Herzog: Der Roman auf der Kanzel. Prokop von Templin (um 1608-1680), ein erster Leser von Grimmelshausens *Simplicissimus*. In: Simpliciana VI/VII (1984/85), S. 101.

[164] Ebd., S. 102.

[165] Vgl. Encaeniale, S. 255ff.

auch nicht, in einer Predigt Oliviers Räuberleben auf einem Kirchturm zu beschreiben, mit der Begründung: „Aber ich will euch mit einem frischen Exempel zeigen/ wz da heisse auß denen Kirchen Mörder=Gruben machen."[166]

Es folgt eine im allgemeinen treue Wiedergabe der im Gespräch mit Simplicius vorgebrachten Kritik am Klerus und an den unter den Kirchgängern herrschenden Mißbräuchen. Aufschlußreich ist das Bestreben Prokops, die heftigsten Angriffe des Basistextes zu entschärfen, indem er ein drastisches Exempel eliminiert und die sozialkritischen Tendenzen mildert. So läßt er das im „Simplicissimus" erwähnte Blutbad, welches zwei Geistliche in der Kirche anrichteten, fort.[167]

Die allegorische Bedeutung der Palme steht im Mittelpunkt einer weiteren Predigt, in welcher Prokop sich auf Simplicius Simplicissimus als Autorität beruft: „Jetzt nimbt mich nicht Wunder/ wie die heilige Vätter die Einsiedler in denen Wüsten ihr Leben künnen zubringen/ sintemahl ein einiger Palm=Baum für einen Mann übrig gnug ist gewesen ihn mit aller Nothwendigkeit zu versehen; Lese man nur, was Simplicius davon schreibet, als er es selbst zu Gnügen erfahren."[168] Auch die Allegorie der Pflaumen, deren Kerne man mitgenießen müsse, um nicht durch die Früchte den Verstand zu verlieren,[169] findet bei Prokop Verwendung. Er erzählt die Geschichte der Holländer, die sich auf einer Insel durch den Verzehr von Pflaumen und Pfirsichen um ihren Verstand bringen. Simplex wird hier nur als ein „guter Freund" genannt: „der verstunde sich auff den Handel/ sagte/ man solte denen corrumpirten die Pflaumen- und Pfersig-Kern zu essen geben/ die wurden mit ihrer Natürlichen Hitze die schädliche Kälte deß Obst hinter-

---

[166] Ebd., S. 223.

[167] Heßelmann 1992, S. 25.

[168] Encaeniale, S. 339.

[169] Vgl. Simplicissimus, S. 577.

treiben".[170] An anderer Stelle schließt Prokop eine Predigt über die Nachtigall mit dem Nachtigallenlied des Einsiedlers aus dem *Simplicissimus*.[171] Auch die Leuchtkäfer, bei deren Schein Simplex seine Lebensgeschichte aufschreibt, faszinieren Prokop aufgrund ihrer Symbolkraft:

> Wan dieselbe Käfer in Europa, Asia und Africa so gemein wären wie in vilgemeldten Insuln/ so wurden die Liecht=Kramer schlechte Losung haben/ sagt Simplicius: unnd ich sampt ihm, Aber welcher vernünfftiger Mensch siehet da nicht die wunderbahre Anordnung der Göttlichen Providentz unnd Regierung? vil schöner leuchtet sie da/ und giebet sich uns zu erkennen als alle Liechter der Cucujen und Hercinien, der Käfern und Vögeln.[172]

Für Heßelmann besteht das Außergewöhnliche an Prokops *Simplicissimus*-Rezeption darin, daß er „Ansätze einer Interpretation des ‚Simplicissimus' bietet und damit über die alleinige Erwähnung des Textes weit hinausgeht."[173] Auch Herzog sieht im allegorischen Verständnis der Welt wie der Literatur die große Übereinstimmung der Zeitgenossen:

> In der Kontemplation des Geschaffenen zur Erkenntnis und zum Lobpreis des Schöpfers zu gelangen und im Buch der Welt die Schrift des Ewigen zu entziffern: das ist die Herzmitte, in der der Prediger mit dem Autor des *Simplicissimus* zusammenfindet.[174]

In der vierundsiebzigsten Predigt wird darüber hinaus auch noch auf die *Courasche* hingewiesen. Allerdings: „Das moralisch bedenkliche Memoirenwerk der Landstörzerin wird vom Theologen nicht

---

[170] Encaeniale, S. 539

[171] Vgl. ebd., S. 56f.

[172] Ebd., S. 408.

[173] Heßelmann 1992, S. 29.

[174] Herzog, S. 106.

wie das Lebensbuch des geläuterten Simplicius ausgiebig zitiert."[175] Prokop empfiehlt die Lektüre als Abschreckung gegen Aberglauben:

Ist villeicht jemand auß euch auch mit dergleichen Finsternussen beschwärtzet gewesen/ mit Aberglauben/ Zygeiner=Possen/ mit Wahrsagerey/ Planeten=Leserey/ Nativitetenstellerey/ oder auch was noch ärger ist/ mit Hexerey/ Zauberey/ Teuffels=Verschreiberey: item mit Ketzerey oder was für Jrrthumb es immer sey/ ist er nun loß darvon/ so dancke er GOtt seinem Erlöser: ist er noch nicht loß/ so mache er sich loß/ und kehre nimmer darzu/ traue er dem schwartzen höllischen Nacht=Vogel/ der schändlichen abscheulichen Nacht=Eul/ dem Vatter der Lugen dem Teuffel und auch seinen Anhang nicht/ alles das Ding ist nur auff lauter Betrug angesehen: dißfalls möchte man lesen/ was die Couraggi zu Ende ihres saubern Büchels darvon saget [...].[176]

Prokop kannte also wenigstens noch diese zweite simplicianische Schrift Grimmelshausens. Philip Brady vermutet deshalb: „Die Beziehung dieses Kapuziners zu Grimmelshausens Werk ist also sowohl sehr lebhaft als auch dauerhaft gewesen."[177] Peter Heßelmann urteilt über Prokops Umgang mit den simplicianischen Schriften Grimmelshausens:

Er [Prokop] repräsentiert nahezu einen „Idealleser", wenn er allegorisch verschlüsselte Rezeptionsanweisungen des Barockdichters wahrnahm, sie befolgte und Passagen aus der „Continuatio", wie etwa die Leuchtkäfer-Einlage spirituell coram publico auslegte. Prokop hatte sich die Rezeptionsvorgaben und damit die Intention Grimmelshausens weitgehend zu eigen gemacht und zog simplicianische Werksegmente, in denen er keine moralische Gefährdung für seine Gemeinde witterte, mehrfach im Gottesdienst heran. Der in der Exegese

---

[175] Heßelmann 1992, S. 33.

[176] Encaeniale, S. 832f.

[177] Philip Brady: Grimmelshausen und die Prediger. Gemeinsamkeiten auf Distanz. In: Simpliciana VI/VII (1984/85), S. 93.

geschulte Prediger hatte den allegorischen Kern der Romane nicht übersehen.[178]

3.1.6. Wolfgang Caspar Printz

Im Jahre 1675 erschien der erste Teil von Wolfgang Caspar Printz' Erzählung *Güldener Hund oder Ausführliche Erzählung/ wie es dem so genannten Cavalier aus Böhmen/ welcher nicht/ (wie etliche mit Unwahrheit vorgegeben/) wegen greulicher Gotteslästerung/ sondern durch Zauberey/ in einen Hund verwandelt worden/ bißhero ergangen/ Und wie er wieder seine vorige menschliche Gestalt überkommen: (So nützlich und lustig zu lesen als deß Apuleji güldner Esel/ oder Samuel GreifenSohns Simplicius Simplicissimus; Erstlich in polnischer Sprache beschrieben/ anitzo aber/ denen Böhmischen Lands=Leuten zu Ehren verteutschet von Cosmo Pierio Bohemo.) Gedruckt zu Wrzeckowitz im Jahr 1675.* Im folgenden Jahr wird der zweite Teil gedruckt, welcher den stark gerafften Schluß des ersten Teils ausgestaltet. Der ausführliche Titel liefert auch die Erklärung für den Nachtrag: *Güldenen Hundes Ander Theil/ Das ist/ Fernere Erzehlung/ wie es dem so genannten Cavalier aus Böhmen/ welcher in einen Hund verwandelt worden in seiner Hundes Gestalt bey unterschiedlichen Herren ergangen/ welche der Autor, wegen seines schleunigen Abzugs/ dem ersten Theil nicht beyfügen können/ Erstlich in Polnischer Sprach beschrieben/ anietzo aber verteutscht von Cosmo Pierio Bohemo. Gedruckt zu Wrzeckowitz im Jahr 1676.*[179]

Richard Alewyn gelang es, das Pseudonym aufzulösen.[180] Bei der Verfasserangabe Cosmo Pierio Bohemo handelt es sich um den „aus

---

[178] Heßelmann 1992, S. 22.

[179] Zitiert wird nach Wolfgang Caspar Printz: Güldener Hund. In: Wolfgang Caspar Printz. Ausgewählte Werke, Band 2, hrsg. von Helmut K. Krause, Berlin, New York 1979, S. 2-131.

[180] Vgl. Alewyn, S. 94f.

dem oberpfälzischen Waldthurn gebütigen protestantischen Musiker und Schriftsteller Wolfgang Caspar Printz (1641-1717), der seit 1665 in Sorau/Lausitz als Kantor tätig war.'[181] Der Druckort Wrzeckowitz ist ebenso eine Erfindung des Autors, denn der polnische Ausdruck bedeutet „Allesstadt oder Überallstadt". Eine polnische Vorlage läßt sich nicht ausfindig machen.[182]

Der Hinweis auf Apuleius und Grimmelshausen stellt den Roman gleichzeitig in die Tradition der Metamorphosengeschichten und des Schelmenromans. Elemente aus beiden Gattungen werden kombiniert.

Printz hat, so läßt seine Parallelisierung des ,Simplicissimus' und der ,Metamorphosen' folgern, deutlich den Zusammenhang erkannt, der zwischen der antiken Menippea des Apuleius und dem neuzeitlichen Pikaroroman besteht. In diesem Befund liegt die Erklärung für alle Eigentümlichkeiten und Besonderheiten, die Grimmelshausens ,Vogelnest' aus der Gruppe der Pikaroromane hervorheben. Genau wie übrigens auch Printz mit seinem ,Güldenen Hund' (der wohl ganz entscheidend von dem ,Vogelnest' angeregt ist) kehrt auch Grimmelshausen mit seinem letzten Roman zu den antiken Ursprüngen des Pikaroromans und damit auch zu den Anfängen der Menippea zurück.[183]

Der Stoff des *Güldenen Hundes* geht zurück auf einen Zeitungsbericht aus dem Jahr 1633.[184] Die Nachricht erzählt von einem polnischen Edelmann, der ein ungerechter Steuereintreiber ist und von Gott dafür bestraft wird, indem er das gepfändete Vieh sterben läßt. Der Edelmann flucht gegen Gott und wird zur Strafe in

---

[181] Rolf Wilhelm Brednich: Der Edelmann als Hund. Eine Sensationsmeldung des 17. Jahrhunderts und ihr Weg durch die Medien der Zeit. In: Fabula 26 (1985), S. 45.

[182] Vgl. ebd., S. 45.

[183] Trappen 1994, S. 312.

[184] Zitiert nach Brednich, S. 30f.

einen Hund verwandelt, der die verendeten Tiere auffressen muß. Diese Geschichte wird mehrfach aufgegriffen in Zeitungsartikeln, Liedern und Flugblättern. Printz bezieht sich vermutlich auf eine illustrierte Flugschrift von 1673, in der von einem böhmischen Edelmann berichtet wird, der einer Witwe die letzte Kuh pfändet. Zur Strafe verendet sein gesamter Viehbestand. Auf die Lästerreden des Adligen folgt die Verwandlung in eine deutsche Dogge, doch das menschliche Gesicht bleibt erhalten.[185] Printz stellt diese Geschichte als erlogen dar und läßt den von der Verwandlung Betroffenen als Ich-Erzähler nun selbst zu Wort kommen:

> Dieweil aber niemand besser Wissenschaft von besagter Historie hat/ als ich; als will ich dem günstigen Leser die klare Wahrheit in gegenwärtigen geringen TRACTÄtlein mit wenigen darstellen. [...] Ich begehre mich aber heutigen Weltbrauch nach/ nicht für einen Edelmann auszugeben/ sondern bekenne gut rund/ daß ich niemals ein Cavalier, vielweniger ein Graf/ wie etliche Unverständige vorgeben / gewesen. Denn mein Vater ist ein Bauer in der Wallachey/ der mich in meiner Jugend fleißig zur Schule gehalten/ biß ich schreiben/ rechnen und etwas Latein gelernet. Ich bin aber mit der Zeit in Pohlen kommen/ und daselbst von einen vornehmen Edelmann erstlich zu einen Kammerdiener/ und endlich gar zu einem Schösser angenommen worden.[186]

Im Auftrag seines Herren pfändet der Erzähler einer alten Witwe die beste Kuh aus dem Stall, weil sie ihre Abgaben nicht bezahlen will. Als sie das Geld später zum Schloß bringt, bestreicht sie den Nacken des Erzählers mit einer Salbe, die ihn in einen Hund verwandelt. Von seinem Herrn und seiner Frau verstoßen, muß er zunächst lernen, seinen Hundekörper zu beherrschen, und er eignet sich auch einige Kunststücke an, durch welche er sich immer wieder beliebt macht und neue Herren findet. Der Hund ist als Haustier

---

[185] Vgl. ebd., S. 37.
[186] Güldener Hund, S. 9f.

angewiesen auf die menschliche Gesellschaft, in der er sich sein Futter und seinen Schlafplatz durch Unterhaltung verdient.

Er amüsiert seine Herren und deren Gäste mit seiner Klugheit und Geschicklichkeit und mit seinen Imitationen menschlicher Verhaltensweisen. Häufig wird er dabei auch stiller Zeuge von Lastern, Verbrechen und Sünden. Auf einem Schloß beobachtet er, wie die Dienerschaft ihren Herren bestiehlt und recht freizügig ihre fleischlichen Begierden stillt. Als man anfängt, den Hund für die Lebensmitteldiebstähle verantwortlich zu machen, ist sein gutes Leben bald zu Ende, und er muß fliehen. Im Wald hat er Gelegenheit, einem Seiltänzer und seiner Familie das Leben zu retten. Bei diesem lernt er allerlei Tricks und verblüfft seinen neuen Herrn und die Zuschauer durch seine Trommelkünste. Weil er aber bei dem geizigen Artisten nie genug zu fressen bekommt, stiehlt er gebratene Hühner und wird deswegen wiederum verjagt. Er versucht nun sein Glück erneut auf einem Schloß, wo er ein herrliches Leben führt, bis sein Herr stirbt. Daraufhin wird er an ein Kloster verschenkt, wo er sehr unter dem Haß des Priors zu leiden hat. Er bekommt Schläge und muß hungern, aber als der Prior ihn auch noch kastrieren lassen will, wehrt sich der Hund aufs Äußerste und entkommt aus dem Kloster.

Das Glück ist ihm vorübergehend wieder wohlgesonnen, denn er bekommt wieder einen guten Herren, der ihn so sehr schätzt, daß er ihn nicht einmal einem Edelmann gegen ein Pferd eintauscht. Zufällig hört der Hund, wie dieser Edelmann aus Neid dem Knecht Geld gibt, damit er den Hund vergifte. Er macht sich davon und gerät an einen frommen Pfarrer. Hier jedoch macht er sich die Köchin zur Feindin, da er den Pfarrer mit Bellen weckt, als sie den Knecht zu sich in die Kammer läßt. Vor ihrer Rache flieht er zu einem Gasthof, wo er die Gäste unterhält und sich über Speisen und Wein hemmungslos hermacht, bis er an einen Advokaten verkauft wird, der sich vorbildlich nach seinem christlichen Gewissen verhält, obwohl im das das nur geringe Einkünfte beschert. Weil diesem die Klugheit des Hundes unheimlich wird, schenkt er ihn seinem Vetter, einem Arzt. Dieser erhält sich mehr durch List als durch seine Leistungen bei den Menschen in hoher Wertschätzung. Dem Arzt wird er von einem Soldaten gestohlen, der ihn so lange gut behandelt, bis er ihn bei einem Rendez-vous mit einer verheirateten Frau stört. Im Zorn prügelt er ihn so stark, daß der Hund wieder Reißaus nimmt.

Die Sehnsucht nach seiner Frau und die Hoffnung, von seinem Zauber erlöst zu werden, treiben ihn wieder nach Hause, wo er in einem Wirtshaus von seinem früheren Knecht hört, daß die Hexe tot sei, aber seiner Frau eine Salbe gegeben habe, die ihn erlösen könne. Allerdings hat seine Frau inzwischen ein Verhältnis mit seinem Herrn und hat ihm auch schon ein Kind geboren. Er schleicht sich in das Zimmer seiner Frau, als diese gerade die Salbe wegwirft, weil sie doch kein Interesse mehr an der Rückkehr ihres Mannes hat. Er kann aber die Dose stehlen und sich im Wald selbst mit der Salbe bestreichen. So erhält er wieder seine Menschengestalt und verschwindet aus der Gegend, um Soldat zu werden.

Interessante Ergebnisse bringt der Vergleich des *Güldenen Hundes* mit dem ersten Teil von *Das Wunderbarliche Vogelnest*, denn der Held in Hundegestalt erhält wie der unsichtbare Vogelnest-Besitzer Gelegenheit, die Laster und die Falschheit der Menschen zu beobachten, da man vor dem Tier wenig Heimlichkeiten hat. Hoyt bringt den Zentralgedanken der Geschichte auf die Formel: „The dog sees with his human eyes how man's bestiality seems to have no bounds."[187]

Besonders markant ist der ständige Wechsel von Glück und Unglück im Lebenslauf des Hundes herausgearbeitet. Auf einen

---

[187] Giles R. Hoyt: Metamorphosis as Bourgeois Satire. Printz' *Gülderner Hund*. In: „Der Buchstab tödt – der Geist macht lebendig". Festschrift zum 60. Geburtstag von Hans-Gert Roloff, Band II, hrsg. von James Hardin und Jörg Jungmayr, Bern et. al. 1992, S. 870.

guten Herrn folgt in der Regel ein schlechter. Wenn er davongejagt wird, findet er meist schnell wieder freundliche Aufnahme. Mit seinen Herren wechselt der Hund auch immer wieder die soziale Schicht und seine Aufgaben. Hierin zeigt sich deutlich das Modell des Schelmenromans verwirklicht. Der Hund ist vor allem aber unauffälliger Beobachter, vor dem sich niemand in Acht nimmt. Er wird Zeuge von Diebstahl, Geiz, Falschheit, Neid, Arroganz, Betrügereien, Ehebruch, Boshaftigkeit. Ganz besonders ist es immer wieder die Diskrepanz von Sein und Schein, die aus der Perspektive des Hundes deutlich wird, weil sich vor ihm niemand verstellt. Aus dem Verhalten eines gutmütigen aber bettelarmen Mannes lernt der Hund, „wie sehr man irre/ wenn man einen Menschen aus seinen heuchlerischen Reden und Geberden alsbald für fromm schätzet".[188] Das Motiv der verkehrten Welt tritt immer wieder in den Vordergrund und wird nur von wenigen vorbildlichen Figuren gebrochen wie dem frommen Pfarrer oder dem selbstlosen Advokaten. Durch die Erkenntnis der Lasterhaftigkeit der Welt wird der spätere Erzähler dazu bewegt, auch seinen eigenen bisherigen Lebenswandel kritisch zu überdenken und seine Sünden zu bereuen: „Denn ich betrachtete mein gantzes Leben/ und befand/ daß ich mich bisweilen wol ärger versündiget hätte".[189]

Zu motivischen Übereinstimmungen zwischen dem Werk Grimmelshausens und dem Roman von Printz kommen inhaltliche Analogien. Während der Erzähler des *Wunderbarlichen Vogelnests* einen Mord an zwei Studenten verhindert, bekommt der Hund Gelegenheit, einem Seiltänzer das Leben zu retten. Und so wie bei Grimmelshausen wird auch im *Güldenen Hund* manche ehebrecherische Zusammenkunft vom späteren Erzähler gestört und verhindert. Beide, Hund und Unsichtbarer, verstricken sich aber auch selbst in Sünde, die sie bereuen. Zu den inhaltlichen Parallelen

---

[188] Güldener Hund, S. 75.
[189] Ebd., S. 76.

kommt eine analoge narrative Struktur. Beide Hauptfiguren, werden durch Zauberei aus ihrem gewöhnlichen Leben gerissen, begeben sich auf eine Reise, die vor allem eine episodenhaft geschilderte Demonstration der menschlichen Laster und Sünden ist und die wieder am Ursprungsort endet, wo der Zauber aufgehoben bzw. aufgegeben wird. Die Wirkungsabsicht ist dieselbe: den Leser auf unterhaltsame Weise vor den Lastern der Welt zu warnen. Darin besteht der Nützlichkeitscharakter des Werkes, der im Titel beansprucht wird.

3.1.7. Johann Christoph Ettner von Eiteritz

Der Mediziner, Naturforscher und Romanschriftsteller Johann Christoph Ettner wurde 1654 in Glogau geboren; er studierte und promovierte an der Universität Leipzig in Medizin und Philosophie. Nach ausgedehnten Reisen in Europa ließ er sich in Breslau nieder. Am 22. Mai 1708 wurde er geadelt und nannte sich seither Ettner von Eiteritz. Im Alter von 70 Jahren starb er und hinterließ ein Erzählwerk von sechs Romanen, die als Zyklus konzipiert sind und den Sammeltitel *Medicinischer Maul-Affe* tragen.[190] „Es sind sechs Reiseromane, deren jeder in sich abgeschlossen einen Überblick und zwanglosen Lehrkurs der einzelnen Teilgebiete zeitgenössischer Heilwissenschaft darstellt."[191] Wolfgang Eckart führt den Erfolg der Werke auf diese interessante Kombination zurück: „Der Mediziner Ettner weiß die Idee des politischen Romans gewürzt durch Satire und beißende Ironie mit fachlichen Unterweisungen geschickt zu verknüpfen."[192] Bei Ettner zeigt sich bereits der Übergang vom

---

[190] Zur Biographie Ettners siehe Josef Wastl: Ettner von Eiteritz ein deutscher Arzt und Schriftsteller der Barockzeit nebst einer Darstellung seiner Grundsätze der Wundbehandlung, Diss. München 1940; Heßelmann 1990, S. 232/233.

[191] Wastl, S. 17.

[192] Wolfgang Eckart: Medizinkritik in einigen Romanen der Barockzeit – Albertinus, Grimmelshausen, Lesage, Ettner. In: Wolfgang Eckart und

Barock zur Aufklärung:

> Seine unter dem Pseudonym des „Getreuen Eckharts" heraus-
> gekommene Erzählstafette, in der Erstauflage zwischen 1694
> und 1715 veröffentlicht, bekundet das spannungsreiche Ne-
> beneinander tradierter Denkweisen und Strukturen und neuer
> Entwicklungstendenzen, die das Ende des Barock und den Be-
> ginn der Aufklärung markieren.[193]

Im *Entlarvten Marcktschreyer* von 1694, im *Entlauffenen Chymicus* von 1696, im *Unwürdigen Doctor* von 1697 und im *Verwegenen
Chirurgus*, der ein Jahr später erschien, konnte Peter Heßelmann
Anleihen aus dem *Simplicissimus* nachweisen. „In mehreren Schriften Ettners bietet das simplicianische Werk Zündstoff für lebhafte
Diskussionen."[194] Heßelmann beschreibt den Zusammenhang der
sechs Bücher folgendermaßen:

> Das epische Verfahren folgt im gesamten Zyklus einem Grund-
> muster. Eine Gruppe, der auch Ettners alter ego Eckhart
> angehört und die mehrere europäische Länder bereist, führt
> während der Fahrt Unterhaltungen, oder man plaudert bei ei-
> nem gemeinsamen Essen in den Herbergsstationen. Anlaß der
> Gespräche sind zumeist Erlebnisse und Begegnungen, die im
> Verlauf der Reise stattgefunden haben.[195]

Auf eine Skizzierung des Inhalts des etwa 6000 Seiten umfassenden Zyklus wird verzichtet, da die inhaltlichen Anleihen aus dem
simplicianischen Werk Grimmelshausens auf kurze Episoden oder
Nebenfiguren beschränkt bleiben. Als das erste der insgesamt sechs
Werke erschien *Deß getreuen Eckarths Medicinischer Maul=Affe*

Johanna Geyer-Kordesch: Heilberufe und Kranke im 17. und 18. Jahrhundert. Die Quellen- und Forschungssituation, Münster 1982, S. 65.

[193] Heßelmann 1992, S. 178.

[194] Ebd., S. 179f.

[195] Peter Heßelmann: Zur Rezeptionsgeschichte Grimmelshausens im Spätbarock: Das Werk Johann Christoph Ettners. In: Simpliciana XII (1990),
S. 235.

Oder der Entlarvte Marckt=Schreyer im Jahr 1694.[196] Hier finden sich bereits einige Grimmelshausen-Reminiszenzen.

An die Courage und die Leyerspielerin aus *Der Seltzame Spring-insfeld* erinnert eine Figur, die nur beiläufig erwähnt wird. Der Mediziner Eckarth unternimmt mit zwei jungen Männern eine Bildungsreise durch Europa. Als sie in ein Wirtshaus kommen, sehen sie „ein Weib, die auf einer Leyer schlug und allerhand Possen angab, so kunte sie auch aus der Tasche spielen."[197] Sie verkauft den Leuten Wässerchen gegen Würmer, Pillen zum Teufelaustreiben und Fruchtbarkeitspflaster. Eckarths erster Eindruck lautet deshalb:

> Schauet eine rechte Mauläffin, dennoch ob ich gleich nicht bald von diesen Weibe urtheilen will, scheinet sie doch eine Ertz=Bübinne zu seyn, und mag entweder ein Commis-Nickel, Feld=Hure, oder eine verdorbene Marquetennerinne gewesen seyn.[198]

Die Betrügereien der Quacksalber und Marktschreyer zu entlarven, ist das Hauptanliegen des ersten Bandes des Zyklus, aber es finden sich keine direkten Anspielungen auf Simplicius Simplicissimus, der sich ja in seiner Not durch betrügerische Quacksalberei die Reise von Frankreich zurück nach Deutschland finanziert.[199]

Ebenfalls aus dem *Simplicissimus* und der *Courasche* bekannt ist das Motiv des Geschlechterrollenwechsels durch Kleidertausch. Simplex versucht, sein Narrenkostüm loszuwerden, indem er Frauenkleider anzieht. Und Courage schützt zunächst in

---

[196] Zitiert nach Johann Christoph Ettner von Eiteritz: Deß getreuen Eckarths Medicinischer Maul=Affe Oder der Entlarvte Marckt=Schreyer, Franckfurth und Leipzig 1719.

[197] Ebd., S. 171.

[198] Ebd., S. 172.

[199] Vgl. Simplicissimus, S. 313ff.

Männerkleidung ihre Jungfräulichkeit vor den angreifenden Soldaten. Später kämpft sie in Hosen mit den Soldaten, ohne allerdings
weiterhin ihr wahres Geschlecht zu verheimlichen. Im *Medicini-
schen Maul=Affen oder Entlarvten Marckt=Schreyer* vertauschen
Cousin und Cousine ihre Kleidung, um die junge Dame vor der
Entführung und Nötigung durch einen hartnäckigen Verehrer zu
schützen. Der junge Mann in Frauenkleidung kann seine Angreifer
verjagen, während die Frau in Männerkleidung von Eckarth befreit wird, kurz bevor sie ermordet werden soll.[200] Die Situation
erinnert auch an Johann Beers *Verliebten Österreicher*, denn der
Österreicher begibt sich in die Rolle eines bedrängten Burgfräuleins,
um sie vor der gewaltsamen Eroberung durch einen abgewiesenen
Verehrer zu bewahren.

In *Deß Getreuen Eckharts unwürdiger Doctor*.[201] wird bereits
im zweiten Kapitel Simplex erwähnt, als Siegfried, einer der beiden
Schützlinge Eckharts, einem Bergmann von jenem Wunderstein aus
dem *Simplicissimus* erzählt:

> [...] mich dunckt in Simplicio von einen Stein/ den er von dem
> erdichteten Wasser=Könige in Centro Terrae empfangen/ ge-
> lesen zu haben/ der einen solchen magnetismum oder Anzie-
> hungs=Krafft bey ihm gehabt/ daß er auch durch den Schup-
> sack und Hosen dem schlaffenden Simplicio durchgedrungen/
> zu seinem Ursprung gegangen/ und also einen Sauer=Brunnen
> erreget hat [...].[202]

Musardus, der Bergmann, erstickt fast vor Lachen und glaubt,
der junge Siegfried mache sich über ihn lustig. Der jedoch meint es
ernst, obwohl er „dises fabelhafftes Vorbringen deß Simplicij nicht
gänzlich approbire".[203] Und noch einmal wird der Leser an den

---

[200] Vgl. Medicinischer Maul=Affe, S. 230ff.

[201] Johann Christoph Ettner von Eiteritz: Deß getreuen Eckharts unwürdiger
Doctor, Augspurg und Leipzig 1697.

[202] Ebd., S. 11.

[203] Ebd., S. 12.

Simplicissimus erinnert, wenn Ettner einen sterbenden Einsiedler mit einem Lied von der Welt Abschied nehmen läßt, das an Guevaras „Adieu Welt" erinnert. Anders als bei Grimmelshausen oder auch Beer bringt dieses Gedicht nicht die Weltabsage zum Ausdruck, bevor der Rückzug in die Einsiedelei erfolgt, sondern es stellt die endgültigen Abschiedsworte eines im Tod aus dieser Welt Scheidenden dar. Der Tenor der insgesamt fünf Strophen ist deshalb bei ähnlichem Wortlaut doch ein anderer. Hier sei zur Veranschaulichung nur die erste Strophe zitiert:

WElt Ade du Laster=Haus/
du Behältnis aller Sünden/
Ich geh jetzt von dir hinaus/
dein Tand wird mich nicht mehr binden/
Ich eil' meinem JESU zu/
da find' Ich die rechte Ruh/
da werd Ich mit vollen Freuden/
mein Hertz stets in Wollust weiden.[204]

Während bei Grimmelshausen und anderen lediglich der Entschluß bekundet wird, bereits auf Erden den Versuchungen der Welt zu widerstehen und zu entfliehen, herrscht hier Freude über das wirkliche Verlassen der Welt und das Eingehen in eine bessere. Umfang, Inhalt und Funktion des Guevara-Zitats bei Grimmelshausen wurden von Ettner für seine Zwecke stark verändert.

Ebenfalls im Jahr 1667 erscheint *Der Entlauffene Chymicus*[205] Hier fällt besonders die „Beau Alman" Episode im fünften Kapitel auf. Der schöne junge Scheinhold berichtet von einem Liebesabenteuer in Frankreich: Er begegnet auf der Straße einer schönen adligen Dame in Begleitung einer älteren deutschen Dienerin. Die Dame Florida verliebt sich in den Jüngling und läßt ihn durch

---

[204] Ebd., S. 820.

[205] Johann Christoph Ettner von Eiteritz: Deß getreuen Eckharts entlauffener Chymicus, Augspurg und Leipzig 1697.

die Dienerin in ihr Haus bringen. Wie im *Simplicissimus* tritt sie ihm zunächst mit einer Maske entgegen, die sie aber gleich ablegt, um Scheinhold zu küssen. Zwei Tage lang hält Florida ihn in ihrem Haus versteckt, doch dann kommt überraschend ihr Ehemann zurück. Scheinhold wird in das Haus einer Bekannten geschmuggelt, welche ebenfalls ihre Leidenschaft in Anwesenheit des beau Alman nicht beherrschen kann, so daß es dem jungen Mann bald zu viel wird, denn auch Florida kommt regelmäßig, um mit ihm ihrer Leidenschaft zu frönen:

> Florida war kaum hinweg/ kam die wütende Tourna zu mir/ und erinnerte mich wohl zu hundert mahlen mein Versprechen zu erfüllen/ sie muste sich aber mit einem Kuß vor diesesmahl vergnügen/ doch weiß ich nicht was vor ein Gespenste des Nachts meinen Leib befiehl/ und mich so umbfesselte daß ich mich ohnmöglich auswinden kunte/ und mußte Tourna die verlangte Zeche bezahlen.[206]

Nach etwa einer Woche verabschiedet Florida, schweren Herzens, ihren Liebhaber mit einer Belohnung von 60 Louidor. Im Gegensatz zu Simplex, der unter einem Vorwand aus dem Hause von Dr. Canard geholt wird,[207] weiß Scheinhold von Anfang an, worauf er sich einläßt. Außerdem kennt er Aussehen und Namen seiner adligen Geliebten, die sich offenbar auch emotional zu dem jungen Deutschen hingezogen fühlt. Die Grundsituation unterscheidet sich damit wesentlich von der im *Simplicissimus* beschriebenen Venusberg-Episode. Da Ettner Grimmelshausens Werk kannte, liegt es nahe, an dieser Stelle eine Beeinflussung durch den *Simplicissimus* anzunehmen.

In *Deß Getreuen Eckardts verwegener Chirurgus* rekurrieren vor allem zwei Passagen unter anderem auch auf den *Simplicissimus*. Heßelmann hält es für „verräterisch, daß die Reisecompagnie im

---

[206] Der Entlauffene Chymicus, S. 175f.

[207] Vgl. Simplicissimus, S. 300f.

Chirurgus sich ausgerechnet am Oberrhein auf dem Weg nach Straßburg befindet, wenn über die Existenz von wundersamen Wasserwesen und Nymphen disputiert wird."[208] Von der Erden hält derlei
Wasserwesen für Einbildung:

> Es ist entweder Blendwerck/ oder eine Phantasey deß Men-
> schens/ der in umbschweiffenden Gedancken eine Neugierigkeit
> suchet/ und in selbiger sich so vertieffet/ daß er sich selbsten
> beredet/ wahr zu seyn/ was ihm auch manchmal nicht ein
> Kind ohne beygebrachten Schrecken glauben würde. [...] Die
> Bestreitter machen auß denen Nymphen eine Creatur zwischen
> Geist/ und Menschen/ doch ohne Seel. Die in ihrem Geistli-
> chen Wesen es denen Menschen bevor thun/ in dem Absterben
> aber/ gleich dem Vieh/ vergehen. Damit sie aber eine Seel er-
> langen/ lassen sie sich mit denen Menschen in ein Bündnuß
> ein/ auß welcher Bündnüß sie dann eine Seele gewinnen/ und
> per consequens sich hier durch verewigen/ unt Mit=Erben deß
> ewigen Lebens werden können.[209]

Im *Simplicissimus* werden die Wasserwesen als Realität dargestellt
und vom König der Sylphen ganz ähnlich charakterisiert: als Wesen
ohne Seele und unfähig zur Sünde, aber dafür können sie auch
nicht das ewige Heil erlangen wie die Menschen. Die Möglichkeit,
durch ein Bündnis mit Menschen eine Seele zu erlangen, ist im
Simplicissimus nicht gegeben. In der Diskussion der gelehrten Ärzte
werden auch noch weitere Legenden von Nymphen und Menschen
angesprochen und verworfen. Grimmelshausen stellt hier nur eine
von mehreren Quellen dar.

Auch Grimmelshausens *Wunderbarliches Vogelnest* bietet Anlaß
zu einer hitzigen Auseinandersetzung, bei der auch die Fabel vom
Zauberring des Gyges und *Der fliegende Wandersmann* eine Rolle
spielen. *Der fliegende Wandersmann* ist in den posthum erschienen

---

[208] Heßelmann 1990, S. 248.

[209] Johann Christoph Ettner von Eiteritz: Deß getreuen Eckardts verwegener
Chirurgus, Augspurg und Leipzig 1698, S. 1050f.

Gesamtausgaben von Grimmelshausens Werk enthalten, obwohl er nicht von Grimmelshausen stammt. Wieder erzählt von der Erden:

> Ich habe unlängst einen haasenhafften Tractat von der Unsichtbarkeit gelesen/ welchen ein Monden=oder vielmehr weibersichtiger Coventstutzer auffgesetzt/ der seine Künste von einer Leyrerin bekommen zu haben vermeinet. Wann derselbe Haasenkopff mit dem fliegenden Wandersmann zum Monden seine Reise verrichtet hätte/ hätte ich vermeinet/ er wäre daselbst in der sechsten Station, gleich wie Simplicius in denen untersten Theilen der Erden von dem Wasser=Könige mit dem Steine/ von dem daselbst regierenden Monarchen/ versehen worden/ so aber hatte er es in einem Neste/ und hernach in einem Omeissenhauffen/ ob wohl nicht auf Theophrasti Art/ in einem Stein/ doch in einer Art Kraut gefunden/ dasselbe hatte mit Gyges Ring eine Beschaffenheit/ wann er es gegen sich hielte/ wurde er unsichtbar/ so fern es aber vor ihm war/ kundt ihn jederman sehen/ und erkennen/ daß es eben der Phantaste war/ der zuvor bei denen Glaubhafften mit einer hörenden Stimme/ aber unsichtbaren Instrument, die Leute geäffet hatte.[210]

Für den Chirurgen von der Erden ist der Gedanke, daß ein menschlicher Körper unsichtbar werden könnte, völlig absurd, während Eckhart diese Möglichkeit nicht völlig ausschließen will, da für Gott nichts unmöglich sei. Wieder wird neben anderem eine Fiktion Grimmelshausens zum Anlaß für einen Meinungsaustausch zwischen den Gelehrten.

Das Romanwerk Ettners unterscheidet sich zwar im Grunde völlig von dem Zehn-Bücher-Zyklus Grimmelshausens, aber Ettner bedient sich gewisser Motive daraus. Es werden Sagenstoffe zur Diskussion gestellt, aber auch Figuren wie die Courage zur Veranschaulichung nachgebildet oder Guevaras „Adieu Welt" umfunktionalisiert. Ettner empfing vielfache Anregungen aus dem

---

[210] Ebd., S. 2009f.

Simplicissimus, die sich auch in Handlungselementen wie der militärischen Vergangenheit Eckharts[211] zeigen oder im Auftauchen seines „Hertz=Bruders" im *Unwürdigen Doctor*.[212] Ettners Absicht ist es, seinen Lesern medizinische Zusammenhänge zu erklären, Streitpunkte in der Medizin zu diskutieren und ganz besonders vor Scharlatanen zu warnen. „Er schreibt als Arzt für eine gebildete Leserschaft, die er über die Medizin, Pharmazeutik, Chirurgie, Chemie und Geburtshilfe aufklären will."[213] Gerade in dieser Intention manifestiert sich Ettners Stellung zwischen Barock und Aufkärung:

> Durch seine Romane hat Ettner, gerade wie Thomasius durch seine praktische Philosophie, eine Brücke zwischen der „politischen" Debatte des späten 17. Jahrhunderts und den aufklärerischen Tendenzen des 18. Jahrhunderts geschlagen. Ettners positive Botschaft für seine Zeit ist in derselben Überzeugung wie Chr. Weises eingewurzelt – daß eine echte und lobenswerte Berufstätigkeit in der gewissenhaften „guten Versehung eines öffentlichen Amtes" besteht.[214]

Ettners Anliegen hat mit dem Grimmelshausens, der über die Schein- und Lasterhaftigkeit der Welt aufklären will, nichts mehr zu tun, aber er wendet ein erzählerisches Verfahren an, das ihm schon bei Grimmelshausen unter anderem Vorzeichen begegnet ist. Um das Interesse der Leserschaft über einen Zyklus von sechs Büchern hin wachzuhalten, bettet er seine Botschaften und Fachdiskurse in eine unterhaltsame Rahmenhandlung. Ganz ähnlich bedient sich Grimmelshausen einer satirischen Schreibweise und schildert spannende Abenteuer, um die Aufmerksamkeit der Leser zu gewinnen für seine eigentliche religiöse Aussage. Ettner entlehnt einerseits einige Elemente aus Grimmelshausens simplicianischem Werk, und

---

[211] Vgl. Medicinischer Maul=Affe, S. 58.

[212] Vgl. Unwürdiger Doctor, S. 81.

[213] Knight 1991, S. 44.

[214] Ebd., S. 44.

andererseits bedient er sich einer verwandten literarischen Methode zur unterhaltsamen Einkleidung seiner Fachdiskurse.

3.1.8. Centifolium Stultorum

Das *Centifolium Stultorum* erschien anonym zu Beginn des 18. Jahrhunderts.[215] Als Autor vermutete man zunächst Abraham a Sancta Clara, allerdings konnte Horber überzeugend darstellen, daß Abraham a Sancta Claras Verfasserschaft sehr unwahrscheinlich ist. Die krassen Stilgegensätze in den verschieden Kapiteln, die häufig wörtlich aus ungenannten Quellen abgeschrieben sind, und das prahlerische Vorwort seien untypisch für Abraham a Sancta Clara.[216] Im *Centifolium Stultorum* wird an Hand von hundert Beispielen die menschliche stultitia literarisch illustriert. Im Kapitel über Katzen-Narren wird die folgende Episode aus dem *Simplicissimus* als Beispiel angeführt:

Artlich ist was Simplicius von einem dergleichen Katzen-Narrn gedencket/ der sein verdientes Gratias, oder vielmehr Krazias, von seiner durch die Hund gehetzte Katz empfangen; Dann als die Katz denen Hunden zu entweichen/ kein andere Retirada wüste/ sprang sie ihren Herrn/ der diese Händl angestellt/ über den Rucken auf den Kopff hinauf/ und defendierte sich mit Pfuchsen und Kreulen auf diesem neuen Narrn-Capitolio gegen die Hunde/ welche zu allen Seithen gegen der Katzen hinauf sprangen/ so tapffer/ daß sie mit der Bratzen den Kopff/ Nasen/ Ohren und Augen so wohl getroffen/ biß ihme das Angesicht zimlich mit blutigen Rissen gezeichnet worden.[217]

---

[215] Im folgenden wird zitiert nach Centi-Folium Stultorum In Quarto. Oder hundert Ausbündige Narren / In Folio. Reprographischer Nachdruck, Dortmund 1978.

[216] Mehr zur Diskussion um die Verfasserschaft des *Centifolium Stultorum* bei Ambros Horber: Echtheitsfragen bei Abraham a Sancta Clara, Weimar 1929, S. 79ff.

[217] Centifolium Stultorum, S. 266.

Bei Grimmelshausen findet sich die Geschichte etwas anders. Olivier erklärt Simplex, wieso sein Gesicht stark vernarbt ist. Olivier hatte sich während eines Quartieraufenthalts mit seiner Geliebten das Bett seines Wirts geteilt. Allerdings hatte die Katze des Wirtes keine Lust, ihren Schlafplatz in diesem Bett aufzugeben. Olivier hatte sie in einem Sack auf ein freies Feld getragen und die Hunde des Wirts mitgenommen. Als er die Katze freigelassen hatte, war sie vor den Hunden auf seinen Kopf geflüchtet:

> Also wurde ich beydes von den Hunden und von der Katz zugleich bekriegt/ zerkratzt und dergestalt schröcklich zugerichtet/ daß ich schwerlich einem Menschen mehr gleich sahe/ und was das allerschlimste war/ muste ich noch darzu in der Gefahr stehen/ wann sie so nach der Katz schnappten/ es möchte mir etwan einer ohngefähr die Nase/ oder ein Ohr erwischen/ und gantz hinwegbeissen; [...] zuletzt so muste ich von freien Stücken auff die Erde nider fallen/ damit beyde Hund die Katz erwischen könten/ wolte ich anderst nicht/ daß mein Capitolium noch länger ihr Fechtplatz seyn solte/ die Hund erwürgten zwar die Katz/ ich hatte aber bey weitem keinen so herrlichen Spaß darvon als ich gehofft/ sondern nur Spott/ und ein solch Angesicht/ wie du noch vor Augen sihest.[218]

Olivier ist zweifellos alles andere als ein Katzennarr, der für diese Narrheit den Undank der Katze zu spüren bekommt. Battafarano untersucht die unterschiedliche Funktionalisierung dieser Episode in beiden Texten und kommt zu folgenden Ergebnissen:

> In der resümierenden Übernahme im *Centifolium Stultorum* verliert diese Episode aus dem *Simplicissimus* ihren ursprünglichen Sinngehalt, den sie durch die Einbettung in den Roman erhielt. [...] Dabei wendet er [der Verfasser] sich an seine Leser, als wären diese mit dem Roman von Grimmelshausen vertraut. Er hält dabei Simplicius für den Autor des Werks, was allerdings der Fiktion der Lebensgeschichte entspricht,

---

[218] Simplicissimus, S. 357.

und zitiert ihn wie eine Autorität.[219]

Im *Centifolium Stultorum* fehlt der Kontext aus dem *Simplicissimus*, so daß nicht klar ist, welche „Händl" der Katzen-Narr „angestellt" hat, die ihn zum Opfer seiner Katze werden lassen. Er wird lediglich für seine Dummheit bestraft, weil er sich überhaupt eine Katze hält, denn „sie ist Sinnbild des leidigen Satan, der den Menschen betrügt und ihn zum Narren macht."[220] Bei Grimmelshausen wird Olivier gerechterweise dafür bestraft, daß er die Katze den Hunden vorwerfen will, weil seine Geliebte das Tier nicht länger um sich haben möchte. Besonders bösartig erscheint sein Plan, weil er sich auch noch an der Zerfleischung des Tieres belustigen will. Umso mehr freut sich der Leser, wenn der Spieß umgedreht wird und Olivier die Krallen und Bisse der Hunde und der Katze zu spüren bekommt.

3.1.9. Johann Gottfried Schnabel

In insgesamt vier Teilen erschienen die *Wunderliche Fata einiger Seefahrer, absonderlich Alberti Julii, eines geborenen Sachsen, [...]* von Johann Gottfried Schnabel in den Jahren 1731, 1732, 1736 und 1743.[221] Der Autor verbirgt sich hinter dem fiktiven Herausgeber Gisander, dem die Manuskripte von einem zufälligen Reisegefährten übergeben worden seien. 1828 wurde das Werk von Ludwig Tieck in einer bearbeiteten Fassung unter dem Titel *Insel Felsenburg* neu herausgegeben.

Für die bedeutendste Robinsonade in der deutschen Literatur des 18. Jahrhunderts, die „Insel Felsenburg" (1731) des als

---

[219] Italo Michele Battafarano: Formen der Moralsatire zwischen Barock und Aufklärung. In: Annali – Studi Tedeschi 27 (1984), Nr. 3, S. 40.

[220] Ebd., S. 42.

[221] Zitiert nach Johann Gottfried Schnabel: *Wunderliche FATA einiger Seefahrer*. 1.-4. Teil; Fotomechanischer Nachdruck; Hildesheim/New York 1973.

Arzt und Beamter am Hof der Grafen von Stolberg tätigen Johann Gottfried Schnabel (1692–ca. 1750), hat Grimmelshausens „Continuatio" als Basistext gedient.[222]

Es handelt sich um eine „Mischform der Prosaliteratur, die der Tradition pikaresker Abenteuerromane (Avanturierromane) ebenso zugerechnet werden kann wie der der Robinsonaden oder utopischen Erzählungen."[223] Allein im ersten Teil werden die Lebensläufe von zehn Personen vorgestellt, wobei diese von einem doppelten Rahmen, gebildet durch die Erzählung des Capitän Wolffgang und den Bericht von Eberhard Julius, eingefaßt werden.

Diese Technik des Ineinanderverschachtelns von autobiographischen Einzelgeschichten mit der Haupterzählung des Eberhard Julius bestimmt den gesamten, weit mehr als eintausend Seiten umfassenden Roman. Etwa die Hälfte des Textes besteht aus den Erzählungen der Felsenburg-Bewohner, die andere aus den Berichten über das utopische Modell und dessen Geschichte.[224]

Eberhard Julius beginnt seinen Bericht mit der Darstellung seiner Jugend- und Studienjahre, die zunächst durch den Tod der Mutter und später durch den Konkurs des Vaters erschüttert werden. Noch bevor Eberhard seinen Vater sprechen kann, begibt sich dieser aus Scham über sein Versagen und in der Hoffnung großer Profite auf eine Seereise. Unterdessen erhält Eberhard einen Brief von Capitain Wolffgang, der ihn nach Amsterdam einlädt und ihm reichliche Entschädigung für den geschäftlichen Verlust seines Vaters verspricht. Der Capitain nimmt Eberhard mit zur Insel Felsenburg, die von Albert Julius, einem entfernten Verwandten Eberhards, und

---

[222] Heßelmann 1992, S. 197.

[223] Voßkamp: „Ein irdisches Paradies": Johann Gottfried Schnabels *Insel Felsenburg*, In: Literarische Utopien von Morus bis zur Gegenwart, hrsg. von Klaus L. Berghahn und Hans Ulrich Seeber, Königstein/Ts. 1983, S. 95.

[224] Ebd., S. 95.

seinen zahlreichen Nachkommen bewohnt wird. Unterwegs erzählt Capitain Wolffgang seine Lebensgeschichte bis zu jenem Moment, da ihn Meuterer auf der Insel Felsenburg zurückgelassen hatten und er nur mit knapper Not dem Tode entgangen war. Neben Eberhard, dem Großneffen des Inselregenten, bringt Capitain Wolffgang auch einige Handwerker, einen Priester und viele nützliche Gerätschaften und Nahrungsmittel mit zurück zur Insel.

Hier beginnt nun der Altvater Albert Julius seinen Lebensweg zu erzählen. Geboren im Jahre 1628, erlebt er eine schweren Kindheit und Jugend, doch dann wendet sich sein Glück zum Guten, als er achtzehnjährig in die Dienste eines holländischen Edelmanns aufgenommen wird, dem er zunächst dabei hilft, seine englische Geliebte aus dem Hause ihres Vaters zu entführen. Sie fliehen mit einem Schiff vor ihren Familien, doch unterwegs erleiden sie Schiffbruch. Nur Albert, sein Herr van Leuven, dessen Frau Concordia und der Capitain Lemelie überleben das Unglück, weil sie auf eine Sandbank vor der Insel Felsenburg gespült werden. Hier zeigen sich Verbindungen zum *Simplicissimus*:

> Am Anfang des geschilderten Insellebens begegnen gleiche Motive: Simplicius und Albertus trocknen ihre Kleider, beide Gestrandeten entdecken eine Quelle, sie danken Gott in Gebeten für ihre Rettung aus den Wogen, ein Rundblick macht mit der Topographie des Eilandes vertraut, ein Bach wird abgegraben etc.[225]

Albert findet einen Weg über die Felsen, welche die gesamte Insel umgeben. Im Inneren der Insel finden sie ein fruchtbares Tal, das nur von wilden Tieren bewohnt ist, aber auch Spuren von menschlicher Arbeit zeigt. Schon vor ihnen hatte sich eine Gruppe von spanischen Schiffbrüchigen auf diese Insel gerettet. Bei den Hinterlassenschaften von Don Cyrillo de Valaro findet Albert nützliche Schriften über die Heilkraft der auf der Insel heimischen

---

[225] Heßelmann 1992, S. 197.

Pflanzen und Kräuter, Don Cyrillos Lebenslauf und einen kostbaren Schatz.

Da Capitain Lemelie die treue Concordia van Leuven nicht zu einem Seitensprung verführen kann, stößt er ihren Mann in einem unbeobachteten Moment von den Klippen. Albert und Concordia glauben zunächst an einen Unfall. Als sich Concordia weiterhin Lemelie verweigert, droht er ihr mit Gewaltanwendung. Albert verteidigt sie, und Lemelie läuft ihm in den Dolch. Er lebt noch lange genug, um den beiden sein Leben als Mörder und Räuber zu beichten und auch den Mord an van Leuven zu gestehen.

Am folgenden Tag bringt Concordia ohne Komplikationen eine Tochter zur Welt. Die drei leben nun fast wie eine Familie zusammen, und Albert hat sich längst in Concordia verliebt. Da er jedoch ihre Trauer um ihren verstorbenen Ehemann respektiert und ihr vor langer Zeit versprochen hat, sie niemals zu bedrängen, verschweigt er seine Gefühle. Concordia aber merkt bald, wie es um ihren Gefährten steht, und trägt ihm von sich aus die Ehe an. Sie heiraten an Alberts Geburtstag und bekommen zusammen noch weitere acht Kinder.

Auf der Insel verfügen sie über reichlich Nahrung und genießen ein mildes Klima:

> Wiewohl nun bey uns nicht der geringste Mangel, weder an Lebens-Mitteln, noch andern Bedürffnissen und Bequemlichkeiten vorhanden war, so konte doch ich nicht müßig sitzen, sondern legte einen geraumlichen Küchen-Garten an, und versetzte verschiedene Pflantzen und Wurtzeln hinein, die wir theils aus des Don Cyrillo Beschreibung, theils aus eigener Erfahrung vor die annehmlichsten und nützlichsten befunden hatten, um selbige nach unsern Verlangen gleich bey der Hand zu haben.[226]

---

[226] Wunderliche Fata I, S. 244.

In diesem Paradies haben sie nichts Bedrohliches von der Außenwelt zu fürchten, und keiner von ihnen verspürt den Wunsch, nach Europa zurückzukehren. Nur um die Zukunft ihre Kinder sorgen sich Concordia und Albert, denn es fehlt ihnen auf der Insel an Ehepartnern. Eines Tages entdecken sie zwei Menschen, die an einen Balken geklammert im Meer treiben. Albert rettet sie mit Hilfe seiner Söhne. Der ältere der Schiffbrüchigen, Amias Hülter, erweist sich als vortrefflicher Ratgeber und Mitarbeiter, und sein Neffe Robert verliebt sich in Concordia, die Tochter van Leuvens. Schon nach kurzer Zeit wird das Paar verheiratet.

Gerade als man begonnen hat, unter Anleitung von Amias Hülter ein Schiff zu bauen, läuft ein kleines Schiff auf den Sandbänken vor der Insel Felsenburg auf. Die insgesamt neun Personen sind sehr krank und schwach, und nur fünf von ihnen erholen sich. Die drei Männer und zwei Frauen haben ein schweres Leben hinter sich, sind aber sehr fromm und passen gut in die Familie Julius. Sie finden bald Ehepartner unter den Kindern von Albert und Concordia.

Das Schiff der Gestrandeten wird wieder instandgesetzt, denn man möchte von der Insel St. Helena noch drei Frauen holen, damit alle Männer der Insel eine Ehefrau bekämen. Als die kleine Abordnung unterwegs bei einer unbewohnten Insel vor Anker geht, weil eine der Frauen sehr krank ist, bekommen die Felsenburger Gelegenheit, ein holländisches Schiff, das von zwei Piratenschiffen angegriffen wird, mit ihren Kanonen zu unterstützen. Auf diesem Schiff befindet sich eine Witwe mit ihrer Tochter und einer Dienerin. Diese erklären sich gerne bereit, mit auf die Insel Felsenburg zu kommen, da sie sich nichts sehnlicher wünschen, als ein ruhiges, gottgefälliges Leben zu führen. Da es nun nicht mehr notwendig ist, nach St. Helena zu fahren, kehren die Felsenburger zurück auf ihre Insel. Vier Jahre später sind alle Nachkommen von Concordia und Albert verheiratet, und die Paare beginnen nach und nach mit ihren Kindern eigene Pflanzstädte auf der Insel zu gründen.

Der Altvater Albert beendet seine Erzählung, indem er Capitain Wolffgang bittet, den Neuankömmlingen zu beschreiben, wie es ihm selbst auf der Insel ergangen sei. Nachdem die Insulaner ihn halb verhungert und verdurstet gefunden hatten, hatte Wolffgang einige Jahre auf der Insel verbracht und sich in eine Enkelin Alberts verliebt. Als er bei Albert Julius um ihre Hand angehalten und sich bereit erklärt hatte, für immer auf der Insel zu bleiben, hatte Albert ihn gebeten, vorher noch einmal nach Europa zu fahren und nach seinen Verwandten zu forschen. Außerdem wünschte man sich auf der Insel den geistigen Beistand eines Priesters und die Fertigkeiten einiger frommer Handwerker. Darüber hinaus hatte man auf Felsenburg verschiedene Gerätschaften, Lebensmittel und Bücher, besonders aber Bibeln dringend benötigt. Auf diese Weise war Eberhard Julius 1725 auf die Insel Felsenburg gelangt.

> Das zeigt auf der einen Seite, daß Schnabel der Arbeit seiner Felsenburger ausgeweiteten Spielraum geben möchte, auf der anderen aber, daß er nicht auf das Vorbild europäischer Wirtschaftsentwicklung verzichten kann und für die Befriedigung der von ihm erkannten Bedürfnisse des Menschen schließlich ein Produktionsinventar aufbaut, das sich von dem Europas nur noch im Umfang unterscheidet und das Leben auf Felsenburg letztlich von Europa abhängig macht. Die utopisch-autarke Isolierung des Inselstaates wird somit durch Schnabels Vorstellung von den menschlichen Zivilisationsbedürfnissen und seiner Erkenntnis, daß sie auch in einer exklavierten Gemeinschaft nicht zu umgehen sind, durchbrochen.[227]

Eberhard schreibt seine Erlebnisse und die Lebensgeschichten Capitain Wolffgangs, Albert Julius', des Schurken Lemelie, von Amias und Robert Hülters und von dreier später auf einer Sandbank aufgelaufenen und geretteten Menschen nieder. Außerdem fügt er

---

[227] Dietrich Grohnert: Schnabels „Insel Felsenburg". Aufbau und Verfall eines literarischen sozialutopischen Modells. In: Weimarer Beiträge 35/1 (1989), S. 615.

dem Manuskript den Lebenslauf der Virgilia van Cattmers bei, welche mit ihrer Tochter und ihrer Dienerin freiwillig mit auf die Insel Felsenburg gekommen war. In einem „Avertissement" kündigt der Herausgeber weitere Berichte über das Leben auf der Insel Felsenburg an. Im Anhang wird auch die Autobiographie des Don Cyrillo de Valaro angeschlossen.

Im zweiten Teil werden nach und nach diejenigen Europäer, welche mit Eberhard Julius auf die Insel Felsenburg gekommen sind, gebeten, ihre Lebensgeschichten zu erzählen, wobei die Zuhörer über „die wunderbaren Wege des himmlischen Verhängnisses" nicht genug staunen können.[228] Die Berichte aus Europa erfüllen eine besondere Funktion, denn: „Nur dadurch kann sich das Ideal der Insel Felsenburg entsprechend abheben und als eine ‚utopische Widerlegung' von politischer Geschichte erscheinen."[229] Das Leben der Felsenburger Gemeinde kommt dem christlichen Ideal sehr nahe:

> Solchem nach befanden sich auf der Insel Felsenburg, an Jungen und Alten, Einheimischen und Ausländischen lebendigen Menschen: 394. nehmlich 203. Manns- und 191. Weibs-Personen, die in aller Frömmigkeit, Liebe und Einigkeit mit einander lebten, und nach dem Exempel der ersten christl. Kirche eine treuhertzige Gemeinschaft der zeitlichen Güter untereinander hielten, keinen Eigennutz, auch im allergeringsten Dinge zeigten, sondern ihren nächsten und sich selbst zu dienen, alles mit Lust verrichten, worzu sie sich geschickt befanden.[230]

Keiner der mit Eberhard angekommenen Europäer möchte wieder in seine Heimat. Als Capitain Horn mit seinem Schiff zurückkommt, um den Insulanern die bestellten Waren zu bringen und eventuell Passagiere aufzunehmen, wirbt man ihm im Gegenteil noch einige

---

[228] Wunderliche Fata II, S. 69.
[229] Voßkamp, S. 96.
[230] Wunderliche Fata II, S. 175.

seiner Seeleute ab, die einen für die Felsenburger interessanten Beruf erlernt haben. Eberhard allerdings reist mit Capitain Horn nach Europa, um nach seiner Schwester zu sehen und um Nachricht von seinem Vater zu erhalten. Er kommt gerade rechtzeitig, denn seine Schwester befindet sich in Schweden, wo sie mit einem Geschäftspartner ihres Vaters verheiratet werden soll, den sie verabscheut. Eberhard gibt dem Bräutigam das Geld zurück, das dieser seinem Vater geliehen hatte, und kündigt alle Verträge auf. In ihrer Heimatstadt treffen sie den Vater an, der glücklich ist, daß sein Sohn noch lebt und seine Tochter die ungewollte Ehe nicht eingehen mußte. Eberhard kann beide überzeugen, mit ihm nach Felsenburg zu kommen und Europa für immer zu verlassen. Ebenso gewinnt er zwei Geistliche für die Reise. In Hamburg übergibt er seine bisherigen Aufzeichnungen einem alten Studienfreund, mit der Bitte, diese drucken zu lassen. In der Vorrede des ersten Teils wird beschrieben, wie dieser Freund während einer Reise verunglückt und die Papiere an Gisander übergibt mit der Bitte, sie zu veröffentlichen.

Im dritten Teil der *Wunderlichen Fata* erfährt der Leser die Geschichte von Eberhards Vater und dem in Schweden für Eberhard tätigen Dolmetscher Mons. van Blac, der ein Verwandter von Carl Franz van Leuven ist. Das bedeutsamste Ereignis für die Felsenburger Gesellschaft ist der Tod von Altvater Albert Julius im Alter von 102 Jahren. Sein ältester Sohn Albert II. tritt die Nachfolge an. Eberhard beschreibt ausführlich die verschiedenen Bauprojekte auf der Insel, wie den Bau eines Schulhauses, und die Entdeckung eines heidnischen Tempels auf der benachbarten Insel Klein-Felsenburg. Vor seiner erneuten Abreise erzählt Capitän Horn seine Lebensgeschichte und bittet darum, sich nach seiner Rückkehr auf Felsenburg niederlassen zu dürfen.

Zu Beginn des vierten Teils erschrecken Feuererscheinungen am mitternächtlichen Himmel und schwere Erdbeben die Bewohner der Insel Felsenburg, die sich dadurch von Gott ermahnt sehen, größeren Eifer im Kampf gegen die Sünde und im Lob Gottes zu zeigen. Bald darauf kehrt Capitain Horn, begleitet von seinem jüngeren Bruder, von seiner Europareise zurück. Er berichtet ausführlich von ihrem Abenteuer mit Seeräubern und ihrem Aufenthalt auf der Insel Jago. Hier hatte sich der jüngere Capitain Horn in die Tochter des Gouverneurs verliebt und ihr die Ehe versprochen.

Die zweite Hälfte des vierten Teils umfaßt den Bericht von Eberhard Julius an Capitain Horn über die Ereignisse auf Felsenburg seit dessen Abreise. Felsenburg war von portugiesischen Kriegsschiffen belagert worden, die jedoch gegen die bestens gerüsteten Insulaner keine Chance hatten. Auch die Frauen hatten in kürzester Zeit eine Armee auf die Beine gestellt und gelernt, mit Waffen umzugehen. Als es auf dem portugiesischen Hauptschiff zur Meuterei gekommen war, hatten sich fünf Portugiesen mit der Leiche des ermordeten Capitains auf Klein-Felsenburg gerettet, während die Schiffe über Nacht verschwunden waren. Auf beiden Inseln war es daraufhin zu Erscheinungen der Geister des Capitain Lemelie und des portugiesischen Capitains gekommen, die jedoch von einem der Portugiesen gebannt werden konnten. Außerdem hatte man auf Klein-Felsenburg eine persische Prinzessin mit zwei Dienerinnen und einem zahmen Löwen gefunden. Als Christin war sie in ihrer Heimat verfolgt worden und hatte sich auf abenteuerlichen Wegen auf die Insel Klein-Felsenburg gerettet. Capitain Horn heiratet am Ende seine Felsenburgische Braut und schickt nach den Feierlichkeiten seinen zum Katholizismus konvertierten Bruder wieder nach Europa. Er bringt das Manuskript zum dritten und vierten Teil der *Wunderlichen Fata* zu Gisander.

Während in den Lebensberichten der Nicht-Deutschen Manders, Rawkin, Cattmers (1. Band), van Blac und van Bredal (3. Band), Barley (4. Band) im wesentlichen zeitübliches Erzählmaterial ausgebreitet, wenn auch mitunter an historische Ereignisse angeknüpft wird, in der Geschichte der „candaharischen Prinzessin Mirzamanda" (4. Band) dann märchenhaft-religiöse Exotik wuchert, erhalten die deutschen Lebensläufe einen herausragenden Wert für die Sinngebung des Gesamttextes in ihrem Zusammenwirken von Primärhandlung und Sekundärhandlungen. Über die deutschen Lebensläufe entwirft Schnabel Variationen allseitiger Zerstörungen menschenwürdiger Existenzbedingungen im Deutschland seiner Erfahrungen. Sie sind für ihn in dem Maße unaufhebbar, in dem sie sich ihm als Zeichen unveränderbarer gesellschaftlicher Strukturen, weltlichen und kirchlichen Machtmißbrauchs, moralischer Verkommenheit oder von Wirkungen der „verkehrenden Macht des Geldes", der tausendfachen Armut, des Hungers und der sozialen Differenzierungen kundtun.[231]

Grimmelshausens *Simplicissimus* und Schnabels *Wunderliche Fata einiger Seefahrer* lassen sich bezüglich vieler Aspekte vergleichen, wobei sich gravierende Unterschiede, aber auch interessante Parallelen finden lassen.

Daß Schnabel unter dem Einfluß Grimmelshausens stand, ist um so zweifelsfreier, als nicht nur die wesentlichen Motive, sondern auch viele der mehr äußerlichen Züge der „Insel Felsenburg" im „Simplicissimus" vorgebildet erscheinen.[232]

Brüggemann führt als Beispiele für Motive, die Schnabel schon im Simplicissimus vorfand, einmal den Asylcharakter der Kreuzinsel und der Insel Felsenburg an. Dazu gehört auch die Abgeschlossenheit und Unzugänglichkeit Felsenburgs sowie der Höhle, in der sich Simplex versteckt. Zum anderen verpflichten die Felsenburger jeden Neuankömmling zur Verschwiegenheit, wie auch Simplex sich von Capitän Cornelissen versprechen läßt, die Lage seiner Insel niemandem zu verraten.[233] Darüber hinaus weist Brüggemann auf die

---

[231] Grohnert, S. 608.

[232] Fritz Brüggemann: Utopie und Robinsonade. Untersuchungen zu Schnabels Insel Felsenburg (1731-1743), Weimar 1914, S. 141.

[233] Vgl. Simplicissimus, S. 579; Brüggemann, S. 140.

Ähnlichkeit der beiden Inseln hin. Sowohl Kreuzinsel als auch Felsenburg wirken mit ihrem Felsgestein unwirtlich und unfruchtbar, dabei sind beide überaus fruchtbar und bieten geradezu paradiesische Lebensbegingungen, sowohl in bezug auf die körperlichen als auch die seelischen Bedürfnisse ihrer Bewohner, die vor allem in dem Wunsch nach Abgeschiedenheit von der Welt bestehen.[234]

Auffällig ist die unterschiedliche Figurengestaltung. Die Protagonisten der *Wunderlichen Fata* sind durchweg fromm und gut, und nur einzelne Europäer, die auf die Insel geholt werden, sind einer Versuchung des Teufels tatsächlich erlegen. Plager war durch seinen Eifer für die Alchemie ernsthaft in Versuchung geführt worden, aber er konnte sich rechtzeitig von ihr lösen. Der Müller Krätzer dagegen hatte beim Glückspiel betrogen, sich geprügelt und bei Duellen getötet. Seine Hinwendung zu Gott stellt eine wahre Umkehr dar. Für die meisten Bewohner Felsenburgs gilt jedoch, daß ihnen in Europa durch sündhafte Menschen viel Leid zugefügt worden war, während sie selbst jeder Versuchung widerstanden hatten. Im *Simplicissimus* sind die Figuren ständig angefochten. Auch wenn Charaktere wie Olivier und Ulrich Hertzbruder klar als Kontrastfiguren im Sinne von gut und böse gestaltet sind, bleibt doch die Hauptfigur Simplex eine bunt schillernde Gestalt, die zwar immer den rechten Weg zum ewigen Heil kennt, aber doch häufig davon abkommt und sich in der Sünde verirrt. Während sich im *Simplicissimus* permanent das Walten des Teufels zeigt, führt in der *Wunderlichen Fata* die Vorsehung Gottes die Schicksale der Menschen ihrer Bestimmung zu. Für die guten Menschen fügt sich noch in ihrem irdischen Dasein alles zum Besten, wenn sie zuvor auch viele Prüfungen zu bestehen haben.

Im *Simplicissimus* wendet sich der Protagonist von der Welt ab, um so ihren Versuchungen zu entgehen. Zunächst führt er ein Einsiedlerleben im Wald, läßt sich aber doch noch einmal in die Welt

---

[234] Vgl. Brüggemann, S. 141f.

locken. Nachdem er bis nach Arabien gepilgert ist, wird er auf einer unbewohnten Insel unfreiwillig zum Eremiten. Als sich ihm nach vielen Jahren die Gelegenheit bietet, nach Europa zurückzukehren, bleibt er freiwillig allein zurück. Er ist überzeugt, nur in seiner Weltabgeschiedenheit ein gottgefälliges Leben führen zu können und den Anfechtungen des Teufels zu entgehen. Für die Bewohner der Insel Felsenburg bietet dagegen ihr Inseldasein Schutz vor den Anfechtungen böser Menschen. „Die rührende Anhänglichkeit der Bewohner an ihre neue Heimat hat eine ganz andere Ursache: den Widerwillen gegen die zivilisierte europäische Welt, die Furcht vor derselben, das Misstrauen ihr gegenüber."[235] Die meisten Menschen, die auf die Insel Felsenburg kommen, haben ein schweres, vielfach gefährdetes Leben von wechselndem Glück hinter sich und wünschen sich nur noch, in Ruhe und Frieden ein christliches Leben zu führen, was ihnen nur in einer geschlossenen Gruppe von Gleichgesinnten gewährleistet scheint. Hier gelingt die Utopie: „Die diskontinuierliche Willkür der geschichtlichen Zeit (verursacht durch die launische Glücksgöttin Fortuna) wird verwandelt in eine homogene Zeit der glücklichen, beruhigt-gelassenen Beständigkeit."[236] Die Felsenburger fliehen nicht vor der Versuchung des Teufels wie Simplex, sondern vor den Anfechtungen ihrer Mitmenschen in einer grausamen Welt.

Die biblischen Assoziationen sind deutlich: Albert und Concordia richten sich in einem „irrdischen Paradies", einem „gelobten Land" oder „Canaan" ein, der „Altvater" übernimmt die Rolle eines Patriarchen, und das Gebiet der Insel wird wie das gelobte Land einzelnen „Stämmen" zugewiesen. Familie und Familienbeziehungen sorgen für den Zusammenhalt, die Autorität des Patriarchen Albert Julius bleibt

[235] Theodorus Cornelis van Stockum: Robinson Crusoe, Vorrobinsonaden und Robinsonaden. In: Ders.: Von Friedrich Nicolai bis Thomas Mann. Groningen 1962, S. 32.

[236] Voßkamp, S. 97.

unangetastet.[237]

Während einer Predigt vergleicht Magister Schmeltzer „Felsenburg mit der Stadt Jerusalem und dem Berge Zion".[238] Daher kann es nicht überraschen, daß auch die Bewohner der Insel Felsenburg wie Simplex freiwillig an ihrem Zufluchtsort bleiben, nachdem ihnen durch ein eigenes Schiff die Möglichkeit geboten wird, die Insel zu verlassen. Dennoch besteht ein gravierender Unterschied zur Insel-Idylle im *Simplicissimus*:

> Anders als nach barockem Weltverständnis kann hier schon im Diesseits ein Höchstmaß an Glückseligkeit genossen werden. Daß der Dualismus zwischen gottloser und geheiligter Welt als ein irdisch-immanenter aufgefaßt ist, deutet auf die Tendenz des bürgerlichen Bewußtseins, die Existenz zunehmend innerweltlich zu interpretieren. Allerdings steht bei Schnabel die religiöse Fundierung der Felsenburger Utopie außer Frage.[239]

Die Figuren beider Werke haben die Welt bereist und stießen überall auf dieselben Probleme, so daß ihnen nur ihre Insel als Ort erscheint, an dem sie nach ihren Vorstellungen beziehungsweise nach göttlichem Gebot leben können. „Das wiedergefundene ‚Paradies' offenbart indes auch moderne Züge, der heilsgeschichtliche Idealort verbindet sich mit Eigenschaften einer neuen, ‚vernünftigen' Zivilisation."[240] Nur durch Vernunft und Selbstdisziplin kann die Gesellschaft der Felsenburger funktionieren. Nur dadurch, daß alle Individuen die herrschenden Werte bewußt akzeptieren, können Friede und Ruhe aufrecht erhalten werden.

---

[237] Nachwort in Johann Gottfried Schnabel: Insel Felsenburg, hrsg. von Volker Meid und Ingeborg Springer-Strand, Stuttgart 1985, S. 600f.

[238] Wunderliche Fata III, S. 81.

[239] Jürgen Jacobs: Prosa der Aufklärung. Kommentar zu einer Epoche, München 1976, S. 139.

[240] Voßkamp, S. 97.

Der deutlichste Unterschied zwischen dem Barockroman und dem frühaufklärerischen Werk Schnabels liegt in der Thematik. Grimmelshausen sucht nach der richtigen Lebensweise auf Erden, um das ewige Heil im Jenseits zu erlangen. Die Suche wird an einem einzelnen repräsentativen Menschen vorgeführt und endet in der Isolation auf einer Insel. Schnabel dagegen sucht das Paradies auf Erden und läßt eine kleine Gemeinschaft von Christen eine utopische Gesellschaft auf einer isolierten Insel gründen. Er liefert dabei eine

> Darstellung, wie sich ganz natürlich eine Gesellschaft bildet, wie sie sich von der ersten Vergesellschaftungsform der Ehe über die aus der Primärsphäre der Ehe naturnotwendig herauswachsende Familiengesellschaft, in der die Kinder der ersten Ehe ihrerseits Familien gründen, zu einem mehr rational bestimmten Gemeinwesen entfaltet, das zur optimalen Bedürfnisbefriedigung und zur Verwirklichung einer rationellen Produktionsgemeinschaft Spezialisten aus Europa importiert. Die einzelnen Episoden stellen also in ihrer Abfolge den natürlichen Rhythmus der Vergesellschaftung dar, deren natürlicher Impuls die Geschlechtlichkeit des Menschen ist.[241]

Während für Simplex die menschliche Gesellschaft neben der Versuchung durch den Teufel das größte Problem darstellt, steht sie bei Schnabel im Zentrum der Geschichte. Hier unterstützen sich gleichgesinnte Christen und erreichen im Füreinander und Miteinander ein unverhofftes irdisches Glück. Im schriftlich überlieferten Lebenslauf des Don Cyrillo de Valaro wird dagegen, ähnlich wie im Simplicissimus, überwiegend ein negatives Verhältnis zwischen dem Protagonisten und seinen Mitmenschen gestaltet. Auch sein Weg führt in die Isolation auf einer Insel, die von ihm begrüßt wird.

---

[241] Bernhard Fischer: Der moralische Naturzustand und die Vernunft der Familie. Eine Studie zu Schnabel *Wunderlichen FATA*. In: Deutsche Vierteljahrsschrift für Literaturwissenschaft und Geistesgeschichte 61 (1987), S. 73.

Deshalb zeigen sich inhaltliche Parallelen zwischen dem *Simplicis-simus* und den *Wunderlichen Fata* vor allem im Lebenslauf des Don Cyrillo.

Don Cyrillo de Valaro, geboren im Jahr 1475, wächst als Page des Kronprinzen von Kastilien auf und genießt zunächst viele Privilegien. Aufgrund politischer Unruhen muß er jedoch aus seiner Heimat fliehen und verschiedenen Herren dienen. Er erlangt auch wieder die Vergebung seines Königs, doch gibt es für ihn in Europa auf Dauer keine Sicherheit. Schlimmer noch entwickelt sich für ihn seine Ehe. Seine lüsterne Frau hält sich mehrere Liebhaber und hatte schon vor ihrer Heirat zwei Kinder. Don Cyrillo ertappt sie inflagranti, läßt seine Frau und ihre Helferinnen einsperren und den Liebhaber kastrieren. Seine Frau erhängt sich, aber ihr am Hofe sehr einflußreicher Geliebter sinnt auf Rache. Don Cyrillo muß fliehen, zunächst nach Portugal, doch als ihm dort die Auslieferung droht, begibt er sich auf ein Schiff nach Brasilien. Unterwegs erleiden sie Schiffbruch, aber Cyrillo wird von der Besatzung eines spanischen Schiffs gerettet. Unfreiwillig wird er Zeuge der Grausamkeiten und der Tyrannei der Spanier in der neuen Welt. Dennoch schließt er sich ihnen an und weist seinen Anteil an der Beute nicht zurück. Glück und Unglück stehen in ständigem Wechsel. Viele Spanier müssen ihr Leben lassen, und am Ende ist Cyrillo nur noch mit wenigen Männern in einem selbstgebauten Boot unterwegs. Als sie dieses – trotz des heftigen Protests von Don Cyrillo – gegen ein europäisches Schiff, das sie in einer Bucht verlassen vorfinden, vertauschen, geraten sie in einen heftigen Sturm, der sieben Menschenleben fordert. Cyrillo sieht darin die Strafe Gottes für ihren Diebstahl. Neun Personen, darunter drei Indios, leben noch, als der dritte Sturm in Folge sie auf eine Sandbank vor der Insel Felsenburg schleudert.

Auf einem kleinen Boot gelangen sie durch die Flußmündung ins Innere der Insel, die sich als wahres Paradies herausstellt. Sie holen alle Geräte, Nahrungsmittel und Waren vom Schiff, die sie brauchen können. Unter der Ladung befindet sich auch Getreide, das sie anpflanzen, um Brot backen zu können. Nach einigen Jahren beschließen die Spanier gegen den Rat des Cyrillo de Valaro, ein Schiff zu bauen, das sie von der Insel fortbringen soll. Doch ein Erdbeben läßt Felsbrocken auf das Schiff herabstürzen, unter denen es zerschlagen und begraben wird. Bei dem Versuch, ein neues zu bauen, sterben die beiden schwächsten Spanier an Erschöpfung, und einer der Indios wird von einem Baum erschlagen, so daß das Vorhaben aufgegeben werden muß. Als sich die drei Spanier Affenweibchen als Sexualpartner wählen, versucht der schockierte Cyrillo, sie durch eine Moralpredigt von ihrem Treiben abzubringen, während seine treuen Indios die Affen töten. Es kommt zur offenen Auseinandersetzung, doch Cyrillo verwahrt das gesamten Schießpulvers und kann deshalb die Spanier verjagen. Als diese untereinander in Streit geraten, tötet einer von ihnen die beiden anderen und begeht Selbstmord, da Cyrillo sich weigert, ihn zu richten. Für Cyrillo de Valaro beginnt nun eine friedliche und fromme Zeit:

> Von nun an führete ich mit meinen beiden Getreuen christlichen Indianern die allerordentlichste Lebens-Art, denn wir beteten täglich etliche Stunden mit einander, die übrige Zeit aber wurde theils mit nötigen Verrichtungen, theils aber in vergnügter Ruhe zugebracht.[242]

Insgesamt verbringt Don Cyrillo beinahe neunzig Jahre auf der Insel, teilweise in völliger Einsamkeit. Er erreicht das außerordentlich hohe Alter von über hundertdreißig Jahren.

Simplex und Don Cyrillo führen beide ein wechselvolles Leben, bestimmt von der unaufhörlichen Bewegung des Rades der Fortuna. Als Soldaten ziehen sie in den Krieg und dienen nacheinander verschiedenen Herren. Sie töten leichtfertig Menschen, im Duell wie in der Schlacht, obwohl dies ihrer christlichen Religion

---

[242] Wunderliche Fata I, S. 602.

widerspricht. Cyrillo konfrontiert häufig seine Umwelt mit dem Widerspruch zwischen göttlichem Gebot und menschlichem Handeln. Simplex erfüllt diese Aufgabe in Hanau, als er noch zu naiv ist, um sich der Vergeblichkeit seines Unterfangens und der eigenen Fehlbarkeit bewußt zu sein, und später, als er in seiner Kalbsverkleidung eine gewisse Narrenfreiheit genießt, aber vollends schließlich als Erzähler seiner Lebensgeschichte. Cyrillo und Simplex sind beide immer wieder gezwungen, gegen ihre Überzeugung zu handeln: Simplex muß mit Olivier Reisende überfallen, und Cyrillo muß mit den spanischen Conquistadores Indios töten, die sich doch christlicher verhalten als die missionierenden Mörder. Simplex' Erfahrungen mit seiner letzten Ehefrau haben ihm das weibliche Geschlecht ebenso verleidet wie Don Cyrillo die Schrecken seiner Ehe, weshalb sie beide auch in größter Einsamkeit, nachdem ihre Gefährten gestorben sind, glücklich und zufrieden ihr Inseldasein genießen können. Don Cyrillo hat wie Simplex der Welt abgesagt:

> Ich vor meine Person empfand in meinem Hertzen den allergrösten Eckel an der Vermischung mit dem Weiblichen Geschlechte, und weil mir ausserdem der Appetit zu aller weltlichen Ehre, Würde, und den damit verknüpfften Lustbarkeiten vergangen war, so fassete den gäntzlichen Schluß, daß, wenn mich ja der Höchste von dieser Insul hinweg, und etwa an andere christliche Örter führen würde, daselbst zu seinen Ehren, vermittelst meiner kostbaren Schätze, ein Closter aufzubauen, und darinnen meine Lebens-Zeit in lauter GOttes-Furcht zuzubringen.[243]

Beide, Simplex und Cyrillo, beten einige Stunden jeden Tag und arbeiten, wie auch Albert Julius, um dem Müßiggang zu entgehen, obwohl kaum etwas wirklich notwendigerweise getan werden muß. Ebenfalls gegen den Müßiggang und um der Nachwelt ein Exempel zu hinterlassen, schreiben beide Einsiedler ihren Lebenslauf nieder, der nach Europa gelangt und gedruckt wird.

---

[243] Ebd., S. 602.

Zusammenfassend läßt sich feststellen, daß besonders stark der Lebenslauf des Don Cyrillo de Valaro von Grimmelshausens *Simplicissimus* beeinflußt wurde, während der Hauptteil von Schnabels *Wunderlichen Fata* weniger inhaltliche Gemeinsamkeiten mit dem älteren Werk aufweist, trotz einiger motivischer Übernahmen aus dem *Simplicissimus*. Figurengestaltung, Weltbild und Handlungsverlauf berühren sich nur wenig, da den Werken unterschiedliche Verfasserintentionen und Weltanschauungen zugrunde liegen:

> Grimmelshausens theologisch begründete Weltverneinung unterscheidet den *Simplicissimus* von der *Insel Felsenburg* und ihrem utopischen Entwurf eines auf Gottesfurcht, Vernunft und Tugend gegründeten Gemeinwesens von Europamüden.[244]

Daß sich Schnabel dennoch durch den barocken *Simplicissimus* in so vielfältiger Weise anregen ließ, deutet schon auf die weitere Entwicklung in der *Simplicissimus*-Rezeption hin. Das streng christliche Weltbild Grimmelshausens steht der Popularität des *Simplicissimus* in den nachfolgenden Epochen nicht im Weg.

3.1.10. Simplicissimus Redivivus

Anonym erschien eine angebliche Fortsetzung des *Simplicissimus* mit dem vollständigen Titel: *Simplicissimus Redivivus. Das ist: Der in Franckreich wieder belebte und curieus bekörperte alte Simplicius, welcher mit der Französischen Armée nach Prag marchiret ist, dabey viele wunderliche Abendtheuer erlebt hat, wo unter andern Kriegs=Particularitäten, historischen Erzehlungen, darüber gemachten politischen Reflexionen und Satyrischen Einfällen, auch der Französische Medicus, Chirurgus und Mund=Koch wahrhaft und lustig beschrieben werden von Ihm Selbst. 1743*[245]

---

[244] Meid/Springer-Strand, S. 605.

[245] Im folgenden als Simplicissimus Redivivus I bezeichnet.

So abentheuerlich und simplicianisch das Werk im Titel auch angekündigt wird, hat es doch nicht viel mit dem Simplicius Simplicissimus zu tun, den wir aus den Werken Grimmelshausens kennen. Der aus dem nicht näher beschriebenen Reich der Toten zurückgekehrte Simplex ist in erster Linie Beobachter und Berichterstatter des französischen Feldzugs im Österreichischen Erbfolgekrieg (1740-1748) und der Eroberung Prags. Nachdem Simplex' Geist durch einen philosophischen Adepten in Paris beschworen worden war, nimmt er den Körper eines kürzlich Verstorbenen an: „Also war ich als ein dienstbarer becörperter Simplicianischer Geist bey diesem Adepto wieder lebendig, und allen natürlichen menschlichen Eigenschaften unterworfen."[246] Der Schwarzkünstler entwickelt eine Tinktur, welche den Körper verjüngt und jedes Metall in Gold verwandelt. Simplex bekommt etwas davon und wird ein schöner, gesunder Jüngling. Zum Abschied gibt ihm sein Herr noch einen Vorrat für die Zukunft, doch die Tinktur wird ihm gestohlen.

Als Kaiser Karl VI. ohne männlichen Thronfolger stirbt, rüstet Frankreich zum Krieg, obwohl die Diplomaten und König Ludwig XV. Österreich ihre volle Unterstützung zusagen. Simplex entrüstet sich über die Falschheit der Franzosen, aber er läßt sich von ihrer Armee anwerben und zieht mit den Truppen durch das alliierte Bayern nach Niederösterreich und weiter nach Prag. Bis dahin hatten die Soldaten beste Verpflegung und bequeme Unterbringung in den verbündeten oder besetzten Städten und Dörfern gefunden. Während der Belagerung von Prag im Herbst frieren und hungern die schlecht ausgerüsteten Soldaten und müssen auf der kalten Erde schlafen. Viele von ihnen werden krank und sterben. Auch als Prag eingenommen ist, steigt weiterhin die Zahl der Kranken. Trotz der langanhaltenden Wirkung der Wundertinktur wird auch Simplex zweimal krank und hat so Gelegenheit, die erbärmlichen Zustände

---

[246] Simplicissimus Redivivus I, S. 5.

in den Nothospitälern zu beschreiben. Hygienemaßnahmen und medizinische Versorgung lassen jede Genesung als Wunder erscheinen. Simplex erholt sich dennoch schnell, da er durch die Tinktur des Adepten einen ausgesprochen starken und gesunden Körper erhalten hat.

Als Diener französischer Offiziere beschreibt er vor allem deren Ungepflegtheit, Schlampigkeit und Aufschneiderei. Er wird auch als Koch gebraucht und gibt einige Rezepte zum besten. Dabei läßt er sich besonders über die ungebührlichen Tischsitten der Franzosen aus. Ein besonderes Ärgernis ist ihm auch die Gottlosigkeit der Soldaten, die gern andere bei ihrer Andacht stören. Die Situation in Prag spitzt sich zu, als die Stadt von der königlich-ungarischen Armee eingeschlossen wird. Einwohner und Besatzer müssen hungern, da keine Lebensmittel mehr in die Stadt gelangen. Schließlich werden Pferde auf grausame Weise getötet und verzehrt, und die unverwertbaren Überreste landen in der Moldau. „Dieses war nun so erschröcklich und entsetzlich anzusehen, daß es fast nicht beschrieben werden kan.“[247] Simplex ist von den Schlachtungen so angewidert, daß er nichts von dem Pferdefleisch essen kann. Auch ist die Stadt inzwischen von Kot und Kadavern so verwüstet, daß Simplex unbedingt Prag und die Armee verlassen will.

Als eine böhmischen Familie einen Paß erhält, damit sie auf ihr Landgut reisen kann, bietet sich Simplex als Kutscher an und verspricht, Pferde zu besorgen. Er gibt vor, kein Franzose zu sein, und behauptet, die Armee habe ihn verschleppt. Da man die Pferde braucht, nimmt man ihn mit. Als Simplex wiederum den Abschied erhält, schließt er sich der ungarischen Armee an, um bei der Rückeroberung Prags dabei zu sein. Unterwegs wird er allerdings wieder krank und muß zurückbleiben. Als er nach Prag kommt, ziehen gerade die Ungarn in der Stadt ein und werden von den Bewohnern als Befreier herzlich begrüßt. Simplex versäumt es

---

[247] Ebd., S. 59.

nicht, den Ungarn höchstes Lob auszusprechen: „und allen sahe man Herzhafftigkeit, Muth, und Tapferkeit aus den Augen an".[248] Besonders aber freut sich Simplex über die Ehrlichkeit und Ordentlichkeit der ungarischen Soldaten:

> In diesem Lager gieng es sehr gut und herrlich zu, es war alles lustig, redlich, und aufrichtig, die Ehre und der Respect der hohen Generalität und aller Herren Officiere wurde ganz anderst als bey denen Franzosen in acht genommen, da kan man doch gleichwohl sehen, wer Herr, oder Diener ist, jeder ist in seiner Stelle, so wie es sich gebührt, und der allergeringste aus ihnen kan bey denen Franzosen einen Hofmeister vorstellen, und ihm erst gute Manieren und Sitten, sowohl in der Kriegs=Disziplin, als auch in anderen Sachen geben.[249]

Im Vordergrund des gesamten Werkes steht die negative Darstellung der Franzosen in religiöser und moralischer Hinsicht, aber ebensosehr wegen ihrer Sitten und Bräuche. Die Charakterlosigkeit der Franzosen vom König bis zum gemeinen Soldaten wird immer wieder herausgestrichen und am Ende mit dem Wohlverhalten und der Tapferkeit der Ungarn kontrastiert. Die Themen aber, welche Grimmelshausen und seine Hauptfigur Simplicius bewegen, bleiben völlig unberücksichtigt. Der wiederbelebte Simplex hat kein religiöses Anliegen, obwohl er bereits den Tod erfahren hat. Der Leser erfährt nichts über das Leben nach dem Tod, und Simplex verspürt auch nicht den geringsten Anlaß, seine Leser zu einem besseren Leben anzuhalten. Stattdessen ist er einfach nur neugierig auf den neu entbrennenden Krieg um die Thronfolge Maria Theresias. Simplex hat auch keine Hemmungen sich unter die von ihm so verachteten Franzosen zu reihen und ihnen zu dienen.

Abgesehen davon, daß Simplex sich von den Franzosen als Spion gebrauchen läßt und ihnen verrät, wo bei ihren Plünderungen noch

---

[248] Ebd., S.73.

[249] Ebd., S. 73f.

Geld oder Wertgegenstände zu finden sind, und abgesehen davon, daß er seinem Herrn in Prag falsche Abrechnungen erstellt und ihn auf diese Weise betrügt, erinnert nichts an den aktiven, einfallsreichen Soldaten Simplex im Dreißigjährigen Krieg. Mit der Lebenshaltung des älteren Simplex lassen sich allerdings gerade diese kleinen Betrügereien wenig vereinbaren. In diesem Roman dient die Berufung auf Grimmelshausens Simplicissimus lediglich der Steigerung der Verkaufschancen. Es wird weder satirisch Kritik geübt noch gibt es eine allegorische Ebene. Der Autor interessiert sich nicht für religiöse Fragen, sondern lediglich für die Diffamierung der Franzosen und für die Prager Ereignisse.

> Das „Simplicianische" berührt – außer dem Namen des Hauptdarstellers – die Abenteuer, Kriegsszenerie und die satirischen Stilzüge. 1743 vertraut ein unbekannter Autor also erneut der Zugkraft des „Simplicissimus" und spekuliert mit dem verheißungsvollen Titel seines Werkes auf eine große Leserschaft.[250]

Ein Jahr nach dem ersten Teil erscheint ein zweiter: *Der Mit seinem entlehnten Körper sich noch in dem Kriege befindliche Simplicissimus redivivus, Schreibet von Straßburg an einen vertrauten Caffée-Sieder nach Prag, 1744.*[251] Wie der Titel behauptet, handelt es sich bei dem fiktiven Briefschreiber um eben jenen Simplicissimus, welcher in Paris ins Leben zurückgerufen worden war. Simplex dient nun in Straßburg mittlerweile seinem fünften Herrn, bei dem er ein sehr gutes Leben hat. Erstaunlicherweise identifiziert sich Simplex in seinem Brief an den Prager Freund mit den Franzosen. Da heißt es „Geld hatten wir Franzosen damahl genug"[252] und „wir fanden gantz andere Menschen, als wir in Franckreich glaubten". Am meisten überrascht aber nach der Lektüre des ersten Teils folgende Aussage: „Wir trösteten zwar die Erschrockenen mit

---

[250] Heßelmann 1992, S. 203.

[251] Im folgenden als Simplicissimus Redivivus II bezeichnet.

[252] Simplicissimus Redivivus II, S. 5.

der Frantzösischen angebohrnen Freundlichkeit".[253] Obwohl Simplex im ersten Teil kein gutes Haar an den Franzosen lassen konnte, schreibt er in diesem Brief an seinen Freund sogar über deren angeborene Freundlichkeit. Es ist angesichts der grundlegend verschiedenen nationalen Gesinnung der Erzähler, nicht sehr wahrscheinlich, daß die Verfasser der beiden Werke identisch sind.

Simplex bringt sein Mitleid mit den Pragern zum Ausdruck und lobt ihre Frömmigkeit. Anschließend beschreibt er noch einmal das Leben während der Besetzung Prags durch die Franzosen, da sein Korrespondent damals mit Fieber krank lag und kaum etwas davon selbst miterlebt hat. Auf satirische Weise beschreibt Simplex, wie man versuchte, den Pragern die Vorteile einer Eroberung Böhmens durch Frankreich verständlich zu machen:

> Also redeten wir denen Leuten zu, und ermahnten sie, nur
> in zufriedener Geduld zu leben/ es käme ihnen nur am Anfange so wunderlich vor, in zwey/ drey Jahren aber würden
> sie es schon gewohnen, und wer unter dieser Zeit noch lebendig wäre, der würde auch erfahrner seyn, und mehr wissen als
> viel tausend andere, die keinen Krieg aufgestanden hätten/
> westwegen doch so viele Voluntairs freywillig in den Krieg gingen, und vor ihr eigen Geld kostbahr zehrten, nur eine Erfahrung von Krieges=Sachen zu haben/ welches doch jetzt die
> Stadt=Innwohner alle so glücklich in ihren Mauren bey ihnen
> genüssen könten.[254]

Die Qualität der angeborenen Freundlichkeit der Franzosen wird hier satirisch entlarvt. Es zeigt sich also, daß Simplex seine Einstellung gegenüber den Franzosen nicht geändert hat, er vermittelt sie nur auf andere Weise, indem er ironisiert, was im ersten Teil direkt kritisiert wurde. In einem ernsthafteren Ton beschreibt Simplex die Prostitution in der Stadt und die Hinrichtung unschuldiger Menschen, wie das Erhängen einer schwangeren Jüdin, nur weil sich

---

[253] Ebd., S. 6.
[254] Ebd., S. 9.

eine Französin über sie geärgert hat. Dann macht er sich wieder über die Angst und große Aufschneiderei der Franzosen lustig. Als Beispiel für den Heldenmut der Franzosen erzählt Simplex,

> daß etliche 1000. Mann zu Fuß und zu Pferde mit einem forchtsammen Geschrey davonliffen [...]. Es waren aber in allem nicht mehr als 30 Panduren, die sich diese Frantzösische Hasen-Jagt zu ihrer eigenen Lust gemacht hatten [...].[255]

Zum Abschluß verweist Simplex noch auf den erfolgreichen Vormarsch der österreichischen Truppen in Frankreich, während die Franzosen weite Teile der Niederlande erobern. Grüße an die Familie und die Haustiere beenden den Brief, welchem ein „Schluß=Bericht" folgt.

Während im vorhergehenden Brief das nationale Zugehörigkeitsgefühl des Schreibers etwas diffus bleibt, betont der Verfasser des Schluß-Berichts gleich zu Beginn, daß er „bis an sein Lebens-Ende recht ehrlich Teutsch" bleiben werde.[256] In diesem Zusatz soll der weitere Kriegsverlauf festgehalten werden, besonders das Schicksal der Stadt Prag, als sie von Preußischen Truppen mit Kanonen beschossen und schließlich von den Bewohnern aufgegeben wird. Entgegen ihren Versprechungen plündern, foltern und morden die Preußen. Zusammen mit nur etwa 250 Panduren können allerdings die Einwohner der Stadt die Preußischen Besatzer wieder vertreiben. Junge und Alte, Frauen und Kinder und mit ihnen auch einige preußische Desserteuer kämpfen unerschrocken um ihre Freiheit. Anders als im Brief herrscht im Schluß=Bericht ein religiöser Tenor vor. Für die Befreiung Prags wird Gott gedankt, der allein die Macht habe, der Welt wieder den Frieden zu schenken. Aber auch die ungarische Königin Maria Theresia wird wegen ihrer Tugendhaftigkeit und Religiosität als die gerechte Siegerin über die Preußen gefeiert.

---

[255] Ebd., S. 25.
[256] Ebd., S. 29.

Wie sich Erzählhaltung und Stil im ersten Teil des *Simplicis-simus Redivivus* und im Brief an den Prager Caffée-Sieder unterscheiden, so scheint der Schluß=Bericht wiederum von einem anderen Verfasser geschrieben zu sein. Unstimmig ist besonders die Erzählsituation. Im ersten Teil erzählt ein Deutscher im Körper eines Franzosen, der mit den Böhmen und Ungarn sympathisiert. Der Briefschreiber verfügt zwar über einen simplicianischen Humor, aber er beschreibt nur noch einmal die Belagerung Prags durch die Franzosen, ohne selbst als Figur aufzutreten. Der Erzähler des Schlußberichts wird als treu deutsch bezeichnet, aber er erzählt aus der Perspektive eines Pragers, was bei der Besetzung durch die Preußen geschehen ist. Auch gehört seine ganze Sympathie den Bewohnern und der Stadt Prag. Zusammenfassend läßt sich feststellen, daß sowohl der erste als auch der zweite Teil wenig mit dem *Simplicissimus* von Grimmelshausen zu tun haben. Die Verbindung besteht lediglich darin, daß der Name eines zugkräftigen Romanhelden für den Titel verwendet oder auch mißbraucht wurde, um die Leserschaft für eine völlig anders geartete Erzählung aus einem späteren Krieg zu gewinnen. Humoristische Elemente im ersten Teil, beispielsweise als Simplex aus dem Sarg springt und sich beim Herrn des Toten beschwert, daß er ihn begraben lassen will, oder satirische Schreibweise im zweiten Teil rücken die beiden Werke noch nicht in die Nähe Grimmelshausens. Eine wirkliche Grimmelshausen-Nachfolge besteht nicht, wenn auch der *Simplicissimus* eine gewisse Anregung für den oder die Verfasser des *Simplicissimus Redivivus* gegeben haben mag.

3.2. Zweite Rezeptionsphase: 1796-1836

Während der Aufklärung büßt der *Simplicissimus* stark an Popularität ein. Robinsonaden- und Abenteuergeschichten verdrängen Schelmenromane und Simpliciadenliteratur. Johann Christoph Gottsched, als einer der führenden Literaten der frühen Aufklärung, lehnt barocke Sprache und barocken Stil vehement ab. Er fordert eine natürliche Schreibweise, die einer vernünftigen Absicht diene. Für Gottsched ist der Dichter auch Lehrmeister und Erzieher.[1] Mit der Aufklärung vollzieht sich ein gesellschaftlicher Wandel. Das Bürgertum gewinnt gegenüber dem Adel an Bedeutung, und die höfische Literatur wie die Abenteuerliteratur kann vor dem langsam wachsenden bürgerlichen Lesepublikum nicht bestehen. Dieses rezipiert zunächst vornehmlich die Bibel und moralische Wochenschriften, aber zunehmend auch eine neue Literatur, in deren Mittelpunkt die Aufklärung der Bürger steht. Der *Simplicissimus* wird in dieser Zeit, wie andere Barockliteratur, kaum noch gelesen.

Erst in der Romantik besinnt man sich wieder auf ältere literarische Traditionen besonders des Mittelalters und des Barock. Die Beschäftigung romantischer Autoren mit Grimmelshausens Simplicianischen Schriften ist Teil des Bemühens um die literarische Vergangenheit Deutschlands. Kiesant schreibt über die Wiederentdeckung der Literatur des 17. Jahrhunderts durch die Romantik:

> sie erfaßt nahezu alles, was dieses buntschillernde Jahrhundert zu bieten hat. Die mystische Strömung in der Lyrik wird davon ebenso betroffen wie die volkstümlichen Traditionen, die satirischen Schriften Moscheroschs, Reuters und Logaus finden die gleiche Aufmerksamkeit wie Grimmelshausens Simplicianische Schriften. Die Orientierung auf volkssprachliche Zeugnisse steht neben der Aufarbeitung komplizierter und raffinierter künstlerischer und sprachlicher Strukturen. Die „Barock"-Rezeption ist demnach so heterogen wie das Erscheinungsbild

---

[1] Vgl. Johann Christoph Gottsched: Versuch einer Critischen Dichtkunst vor die Deutschen, Leipzig 1730.

der deutschen Romantik insgesamt.[2]

In dieser Arbeit kann allerdings nur bedingt auf die Rezeption anderer barocker Werke eingegangen werden, das heißt nur dann, wenn sie in Zusammenhang steht mit der Rezeption von Grimmelshausens Simplicianischen Schriften, wie dies beispielsweise in Ludwig Tiecks *Ein Tagebuch* der Fall ist.

Die Analyse romantischer *Simplicissimus*-Rezeption stützt sich in weiten Teilen auf die Arbeit von Jakob Koeman: *Die Grimmelshausen-Rezeption in der fiktionalen Literatur der deutschen Romantik* von 1993. Koeman gliedert seine Arbeit nach den verschiedenen Bruchstücken und Motiven aus den Simplicianischen Schriften, die in romantischen Werken aufgegriffen werden. Er untersucht die Rezeption der Jupiter-Episode, des Nachtigallen-Liedes, der Einsiedlerfigur, der Zigeuner-Episode im *Springinsfeld* und weiterer Motive. Dieses Verfahren ermöglicht einen Überblick über Unterschiede und Gemeinsamkeiten in der Verarbeitung dieser Elemente in der romantischen Literatur. Allerdings kommt dabei die Analyse der aufnehmenden Literatur in einigen Fällen zu kurz. Weitergehende Strukturen der Grimmelshausen-Rezeption, wie beispielsweise in Brentanos *Märchen von dem Schulmeister Klopfstock*, geraten dabei nicht in den Blick. Hier kann meine Arbeit durch interpretatorische Analyse der Integration von Grimmelshausen-Anleihen in neue Werkzusammenhänge die Ergebnisse Koemans noch erheblich weiterentwickeln.

3.2.1. Ludwig Tieck

Ludwig Tieck veröffentlichte zwei inhaltlich und stilistisch sehr unterschiedliche Werke, die beide von Grimmelshausens *Simplicissimus* beeinflußt sind: *Ein Tagebuch* und *Prinz Zerbino*.

---

[2] Knut Kiesant: Zur Rezeption der Literatur des 17. Jahrhunderts durch die Romantik. In: Weimarer Beiträge 26 (1980), Heft 12, S. 37.

3.2.1.1. Ein Tagebuch

In den Jahren 1795 bis 1798 betreute Ludwig Tieck die von Nicolai herausgegebene Reihe *Straußfedern*. Anfangs übersetzte er dafür noch häufig Originaltexte aus dem Französischen, aber schon bald begann er, eigene Geschichten zu veröffentlichen.

Die imposanten Geschichten, die er in der Reihe publizierte, erzählen von Figuren, die sich selber straußfedernhaft sind. Sie sind geistige Anverwandte von Abdallah und William Lovell, zeitgenössische Musterfiguren ohne jeglichen Zugang zu einem Etwas, das persönliche Wirklichkeit genannt werden könnte. Schemen ihrer selbst treten auf, närrische Wesen, die essen, trinken, schlafen und liebeständeln, aber ihr Gattungsspezifikum nie kennengelernt, nichts von einem geistig ätherischen Anteil in sich gemerkt haben und deshalb dringend ihrer Aufklärung bedürfen.[3]

1798 erschien im achten und letzten von Tieck erstellten Band der *Straußfedern* die Erzählung *Ein Tagebuch*. Es handelt sich dabei um das fiktive Tagebuch eines jungen Edelmannes, der seinen Namen nicht nennt. Auch werden die Einträge weder mit Ort noch Datum versehen, sondern lediglich numeriert. Insgesamt sind es 19 Abschnitte von stark differierender Länge. Im ersten Kapitel erinnert sich der Schreiber, daß er in seiner Jugend schon einmal bei dem Versuch gescheitert war, ein Tagebuch zu führen:

Ich log ungemein viele Empfindungen in mich hinein, damit nur die Blätter nicht leer bleiben durften. Das Tagebuch wollte anfangs gar nicht von der Stelle rücken, bis ich auf die heilsame Erfindung verfiel, mit mir selbst eine Komödie aufzuführen. Ich hoffe, daß dieser Fall nicht jetzt von neuem eintreten soll.[4]

---

[3] Wolfgang Rath: Ludwig Tieck: Das vergessene Genie. Studien zu seinem Erzählwerk, Paderborn et al. 1996, S. 162.

[4] Ludwig Tieck: Ein Tagebuch. In: Ludwig Tieck's Schriften. Fünfzehnter Band. Erzählungen, Berlin 1966 (unveränderter photomechanischer Nachdruck der Ausgabe: Berlin 1829), S. 293.

Damit ist der Leser gewarnt. Auch diesmal könnte die Phantasie mit dem Schreiber durchgehen beziehungsweise der Schreibdruck zu groß werden, als daß der Verfasser sich mit der Realität zufriedengeben könnte. Das Kapitel endet mit dem Geständnis des Schreibers, daß ihm nichts „Denkwürdiges"[5] einfällt, das wert wäre, niedergeschrieben zu werden. Handelt es sich dabei um ein Signal für den Leser, daß der Tagebuchschreiber einmal mehr versagen wird, oder handelt es sich um Anfangsschwierigkeiten, die offen und ehrlich ausgesprochen werden, wie es sich bei einem aufrichtig geführten Tagebuch gehört? Der Leser wird bewußt verunsichert. Da der ernsthafte Ton des ersten Kapitels in den folgenden einem selbstironischen, satirischen Stil weicht, muß man wohl annehmen, daß der Tagebuchschreiber nun seiner Phantasie freien Lauf läßt, da ihm die bloße Realität zu unergiebig ist. Dabei hält er sich besonders gerne mit paradoxen Wortspielen auf, zum Beispiel zum Thema Liebe:

> Das Fräulein [Emilie Sternheim] wird machen, daß ich ein rechter Narr werde. Man kann nicht alberner sein, als ich in ihrer Gegenwart bin, und doch bin ich gern in ihrer Gegenwart. Ich fürchte, daß ich sie liebe, ich fürchte noch mehr, daß sie mich lieben könnte, und doch wünsche ich nichts auf der Welt so eifrig.[6]

Dieses Beispiel zeigt auch, daß bereits ab dem zweiten Eintrag das Narrenmotiv auftaucht. Kategorien wie krank und gesund, närrisch und vernünftig werden von Anfang an und immer wieder in Paradoxien außer Kraft gesetzt:

> Wer bleibt nun noch übrig, als die kalten vernünftigen Leute? Sie sind aber auch nur krank; der Beweis ist mir nur zu weitläuftig. Mit einem Worte, es giebt keinen einzigen Gesunden unter uns, und das ist für diesen denkbaren Gesunden

---

[5] Ebd., S. 294.
[6] Ebd., S. 296.

auch sehr gut, denn wir anderen würden ihn mit Kuriren zu Tode martern.[7]

Das Narrenmotiv lehnt sich stark an das Motiv der verkehrten Welt an, denn die Kranken würden versuchen, den Gesunden zu kurieren, was an sich schon widersinnig ist. Die Verkehrung der Normalität gipfelt im Tod, der durch die Kur herbeigeführt wird. Narrheit in Abgrenzung zur Normalität ist das durchgängige Thema des Tagebuchs, das eine Episode aus Johann Michael Moscheroschs Werk *Wunderliche und warhafftige Gesichte Philanders von Sittewald* (Straßburg 1640) spiegelt. Das entsprechende „Gesicht" mit dem Titel „A la mode Kehrauß" wird ausführlich zitiert. Hier muß der Sohn eines mächtigen Herren ausziehen, um den größten Narren zu finden, und ihm einen goldenen Apfel überreichen. Zweck der Reise ist die Reifung des jungen Mannes, damit er einmal die Herrschaft über das Reich seines Vaters antreten kann. Unterwegs begegnet er immer größeren Narren und findet am Ende den würdigsten Empfänger des goldenen Apfels. Der Tagebuch-Schreiber kommentiert die Geschichte wie folgt:

> Mir ist bei dieser Geschichte immer beigefallen, daß der junge Held nur einfältig ist; wie er es nämlich gar nicht merkt, daß er zu weiter nichts dient, als eine Fabel mit ihrer Lehre einzukleiden. Ich wäre wenigstens nicht so weit gereist, ohne darauf zu kommen, daß alles bloß veranstaltet sei, um mich reisen zu lassen.[8]

Wieder schwelgt der Schreiber in Paradoxien, wenn er der Figur Moscheroschs vorwirft, ihre Rolle als Teil einer Fabel, also ihre eigene Fiktivität, nicht zu durchschauen. Gleichzeitig behauptet er, daß er an der Stelle des Prinzen sofort den Zweck seiner Narrensuche durchschaut hätte. Und dieser Fall wird nun in Anlehnung an Christian Weises Roman *Die drei ärgsten Ertz-Narren* von 1672

---

[7] Ebd., S. 300.
[8] Ebd., S. 317.

durchgespielt. Spätestens durch die Analogie des Tagebuchs zu einem barocken Roman wird überdeutlich, daß der Schreiber wieder eine Komödie mit sich selbst inszeniert, wie er es schon zu Beginn des Tagebuchs befürchtet hat.

Tiecks junger Held erbt das Schloß und das Vermögen seines Onkels und befindet sich damit endlich in der Lage, seine geliebte Emilie zu heiraten, aber an das Erbe ist wie bei Weise eine Bedingung geknüpft. Er muß in die Welt ziehen und die drei größten Narren suchen und porträtieren lassen. Während aber bei Weise und Moscherosch eine Narrenrevue folgt, muß der Tagebuch-Schreiber scheinbar vergeblich umherziehen, „denn die Menschen sind alle zu meinem äußersten Verdrusse ungemein vernünftig".[9] Schließlich bittet er einen angesehenen Rat in einer fremden Stadt um Hilfe bei seiner Suche nach den drei größten Narren. Das Ende der Geschichte wird in dessen Antwort schon angedeutet: „es erfolgte die mehr spitze als witzige Antwort, daß es schiene, als brauche ich nicht lange zu suchen, weil ich an mir selber ein so kostbares Exemplar besitze".[10] Noch entrüstet sich der Narrensucher über diesen Vorschlag, etwas später heißt es jedoch: „Wenn es sich zum Beispiel fügte, daß ein neuer junger Held jetzt auf eine Entdeckungsreise ausginge, so könnte es ihm vielleicht einfallen, mir seinen güldenen Apfel anzubieten."[11] Am Ende wird tatsächlich sein Porträt an der Wand der Bildergalerie seines Schlosses hängen, als Bild eines der drei größten Narren.

Die anderen beiden Narrenbilder werden zwei Maler darstellen. Der eine, Ferdinand, begleitet den Tagebuchschreiber, um die Narren zu malen, auf die sie zu treffen hoffen. Als er unterwegs einem anderen Maler, Martin, begegnet, kommt es zu einem hitzigen Streit über die Qualität des berühmten Malers Pietro da Cortona.

---

[9] Ebd., S. 329.
[10] Ebd., S. 332.
[11] Ebd., S. 337.

Ferdinand verachtet ihn, während Martin sein Werk bewundert. „Sie wurden recht grob gegen einander, und beide warfen sich Unwissenheit vor."[12] Schließlich kann Ferdinand Martin mit Argumenten überzeugen, daß Cortona ein minderwertiger Maler ist. Später trifft Martin auf einen anderenen Maler, der Cortona bewundert. Es entbrennt derselbe Streit, nur daß Martin diesmal die Meinung Ferdinands vertritt. Wieder kommen Aggressionen auf, die aber nun zum Kampf führen. Martin wird übel zugerichtet nach Hause gebracht. Als Ferdinand davon erfährt, besucht er ihn und bekommt von Martin seinen Teil der Schläge ab.

Währenddessen qualifiziert sich der Tagebuch-Schreiber als rechter Narr. Er hört in einem Gasthof „einen herrlichen Mann über die Einrichtung von Europa sprechen."[13] Dieser Mann erinnert den Schreiber an den Narren Jupiter aus dem *Simplicissimus*, deshalb schreibt er die entsprechende Textstelle auch vollständig in seinem Tagebuch ab.[14] Bei der nächsten Begegnung mit dem neuen närrischen Reformator möchte er ihm in bester simplicianischer Manier den Spiegel vorhalten, damit er seine eigene Narrheit erkenne und sich bessere. So wie Simplex sehr geschickt den Narren Jupiter zum Reden bringt, bittet auch der Schreiber mit gespieltem Interesse den Unbekannten, seine Reformideen vorzutragen. „Mir war immer, als hörte ich den Gott Jovem aus meinem Simplicissimo reden."[15] Deshalb entschließt er sich, dem Narren aus seinem Tagebuch die Jupiter-Episode vorzulesen, mit einem frappierenden Ergebnis:

> Er blieb ganz gleichmüthig; aber einige anwesende Personen, die uns zugehört hatten, lachten laut. Darüber wurde er böse, und es fiel ihm ein, ich könnte ihn wohl gar foppen. Vorher

---

[12] Ebd., S. 350.

[13] Ebd., S. 338.

[14] Vgl. ebd., S. 338ff; Simplicissimus, S. 208ff.

[15] Ein Tagebuch, S. 358.

hatte er dem Jupiter in allen Dingen Recht gegeben und gemeint, der Kerl verstehe schon ein Ding einzurichten, wie es
sich gehöre; jetzt aber schalt er ihn für einen unwissenden Esel,
für einen Scharlatan in der Politik, für einen Ignoranten, der
den Henker von den jetzigen Aspecten verstünde.[16]

Der Narr erkennt sich nicht in seinem Spiegelbild. Obwohl er
zunächst mit Jupiter übereinstimmt, distanziert er sich sofort von
ihm, als ihm klar wird, daß über ihn gelacht wird. Er ist selbst
nicht in der Lage, dessen Narrheit zu erkennen oder das komische
Potential der Episode zu erfassen. Seine einzige Sorge gilt seinem
eigenen Ansehen. Als der Tagebuchschreiber seinen Scherz soweit
treibt, die Ideen Jupiters zu verteidigen, gerät sein Opfer völlig in
Verlegenheit und schließlich aus der Fassung: „Er half sich endlich auf dem kürzesten Wege: er wurde grob.“[17] Es kommt sogar
zum Duell, bei dem der Tagebuch-Schreiber am Knie verwundet
wird. Völlig irrwitzig wird die Situation dadurch, daß ausgerechnet
eine Diskussion um den Frieden zum Kampf führt, womit demonstriert wird, daß die Aggressivität des Menschen eben nicht mit
theoretischen Erkenntnissen überwunden werden kann. Nun hat
der Tagebuchschreiber außerdem einen Grund, sich über seine eigene Narrheit zu ärgern:

> Aber warum ließ ich Simplicissimus den Simplicissimus nicht
> in Ruhe? Weiß ich denn nicht, daß die Menschen keinen Spaß
> verstehen, und daß ihnen dieser Genuß wahrscheinlich als ein
> Theil ihrer himmlischen Freude aufgehoben wird, wenn sie hier
> unten an der Ernsthaftigkeit gestorben sind? Um diese Freude
> nun hier zu haben, wäre ich darüber beinahe zu früh in die
> himmlische versetzt worden.[18]

Jakob Koeman interpretiert diese Szene polititisch:

---

[16] Ebd., S. 358.

[17] Ebd., S. 359.

[18] Ebd., S. 360.

Er [Tieck] zeigt am Beispiel des unerfahrenen Tagebuchschreibers, daß das oft undurchdachte Politisieren in Lokalen und Gaststätten nur zur Verschärfung von Gegensätzen führt, mithin keinen praktischen Nutzen hat. Der Tagebuchschreiber lernt, daß es bessere Voraussetzungen zum Erreichen von Glück und Frieden gibt: Relativierung der eigenen Meinung und Verständnis für die Überzeugungen anderer Menschen.[19]

Diese Deutung geht am Text vorbei, denn der Tagebuchschreiber bereut nicht seine Intoleranz gegenüber politisch Andersdenkenden, sondern seine bewußte Provokation des politischen Fanatikers dadurch, daß er ihm sein literarisches Pendant vorgestellt habe. Tatsächlich hatte sich der Tagebuchschreiber nicht politisch geäußert, er hatte lediglich die Ideen Jupiters verteidigt, die ursprünglich auch von seinem Kontrahenten geteilt worden waren. Nur hatte der Tagebuchschreiber damit die Ideen beider Reformatoren der Lächerlichkeit preisgegeben. Der Tagebuchschreiber bezeichnet sich selbst als Simplicissimus, weil er mit der gleichen Naivität wie Grimmelshausens Romanfigur der närrischen Welt den Spiegel vorgehalten habe. Tatsächlich geht es in dieser Episode viel mehr um Literatur als um Politik. Die Wirkung von Satire und die Reaktion der Betroffenen steht im Vordergrund.

Bald nach diesem Erlebnis und am Ende des Tagebuchs erkennt der Verfasser, daß er nach dem dritten Narren wirklich nicht mehr zu suchen braucht: „Und besitze ich ihn dann nicht schon oder werde vielmehr von ihm besessen? Wer kann es anders sein, als ich selber, da ich so weit herumreise und an mich gar nicht denke?" Nun ist es ihm nicht anders ergangen als Moscheroschs Helden, der bis zum Schluß der Geschichte brauchte, um das Ziel seiner Suche zu erkennen. Allerdings waren ihnen unterschiedliche Ziele gesetzt. Weil der Tagebuch-Schreiber glaubte, er erlebe die *Gesichte* noch einmal, nahm er an, daß auch er auf Reisen die Welt kennenlernen

---

[19] Koeman, S. 128.

und reifen sollte. Sein Reisezweck allerdings war Selbsterkenntnis und die Einsicht in seine eigene Narrheit, was andererseits natürlich auch einem höheren Reifegrad entspricht. Eine zentrale Rolle in diesem Erkenntnis-Prozeß spielt die Episode aus Grimmelshausens *Simplicissimus*.

Schon im dritten Tagebuch-Eintrag thematisiert der Erzähler die Schwierigkeit, Spaß und Ernst zu trennen und zu unterscheiden: „Wenn ich Leser hätte, so würden aber die meisten alles für Spaß halten. Hätte man doch nur wenigstens das ausgemacht, in wie fern der Spaß der eigentliche wahre Ernst ist."[20] Wieder versucht der satirische Tagebuch-Schreiber, mit Paradoxien der Wahrheit näher zu kommen. Die Parallele zu Grimmelshausens Pillen-Gleichnis wird besonders im folgenden deutlich:

> In Gherhardi's Italienischem Theater steckt immer ein großer Trost für mich, und für verständige Leute sollte dieses Buch in der Noth eine ordentliche Postille sein. [...] dieser Spott ist eine Sorte von Vernunft, die bei mir immer sehr gut anschlägt. Das Wort Spott scheint mir hier auch gar nicht zu passen; es ist bloß eine größere und freiere Ansicht der Dinge, mit dem Zeuge amalgamiert, das wir Poesie nennen, damit wir uns nicht beim Hinunterschlucken zu sehr sperren.[21]

Ganz ähnlich rechtfertigt Grimmelshausen seine satirische Schreibweise. Die bittere Pille der moralischen Botschaft muß überzuckert werden, damit die Menschen sie leichter schlucken können.[22] Der Tagebuch-Schreiber ist selbst ein Satiriker und Spaßmacher, aber wie Grimmelshausen wird auch er häufig mißverstanden:

> Emilie hält oft meinen Ernst für Spaß und meinen Spaß für Ernst, und das thut mir an ihr sehr leid. Ich vergesse es ihr oft vorher zu sagen, wenn ich ein Narr bin, und sie verwechselt

---

[20] Ein Tagebuch, S. 298.

[21] Ebd., S. 301.

[22] Vgl. Simplicissimus, S. 472.

mich dann jedesmal mit ihrem ordentlichen Liebhaber. Es ist eigentlich eine Untreue, und wahrlich, ich könnte mich sehr darüber grämen, ich könnte sehr eifersüchtig werden.[23]

Bei Grimmelshausen liest man zu Beginn der Continuatio:

> Wann ihm jemand einbildet/ ich erzehle nur darumb meinen Lebens=Lauff/ damit ich einem und anderem die Zeit kürtzen: oder wie die Schalks=Narrn und Possen=Reisser zu thun pflegen/ die Leute zum lachen bewögen möchte; so findet sich derselbe weit betrogen![24]

Das Motiv der Untreue bei Tieck korrespondiert mit dem Motiv des Betrugs bei Grimmelshausen. Beide, Grimmelshausen und der Tagebuch-Schreiber, werden mißverstanden. Allerdings beklagt sich Grimmelshausen nur darüber, daß man den Ernst seines *Simplicissimus* nicht erkennen will, während der Tagebuch-Schreiber doppelt leidet, da seine Scherze für Ernst und sein Ernst für Spaß gehalten werden, was zu einem Verwischen der Grenzen führt. Deswegen klagt er auch während seiner Narrensuche:

> O warum nahm ich nicht ein Barometer oder Thermometer mit, der es mir jedesmal nachgewiesen hätte, wenn ich mich in der Nähe eines Narren befand. Sie sind bei Gott gar nicht von den übrigen ordentlichen Menschen zu unterscheiden.[25]

Tieck spielt zentrale Motive aus dem *Simplicissimus* im Bewußtsein seines Tagebuch-Schreibers durch. Noch bevor der *Simplicissimus* erwähnt wird, beginnt die Hinführung auf die Narrenthematik und die Problematisierung satirischer Schreibweise. Über den *Simplicissimus* selbst heißt es dann:

> Zum Glück treffe ich hier ein Buch, das ich schon sonst mit sehr großem Vergnügen gelesen habe. Es ist d e r a b e n t h e u e r l i - c h e S i m p l i c i s s i m u s, 1 6 6 9 gedruckt. In diesem Buche

---

[23] Ein Tagebuch, S. 323.

[24] Simplicissimus, S. 472.

[25] Ein Tagebuch, S. 357.

ist auf eine recht anschauliche Art das ganze Leben dargestellt, und so oft es auch angeführt ist, hat man es doch nach meinem Bedünken nie genug gelobt.[26]

Auf dieses Vorwort folgt die Abschrift der Jupiter-Episode. Und im Anschluß daran hält der Tagebuch-Schreiber es durchaus für nötig, explizit auf den satirischen Charakter des zitierten Textauszuges hinzuweisen:

> In dieser ganzen Stelle herrscht mehr Satyre, als die meisten Leute bemerken werden, so wie im ganzen Buche mehr Poesie und ein besserer Styl ist, als man jemals geglaubt hat. Jene Stelle ist auch für uns noch nicht unpassend geworden und der wirkliche ewige Friede dürfte wohl nur durch einen ähnlichen Helden hervorgebracht werden können. Ich denke immer an diesen J u p i t e r, wenn ich die mannichfaltigen Vorschläge höre und lese, die das Glück der Menschheit begründen sollen. Aber kein Mensch liest jetzt das alte vergessene Buch; wohl aber die neuen politischen Journale.[27]

Der Tagebuchschreiber zitiert den *Simplicissimus* um seiner Aktualität willen. Wieder könnte Europa einen Helden brauchen, der gewaltsam Frieden schafft. Und wieder sprießen phantastische und utopische Reformgedanken in den Köpfen der Politiker und Journalisten, aber sie sind genauso wenig realisierbar wie die Pläne Jupiters. Koeman faßt die Funktionalisierung der Jupiterepisode bei Tieck treffend zusammen:

> Die Jupiter-Gestalt als Apostel des „ewigen Friedens" und Prophet des „Teutschen Helden" war der literarische Ausdruck des Friedensverlangens im Zeitalter des Dreißigjährigen Krieges. Die Erneuerung der von Grimmelshausen satirisch gemeinten Jupiter-Episode in der Erzählung *Ein Tagebuch* fällt in die politisch bewegten Jahre zwischen dem Beginn

---

[26] Ebd., S. 338.
[27] Ebd., S. 349f.

206

der Französischen Revolution und der Machtergreifung Napoleons. Durch den Ausbruch des Koalitionskrieges, die Okkupation des Rheinlandes und den Erlaß der Direktorialverfassung hatte das Bedürfnis nach Information durch politische Zeitungen und Journale in allen Schichten der deutschen Bevölkerung stark zugenommen. Namhafte Philosophen legten Theorien über die Zukunft Europas und die Einrichtung des besten Staates vor. Auch die Zeitungsleser nahmen an den Diskussionen teil. Vor diesem historischen Hintergrund muß Tiecks Narrensuche-Geschichte mit ihrer Rückbesinnung auf die ältere Literatur (Weise, Moscherosch, Grimmelshausen) gesehen werden. Hinter dem Tagebuch-Ich steckt der frühromantische Autor, der die unrealistischen Vorstellungen mancher Zeitgenossen über ein neues friedliches Europa mit den wunderlichen Ideen des Phantasten Jupiter vergleicht und sie damit ins Fabelreich zurückverweist.[28]

Der Tiecksche Reformator scheitert schon an sich selbst, wenn er Grimmelshausens und des Tagebuch-Schreibers Satire nicht durchschaut, und völlig absurd muten seine Friedenspläne an, sobald er den Tagebuchschreiber zum Duell fordert und ihn verletzt. Friedfertigkeit und vernünftiges Miteinander gibt es nicht einmal im kleinsten Kreis, was auch die Streitigkeiten der Maler bezeugen. Allerdings führt das Duell den Erzähler zu vernünftigen Einsichten über sich selbst. Während der Auseinandersetzung zwischen Martin und Ferdinand freute er sich noch über die Heftigkeit ihrer Reaktionen:

Ich freue mich sehr darüber, wenn Leute heftig gegen einander werden; denn dann schimmert in unsre feine und überkultivirte Welt gleichsam noch ein Stückchen des goldenen Zeitalters herein, und erinnert uns an die verlorne Freiheit, die jedem erlaubte zu thun, was er nur wollte. Suchen manchmal die Menschen gar das Faustrecht wieder hervor, so wird mir um so wohler; und ich wollte viel darum geben, wenn ich es mit bewirken könnte, daß in unserm Deutschland die edle Boxkunst

---

[28] Koeman, S. 136.

eingeführt würde.[29]

Der Satirecharakter dieser Aussage wird erst durch den Schluß vollständig sichtbar, doch er wird auch schon im folgenden Absatz angedeutet: „Aber der Mensch ist in allen Dingen inkonsequent, und man sollte sich darüber gar nicht mehr verwundern: denn wahrhaftig, wenn sie konsequent wären, würden sie noch viel närrischer sein."[30] Auch der Erzähler verhält sich inkonsequent, als er sich auf ein Duell mit dem Reformer einläßt und sich dann „verdrüßlich" über seine Wunde zeigt:

> Ich bin jetzt ohne allen Scherz; denn meine Wunde schmerzt mich empfindlich. Ich habe nämlich ein Duell gehabt, und die Spuren des goldenen Zeitalters, das ich neulich so lobte, sind an mir sichtbar genug. Es ist mir durch Fell und Fleisch gedrungen, und nun sitze ich hier und lamentiere: und auch damit ist mir nicht einmal geholfen.[31]

Man muß zugeben, wenn der Schreiber nicht inkonsequent wäre, sondern sich an seinem Duell und der empfangenen Wunde erfreute, würde er gewiß viel närrischer wirken. Trotzdem wird er sich gerade durch dieses Duell seiner eigenen Narrheit bewußt. Er erweist sich selbst als „Simplicissimus" mit seinen Scherzen und seiner „Bekehrungssucht".[32] Das Tagebuch soll von Beginn an über die Verkehrtheit der Welt und das Narrentum der doch so normal scheinenden Menschen aufklären. Dieser Prozeß der zunehmenden Erkenntnis der Welt wird beispielhaft am Tagebuch-Schreiber vorgeführt, denn er schreibt nicht planvoll, sondern läßt seinen Gedanken freien Lauf. Deshalb kommt er oft auf Dinge, mit denen er sich eigentlich gar nicht beschäftigen wollte: „Ich verliere mich immer in Gedanken, die ich anfangs gar nicht gesucht habe: ein

---

[29] Ein Tagebuch, S. 350/351.
[30] Ebd., S. 351.
[31] Ebd., S. 357f.
[32] Ebd., S. 360.

schlimmer Erfolg des Nachdenkens."[33] Die Ironie dieser Klage über die Eigenwilligkeit der Gedanken tritt noch deutlicher zu Tage, als er seine eigene planlose Denkweise mit der Zielstrebigkeit anderer Leute kontrastiert:

> Es ist schlimm, daß ich mit meinen Behauptungen da hinein gerathen bin; so geht es mir aber sehr oft. Andere Leute sehn klugerweise erst zu, wohin es führt, ehe sie denken, und wenn das Ziel nichts taugt, so lassen sie lieber das ganze Denken und Beobachten bleiben.[34]

Wieder fallen Satire und Paradoxie zusammen, denn wer schon vorher weiß, was bei seinem Nachdenken herauskommen wird, der denkt nicht wirklich nach, sondern hält an seinen Überzeugungen fest. Der Schreiber spricht von Klugheit, meint aber natürlich bequeme Engstirnigkeit. Im Gegensatz dazu ist er selbst gelegentlich inkonsequent und sprunghaft, aber sein Nachdenken bleibt in den Richtungen, die es nehmen wird, und in den Ergebnissen, zu denen es letztendlich gelangen wird, offen und deshalb echt.

Grimmelshausens *Simplicissimus* dient in zweifacher Hinsicht als Kontrastfolie. Einerseits wirkt der politischer Reformer durch den Vergleich mit der Jupitergestalt lächerlich, andererseits wird die Funktion von Satire transparent. Sie wird vom Tagebuchschreiber seinem Kontrahenten gegenüber eingesetzt, ist aber auch im gesamten Tagebuch wirksam ist und richtet sich meist gegen den Erzähler selbst. Tieck betont dabei immer wieder, daß diese Form der Satire auch schon im *Simplicissimus* Anwendung fand und häufig mißverstanden wurde. Es geht ihm auch darum, das Verständnis für den Barockroman zu fördern.

---

[33] Ebd., S. 354.
[34] Ebd., S. 304.

3.2.1.2. Prinz Zerbino

Im Jahr 1799 erscheint das Drama *Prinz Zerbino oder die Reise nach dem guten Geschmack*. *Gewissermaßen eine Fortsetzung des gestiefelten Katers.* Auch in diesem Werk, das in großer zeitlicher Nähe zu *Ein Tagebuch* entstanden ist, finden sich interessante *Simplicissimus*-Reminiszenzen. Wiederum steht das Narrenmotiv im Zentrum des Werks. Der junge Prinz Zerbino hat sich durch sein Studium der Wissenschaften um die Vernunft gebracht. Der Arzt erklärt dies Phänomen mit einem Vergleich:

> Zu große Anspannung der Gehirnnerven. Wenn man den menschlichen Geist mit einer Springfeder vergleichen dürfte, so möcht' ich wohl sagen, daß die gute königliche Hoheit seinem Witze zu viel geboten hat, und daß nunmehr die Elasticität darunter gelitten.[35]

An dieser vermeintlichen Krankheit leiden aber auch noch weitere Personen am königlichen Hof, man spricht geradezu von einer Epidemie. Der alte König hat seinem Schwiegersohn Gottlieb die Regierungsgeschäfte übertragen, da er selbst seinen Mangel an Vernunft eingesehen hat. Ebenso sind Nestor, der Diener des Prinzen, und Hans Wurst, der als Narr gedient hat, bevor er Hofrat wurde, vom Wahn des Prinzen befallen. Die Ärzte wissen keinen Rat, deshalb schickt man nach dem Zauberer Polykomikus. Gegen eine stattliche Belohnung gelingt es diesem, Zerbino und Nestor zur Vernunft zu bringen. Um aber ihre Heilung vollends abzuschließen, müssen sie sich auf die Suche nach dem guten Geschmack begeben. Der alte König und Hanswurst verweigern die Heilung und genießen stattdessen ihr Narrentum. Die Suche nach dem guten Geschmack bleibt erfolglos, obwohl Zerbino und Nestor viele interessante Dinge

---

[35] Ludwig Tieck: Prinz Zerbino, oder Die Reise nach dem guten Geschmack. In: Ludwig Tieck's Schriften. Zehnter Band, Berlin 1966 (unveränderter photomechanischer Nachdruck der Ausgabe: Berlin 1829), S. 291-362, S. 10.

sehen und erleben. Nestor gelangt in den Garten der Poesie, Zerbino besichtigt eine allegorische Schmiede und eine Mühle an der Quelle des guten Geschmacks, aber endgültige Heilung findet er nicht. In seiner Verzweiflung versucht er gar, das Theaterstück an seinen Anfang zurückzudrehen und auf diese Weise sein Leiden zu beenden. Der Verfasser, die Kritiker und das Publikum können ihn aber aufhalten. Leben und Kunst fließen ineinander, als Zerbino und sein Schöpfer, der fiktive Verfasser, gemeinsam auf der Bühne stehen und um den weiteren Lauf des Stücks ringen.

Resigniert an den heimatlichen Hof zurückgekehrt, werden Zerbino und Nestor gar ins Gefängnis gesteckt, als sie den neuen Schulmeister für Aufklärung als ihren früheren „Hund" Stallmeister identifizieren. Man hält sie nun für völlig verrückt, obwohl Stallmeister früher tatsächlich als Hund am Hofe gedient hat und dem Prinzen davongelaufen ist. Im Kerker bei Brot und Wasser lernen sie, daß man mit Vernunft und Aufrichtigkeit auch nicht weit kommt. Als über ihre Freilassung entschieden werden soll, verhalten sie sich so, wie man es von ihnen erwartet. Sie fügen sich den gesellschaftlichen Normen, indem sie nicht vernünftig, sondern berechnend handeln, einen falschen Schein erwecken, wenn es ihnen nützlich ist. Aus dem umtriebigen und melancholischen Sinnsuchenden wird zunächst ein hoffnungsvoller junger Mann und schließlich ein resigniertes, aber konformes und nützliches Mitglied der Gesellschaft.

Im Gegensatz zu den betroffenen Figuren erfährt der Leser, daß die Aufklärung und die Verabsolutierung der Vernunft ein Werk des Teufels ist, denn der Zauberer Polykomikus hat seine Macht nur dem Teufel zu verdanken. Als er sich von ihm lossagt, schwindet seine Zauberkraft, und sein hervorragender Verstand verkümmert.

> Indessen hat wohl auch schon bei der Figur des Polykomikus Grimmelshausen mit Pate gestanden. Die „großen Eselsohren" [...], die Tieck dem sonderbaren Zauberer verliehen hat, der den Prinzen heilen soll, durfte Simplizissimus ebenfalls tragen, nachdem ihn die Teufel zum Narren verwandelt hatten

(Buch 2 Kap. 6). Das Motiv ist allerdings auch sonst ziemlich verbreitet, besonders in der Schwankliteratur. Es gehört in die Klasse der uralten Motive von der Vermenschlichung der Tiere, wovon Tieck so gerne Gebrauch gemacht hat.[36]

Auch sein Diener, Jeremias, arbeitet für den Teufel, als er den früheren Hund Stallmeister in die Gedanken der Aufklärung einweist. Daß dieser plötzlich anfängt, an das zu glauben, worüber er Aufsätze verfaßt, überrascht selbst seinen Lehrer. Die Aufklärung als Blendwerk des Teufels wird kontrastiert mit der Narrheit und Albernheit des alten Königs, des Hanswurst, Zerbinos und Nestors. Doch wie schon bei Grimmelshausen steckt hinter diesem scheinbaren Narrentum viel Weisheit. Der alte König wird vom Text in seinem kindischen Glauben bestätigt, daß seiner Lieblingszinnfigur ein realer Mensch entspricht. Völlig unvermittelt taucht im letzten Akt ein früherer Verehrer der Königstochter auf, ein gewisser Sebastian, dessen Antlitz dem der Spielfigur ähnelt. Der König ist glücklich über diese Übereinstimmung von Kunst und Wirklichkeit. Allerdings läßt es der Text hier nicht an Ironie fehlen, denn der alte König läßt sofort die Spielfigur einschmelzen, da er befürchtet, ein exakter Vergleich könnte doch gewisse Unterschiede zum Vorschein bringen.

Während die Szene der Verwandlung des Jeremias, der die Gestalt einer Eule und eines Affen annimmt[37], noch eher an den *Eulenspiegel* erinnert, lehnen sich die Metamorphosen des Polykomikus auch sprachlich an die Baldanders-Episode in der *Continuatio* an: „bald Ist er ein Mensch, ein Thier, ein fließend Wasser, Ein lodernd Feuer, aber immer schrecklich."[38] In diesem Kontext gehört auch der Besuch Nestors im Garten der Poesie, der als eine Art von

---

[36] Frank Riederer: Ludwig Tiecks Beziehungen zur deutschen Literatur des 17. Jahrhunderts, Greifswald 1915, S. 53f.

[37] Vgl. Prinz Zerbino, S. 108ff.

[38] Ebd., S. 103.

Dichterhimmel erscheint. Die Göttin der Poesie ist entsprechend romantischen Vorstellungen an die Stelle Gottes gerückt. Allerdings trifft Nestor unter den „heilig gesprochenen" Dichtern lediglich einen deutschen an: Hans Sachs. Für Goethe jedoch ist schon ein Platz reserviert. Nestor wird gastfreundlich bewirtet, und bei diesem Mahl sprechen mit ihm der Stuhl, der Tisch, der Schrank, ja selbst das Essen. Im *Simplicissimus* behauptet Baldanders, er habe Hans Sachs gelehrt mit den Dingen zu sprechen. Nun ist auch Nestor in diesem Garten dazu in der Lage. Im Vordergrund der Szene allerdings steht die unqualifizierte Literaturkritik Nestors, der als bekehrter Vertreter der Aufklärung Literatur und Poesie nur noch nach ihrem konkreten Nutzen für die Menschheit befragt.

Das komplexe Schauspiel weist eine weitgehend unabhängige Nebenhandlung auf. Es ist die Geschichte zweier Liebespaare, verbunden mit einer Vater-Sohn-Geschichte, die sehr stark an den *Simplicissimus* erinnert. Der Waldbruder bei Tieck ist nicht nur in Lebenslauf und Lebensweise dem Einsiedler bei Grimmelshausen angenähert, sondern in der Erstfassung des *Prinz Zerbino* singt er im dritten Akt sogar das Nachtigallenlied. Tieck plante damals eine Neuausgabe des *Simplicissimus* und wollte mit dem Lied eine Kostprobe aus dem Barockroman geben. Für die spätere Werkausgabe hat Tieck das Lied aus dem Stück gestrichen. Durch den Wegfall des Liedes bleibt die Komposition beziehungsweise die Aussage des Stückes unberührt. Bei Koeman liest man über den „Auftritt des singenden Waldbruders":

> Tieck legt ihm das Lied über die Nachtigall in den Mund, ohne daß er damit irgendeinen inneren Zusammenhang mit dem dramatischen Kontext herstellt. Es handelt sich um eine unvermittelte Liedeinlage, die tatsächlich nur als Probe aus dem *Simplicissimus* gemeint sein kann. Das erklärt auch, warum Tieck später die ganze Szene einfach weglassen konnte, ohne dadurch die Struktur des Lustspiels zu zerstören oder

den Inhalt der umliegenden Szenen zu beeinträchtigen.[39]

Der Waldbruder verliert wie sein barockes Vorbild im Krieg seine Frau und seinen Sohn. Er kann sie nicht mehr finden und zieht sich deshalb in die Waldeinsamkeit zurück.[40] Auch bei Tieck findet der verirrte Sohn den Weg zum Vater, ohne daß sich die beiden erkennen. Erst nach mehreren Begegnungen und Trennungen erkennt Helikanus seinen Vater, dessen Bild er immer bei sich trägt. Simplex dagegen erfährt erst lange nach dem Tod des Einsiedlers seine wahre Herkunft. Bald nachdem sich Vater und Sohn in die Arme geschlossen haben, trifft Helikanus auch seine Geliebte wieder. Eine zu schwere Liebesprobe hatte die beiden getrennt. Auch das Liebespaar Lila und Kleon wird am Ende des Stückes wieder vereint, nachdem Kleon lange Zeit fort gewesen war, um sein Erbe anzutreten. Die Liebes- und Familiengeschichten erinnern an eine Epoche, in der noch das Ideal der Liebe über alle Versuchungen und Verirrungen siegte, in der die Wege der Menschen vorbestimmt waren und ihr Telos erreichten.

Diese andere Welt wirkt als Kontrastfolie für die entzweite, ungewisse Gegenwart, in welcher ein junger Prinz hoffnungsvoll auszieht, um den guten Geschmack zu finden, aber unverrichteter Dinge wieder nach Hause zurückkehrt, wo er von seinem eigenen Vater in den Kerker gesperrt wird. Es gibt kein Absolutes mehr wie den „guten Geschmack", es gibt nur noch Vernunft und Irrwitz. Die Anhänger der Aufklärung leben in der Illusion einer geordneten, sinnvollen Welt, während die sogenannten Narren diese Illusion ablehnen und sich der Sinnlosigkeit der Welt stellen. Ihre Narrheit hilft ihnen, diesen Sinnverlust zu ertragen. Die Gestaltung der archaischen Gegenwelt des Waldbruders und der Liebenden liefert auch den Hintergrund für Zerbinos Versuch, das Stück und damit die Zeit zurückzudrehen. Er hofft, dadurch seine Gespaltenheit aufzuheben

---

[39] Koeman, S. 237.

[40] Vgl. Prinz Zerbino, S. 375ff.

und zu einem harmonischen, sinnvollen Leben zu gelangen. In der Hauptfigur ist der Zeitkonflikt personifiziert, denn Zerbino ist nach dem Studium jüngster wissenschaftlicher Erkenntnisse von seinem Glauben an die Vernunft der Aufklärung abgefallen und wird zu dem, was seine Umwelt einen Narren nennt. Als er durch Zauberei zwangsbekehrt wird, verwandelt er sich in einen „hoffnungsvollen jungen Menschen".[41] Eine vollständige Heilung ist aber nicht möglich, ohne die einende Kraft des guten Geschmacks, der an das romantische Konzept einer Universalpoesie, in welcher sich alle Gegensätze aufheben, erinnert. Nur nach dieser Vorstellung kann die Welt der Liebespaare und des Waldbruders, des Zauberers und des Teufels mit der zivilisierten Welt am königlichen Hof koexistieren. Allerdings findet man diese alternativen Lebensformen nur in den Randbezirken der dargestellten Welt. In Wald und Gebirge leben die Menschen noch nach höheren Werten wie Liebe und Treue. Familiäre Bande sind stark und wirksam und führen auch Vater und Sohn nach langer Zeit der Trennung und Hoffnungslosigkeit zusammen. Es ist ein ursprüngliches Leben, das den Menschen am Hofe Gottliebs abhanden gekommen ist. Die sogenannten Narren wissen um ihr defizitäres Leben und leiden darunter. Ihre Narrheiten stellen eine Form der Auflehnung dar, aber Veränderungen werden dadurch nicht bewirkt.

3.2.2. Achim von Arnim und Clemens Brentano

1804 begannen Arnim und Brentano in Heidelberg mit der Sammlung alter Lieder, die sie in drei Bänden unter dem Titel *Des Knaben Wunderhorn* veröffentlichten.[42] Im ersten Teil von 1806 befindet sich das Nachtigallen-Lied des Einsiedlers aus dem *Simplicissimus*.

---

[41] Ebd., S. 142.

[42] Hier zitiert nach Achim von Arnim und Clemens Brenatano: Des Knaben Wunderhorn. Alte deutsche Lieder. In: Clemens Brentano: Sämtliche Werke und Briefe, Band 6, hrsg. von Jürgen Behrens u.a., Stuttgart 1975.

Unter dem Titel ‚Schall der Nacht' war das Lied im ‚Wunderhorn' erschienen. Die Wunderhornfassung folgt dem Druck des ‚Simplicissimus' 1713. Gegenüber der Fassung des Erstdrucks 1668 zeigt die Fassung von 1713 metrische Unterschiede, die hauptsächlich einen deutlicheren jambischen Rhythmus erzielen.[43]

Der Titel ist eine Zugabe der Romantiker. Eine Auflistung der orthographischen und inhaltlichen Abweichungen findet sich bei Jakob Koeman, der Brentano als Bearbeiter annimmt.[44] Der Inhalt des Liedes wird durch die Eingriffe nicht verändert. Nur wenig später läßt Achim von Arnim seine Kenntnis von Grimmelshausens simplicianischem Werk in sein eigenes kreatives Schaffen, die Novellensammlung *Wintergarten*, einfließen, und auch Clemens von Brentano verwandelt Motive aus dem *Simplicissimus* in seinem *Märchen von dem Schulmeister Klopfstock*.

3.2.2.1. Der Wintergarten

Im Jahr 1809 erscheint Achim von Arnims Novellensammlung *Der Wintergarten*.[45] An sieben Winterabenden werden Geschichten erzählt, die zum Beispiel der *Insel Felsenburg*, Christian Weises *Die drey ärgsten Ertz-Narren* oder Reuters *Schelmuffsky* entlehnt sind. Am vierten Winterabend, unter der Überschrift „Der Krieg. Nach alten Erzählungen", erzählt ein Kriegsinvalide.

Es ist eine verkürzte Wiedergabe der „Gesichte Philanders von Sittewald" von Hans Michael Moscherosch, in die Arnim noch das vierte, fünfte und sechste Kapitel aus Grimmelshausens Springinsfeld eingeschoben hat. Er hat vielfach die Erlebnisse

---

[43] Anil Bhatti: Clemens Brentano und die Barocktradition, München 1971, S. 30.

[44] Koeman, S. 247ff.

[45] Im folgenden zitiert nach der Ausgabe Achim von Arnim: Der Wintergarten. In: Ludwig Achim von Arnim: Die Erzählungen und Romane, hrsg. von Hans Georg Werner, 1. Band, Leipzig 1981.

dieses simplicianischen Helden bei der Königin der Zigeuner, Courage, auf Philander übertragen und folgt im übrigen seiner Vorlage meistens wortwörtlich.[46]

Nachdem der Veteran dreizehn Kriegsregeln vorgelesen hat, beginnt er mit der eigentlichen Erzählung *Philander unter den streifenden Soldaten und Zigeunern im Dreißigjährigen Kriege*. „Der erste Teil enthält äußerst frei bearbeitete Bruchstücke aus dem ‚Sechsten Gesichte' im ‚Andern Theil' der *Gesichte Philanders von Sittewald*".[47] Arnim läßt Philander zwei satirische Schriften verfassen, eine „Lobschrift" auf die Soldaten und eine Schmähschrift auf die Zigeuner. Als er deswegen ins Gefängnis gesperrt werden soll, flieht Philander aus der Stadt und schließt sich notgedrungen raubenden und mordenden Soldaten an, die in einer Kirche lagern.[48] Aus Angst vor ihrer Rache bleibt er auch noch bei ihnen, als sie Bauern foltern und üble Verbrechen begehen. Er muß mitansehen, wie sie ein Schiff samt Passagieren versenken, weil sich diese dem Überfall widersetzen.[49] Philander befindet sich in einer vergleichbaren Situation wie Simplex, als sich dieser kurzzeitig Olivier anschließt, der ja auch in einer Kirche lagert und auf Beute lauert. Weder Philander noch Simplex können die Verbrechen ihrer Gefährten verhindern und dürfen sich keine Skrupel anmerken lassen, um nicht deren Zorn auf sich zu lenken.

Als die Räuber auf bewaffnete Truppen stoßen, trennen sie sich auf der Flucht. Philander stürzt vom Pferd und versteckt sich in einem Busch. Statt von Soldaten wird er hier allerdings von Zigeunern entdeckt. Wie in Grimmelshausens *Springinsfeld* wird Philander zuerst von den Hunden aufgespürt. Die Zigeuner fangen

---

[46] Hubert Rausse: Grimmelshausen und die Romantik, in: Germania 25, wissenschaftliche Beilage vom 23. Juni 1910, S. 194.

[47] Koeman, S. 318.

[48] Der Wintergarten, S. 258.

[49] Ebd., S. 265.

ihn und setzen ihm das Messer an die Brust. In diesem Moment tritt Courage auf:

> Siehe, da kam eine prächtige Zigeunerin auf einem Maulesel dahergeritten, dergleichen ich nie gesehen oder davon gehört hatte. Sie schien eine Person von ungefährt sechzig Jahren zu sein, hatte nicht wie die andern ein pechschwarzes Haar, sondern etwas falb und dasselbe mit einer Schnur von Gold und Edelgesteinen festgesteckt, die mit einer Krone zusammengefaßt war, wie andre Zigeunerinnen ein schlechtes Bändel oder gar nur eine Weide zu tragen pflegen.[50]

Die Beschreibung der Courage folgt der Vorlage sehr genau, allerdings wurde sie sprachlich modernisiert. Auch der Dialog zwischen Courage und Philander lehnt sich an das barocke Vorbild an. Philander gibt sich als Schreiber aus, der eine Stellung sucht. Courage beauftragt ihn, ihre Lebensgeschichte niederzuschreiben, die eine Gegendarstellung werden soll zur Schmähschrift Philanders. Dieser gibt sich nicht als deren Verfasser zu erkennen, sondern nennt sich Sittewald. Während die Courage bei Grimmelshausen ihr Leben nicht beschönigen will, sondern in all seiner Verwerflichkeit darstellt, damit Simplex durch seine Affäre mit ihr in Schande gerät, geht es Arnims Courage darum, den Ruf der Zigeuner zu retten, denn sie erzählt ihm unter anderem: „wie sie gar nichts nehmen, als was ihnen geschenkt würde".[51] Grimmelshausens Courage dagegen rühmt sich ihrer besonderen Geschicklichkeit und ihres Einfallsreichtums, wenn es darum geht, etwas zu stehlen oder zu erschwinden. In beiden Fällen allerdings reagieren sie auf die vorangegangene Veröffentlichung von Schriften, die sie mehr oder weniger direkt angreifen.

Auch gibt es eine schöne junge Zigeunerin, mit der Philander verlobt werden soll.[52] Sie heißt hier Libussa, trägt also den leicht

---

[50] Ebd., S. 281.
[51] Ebd., S. 282.
[52] Vgl. ebd.

abgewandelten Namen der Courage. Und Philander bekommt wie Philarchus bei Grimmelshausen eine Salbe gegen Läuse, mit der er sich am ganzen Körper bestreichen soll. Als er am nächste Morgen erwacht, sind die Zigeuner verschwunden, und Philanders Haut ist dunkel. In einem Ort in der Nähe findet er bei einem mitleidigen Pfarrer Unterschlupf, bis seine Haut wieder ihre natürliche Farbe bekommt. Hier erfährt er auch vom Schicksal der räuberischen Soldaten, die durch Verrat gefangen genommen werden konnten und in wenigen Tagen hingerichtet werden sollen. Philander schätzt sich glücklich, daß er rechtzeitig von ihnen losgekommen ist.

Koeman stellt einen genauen Vergleich der entsprechenden Textstellen bei Arnim und Grimmelshausen an.[53] In seiner Zusammenfassung weist er auf einige Unterschiede hin:

> der Stil ist flotter, die Sprache flüssiger, der Inhalt heiterer als bei Moscherosch und Grimmelshausen. Arnim hat die Vorlagen durchgehend gekürzt und umgeändert, mitunter auch um einige Zutaten vermehrt. Manche Passagen hat er umgestellt. Er mildert oder überschlägt Textstellen, in denen schreckliche Ereignisse realistisch dargestellt oder christliche Gedanken orthodox formuliert werden. Das rohe Soldaten- und Zigeunerleben wird neutralisiert. Qual und Elend im Dreißigjährigen Krieg werden nicht ganz verhehlt, aber doch stark zurückgedrängt. Von der stets bedrohten Existenz der barocken Romangestalten ist im *Philander* wenig zu spüren.[54]

Koeman übersieht in seiner letzten Feststellung, daß das Leben der Hauptfigur Philander permanent gefährdet ist. Auf der Flucht vor dem Gefängnis muß er sich Räubern und Mördern anschließen, vor denen er seine wahre Gesinnung verbergen muß, um nicht umgebracht zu werden. Falls er aber mit ihnen erwischt wird, droht ihm die Hinrichtung. Er muß schreckliche Greueltaten mitansehen und kann sie nicht verhindern. Gerade als er vor den Räubern und

---

[53] Vgl. Koeman, S. 320ff.

[54] Ebd., S. 333.

den Soldaten fliehen kann, wird er von den Zigeunern gefangen und bedroht. Philander hat sehr viel Glück, daß er alle Gefahren heil übersteht und am Ende sogar in seine Heimatstadt zurückkehren kann. Seine Abenteuer waren sicherlich alles andere als harmlos, und so sollten sie auch nicht wirken, denn dem Erzähler geht es um Abschreckung und nicht um Unterhaltung.

Die Wintergarten-Gesellschaft, in der die verschiedenen Geschichten erzählt werden, vermeidet jede politische Aktualität. Dennoch stellt gerade die Geschichte aus dem Dreißigjährigen Krieg einen Bezug zur Gegenwart her, denn Preußen hat den Krieg gegen Frankreich verloren und steht nun unter Fremdherrschaft. Die Bereitschaft zum Befreiungskrieg gegen Napoleon wächst während des trügerischen Friedens in der Besatzungszeit. Die Wintermetaphorik weist auf diese Zeit der Lähmung, die aber auch eine Ruhe vor dem Sturm ist, eine Zeit der Regeneration. Der junge Erzähler, der im Krieg ein Bein verloren hat, führt durch seine körperliche Versehrtheit die schrecklichen Folgen des Krieges vor. Aber auch in seiner Geschichte aus dem Dreißigjährigen Krieg zeichnet er ein abschreckendes Bild. Nicht nur Soldaten müssen ihr Leben aufs Spiel setzen, auch Zivilisten sind gefährdet wie die Schiffspassagiere, die ihr Eigentum schützen wollen, oder die Bauern und Stadtbewohner, die gefoltert und ausgeplündert werden. Aus dem Krieg können nur völlig rücksichtslose, verhärtete Menschen Gewinn ziehen.

Die Zigeuner, die in Friedens- und Kriegszeiten sozial ausgegrenzt sind, sind vom Krieg kaum betroffen. Sie leben nach ihren eigenen Regeln, und dafür bringt ihnen der Erzähler eine gewisse Achtung entgegen. Zweifellos zieht er das Leben bei den Zigeunern dem Soldatenleben vor, nur stellt es für ihn keine reale Alternative dar, obwohl er vielleicht tatsächlich die schöne Zigeunerin geheiratet hätte. Er ist ein Außenseiter bei den Zigeunern. Und sobald er dies gefahrlos tun kann, kehrt er in die Stadt zurück. Die Stadt als Lebensraum einer friedlichen Gemeinschaft wird von Soldaten besetzt, unterdrückt, ausgeraubt und auch wieder befreit.

Philander, der Stadtmensch, muß fliehen, weil er sich in einer satirischen Schrift kritisch geäußert hat. Auch die Kunst büßt also im Krieg ihre Freiheit ein. Deshalb darf auch gerade die Kunst nicht den Krieg verherrlichen. Im Anschluß an die Erzählung singt eine Frau das „Reiterlied" aus Schillers *Wallenstein*. Der Invalide bricht dabei in Tränen aus, weil er sich daran erinnert, wie viele seiner nun toten Kameraden sich an dem Lied begeisterten.[55] „Deutlicher kann eine Absage an jede Form der Förderung der Kriegsbegeisterung oder gar des Aufrufs zum Kriege kaum ausfallen als sie hier ein Betroffener erteilt."[56] Grimmelshausen und Moscherosch führen die Grausamkeit des Krieges ungeschminkt vor, doch werden sie erträglicher durch satirischen Humor und moralische Führung, deshalb greift der Kriegsinvalide auf diese Quellen zurück, um die beabsichtigte Wirkung der Abschreckung zu erzielen.

3.2.2.2. Schulmeister Klopfstock

Das Märchen von dem Schulmeister Klopfstock und seinen fünf Söhnen erschien 1846/47 posthum in den *Märchen des Clemens Brentano. Zum Besten der Armen nach dem letzten Willen des Verfassers herausgegeben von Guido Görres*[57] und geht in weiten Teilen auf ein italienisches Märchen von Giambattista Basile aus dem Jahr 1634 zurück.[58] Erzählt wird die Geschichte des Schulmeisters Klopfstock, der seine Söhne in die Welt hinausschickt, damit sie etwas lernen, denn das Dorf, in dem sie bisher gelebt haben, ist völlig abgebrannt. Die sprechenden Namen des Vaters und der

---

[55] Vgl. Der Wintergarten, S. 284.

[56] Wulf Segebrecht: Die Thematik des Krieges in Achim von Arnims „Wintergarten". In: Aurora 45 (1985), S. 312.

[57] Zitiert wird nach Clemens Brentano: Das Märchen von dem Schulmeister Klopfstock und seinen fünf Söhnen. In: Clemens Brentano Werke, Dritter Band, München 1965, S. 439-483.

[58] Vgl. Koeman, S. 251.

Söhne werden für ihr weiteres Leben programmatisch. Beim Abschied kommt es zu folgendem Gespräch:

> „Wir wollen treulich tun, was du uns befohlen; aber du hast gesprochen: ,Ein jeder folge seinem Beruf' — was ist dann nun der Beruf?" Da wußte der Schulmeister nicht gleich, was er sagen sollte, was Beruf sei, und rieb sich lange die Stirn. Endlich sagte er: „Beruf kommt her von rufen: was euch ruft, das ist euer Beruf." Da fragten die Söhne wieder: „Aber, Vater! was ruft uns dann?" und der Schulmeister sagte: „Euer Name ruft euch."[59]

Als die Jungen nicht recht verstehen wollen, macht der Schulmeister seinem eigenen Namen Klopfstock alle Ehre und greift zum Stock, um sie ordentlich durchzuklopfen. Da machen sich die Söhne schnell auf den Weg und finden auch bald ihren jeweiligen „Beruf": Gripsgraps wird Dieb, Trilltrall lebt bei den Vögeln im Wald, Piffpaff wird Schütze, Pinkepank geht zu einem Apotheker in die Lehre, weil er im Mörser seinen Namen erklingen hört, und Pitschpatsch schließlich kommt zu Schiffleuten. Nach einem Jahr treffen sich die Söhne beim Vater wieder. Alle berichten Ereignisse aus ihrem beruflichen Leben, nur Trilltrall steht vor der Hütte und lauscht auf die Vögel. Er hatte im Wald einen Vogelsprachforscher getroffen und von ihm die Vogelsprache gelernt. Im Wald war ihm außerdem die Prinzessin Pimperlein begegnet, die sich mit dem Hanswurst verirrt hatte. Bei seinem Vater erfährt nun Trilltrall von den Vögeln, daß die Prinzessin vom König der Nachtwächter entführt worden sei. Der König Pumpam von Glockotonia bietet dem Retter seiner Tochter ihre Hand und das halbe Königreich dazu. Gemeinsam machen sich nun der Schulmeister Klopfstock und seine fünf Söhne auf den Weg, um die Prinzessin zu retten. Dabei werden die besonderen Fähigkeiten eines jeden Sohnes benötigt, damit das Unternehmen gelingt. Als am Ende die gerettete Prinzessin unter ihren Rettern den zukünftigen Ehemann wählen soll, entscheidet sie

---

[59] Schulmeister Klopfstock, S. 439f.

sich für Trilltrall, weil er bei den blauen Glockenblumen lebt und sie sich längst in einander verliebt haben. Das halbe Königreich aber bekommt der Schulmeister, der es gerecht unter seinen fünf Söhnen aufteilt.

Am Ende hat alles einen höheren Sinn erhalten, auch das verwerfliche Diebeshandwerk von Gripsgraps, denn er hatte die gefährlichste Aufgabe bei der Rettung der Prinzessin übernommen. Zwar wird die Frage nach dem Beruf nicht geklärt, aber am Ende formt sich alles zu einem sinnvollen geradezu schicksalhaften Ganzen. *Das Märchen von dem Schulmeister Klopfstock und seinen fünf Söhnen* unterscheidet sich allerdings nicht nur in seiner verschlungenen, kunstvollen Erzählstruktur von echten Volksmärchen, sondern auch in der ironischen Darstellungsweise, die die dargestellte Handlung gleichzeitig wieder lächerlich verzerrt. Trilltrall beispielsweise erkundigt sich beim Vater, ob er nicht ein paar Spinnen für ihn zu essen habe, und fängt mit der Zunge eine Fliege aus der Luft.[60] Ironie und Satire treten verstärkt in der Erzählung Trilltralls hervor, die gleichzeitig ein Stück *Simplicissimus*-Rezeption darstellt. Als Trilltrall seinem „Beruf", also den Vogelstimmen, folgt, gelangt er immer dichter in den Wald, wo er Zeuge eines seltsamen Pfeifkonzerts wird:

Und nun fing einer allein an zu pfeifen und dann pfiffen alle mit; aber gar nicht durcheinander, sondern alle das Nämliche und sehr schön im Takt, und nach den verschiedenen Stimmen pfiffen sie die Melodie des Abendlieds: „Nun ruhen alle Wälder", worüber ich in das größte Erstaunen geriet und endlich leise anfing mitzupfeifen. Da sie den letzten Vers gepfiffen hatten, waren sie ein paar Minuten still, als beteten sie für sich, und dann war wieder ein ganz außerordentliches Gezwitscher durcheinander, als wünschten sich die Vögel gute Nacht, worauf sie auseinander in die verschiedenen Bäume nach ihren

---

[60] Vgl. ebd., S. 443.

Nestern flogen.[61]

In der Nacht begegnet Trilltrall auch dem Chorleiter, den er zunächst für ein wildes Tier hält und vor dem er flüchtet. Der alte Sprachforscher meint nämlich, eine Katze würde herumschleichen, als er Trilltrall hört, deshalb bellt er wie ein Hund und kriecht auf allen Vieren zum Trinken an die Quelle. Simplex hält den Einsiedler für einen Wolf, als er ihm zum ersten Mal begegnet. Trilltrall wird erst durch das Lied des Einsiedlers aus dem *Simplicissimus*, das der Sprachforscher in der Nacht singt, aus seiner Angst erlöst:

> freilich, als es [das wilde Tier] das schöne fromme Lied so recht aus Herzensgrund durch den Baum sang, in welchen der Mond hineinschien wie in eine schöne Kirche, und als Echo, der wilde Wiederhall, und die liebe Nachtigall auch sangen zu diesem Freudenschall, und der Quell lieblicher rauschte und der Wald andächtiger lauschte, da zogen die Wölkchen am Himmel nicht mehr so schnell, und der Mond ward noch einmal so hell, und alle meine Angst besänftigte sich [...].[62]

Bei Simplex hat das Lied einen ganz ähnlichen Eindruck hinterlassen:

> Unter währendem diesem Gesang bedunckte mich warhafftig/ als wann die Nachtigal so wol/ als die Eul und Echo, mit eingestimmt hätten/ und wann ich den Morgenstern jemals gehört/ oder dessen Melodey auff meiner Sackpfeiffen aufzumachen vermöcht/ so wäre ich auß der Hütten gewischt/ meine Karten mit einzuwerffen/ weil mich diese Harmonia so lieblich zu seyn bedunckte/ aber ich entschlieff [...].[63]

Die Idee, daß Vögel Lieder singen, ist also auch im *Simplicissimus* schon vorgeprägt, obwohl hier der Einsiedler nicht wirklich mit den Vögeln sprechen kann. Simplex gewinnt nur den Eindruck,

---

[61] Ebd., S. 445.

[62] Ebd., S. 448.

[63] Simplicissimus, S. 24f.

daß die Nachtigall und die Eule in das fromme Lied einstimmen, während in Brentanos Märchen tatsächlich die Vögel zusammen mit ihrem Lehrer singen und beten. Dieser Forscher und zukünftige Lehrmeister stellt sich Trilltrall mit folgenden Worten vor:

„Ich bin", erwiderte er mir, „der Holzapfelklausner, und lebe seit achtzig Jahren hier allein im Wald und bin ein Vogelsprachforscher und habe hier eine hohe Schule der Vogelsprache, welche mein eigentliches Hauptfach ist; und beschäftige ich mich nebenbei mit der Sprache der wilden Schweine und Katzen und habe hier in der Einsamkeit alle Sitten und Gebräuche der wilden Tiere angenommen um mich in ihrer Gesellschaft als ein Mann von Anstand und Erziehung aufführen zu können [...]."[64]

Das schweinische Grunzen, welches den jungen Trilltrall so sehr erschreckt hatte, nennt der Holzapfelklausner ein Zeichen von Anstand und Erziehung. Keine andere Figur wird derart stark ironisiert wie der Einsiedler-Wissenschaftler. Anspielungen auf die Anhänger der Sprachreinheit zeigen sich in des Forschers Angebot, Trilltrall zu unterrichten: „Du kannst dann nach meinem Tode die Schule hier fortsetzen und besonders darauf wachen, daß die Vögel hier reines Vogeldeutsch reden und keine französischen Wörter einmischen."[65] Laut Bhatti ist es notwendig, den *Simplicissimus* zu kennen, um die Komik dieses Gedankens zu verstehen:

Im Einsiedlerbild Brentanos bedeutet die Akribie des Vogelsprachforschers eben auch einen Seitenhieb gegen die Sprachreiniger. Die Verbindlichkeit der Satire kann vom Leser erst dann vollzogen werden, wenn er das ernste Urbild beim Lesen gegenwärtig hat.[66]

Die Komik erwächst aber doch viel mehr aus der Überheblichkeit des Forschers, der, nachdem er von den Vögeln mühsam ihre

---

[64] Schulmeister Klopfstock, S. 460.

[65] Ebd., S. 461.

[66] Bhatti, S. 41.

Sprache abgelauscht hat, meint, ihren korrekten Sprachgebrauch überwachen zu müssen. Auch ohne Kenntnis des *Simplicissimus* ist der satirische Seitenhieb erkennbar, wird eine komische Wirkung erzielt.

Wie Simplex wird nun Trilltrall Schüler des Einsiedlers, aber während Simplex vor allem in der christlichen Religion unterrichtet wird, lernt Trilltrall die verschiedenen Vogelsprachen. Während Simplex aus Not sich von Wurzeln, Rüben, Kraut und „allerhand Gartengewächs"[67] ernähren muß, und auch Schnecken und Frösche nicht verachtet, muß Trilltrall mit Vogelfutter vorlieb nehmen, damit er die verschiedenen Sprachen umso leichter lerne.

Wie sein barockes Vorbild weiß auch der Holzapfelklausner, wann die Zeit zum Sterben gekommen ist. Er gräbt sich selbst das Grab bzw. bittet Trilltrall, es für ihn zu vollenden. Dann legt er sich hinein und singt noch einmal mit den Vögeln das Abendlied „Nun ruhen alle Wälder" von Paul Gerhardt (1647). Er schläft friedlich ein, und die Nachtigall stellt seinen Tod fest. Der Einsiedler im *Simplicissimus* legt sich ebenso bei Zeiten ins selbstausgehobene Grab und stirbt. Simplex wartet viele Stunden, daß er wieder aufwacht. Dann wird ihm allmählich bewußt, daß sein Vater tot ist, und er springt zu ihm ins Grab und küßt und drückt ihn. Trilltrall springt seinem Lehrer sofort nach und will ihn vom Sterben abbringen, aber der weist ihn zurück. Als letzten Dienst müssen Simplex und Trilltrall die Gräber zuschütten. Der Tod des Holzapfelklausners wird aber wieder ins Lächerliche gezogen, denn er ist offenbar an einer Prise Schnupftabak gestorben, den er von der Prinzessin bekommen hat.

Auch die weitere Handlung bildet eine Analogie zum *Simplicissimus*, denn beide Figuren kehren wieder in die Gesellschaft der Menschen zurück, die von Krieg und Intrige beherrscht ist. Beide

---

[67] Simplicissimus, S. 31.

werden zunächst für Narren gehalten. Trilltrall, weil er in schäbiger Kleidung unter einem Baum steht und auf die Vögel lauscht, Simplex, weil er in seinem Einsiedlerrock und mit seinen einfältigen religiösen Reden auffällt. Während Simplex sich im Dreißigjährigen Krieg behaupten muß, bewährt sich Trilltrall in der Auseinandersetzung zwischen dem König von Glockotonia und dem König der Nachtwächter. Trilltrall gewinnt die Prinzessin für sich und lebt mit ihr fortan im Wald, um das Werk des Holzapfelklausners fortzusetzen. Simplex dagegen hat in der Welt unter ständigen Glückswechseln zu leiden und zieht sich am Ende desillusioniert aus der Welt und der Gesellschaft der Menschen zurück. Auch er setzt das Lebenswerk seines Vaters, des Einsiedlers, fort.

Die Anlehnung an Grimmelshausen ist unübersehbar und reicht bis zur hohlen Eiche, in der sich einerseits Simplex und andererseits der Holzapfelklausner verstecken. Die Religion ist durch die Erforschung und Bewahrung der Vogelsprache ersetzt. Die Kenntnis der Vogelsprache ermöglicht erst den glücklichen Ausgang des Märchens, denn nur so erfährt Trilltrall von der Entführung der Prinzessin. Die Kommunikation zwischen Vögeln und Menschen ist im Märchen beinah ebenso wichtig wie die Beziehung zwischen Gott und den Menschen im *Simplicissimus.*

Auf zwei Figuren, die in der italienischen Vorlage fehlen, weist Heinz Rölleke besonders hin:

> Neben der Einführung des Einsiedlers, der aus dem ,Simplizissimus' in Brentanos Märchen versetzt wurde [...], ist das leibhaftige Auftreten des als bühnentheoretisches Streitobjekt berühmten Hanswurst die auffälligste Erweiterung des Märchenpersonals gegenüber der Basileschen Vorlage. Beide Figuren entstammen direkt der Literatur- bzw. Theatergeschichte. Dabei ist besonders zu beachten, daß der ,Simplicissimus' zu Brentanos Zeit mitsamt der übrigen Produktion des deutschen Literaturbarock so gut wie vergessen und gänzlich verachtet war und der Hanswurst seit dem Verdikt Gottscheds

und der Neuberin (1737) nur noch eine Art Schattendasein führte, daß aber der volksnahe Roman Grimmelshausens und die Lieblingsfigur des Volkstheaters von Brentano und Arnim besonders geschätzt wurden. Gerade in den Figuren des Einsiedlers und des Hanswurst in der Trilltrallgeschichte geht es also auch um Wiederbelebung einer seit der Aufklärung verpönten literarhistorischen Tradition.[68]

Rölleke interpretiert Brentanos Märchen als „literarhistorische Allegorie".[69] Im Schulmeister Klopfstock, dessen Schule abgebrannt ist, spiegelt sich Friedrich Gottlieb Klopstock:

> Deutet man den Klopfstock konsequent auf den Dichter Klopstock, [...] so werden sein Beruf als erster Lehrer der neueren deutschen Poesie, der seinen Schülern zunächst gleichsam das ABC des rechten Sprechens beibringen mußte, aber auch seine Vaterrolle im Blick auf die deutschen Dichter vom Sturm und Drang bis hin zur Romantik signifikant.[70]

Weil aber der Nachwuchs bei Klopstock bzw. Klopstock nichts mehr lernen kann, muß er sich andere Lehrer suchen. Trilltrall ist der Dichter unter Klopfstocks Söhnen, deshalb zieht es ihn auch in die Natur, zu den Vögeln. Viel wichtiger als die Natur wird allerdings die Begegnung mit dem Holzapfelklausner. „Kaum hat Trilltrall das geistliche Abendlied zitiert, wird seine Sprache wie von selbst dichterisch, seine erzählende Prosa geht fast unvermerkt in Reime über."[71] Damit wird Grimmelshausens Nachtigallenlied zum Grundstein für Trilltralls neue Poesie. Nicht zufällig wachsen blaue Glockenblumen, wo Trilltrall im Wald lebt.

---

[68] Heinz Rölleke: Brentanos „Märchen von dem Schulmeister Klopfstock" als literarhistorische Allegorie. In: Ders.: „Nebeninschriften" Brüder Grimm – Arnim und Brentano – Droste-Hülshoff. Literarhistorische Studien, Bonn 1980, S. 143f.

[69] Ebd., S. 139.

[70] Ebd., S. 146.

[71] Ebd., S. 149.

Mit Hölderlin verweist Brentano den jungen modernen — also romantischen — Dichter an die Natur; er selbst empfiehlt ihm ebenso eindringlich die Hinwendung zu einer volkstümlich–kindlichen Frömmigkeit, wie sie das „Einsiedlerhandwerk" repräsentiert, und vor allem zur Literatur jenseits der den Romantikern verhaßten Aufklärung; diese Literatur verkörpern überdeutlich Gestalt und Zitat aus Grimmelshausens Roman. In der unfrommen Aufklärung sahen Brentano und seine romantischen Zeitgenossen den Tod der wahren Poesie: Deren Wiederherstellung sollte daher engstens mit der Wiedererweckung der älteren deutschen Dichtung vom Mittelalter bis zum Hochbarock verbunden sein.[72]

Prinzessin Pimperlein verkörpert die reine neue Poesie, die es zu retten gilt aus den Fängen des Nachtwächterkönigs Knarratschki, der eine Parodie auf den Spätaufklärer Johann Heinrich Voß darstellt. Für den alten Einsiedler ist diese neue, romantische Kunst zu viel, denn er stirbt am Tabak der Prinzessin. Seine Zeit ist abgelaufen, aber er hat Trilltrall auf den rechten Weg geführt.[73] Diesen Dienst kann auch die Barockliteratur den romantischen Dichtern leisten, selbst wenn man sie nicht mehr ohne Ironie aufleben lassen kann.

3.2.3. Der Held des neunzehnten Jahrhunderts

Johann Christian Ludwig Haken ist vermutlich[74] der Verfasser der Schrift: *Der Held des neunzehnten Jahrhunderts, eine Apokalypse des siebenzehnten: oder die erfüllteste Weissagung neuerer Zeiten. Kommentiert und erläutert.* Nach einer kurzen Vorrede, die den nachfolgenden Text als erfüllte Weissagung einführt, wird eine sprachlich modernisierte Version der Jupiterepisode[75] präsentiert:

---

[72] Ebd., S. 150.

[73] Vgl. ebd., S. 151.

[74] Zu Verfasserschaft und Biographie Hakens siehe Koeman, S. 137ff.

[75] Vgl. Simplicissimus, S. 208ff.

„umgemodelt zwar hie und da in dieser Uebertragung nach den Erfordernissen des heurigen Zeitgeschmacks, jedoch mit gewissenhaftem Respekte vor dem Kern und Wesen meines Textes."[76]

Jakob Koeman stellt bei einem ausführlichen Textvergleich fest, „daß Haken die Episode aus dem *Simplicissimus* mit eigenen Worten zusammenfaßt". Und weiter heißt es: „Bestimmte Stellen hat Haken sogar seiner Interpretation angepaßt."[77] Dazu gehört auch, daß Haken für seine Zwecke die Szene ausspart, in welcher Jupiter vor den Soldaten seine Hose fallenläßt, um über die Flöhe darin zu richten.[78] Der Verfasser betont zwar, daß die Vision aus dem Mund eines „Tollhäuslers"[79] stammt, aber er will ihn denn doch nicht vollends der Lächerlichkeit preisgeben, da er im Erläuterungsteil darzulegen versucht, daß der deutsche Held Jupiters in der Person Napoleon Bonapartes tatsächlich geboren wurde. Koeman gelangt bei seinem Vergleich der beiden Versionen zu überzeugenden Ergebnissen:

> Seine [Hakens] Bearbeitungstechnik läßt wenig von dem originellen Wortlaut und nichts von der ursprünglichen Anlage übrig. Haken hat die Vorlage popularisierend nacherzählt, ohne den „utopischen" Gehalt anzutasten. Grimmelshausen war realistisch genug, die phantastischen Friedensideale durch den Romankontext zu neutralisieren. Haken geht es jedoch nur um die „Weissagung" selbst. Deshalb verzichtet er auf eine Wiedergabe der ganzen zweiten Hälfte des 6. Kapitels. Daß auch er Jupiters Ausführungen nicht wirklich ernst nimmt, zeigt schon der flotte Gesprächsstil seiner Paraphrase.[80]

---

[76] Johann Christian Ludwig Haken: Der Held des neunzehnten Jahrhunderts, eine Apokalypse des siebenzehnten: oder die erfüllteste Weissagung neuerer Zeiten. Kommentiert und erläutert, Magdeburg 1809, S. 9.

[77] Koeman, S. 156.

[78] Vgl. Simplicissimus, S. 218.

[79] Der Held des neunzehnten Jahrhunderts, S. 8.

[80] Koeman, S. 163.

In der Einleitung zum Kommentar heißt es mit viel trügerischem Pathos: „N a p o l e o n! --- n i c h t s, a l s N a p o l e o n! --- u n d ü b e r a l l N a p o l e o n!"[81] Daraufhin muß Haken allerdings erklären, warum der „teutsche Held" Jupiters ein Korse ist:

> Läse nur irgend eine Variante die Worte „einen k o r s i s c h e n Helden," so hätt' ich meinen Prozeß sogut, als durch alle Instanzen, gewonnen, und dürfte nun (was für meinen Kommentar immer ein ungünstiger Umstand bleibt) denselben nicht mit einer etwas weitschichtigen Polemik beginnen.[82]

Die Selbstironie tritt bereits in dieser ersten Erläuterung deutlich zutage. Mühsam führt Haken die Nationalität des Helden im *Simplicissimus* auf den Patriotismus des Autors zurück, und führt an, daß der Held im Grunde doch vielmehr ein Weltbüger sei. Hakens Argumentation ist aber doch zu fadenscheinig:

> Nur scheinbar huldigt er Napoleon als dem großen Helden seiner Zeit. In Wirklichkeit kann dieser gar nicht der „deutsche Held" sein. Haken rettet sich aus dem Dilemma, indem er den Gebrauch des Adjektivs „deutsch" als einen unbedeutenden Sprachlapsus des Dichters hinstellt.[83]

Haken nimmt zu beinahe jedem Punkt von Jupiters Beschreibung Stellung. Dabei bemüht er sich, diese auf Napoleon zu applizieren, erreicht dabei häufig aber gerade eine Betonung der Unterschiede zwischen dem, was Jupiter wünscht und dem, was Napoleon verwirklicht. Beispielsweise soll Jupiters Held die „ganze Welt in eine neue Form giessen",[84] und tatsächlich ordnet Napoleon große Teile Europas neu, doch sicher nicht im Sinne eines Friedenstifters im Auftrag Jupiters. Napoleon will die Herrschaft über Europa, der deutsche Held will die menschliche Gesellschaft für den Frieden

---

[81] Der Held des neunzehnten Jahrhunderts, S. 34.

[82] Ebd., S. 38.

[83] Koeman, S. 165.

[84] Der Held des neunzehnten Jahrhunderts, S. 13.

tauglich machen. Ganz unverholen macht sich Haken lustig über die Diskrepanz der äußeren Gestalt Napoleons und der des Helden aus Jupiters Vision, über den es heißt: „In seiner Geburtsstunde will ich ihm verleihen einen wohlgestalten und starken Leib".[85] Einen solch starken und schönen Leib hat Napoleon nur als Statue von Antonio Canova und im Gemälde von Vernet, den Haken mit Jacques-Louis David verwechselt.[86]

> Canova und David mögen uns sagen, wie sehr oder wenig sie in Verlegenheit waren, das erstere Epithet zu rechtfertigen: – Jener, als er seine unbekleidete Kolossal-Statüe des modernen Göttersohns in den Marmor ausprägte – Dieser, als er uns den ersten Konsul im Schlachtgewühl von Marengo auf die Leinwand zauberte. An den Zollen und Strichen, die ihr Held etwa zuwenig für ein Feld-Regiment maaß, haben s i e wahrscheinlich nur den geringsten Anstoß genommen.[87]

So offen kommt Hakens karikierende Absicht nur selten zum Vorschein. In den meisten Fällen zeigt er Übereinstimmungen zwischen dem „deutschen Helden" und Napoleon auf, um seine Weissagungsthese zu stützen.

> Haken findet leicht neue Beweise für seine Napoleon-Theorie. Er braucht auch nicht immer an die Phantasie des Lesers zu appellieren, wie das bei der Interpretation des Begriffs „deutsch" der Fall war. Wenn Jupiter z.B. von dem künftigen Helden sagt: „Venus soll ihn begaben mit einem Angesicht voll geistreicher Anmuth, ihn bei aller Welt beliebt zu machen", oder: „Merkur soll ihn ausstatten mit der Ueberredung unwiderstehlichen Gewalt" (H 18), so ist die Beziehung zu Napoleon fast problemlos herzustellen.[88]

---

[85] Ebd., S. 18.

[86] Vgl. Koeman, S. 170.

[87] Der Held des neunzehnten Jahrhunderts, S. 43f.

[88] Koeman, S. 171f.

Der Erläuterungsteil umfaßt mehr als doppelt so viele Seiten wie die eigentliche *Simplicissimus*-Paraphrasierung, und nur selten wird der ernsthafte, um Überzeugung bemühte Ton durch Ironie gebrochen. Doch auch die Versuche, die Übereinstimmung einer Vision aus dem Barock mit dem Leben Napoleons zu erklären, zeigen, wie wenig ernst es Haken mit seiner Theorie ist, denn er sucht die Ursachen im Dämonischen und Mystischen.

> so war also der Autor ein blindes und unwillkührliches Werkzeug in der Hand seines ihm soufflirenden Dämons, der durch dieses Sprachrohr Dinge verkündigen ließ. an die das Rohr selbst nicht dachte, und die sogar ausser dem Kreise seiner Erkenntniß lagen.[89]

Der Autor des *Simplicissimus* als willenloses Medium eines Dämons, dem es gefällt, in einem satirisch-moralischen Roman des 17. Jahrhunderts die Ereignisse des neunzehnten bereits vorausscheinen zu lassen? Diese Theorie überzeugt nun wirklich nicht und soll es auch nicht. Stattdessen erklärt Haken seine zeitkritische Absicht auf versteckte Art bereits in seinem Vorwort, denn er schreibt über den Autor des *Simplicissimus*:

> An der leidigen Propheten-Renommee ist ihm im Grunde so wenig gelegen, daß er seiner höchst merkwürdigen Weissagung durchaus kein Relief zu geben bemüht ist, sondern sie nur als humoristischen Zierrath in seine Schrift eingeflochten – ja, sie sogar in den Mund eines baaren Tollhäuslers gelegt und dadurch ziemlich unverholen erklärt hat, daß eine Welt, in welcher s o l c h e Dinge sich zutragen könnten, als diese Vision verkündet, eben dadurch auch für's Tollhaus reif geworden seyn würde.[90]

Nach dieser Interpretation ist Grimmelshausen, dessen Name Haken noch unbekannt ist, nicht willenloses Sprachrohr, sondern eine

---

[89] Der Held des neunzehnten Jahrhunderts, S. 40.

[90] Ebd., S. 7f.

kritische Stimme aus der Vergangenheit, die in der Gegenwart Hakens wieder aktuell geworden ist. Haken läßt Napoleon in der idealen Vision Jupiters aufscheinen, doch wird er als Spiegelbild des deutschen Helden zum Zerrbild, zur Karikatur. Durch die Parallelen zwischen Napoleon und Jupiters Helden allerdings wird die Welt, in der sich solche Ereignisse abspielen, zu einer verkehrten Welt: „reif fürs Tollhaus". Haken entlehnt nicht nur eine Episode aus dem *Simplicissimus*, um Napoleon zu entlarven, er setzt sie auch auf ähnliche Weise ein wie Grimmelshausen. Jupiters Vision von einer besseren Welt klagt die Mißstände der erlebten Welt an, aber seine Utopie ist die eines Narren, die sich nicht realisieren läßt. Genauso will Haken die Mißstände in Europa anprangern. Es geht ihm um das „Aufdecken der politischen, sozialen und militärischen Schwäche der preußischen Monarchie."[91] Aber Haken betont auch, daß Napoleon nicht die Lösung ist, daß Napoleon kein besseres Europa schaffen kann.

3.2.4. Adelbert von Chamisso

Adelbert von Chamisso schrieb *Peter Schlemihls wundersame Geschichte* im Jahr 1813 während der Freiheitskriege.[92] Die Novelle handelt von einem mittellosen jungen Mann, der in eine fremde Stadt kommt und sich bei dem reichen Herrn John vorstellt, von dessen Bruder er ein Empfehlungsschreiben bringt. Schlemihl hofft auf Starthilfe und stimmt Herrn John begeistert zu, als dieser meint: „Wer nicht Herr ist wenigstens einer Million, [...] der ist, man verzeihe mir das Wort, ein Schuft!"[93] Unheimlich wird Schlemihl erst, als er einen seltsamen „grauen Mann"[94] beobachtet, der jeden Wunsch Herrn Johns und seiner Gäste erfüllt, indem er das

---

[91] Koeman, S. 207.

[92] Hier zitiert nach Adelbert von Chamisso: Peter Schlemihls wundersame Geschichte, Frankfurt am Main 1973.

[93] Peter Schlemihl, S. 20.

[94] Ebd., S. 26.

Gewünschte, ob Pflaster oder Reitpferde, aus einer kleinen Tasche hervorholt. Diesem Mann verkauft Schlemihl seinen Schatten und bekommt dafür „Fortunati Glückssäckel", denn Peter wünscht sich nichts mehr als Reichtum.[95] Doch sein Gewissen plagt ihn schon bald darauf:

> Peter Schlemihl ist sich unmittelbar nach dem verhängnisvollen Handel seiner Schuld bewußt, die darin besteht, durch Verabsolutierung des Geldes die bürgerliche Synthese von Geld und Moral, von Materie und Geist verspielt zu haben.[96]

Er hat nun immer genug Geld, doch die Menschen trauen ihm nicht und ächten ihn, weil er keinen Schatten hat. So nutzlos dieser Schatten bisher für ihn war, so unentbehrlich ist er dennoch in der Gesellschaft der Menschen, denn die Schattenlosigkeit signalisiert sofort, daß Schlemihl seinen Reichtum nicht auf redliche Weise erworben hat. Sein treuer Diener Bendel hilft ihm dabei, den Verlust des Schattens zu verbergen, aber sie können die Menschen doch immer nur für kurze Zeit täuschen. Zweimal verliert Peter deshalb die Geliebte und muß so lernen, daß auch der größte Reichtum nichts hilft, wenn seine Erscheinung nicht den gesellschaftlichen Erwartungen entspricht. Der Name Schlemihl ist jüdisch: „In dieser Tradition bezeichnet man mit dem Namen Schlemihl einen Typus Mensch, der das Unheil und alle Art von Schlamassel [...] geradezu magisch anzieht und daran zugrunde geht."[97] Peter könnte seinen Schatten von dem grauen Mann zurückkaufen, aber nur um den Preis seiner Seele. Dieser Preis ist ihm auch unter dem großen Leidensdruck zu hoch. Schlemihl hat das ganze Ausmaß seines Fehlers zu spüren bekommen, und weiß nun, daß er dem Grauen nicht

---

[95] Ebd., S. 30.

[96] Winfried Freund: Adelbert von Chamisso „Peter Schlemihl", Geld und Geist: ein bürgerlicher Bewußtseinsspiegel, Paderborn et al. 1980, S. 38.

[97] Harald Weinrich: Chamissos Gedächtnis. In: Der gefundene Schatten. Chamisso-Reden 1985-1993, hrsg. v. Dietrich Krusche, München 1993, S. 138f.

trauen kann.

Peter glaubt sich schon gerettet, als er einen Schatten allein über die Wiesen laufen sieht. Er versucht, den Schatten zu fangen und an Stelle seines eigenen anzunehmen. Als er dabei den unsichtbaren Körper eines Menschen berührt, vermutet er sofort, daß dieser das unsichtbare Vogelnest bei sich tragen müsse, weil es zwar den Besitzer unsichtbar mache, aber nicht dessen Schatten.[98] Peter stiehlt das Nest und ist nun völlig unsichtbar, da er ja keinen Schatten besitzt. Kurz darauf muß er allerdings feststellen, daß das Vogelnest ebenfalls dem Grauen gehört, der es sich zurückholt. Das Vogelnest-Motiv hat Chamisso von Grimmelshausen übernommen, aber es spielt nur eine geringfügige Rolle für die Erzählung als ein weiteres Instrument des Teufels, mit dem er die Menschen in Versuchung führt und ins Unglück stürzt. Damit hat das Vogelnest aber die gleiche Bedeutung wie bei Grimmelshausen. Da Peter den Seelenfänger nur loswerden kann, indem er sich von seinem Glückssäckel trennt, wirft er es kurzerhand in einen Abgrund. Nun hat er weder Geld noch Schatten, und er fühlt sich erleichtert. Sein Glück wendet sich nun, denn er kauft unwissentlich Siebenmeilenstiefel.[99] Die Stiefel machen ihn unabhängig von den Menschen und geben seinem Leben gleichzeitig eine neue Perspektive, denn er wird Naturforscher. Besonders die Pflanzenwelt hat es ihm angetan. Als Behausung erwählt er sich eine Höhle bei Theben, in der früher einmal christliche Einsiedler gewohnt hatten.

Die Autor- und Herausgeberfiktion im *Simplicissimus* wird von Chamisso nachgestaltet, indem er Peter Schlemihl seine Geschichte selbst aufzeichnen und bei seinen Freund Chamisso abgegeben läßt, mit einem persönlichen Rat:

> Und dich, mein lieber *Chamisso*, hab' ich zum Bewahrer meiner wundersamen Geschichte erkoren, auf daß sie vielleicht,

---

[98] Vgl. Peter Schlemihl, S. 78.

[99] Vgl. ebd., S. 108f.

wenn ich von der Erde verschwunden bin, manchem ihrer Bewohner zur nützlichen Lehre gereichen könne. Du aber, mein Freund, willst Du unter den Menschen leben, so lerne verehren zuvörderst den Schatten, sodann das Geld. Willst du nur dir und deinem Selbst leben, o so brauchst du keinen Rat.[100]

Wie sehr sich die Menschen vom Reichtum beeindrucken lassen, zeigt sich im unterwürfigen Verhalten der Leute, als sie Schlemihl für den König von Preußen halten, zumindest aber für einen Grafen. So lange Peter die Sonne meidet, geht alles gut, doch als er von einem seiner Diener verraten wird, ächtet man ihn, weil sein Äußeres eben nicht der von der Gesellschaft geforderten Norm entspricht. Der Schatten, der den Umriß seines Körpers nachbildet, zeigt eine Diskrepanz an zwischen dem Reichtum Schlemihls und der Leistung, die er dafür erbracht hat. Mit dem Erstarken des Bürgertums im 18. und 19. Jahrhundert in der Folge der Aufklärung, der Französischen Revolution und der beginnenden Industrialisierung wird die Gesellschaftshierarchie durchlässiger. Unternehmer und Kaufleute können den sozialen Aufstieg durch die Anhäufung von Reichtum und einen dem Adel vergleichbaren Lebensstil erreichen. Gesellschaftlich akzeptiert werden diese Parvenues allerdings nur, wenn ihr Reichtum auf Arbeit zurückzuführen ist und damit den Moralvorstellungen des Bürgertums entspricht. Schlemihl wählt einen unmoralischen Weg zum Reichtum, der ihm Selbstzweck ist. Er hat nichts für die Gesellschaft getan, um sein Vermögen zu verdienen, und wird deshalb aus der Gesellschaft ausgestoßen. „Die Gesellschaft kann über vieles hinwegsehen, nicht aber über den Verzicht auf den äußeren Schein."[101] Auf schmerzvolle Weise lernt er, daß Geld nichts wert ist, wenn man dadurch sein Ansehen vor den Menschen verliert und auf Liebe verzichten

---

[100] Ebd., S. 122.

[101] Annemarie Wambach: „Fortunati Wünschhütlein und Glückssäckel" in neuem Gewand: Adelbert von Chamissos *Peter Schlemihl*. In: The German Quarterly 67 (1994), S. 178.

muß. Mit seinem Schatten hat Peter sein gutes Gewissen drangegeben, und ganz ähnlich ergeht es einem Kaufmann, den Schlemihl in einem Badeort trifft:

> Einst erschien unter den Badegästen ein Handelsmann, der Bankrott gemacht hatte, um sich zu bereichern, der allgemeiner Achtung genoß und einen breiten, obgleich etwas blassen Schatten von sich warf. Er wollte hier das Vermögen, das er gesammelt, zum Prunk ausstellen, und es fiel ihm sogar ein, mit mir wetteifern zu wollen. Ich sprach meinem Säckel zu und hatte sehr bald den armen Teufel so weit, daß er, um sein Ansehen zu retten, abermals Bankrott machen mußte und über das Gebirge ziehen.[102]

Der Mann hat seinen Schatten noch, weil er durch Geschäfte sein Geld verdient hat, aber der Schatten ist verblaßt, weil sich sein Besitzer durch Bankrott unredlich bereichert hat. Dennoch gelingt es dem Kaufmann, sich das Ansehen in der Gesellschaft zu bewahren, da er den Anschein von Redlichkeit durch einen neuen Betrug aufrecht erhalten kann. Dennoch muß er nun diese Gemeinschaft fliehen, um sich vor Entlarvung zu bewahren. Damit wird auch die Verblendung der Menschen durch Reichtum im sich entwickelnden Kapitalismus kritisiert. Wäre Schlemihl nicht durch den fehlenden Schatten gebrandmarkt, wäre es ihm ein Leichtes, das Wohlwollen der Gesellschaft zu erkaufen, wie es dem Handelsmann gelingt. So sehr Peter unter der Verachtung der Menschen leidet, erkennt er am Ende doch, daß sein Wert nichts mit dem Verlust seines Schattens zu tun hat, auch wenn er dadurch das Recht auf die Gesellschaft der Menschen verwirkt hat. Als er mit Hilfe seiner Siebenmeilenstiefel der Gesellschaft entsagt, ihr aber dennoch durch seine botanischen Forschungen dient, macht er seine Schuld wieder gut und findet einen rein geistigen Lebenszweck, nachdem er zuvor vor allem anderen nach dem Materiellen gestrebt hatte.

---

[102] Peter Schlemihl, S. 56.

Bevor Schlemihl die Siebenmeilenstiefel und damit die Möglichkeit zu einem Neuanfang erhält, wirft er das Glückssäckel in einen Abgrund, um so die Verbindung zum Grauen zu lösen. Er muß aber auch die Menschen meiden, da ohne Schatten nicht vor den Menschen bestehen könnte und immer wieder in Versuchung geraten würde, einen neuen, verderblicheren Handel einzugehen. Wie Simplex flieht auch er vor den Menschen, um der Versuchung durch den Teufel zu entgehen. Simplex weiß, daß er in der Welt immer wieder zur Sünde verlockt wird, und Peter weiß, daß er unter den Menschen immer versucht sein wird, seinen Schatten um den Preis seiner Seele zurückzukaufen, um nicht von ihnen geächtet zu werden. Am Ende sind sich beide selbst genug und widmen sich einer höheren Aufgabe. Wie Simplex erhält auch Schlemihl die Chance zur Rückkehr in die Welt, als er nach einem Unfall Mina und seinen treuen Freund Bendel in einem Hospital wiedertrifft, das sie von seinem zurückgelassenen Gold eingerichtet haben. Wie Simplex traut auch Schlemihl sich und den Menschen nicht und kehrt in seine Einsiedelei zurück. Auch Schlemihl schreibt seinen Lebenslauf auf, um die Menschheit zu belehren: „Diese Lehre gipfelt aber nun keineswegs im Bekenntnis zur isolierten geistigen Existenz, sondern in dem Aufruf, die Synthese im Auge zu behalten von Geld und Geist, von Ich und Gemeinschaft."[103] Auch die Ergebnisse seiner wissenschaftlichen Forschungen will er den Menschen zukommen lassen. Die Betrachtung der Natur hat für Schlemihl eine ganz ähnliche Funktion wie für Simplex, der darin die Allmacht des Schöpfers erkennt. Schlemihl lernt, das Leben und die Natur zu achten, und erfährt beides als sinnvoll und verstehbar. Ein übergeordnetes System eröffnet sich ihm in seinen Naturstudien, die ihm wieder Freude am Leben geben.

Gleichwohl erweist er sich aber als ein Mensch, der Natur nicht gefühlsmäßig erfahren, sondern verstandesmäßig erfassen will. Seine ausführlichen Manuskripte möchte er der Berliner Uni-

---

[103] Freund, S. 49.

versität überlassen. Daraus spricht kein romantischer, sondern ein aufklärerischer Geist.[104]

Typisch romantisch dagegen ist das Märchenhafte der Erzählung, der Rückgriff auf ein Literatursystem, in welchem ein Überschreiten der Grenzen der Realität möglich ist. Das Märchenmotiv der Siebenmeilenstiefel ist die Grundlage für die naturwissenschaftlichen Forschungen. In Chamissos Peter Schlemihl findet sich eine Verbindung von aufklärerischen und romantischen Ideen, die in ihrer Funktionalisierung bereits auf den bürgerlichen Realismus vorausweisen. Die Warnung vor einseitiger kapitalistischer Orientierung ohne Wahrung der bürgerlichen Moralnormen wird durch einen phantastischen Stoff geleistet und wirkt dadurch umso eindringlicher, denn die Gefahr erhält in der Gestalt des Grauen eine dämonische Verführungskraft, der man schwer wiederstehen kann.

Schlemihl und Simplex streben beide nach Reichtum und dem damit verbundenen sozialen Aufstieg. Simplex begeht dabei die Sünde der Hoffart und der Verschwendung, Schlemihl dagegen vergeht sich in erster Linie gegen die Gesellschaft und nicht gegen Gott. Er ist allerdings in Gefahr, auch seine Seele an den Teufel zu verlieren. Das religiöse Weltbild hat sich durch die Aufklärung verändert. Gott lenkt nicht mehr direkt die Schicksale der Menschen, und der Graue als Teufel wird zur Metapher für die Verabsolutierung des Geldes und die Gefahr, die daraus für Individuum und Gesellschaft erwächst. Schlemihl studiert die Natur, um die Zusammenhänge des Seins zu verstehen, während Simplex in seinen Naturbetrachtungen Gott sucht. Religion ist in *Peter Schlemihl* durch bürgerliche Moralvorstellungen substituiert worden.

---

[104] Wambach, S. 180.

3.2.5. Brüder Grimm

Die Brüder Wilhelm und Jakob Grimm sammelten neben den bekannteren Märchen auch *Deutsche Sagen*, die sie erstmals 1816 bis 1818 in zwei Bänden veröffentlichten.[105] Im Gegensatz zu Achim von Arnim und Clemens Brentano, die im *Wunderhorn* zum Teil weitgehende Bearbeitungen der alten Volkslieder vornahmen oder auch eigene Lieder im Stil alter Lieder veröffentlichten, wollten die Grimms die alte Volksdichtung möglichst originalgetreu erfassen, um sie so der Nachwelt unverfälscht zu erhalten. Jakob und Wilhelm spürten bei dieser Sammelarbeit einer Ursprache und einer Urpoesie nach, die den Menschen in einer Uroffenbarung von Gott gegeben worden sein sollte, inzwischen aber verloren war. Im ersten Band der *Deutschen Sagen* lassen sich drei Sagenstoffe auf Grimmelshausens Simplicianische Schriften zurückführen: die Mummelsee-Geschichten, der Spiritus familiaris und das unsichtbar machende Vogelnest. Sie werden entsprechend dem wissenschaftlich-historischen Anliegen der Grimms in enger Anlehnung an die Originalfassungen wiedergegeben.

3.2.5.1. Mummelsee

Unter der Nummer 59 der *Deutschen Sagen* liest man Begebenheiten, die sich um den Mummelsee herum abspielen und die bis auf eine aus dem *Simplicissimus* stammen. Auch die Lagebeschreibung deckt sich mit derjenigen des Barockromans: „Im Schwarzwald, nicht weit von Baden, liegt ein See, auf einem hohen Berg, aber unergründlich." Die vier folgenden Sagenelemente stammen beinah wörtlich aus dem Simplicissimus:[106]

> Wenn man ungerad, Erbsen, Steinlein, oder was anders, in ein Tuch bindet und hinein hängt, so verändert es sich in gerad, und also, wenn man gerad hineinhängt, in ungerad. So

---

[105] Hier zitiert nach Jakob und Wilhelm Grimm: Deutsche Sagen, erster Band, hrsg. von Herman Grimm, 3. Aufl., Berlin 1891.

[106] Simplicissimus, S. 406f.

man einen oder mehr Steine hinunterwirft, trübt sich der heiterste Himmel und ein Ungewitter entsteht, mit Schloßen und Sturmwinden. Die Wassermännlein tragen auch alle hineingeworfenen Steine sorgfältig wieder heraus ans Ufer.

Da einst etliche Hirten ihr Vieh bei dem See gehütet, so ist ein brauner Stier daraus gestiegen, sich zu den übrigen Rindern gesellend, alsbald aber ein Männlein nachgekommen, denselben zurückzutreiben, auch da er nicht gehorchen wollen, hat es ihn verwünscht, bis er mitgegangen.

Ein Bauer ist zur Winterszeit über den hartgefrorenen See mit seinen Ochsen und einigen Baumstämmen ohne Schaden gefahren, sein nachlaufendes Hündlein aber ertrunken, nachdem das Eis unter ihm gebrochen.

Ein Schütz hat im Vorübergehen ein Waldmännlein darauf sitzen sehen, den Schooß voll Geld und damit spielend; als er darauf Feuer geben wollen, so hat es sich niedergetaucht und bald gerufen: wenn er es gebeten, so hätte es ihn leicht reich gemacht, so aber er und seine Nachkommen in Armuth verbleiben müßten.[107]

Die anschließende, etwas umfangreicher ausgeführte, tödlich endende Suche eines Wassermännchens nach seiner Frau im Mummelsee stammt nicht aus dem *Simplicissimus*. Erst der Versuch des Herzog von Württemberg, von einem Floß aus den Mummelsee zu vermessen, ist wieder dem Simplicissimus entlehnt. Dagegen werden der Plan des Erzherzogs von Österreich, den Mummelsee abzugraben, und die vergeblichen Bemühungen, Forellen im Mummelsee zu züchten, zwar im *Simplicissimus* genannt, aber nicht von den Brüder Grimm wiedergegeben.[108] Außerdem fehlen die Erfahrungen, welche Simplex auf seiner Reise in den Mummelsee macht, in den *Deutschen Sagen* völlig. Im Fall des Mummelsee-Stoffes interessieren sich die Brüder Grimm offenbar nur für die älteren im

---

[107] Deutsche Sagen, S. 38.

[108] Vgl. Simplicissimus, S. 407.

Roman tradierten Sagen und betrachten den *Simplicissimus* nicht als volkstümliche Dichtung.

Unter Nummer 332 wird eine weitere Mummelsee-Sage nacherzählt, die aber nichts mit dem *Simplicissimus* zu tun hat.[109]

3.2.5.2. Spiritus familiaris

Die Beschreibung des Spiritus familiaris unter der Ziffer 85 folgt Grimmelshausens *Courasche*:

> Er wird gemeiniglich in einem wohl verschlossenen Gläslin aufbewahrt, sieht aus nicht recht wie eine Spinne, nicht recht wie ein Skorpion, bewegt sich aber ohne Unterlaß. Wer ihn kauft, in dessen Tasche bleibt er, er mag das Fläschlein hinlegen, wohin er will, immer kehrt es von selbst zu ihm zurück. Er bringt großes Glück, läßt verborgene Schätze sehen, macht bei Freunden geliebt, bei Feinden gefürchtet, im Krieg fest wie Stahl und Eisen, also daß sein Besitzer immer den Sieg hat, auch behütet es vor Haft und Gefängniß. Man braucht ihn nicht zu pflegen, zu baden und kleiden, wie ein Galgenmännlein.
>
> Wer ihn aber behält, bis er stirbt, der muß mit ihm in die Hölle, darum sucht ihn der Besitzer wieder zu verkaufen. Er läßt sich aber nicht anders verkaufen, als immer wohlfeiler, damit ihm einer bleibe, der ihn nämlich mit der geringsten Münze eingekauft hat.[110]

Die Courage beschreibt ihren Spiritus familiaris als „so etwas in einem verschlossenen Gläßlein/ welches nicht recht einer Spinnen und auch nicht recht einem Scorpion gleich sahe".[111] Sie kauft das Wunderding unter der Bedingung, daß sie es billiger wieder verkaufen müsse, als sie es gekauft habe. Auf ihre Frage nach dem

---

[109] Vgl. Deutsche Sagen, S. 219f.

[110] Ebd., S. 70.

[111] Courasche, S. 95.

Nutzen, den sie bei diesem Geschäft haben soll, erklärt ihr der Verkäufer:

> es ist ein dienender Geist/ welcher dem jenigen Menschen/ der ihn erkaufft/ und bey sich hat/ groß Glück zu wegen bringt; Er gibt zu erkennen/ wo verborgene Sachen liegen; Er verschafft zu jedwederer Handelschafft genugsame Kauffleute und vermehret die prosperität: Er macht daß seine Besitzer von seinen Freunden geliebt: und von seinen Feinden geförchtet werden; ein jeder der ihn hat/ und sich auf ihn verläßt/ den macht er so fest als Stahl/ und behütet ihn vor Gefängniß; Er gibt Glück/ Sieg und Uberwindung wider die Feinde/ und bringt zu wegen/ daß seinen Besitzer fast alle Welt lieben muß [...].[112]

Erst ihre Pflegemutter weist die Courage auf die Gefahren hin, denn: „wer ihn hat/ biß er stirbt/ der muß/ [...] mit ihm in die ander Welt reissen/ welches ohne Zweiffel seinen Nahmen nach/ die Höll seyn wird".[113] Es gelingt der Courage, den Spiritus familiaris an Springinsfeld für nur eine Krone weiterzuverkaufen. Als er sich über die Folgen klar wird, wirft er ihn der Courage vor die Füße, aber als er zurück in sein Quartier kommt, befindet sich das Glas wieder in seiner Tasche. Weiter berichtet die Courage: „er habe den Bettel etlichmahl in die Thonau geworffen/ ihn aber alleweg wieder in seinem Sack gefunden; biß er endlich denselbigen in einen Bachofen geworffen/ und also seiner loß worden".[114]

In den *Deutschen Sagen* wird zwar berichtet von einem Soldaten, der den Geist für eine Krone kauft und ihn wieder zurückgeben will. Es werden aber nur die vergeblichen Versuche, den Spiritus familiaris loszuwerden, nacherzählt, nicht die schließlich rettende Idee, ihn ins Feuer zu werfen. Ungenannt bleibt auch der Name

---

[112] Ebd., S. 97.

[113] Ebd., S. 98f.

[114] Ebd., S. 122.

Springinsfelds. Nach dieser Charakterisierung des Spiritus familiaris, die eine Zusammenfassung aus den Beschreibungselementen in Grimmelshausens *Courasche* darstellt, folgt die Geschichte eines Roßtäuschers, dessen Pferde verenden. In seinem großen Unglück läßt er sich verleiten, einen Spiritus familiaris in einer kleinen Schachtel nur gegen eine Unterschrift einzuhandeln. Diese Geschichte geht zurück auf den anonym erschienenen Abenteuerroman *Der Leipziger Avanturieur, oder eines gebornen Leipzigers eigenhändiger Entwurf seiner Schicksale* aus dem Jahr 1756. Den gleichen Stoff verarbeitet auch Annette von Droste-Hülshoff in ihrer Novelle *Der spiritus familiaris des Roßtäuschers*.

3.2.5.3. Das Vogelnest

Nummer 86 in den *Deutschen Sagen* trägt den Titel: Das Vogelnest. Eine kurze Einleitung beschreibt das Nest und seine Funktion:

> Noch jetzt herrscht in mehreren Gegenden der Glaube, daß es gewisse Vogelnester (auch Zwissel- und Zeisselnestlein genannt) gebe, die, selbst gewöhnlich unsichtbar, jeden, der sie bei sich trägt, unsichtbar machen. Um sie nun zu finden, muß man sie zufällig in einem Spiegel oder Wasser erblicken. Vermuthlich hängt die Sage mit dem Namen einer Gattung des Z w e i b l a t t s, bifoglio, zusammen, die in fast allen europäischen Sprachen Vogelnest heißt und etwas alraunhaft zu sein scheint.[115]

Im folgenden wird die Stelle aus dem *Springinsfeld* sprachlich modernisiert wiedergegeben, in der Springinsfeld und seine Frau das Spiegelbild des unsichtbaren Vogelnests im Wasser entdecken.[116] Die Brüder Grimm bezeichnen den barocken Roman als volksmäßige Quelle. Im *Springinsfeld* sehen sie die Sage am besten wiedergegeben und übernehmen sie deshalb direkt.[117] Ob ihnen auch noch

---

[115] Deutsche Sagen, S. 72.

[116] Vgl. Springinsfeld, S. 114f.

[117] Vgl. Deutsche Sagen, S. 72.

andere Quellen vorlagen, ist unbekannt. Auf die beiden Teile des *Wunderbarlichen Vogelnests* wird nicht eingegangen. Im Gegensatz zu der Mummelsee-Episode aus dem *Simplicissimus* schreiben die Grimms hier eine Romanstelle aus der Feder Grimmelshausens ab und qualifizieren sie als ein Stück Volkstum.

Beim Vogelnest-Stoff lehnen sich die Grimms am deutlichsten an Grimmelshausen an. Die Spiritus-Familiaris-Sage ist zwar teilweise auch eine direkte Übernahme, aber sie wird stärker verfremdet und aus anderen Quellen ergänzt. Aus den Mummelsee-Sagen, die im Simplicissimus wiedergegeben sind, wählen sie nur diejenigen aus, die vermutlich nicht von Grimmelshausen erfunden sondern nur aufgegriffen worden waren. Die Forscher gehen sehr selektiv mit ihrem Quellenmaterial um, wobei sie aus Grimmelshausens *Courasche* auch Passagen übernehmen, die nicht eigentlich in den Bereich der Sagen gehören, sondern fester Bestandteil der Romanfiktion sind, wie beispielsweise Springinsfelds Umgang mit dem Spiritus familiaris.

3.2.6. Joseph von Eichendorff

In drei verschiedenen Werken Joseph von Eichendorffs zeigen sich deutliche Bezüge zu Grimmelshausen in unterschiedlicher Ausprägung; besonders das Einsiedler-Motiv zieht sich jedoch durch alle drei Texte: *Ahnung und Gegenwart, Dichter und ihre Gesellen* und *Eine Meerfahrt*.

3.2.6.1. Ahnung und Gegenwart

Ahnung und Gegenwart ist Joseph von Eichendorffs erster Roman und erschien 1815. [118] Wie viele weitere Romane Eichendorffs handelt er von Dichtung, Dichtern, Wanderschaft und Religion. Der junge Graf Friedrich begibt sich nach seinem Universitätsstudium

---

[118] Zitiert nach Joseph von Eichendorff: Ahnung und Gegenwart. In: Werke. Band II: Romane, Erzählungen, München 1970.

auf Reisen und lernt den Grafen Leontin sowie dessen Freund Faber kennen. Alle drei sind Poeten, doch recht unterschiedlicher Art. Nach Neumann ist Friedrich der kontemplative, Leontin der aktive Dichter, während Faber seinem Namen gemäß die Kunst wie ein Handwerk betreibt.[119] Am Ende wird Friedrich sich in ein Kloster zurückziehen, Leontin mit seiner Geliebten nach Amerika auswandern, während Faber weiter in Europa seinem Beruf nachgeht.

Das Nachtigallenlied des Einsiedlers im *Simplicissimus*[120] wird zweimal in *Ahnung und Gegenwart* verarbeitet. Friedrich, die Hauptfigur des Romans, und seine Freunde Faber, Leontin und dessen Schwester Rosa unternehmen einen Jagdausflug. Während einer Rast erzählt der Dichter Faber eine Geschichte, da sich Rosa offenbar langweilt. In dieser Märchenerzählung vom Wassermann singt das Mädchen Ida die zweite Strophe des frommen Liedes ohne die Refrainzeilen.

Ida lebt mit ihrem Vater auf dessen Burg zurückgezogen von jeder menschlichen Gesellschaft. Der Vater verbringt die meiste Zeit mit Gebeten und der Lektüre von geistlichen Schriften. Am Sterbebett schenkt er seiner Tochter einen Ring, der hell strahlt, so lange ihre Seele frei von bösen Gedanken ist, und den ihr Ehemann einmal tragen soll als Zeichen ihres Bundes. Nach seinem Tod ändert Ida ihr Leben grundlegend. Sie läßt das alte Schloß neu errichten und feiert Feste, die viele Verehrer zu ihr führen. Langsam trübt sich der Ring, bis der Stein ganz dunkel und häßlich geworden ist, so daß Ida ihn eines Tages in den nahegelegenen Fluß wirft. Schon oft zuvor hatte sie über die Legenden vom Wassermann, der in diesem Fluß leben soll, lästerliche Reden geführt und gerufen: „Wasser-

---

[119] Vgl. Peter Horst Neumann: Zum Verhältnis von Kunst und Religion in Eichendorffs poetologischem Roman *Ahnung und Gegenwart*. In: Aurora 57 (1997), S. 3.

[120] Vgl. Simplicissimus, S.23f.

mann soll mein Bräutigam sein!"[121] Am Tag nachdem sie den Ring weggeworfen hat, kommt dieser als Idas Bräutigam aus der Tiefe des Flußes, um ihre Hochzeit am Abend anzukündigen. In ihrer Verzweiflung besinnt Ida sich auf ein Lied, das sie vom Vater gelernt hatte, und singt nun die zweite Strophe des Nachtigallenliedes. Dieser kurze Ausschnitt beschreibt die Hoffnung auf Gottes Güte und Macht in düsterer Nacht und spiegelt so den Seelenzustand des Mädchens Ida. Das Tröstliche der Nacht und die Freude am Lob Gottes, die den Inhalt der ersten Strophe bilden, werden ausgeblendet, da Idas Rückgriff auf das Lied rein aus Angst geboren ist und nicht von einem starken Glauben getragen wird.

> Obschon ist hin der Sonnenschein
> Und wir im Finstern müssen sein,
> So können wir doch singen
> Von Gottes Güt und seiner Macht,
> Weil uns kann hindern keine Nacht,
> Sein Lobe zu vollbringen.[122]

Ida fehlt die wahre religiöse Andacht, deshalb kann ihr das Lied auch keinen Trost spenden, und sie bricht den Gesang ab. Am Abend kommen die Hochzeitsgäste, und Ida tanzt mit ihrem Bräutigam die ganze Nacht hindurch. Als der Morgen heraufdämmert, verblaßt ihr Ritter immer mehr, und die Gäste sehen aus wie Leichen. Ida wird ohnmächtig, und am Tage ist das Schloß verwüstet und das Mädchen verschwunden. Nur manchmal kann man sehen, wie ihr Körper sich aus dem Wasser aufbäumt.

Alle drei Zuhörer sind von der Erzählung sehr berührt, besonders deshalb, weil Faber sie aus bestimmtem Grund ausgewählt zu haben scheint:

> Auf Friedrich hatte das Märchen einen tiefen und ganz besonderen Eindruck gemacht. Er konnte sich nicht enthalten, während der ganzen Erzählung mit einem unbestimmten,

---

[121] Ahnung und Gegenwart, S. 39.

[122] Ebd., S. 42.

schmerzlichen Gefühle an Rosa zu denken und es kam ihm vor, als hätte Faber selber nicht ohne Absicht gerade diese Erfindung gewählt.[123]

Rosa gleicht Ida in ihrem Verlangen nach oberflächlichem Vergnügen und Leichtsinn, und daran wird später die Liebe zwischen Friedrich und Rosa scheitern. Die frommen Verse kontrastieren Idas Fehlverhalten. Sie nutzt die Nacht nicht, um Gott zu loben, sondern um ausgelassene Feste zu feiern. Erst als sie ahnt, daß ihr letztes Fest gekommen ist, beginnt sie ihren Fehler zu erkennen. Aber es ist zu spät für eine Umkehr, denn sie kann nur sich selbst beweinen und sich nicht an Gott wenden mit der Bitte um Vergebung. Das Lied zeigt ihr diesen letzten Ausweg auf. Die herannahende Nacht muß nicht ihr Ende sein, wenn sie zu „Gottes Güt' und seiner Macht" findet. Sie kann es nicht. Selbstmitleid ist ihre einzige Reaktion auf das herannahende Unglück, und damit ist sie zum Untergang verurteilt.

Einen vagen Anklang an das Lied des Einsiedlers vernimmt Friedrich noch einmal, als er sich in größter Gefahr befindet, den sinnlichen Verlockungen der eigenwilligen und rätselhaften Gräfin Romana während eines Besuches auf ihrem Schloß zu erliegen:

> Friedrich mußte dabei mehr als einmal die fast unweibliche Kühnheit ihrer Gedanken bewundern, ihr Geist schien heut von allen Banden los. Sie ergriff endlich die Gitarre und sang einige Lieder, die sie selbst gedichtet und komponiert hatte. Die Musik war durchaus wunderbar, unbegreiflich und oft beinahe wild, aber es war eine unwiderstehliche Gewalt in ihrem Zusammenklange. Der weite, stille Kreis von Strömen, Seen, Wäldern und Bergen, die in großen, halbkenntlichen Massen übereinander ruhten, rauschten dabei feenhaft zwischen die hinausschiffenden Töne hinein. Die Zauberei dieses Abends ergriff auch Friedrichs Herz, und in diesem sinnenverwirrenden

---

[123] Ebd., S. 43.

Rausche fand er das schöne Weib an seiner Seite zum ersten Male verführerisch.[124]

Friedrich verbringt die Nacht auf dem Schloß, doch er findet kaum Schlaf. Die Zimmer haben keine Türen, und nur wenige Räume von ihm entfernt ruht die schöne Gräfin. Als er doch endlich eingeschlafen ist, wird er bald wieder von Gesang geweckt. Als er sich umsieht, findet er Romana nackt auf dem Boden schlafend mit dem Oberkörper auf sein Bett gelehnt. Er betrachtet „die wunderschöne Gestalt lange voll Verwunderung",[125] bis der einsame Gesang wieder durch die mondhelle Nacht dringt, und ihn aus dem zauberhaften Bann der Gräfin löst:

Vergangen ist der lichte Tag,
Von ferne kommt der Glockenschlag,
So reist die Zeit die ganze Nacht,
Nimmt manchen mit, der's nicht gedacht.

Wo ist nun hin die bunte Lust,
Des Freundes Trost und treue Brust,
Des Weibes süßer Augenschein?
Will keiner mit mir munter sein?

Da's nun so stille auf der Welt,
Ziehn Wolken einsam übers Feld,
Und Feld und Baum besprechen sich –
O Menschenkind! was schauert dich?

Wie weit die falsche Welt auch sei,
Bleibt mir doch Einer nur getreu,
Der mit mir weint, der mit mir wacht,
Wenn ich nur recht an ihn gedacht.

Frisch auf denn, liebe Nachtigall,
Du Wasserfall mit hellem Schall!
G o t t loben wollen wir vereint,

---

[124] Ahnung und Gegenwart, S. 151.
[125] Ebd., S. 153.

Bis daß der lichte Morgen scheint![126]

Friedrich erkennt die Stimme des Sängers als die seines Freundes Leontin. Das Lied treibt ihn aus dem „Feenschloß"[127] und führt ihn wieder auf den rechten Weg. Friedrich fühlt sich befreit:

> Er atmete tief auf, als er draußen in die herrliche Nacht hinein-
> ritt, seine Seele war wie von tausend Ketten frei. Es war ihm,
> als ob er aus fieberhaften Träumen oder aus einem langen,
> wüsten, liederlichen Lustleben zurückkehre.[128]

Zwar kann Friedrich den Freund nicht finden, aber er findet wieder zu sich selbst. Das Lied hat den Zauber der Gräfin gebrochen. In der Stadt war Romana für Friedrich ein vertrauter Gesprächspartner gewesen: „Sie war seit seiner Trennung von Leontin die einzige, zu der er von allem reden konnte, was er dachte, wußte und wollte, die Unterhaltung mit ihr war ihm fast schon zum Bedürfnis geworden."[129] Auf ihrem Schloß jedoch verwandelt sich die geistige Freundschaft in körperliche Anziehungskraft. Und das ist für ihn und seinen weiteren Lebensweg gefährlich. Deshalb erreicht ihn das Lied des Freundes im rechten Augenblick und löst ihn aus dem Bann der Gräfin. Leontins Gesang hat die Kraft, den jungen Grafen zur Besinnung zu bringen, während es bei Ida versagt hat.

Vom Lied des Einsiedlers aus dem *Simplicissimus* sind allerdings nur noch motivische Anklänge übrig geblieben. Nur die letzte Lied-Strophe in *Ahnung und Gegenwart* ist noch sehr nahe am Originaltext. Es ist Nacht, und Leontin ist einsam, denn seine Freunde sind weit fort. Die stille Natur läßt ihn schaudern, aber der Gedanke an Gott tröstet ihn. Und er schließt mit dem Aufruf an die Nachtigall,

---

[126] Ebd., S. 153f.

[127] Ebd., S. 154.

[128] Ebd.

[129] Ebd., S. 141.

gemeinsam im Gesang Gott zu loben. Besonders diese letzte Strophe bezieht sich auch auf Friedrichs weiteres Schicksal. Nachdem er sich in Rosa, Leontins Schwester, verliebt hatte und enttäuscht worden war und nachdem er sich der körperlichen Anziehungskraft der Gräfin Romana entzogen hatte, zieht er sich am Ende in ein Kloster zurück und stellt sein Leben in den Dienst Gottes, wie es Simplex Vater in der Waldeinsamkeit getan hat.

Wie Simplex durchstreift Friedrich das Land auf der Suche nach wahrem Glück und einem sinnvollen Dasein. Auch Friedrich ist gefährdet, der Lasterhaftigkeit der Welt anheimzufallen. Im Gegensatz zu Simplex widersteht er den verschiedenen Versuchungen. Simplex muß sich erst tief in Sünde verstricken, um den Weg zurück zu Gott zu finden, während Friedrich ihn nie wirklich aus den Augen verliert. Beide Figuren haben ein ähnliches Lebensziel, aber ihr Weg dorthin ist sehr unterschiedlich.

Religion ist nach der Aufklärung problematisch geworden. Naturwissenschaften und Religion liegen im Konflikt. Bürgerliche Moralvorstellungen treten an die Stelle echter christlicher Überzeugung. Gott steht nun nicht mehr hinter allem Geschehen auf Erden, denn der Mensch nimmt zunehmend sein Schicksal selbst in die Hand. Friedrich dagegen wird von seinem katholischen Glauben durch das geistige und politische Chaos in Deutschland um die Jahrhundertwende getragen. Für ihn ist nicht mehr die Rettung seiner Seele das Ziel seines Lebens wie für Simplex, sondern die Rettung seines Glaubens und seiner Überzeugungen in einer Welt, in der die Religion immer weiter in den Hintergrund tritt. Eichendorff verleiht dem christlichen Glauben in diesem Roman einen starken, direkten Einfluß, indem dieser Friedrich und Leontin in ihren Dichtungen inspiriert und sie durchs Leben führt. Kunst wird zur Stellvertreterin der Religion auf Erden und übernimmt die Aufgabe, Menschen Trost zu spenden, sie moralisch zu erbauen und zu läutern, dabei schöpft sie aus der tiefen Religiosität der priesterähnlichen Dichter, während um diese wenigen besonderen Menschen herum der Glaube zunehmend säkularisiert wird. Friedrichs Rückzug in ein Kloster ist ebensosehr Weltabsage wie Leontins Abkehr von Europa und seine Reise in ein utopisches Amerika.

3.2.6.2. Dichter und ihre Gesellen

Der Roman *Dichter und ihre Gesellen* erschien 1834[130] und weist neben einigen motivischen Anklängen an den *Simplicissimus* auch eine Episode auf, in der Komödianten das Zigeunerleben der Courage nachspielen. Die Hauptfigur des Romans ist Fortunat, ein junger Baron und Dichter, der die Welt bereist. Er besucht seinen Freund Walter und reitet mit diesem zum Schloß des berühmten Dichters Victor, doch der ist auch auf Reisen. Als Fortunat nach wenigen Tagen weiterzieht, begegnet er einer Truppe von Wanderschauspielern. In einem nahegelegenen Schloß finden sie Unterkunft und Publikum. Am Abend des folgenden Tages begegnet Fortunat im Wald dem Studenten Otto, den er auf dem Schloß des Dichters Victor kennengelernt hat. Otto will sich den Schauspielern anschließen. Zu seinem Empfang haben sich die Schauspieler als Zigeuner verkleidet. „Für die nun folgende Zigeuner-Episode hat Eichendorff zahlreiche stoffliche Elemente aus Grimmelshausens *Springinsfeld* aufgegriffen und in das eigene Romangeschehen verwoben."[131] Die parodistischen Züge des Zigeunerspiels werden schon im ersten Eindruck deutlich:

> Sie schienen untereinander in Händel geraten zu sein und kamen in vollem Zanke daher, einige von ihnen waren bemüht, von hinten einen widerspenstigen Esel vorzuschieben, auf dem eine seltsame, phantastisch geschmückte Weibergestalt saß, die voll Zorn nach den ungestümen Treibern zurückschimpfte. Wie eine Zigeunerkönigin hatte sie ihr langes zottiges Haar mit einer Schnur von Gold und Edelsteinen oben in ein Krönchen

---

[130] Im folgenden zitiert nach Joseph von Eichendorff: Dichter und ihre Gesellen. In: Werke. Band II: Romane, Erzählungen, München 1970.

[131] Koeman, S. 336.

zusammengefaßt, in den Ohren trug sie schwere Gehenke von geschmelzter Arbeit, ihre Schabracke war von Scharlach, das grüne Kleid mit silbernen Posamenten verbrämt, und ihr schneeweißes Hemd an den Nähten mit schwarzer Seide nach böhmischer Art ausgenäht, woraus sie hervorschien, wie eine Heidelbeere aus der Milch.[132]

Im Vergleich dazu sind die Zigeuner im *Springinsfeld* furchteinflößend, und die Courage ist eine majestätische Erscheinung, deren Maulesel nicht geschoben werden muß, sondern gehorcht. Nachdem Hunde den Schreiber Philarchus in seinem Versteck im Gebüsch aufgestöbert und die Zigeuner ihn gefangen genommen haben, erscheint die Courage:

Sihe da kam ein prächtige Zigeinerin auf einem Maulesel daher geritten/ dergleichen ich mein Tage nicht gesehen noch von einer solchen gehöret hatte; Wessentwegen ich sie dann/ wo nicht gar vor die Königin: doch wenigst vor eine vornehme Fürstin aller anderer Zigeunerinnen halten muste! Sie schiene eine Person von ungefehr sechzig Jahren zu seyn/ aber wie ich seithero nachgerechnet/ so ist sie ein Jahr oder sechs älter; Sie hatte nicht so gar/ wie die andere/ ein bechschwartzes Haar/ sonder etwas falb/ und dasselbe mit einer Schnur von Gold und Edelgesteinen wie mit einer Cron zusammen gefasst/ an dessen Statt andere Zigeunerin nur einen schlechten Bendel: oder wanns wol abgehet/ einen Flor oder Schleyer: oder auch wol gar nur eine Weide zu brauchen pflegen/ in ihrem annoch frischen Angesicht sahe man/ daß sie in ihrer Jugend nicht heßlich gewesen; in den Ohren trug sie ein par Gehenck von Gold und geschmeltzter Arbeit mit Diamanten besetzt: und um den Hals eine Schnur voll Zahl-Perlen/ deren sich keine Fürstin hätte schämen dörffen; ihre Serge war von keinem groben Teppich sonder von Scharlach und durchaus mit grünem Plisch-Samet gefüttert/ Nebenher aber wie ihr Rock/ der von kostbarem grünem Englischen Tuch war/ mit Silbernen Pasamenten verpremt; sie hatte weder Brust noch Wams an/ aber

---

[132] Dichter und ihre Gesellen, S. 353.

wol ein par lustiger Polnischer Stifel; ihr Hemd war Schnee-
weis/ von reinem Auracher Leinwath/ überall um die Näthe
mit schwartzer Seiden auf die Böhmische Manier ausgenehet/
woraus sie hervor schiene/ wie eine Heidelbeer in einer Milch
[...].[133]

Eichendorff hat viele Beschreibungselemente direkt von Grimmelshausen übernommen, aber er hat die Aufmachung der Courage
an die Möglichkeiten und Verhältnisse der Schauspieler angepaßt.
Da ein Mann die Zigeunerfürstin spielt, muß er notgedrungen eine
Perücke tragen, die in diesem Fall schon etwas verfilzt ist, während
bei Grimmelshausen das Haar der Courage durch die hellere Farbe
auffällt. Auch die Kleidung ist unzureichend der literarischen Vorlage nachgebildet.

Kordelchen in Zigeuner-Verkleidung erinnert an die schöne junge
Zigeunerin, die Springinsfeld dazu verführen soll, bei den Zigeunern zu bleiben. Doch die Analogie ist nur angedeutet.[134] Wieder
in stärkerer Anlehnung an Grimmelshausen verläuft das Gespräch
zwischen Libuschka und Otto:

„Ei, mein schöner, weißer, junger Gesell", redete sie Otto an,
„was machst du hier? wo kommst du so allein daher?" [...]
Otto aber, von der allgemeinen Lust mit angesteckt, antwortete: „Meine großmächtige Frau Libuschka, ich komme von
Haus und bin willens, in der Welt ein mehreres zu studieren, oder einen Dienst zu bekommen, denn ich bin ein armer
Schüler."[135]

Im *Springinsfeld* wird dem Gespräch noch eine besonders dämonische Beschreibung der Courage vorgeschoben:

NUn diese tolle Zigeunerin/ welche von den andern eine gnä-
dige Frau genannt: von mir aber vor ein Ebenbild der Dame

---

[133] Springinsfeld, S. 25f.

[134] Vgl. Dichter und ihre Gesellen, S. 353 und Springinsfeld, S. 35.

[135] Dichter und ihre Gesellen, S. 353f.

von Babylon gehalten wurde/ wann sie nur auf einem sie-
benköpfigen Trachen gesessen: und ein wenig schöner gewesen
wäre/ sagte zu mir; Ach mein schöner weisser junger Gesell/
was machstu hier so gar allein/ und so weit von den Leuthen?
Ich antwortet/ mein großmächtige hochgeehrte Frau ich komm
von Haus aus dem Schweitzerlande/ und bin Willens an den
Rheinstrom in eine Stadt zu reisen/ entweder daselbst ein meh-
rers zu studiren/ oder einen Dienst zu bekommen/ dann ich
bin ein armer Schuler;[136]

Die Übereinstimmung des Gesprächs reicht teilweise bis in den
Wortlaut hinein, nur daß Otto eben kein Schweizer ist. Bei Eichendorff wird nun jedoch, nachdem er seiner Vorlage so getreu gefolgt
war, das Zigeunerspiel gleich wieder ironisch gebrochen, wenn es
weiter heißt:

„Daß dich Gott behüte, mein Kind!" versetzte die alte Zigeunerin „– aber zum Teufel! laßt die Faxen, ich falle wahrhaftig
herunter!" rief sie dazwischen den Schauspielern plötzlich mit
grober Stimme zu, an der Fortunat sogleich Herrn Ruprecht
erkannte.[137]

Während bei Grimmelshausen die Courage vor den anderen
Zigeunern ausgezeichnet wird, indem sie als einzige auf einem
Maulesel reitet, wird sie bei Eichendorff dadurch zum Gespött, denn
sie droht herunterzufallen, weil die anderen Schauspieler das Tier
kneifen und ärgern, so daß es immer wieder ausschlägt. Die Schauspieler treiben ihren Spaß mit dem Zigeunerspiel, und der Verfasser
entlarvt dabei ihr Künstlertum als bloßen Klamauk. Bei Koeman
liest man folgende Zusammenfassung:

Eichendorff hat Grimmelshausens Zigeuner-Episode zum Gegenstand eines studentischen Stegreifspiels gemacht. Die romantischen Komödianten stellen die Zigeuner als unkonven-
tionell lebende, bunt gekleidete und fröhlich gesinnte Leute

---

[136] Springinsfeld, S. 26f.

[137] Dichter und ihre Gesellen, S. 354.

dar. Das stimmt nicht mit dem wirklichen, oft miserablen Zigeunerleben überein. Eine solche Darstellung ist nicht typisch für Eichendorff, denn auch andere Romantiker haben die Zigeunerexistenz poetisiert [...]. Eichendorffs Zigeuner-Episode im Roman *Dichter und ihre Gesellen* ist eine Collage aus stilistisch geänderten Grimmelshausen-Zitaten und eigenen Ergänzungen, die die weggelassenen Textstellen ausfüllen. Die Vorlage ist demontiert worden: Ernsthaftes wurde ausgeklammert oder abgeschwächt, Lustiges ausgewählt oder hervorgehoben. Außerdem wurden Liedzeilen aus *Preciosa* und *Götz von Berlichingen* mit dem neuen Erzählinhalt in Einklang gebracht.[138]

Daß in diesem Roman das Zigeunerleben so unrealistisch locker und fröhlich dargestellt wird, liegt natürlich daran, daß wandernde Schauspieler sich nur einen Spaß machen und für einen Abend Zigeuner spielen. Es ist nicht viel mehr als eine Karnevalsmaskerade, deren Vorlage die Schilderung des Zigeunerlebens in einem Roman Grimmelshausens ist. Es handelt sich also nicht um eine Poetisierung des Zigeunerlebens, sondern um eine Poetisierung und Ironisierung des Komödiantenlebens. Daß gewisse Parallelen zwischen beiden Lebensweisen gezogen werden können, macht das Zigeunerspiel für die Schauspieler erst interessant.

So wie sich Eichendorff die Zigeuner-Episode aus dem *Springinsfeld* auf recht eigenwillige Weise nutzbar gemacht hat, so findet sich auch das Einsiedler-Motiv stark verwandelt wieder. Der Dichter Viktor zieht einige Zeit als Lothario mit den Komödianten umher. Als er sich in die sagenumrankte spanische Gräfin Juanna verliebt, sie aber durch ihren Freitod verliert, zieht er sich aus dem Welttreiben zurück und wird Einsiedler in einem verfallenen Kloster. Er nennt sich nun Bruder Vitalis und erweckt das Interesse und die Verehrung der Menschen, die von ihm hören oder ihm begegnen.

---

[138] Koeman, S. 353.

Auch das Einsiedler-Motiv ist mit dem Schauspieler-Motiv verbunden, denn als sich Baron Manfred auf die Suche nach Vitalis macht, trifft er zunächst auf den ehemaligen Direktor der Komödianten, den Dichter Dryander. Dieser war in Sturm und Regen an die Klause eines anderen Einsiedlers gelangt und hatte sich dort den Pelz des Eremiten übergezogen, um nicht zu frieren, während er echte Einsiedler im Wald nach Holz suchte. Dryander spielt nun vor dem zweifelnden Manfred den Einsiedler Vitalis, der sich von der Welt abgewandt hat. Manfred versucht, ihn von seinem Einsiedlerdasein abzubringen:

> „Das ist kein bloßer Scherz", sagte er, „es wäre zu frevelhaft. Aber auch der bitterste Ernst ist hier ein Frevel. Armer, grillenhafter, wetterwendischer Mensch, gehe erst zu den Einfältigen in die Lehre, erkenne erst unten im Gedränge das unsichtbare Kreuz, das der Herr mitten im Leben aufgerichtet, eh du es selbst zu fassen und in Seinem Namen die Welt zu belehren und zu richten wagst!" — „Amen, mein Sohn!" unterbrach ihn hier Dryander mit milder Stimme, „aber nimmermehr wird es dir gelingen, durch lose Worte mir das Rauhe meines Eremitenpelzes herauszukehren, denn mich erbarmt in tiefster Seele deine Verblendung. Also von der Welt Rumor, mein Sohn, hoffst du noch immer zu lernen, was nicht von der Welt ist? Ich aber sage dir: da ist nichts zu lernen, sondern niederzustürzen auf die Knie, denn mitten in der Stille der Waldeseinsamkeit, plötzlich und von Waffen blitzend, kommt der Engel des Herrn!"[139]

Dryander kennt seine Rolle, die er aus dem Stegreif spielt, so gut, daß er Manfred beinah überzeugt hätte, doch dann zieht er zu heftig und gierig an seiner Pfeife. Das Rollenspiel löst sich in Gelächter auf, in das der wirkliche Bewohner der Klause gleich miteinstimmt. Der Einsiedler ist ein ehemaliger Kürassier, dessen Klause die vollständige „Dekoration" aufweist,[140] die man von

---

[139] Dichter und ihre Gesellen, S. 448f.

[140] Ebd., S. 451.

einem frommen Waldbruder erwarten darf. Gerade das Wort Dekoration, das Viktor alias Vitalis für die Einrichtung verwendet, rückt die Frömmigkeit des Einsiedlers in eine gewisse Nähe zum Schauspieler-Einsiedler Dryander. Vitalis ist im Gegensatz dazu wahrhaft zur Nachfolge Christi bestimmt. Als Viktor zum ersten Mal dem Einsiedler begegnet, blickt er vom Berg in das Tal und denkt über die Verlorenheit der Menschen nach:

> ‚Sieh‘, sagte er, ‚das ist ein Friede Gottes überall, als zögen die Engelscharen singend über die Erde! die armen Menschenkinder! sie hören's nur, wie im Traume. Müde da unten, verirrt in der Fremde und Nacht, wie sie weinend rufen und des Vaters Haus suchen, und wo ein Licht schimmert, klopfen sie furchtsam an die Tür, und es wird ihnen aufgetan, aber sie sollen den Fremden dienen um das tägliche Brot; darüber werden sie groß und alt, und kennen die Heimat und den Vater nicht mehr. O wer ihnen allen den Frieden bringen könnte! Aber wer das ehrlich will, muß erst Frieden stiften in sich selbst, und wenn er darüber zusammenbräche, was tut's! – Sieh, Gesell, und das ist geistliches Recht und Tagewerk.‘[141]

Fastend, betend und singend gelingt es Bruder Vitalis, den Frieden in sich selbst zu stiften. Deshalb zieht er auch am Ende mit den Freunden in die Welt, um als katholischer Geistlicher den Menschen Frieden zu bringen, indem er ihnen die Augen öffnet und sie zu Gott zurückführt.[142] In diesem Werk Eichendorff kommt am deutlichsten die Bedrohung des Glaubens in nachaufklärerischer Zeit zum Vorschein. Vitalis ist in seinem Glauben stark genug, um in der Nachfolge Christi den Menschen das Christentum wieder nahezubringen.

Eichendorff versteht hier Einsiedlertum anders als Grimmelshausen, dessen Einsiedlerfiguren noch im frommen Waldbruder durchscheinen, der sich aus der Welt zurückgezogen hat, um sich vor ihrer

---

[141] Ebd., S. 452.
[142] Vgl. ebd., S. 506.

Sündhaftigkeit zu schützen. Vitalis dagegen lebt ein Einsiedlertum, das nur als Vorstufe zu seiner Mission in der Welt zu verstehen ist. Er denkt nicht nur an sich selbst, sondern will auch seinen Mitmenschen nützen. Nächstenliebe ist für ihn das oberste Gebot und bedeutet, daß er seine Nächsten zu Gott bekehrt. Für Vitalis ist ein gottesfürchtiges Leben in der Welt nicht problematisch, allerdings trägt es gewisse Züge von Märtyrertum, denn er vergleicht es mit Kriegsdienst.[143] Vitalis geht noch über den Entschluß Friedrichs in *Ahnung und Gegenwart* hinaus, der zunächst für sich selbst den Weg zu Gott im Kloster sucht. Vitalis will anderen den rechten Weg weisen und übernimmt damit eine Aufgabe, die sich Grimmelshausens Simplex auf der Kreuzinsel niemals zugetraut hätte. Einen Versuch, andere Menschen zu erreichen, wagt dieser nur durch die Veröffentlichung seines Lebenslaufs, der abschreckend und belehrend auf die Leser wirken soll. In die Welt wagt er sich erst im *Springinsfeld* wieder, und in diesem Roman kann er wenigstens seinen alten Freund bekehren.

3.2.6.3. Eine Meerfahrt

Eine Variation des Lieds des Einsiedlers kehrt in der Erzählung *Eine Meerfahrt* wieder. Eichendorff schrieb die Erzählung 1835, aber veröffentlicht wurde sie erst nach seinem Tod.[144]

Antonio und Kapitän Alvarez reisen in die neue Welt auf der Suche nach Abenteuern und Reichtum. Antonio hegt dabei die Hoffnung, seinen verschollenen Onkel Don Diego zu finden, der dreißig Jahre vor ihm eine ähnliche Reise angetreten hatte. Als Sie auf einer Insel an Land gehen, entdecken sie eine Höhle, in der eine schöne, scheinbar schlafende Frau, die von Eingeborenen umtanzt und verehrt wird. Da es die Walpurgis-Nacht ist, glaubt Alvarez,

---

[143] Vgl. ebd.

[144] Im folgenden zitiert nach Joseph von Eichendorff: Eine Meerfahrt. In: Werke. Band II: Romane, Erzählungen, München 1970.

daß sie in den Venusberg gelangt seien. Am nächsten Tag begibt sich der Kapitän, der sich schon als Herrscher der Insel betrachtet, mit einer Gesandtschaft zum König der Eingeborenen. Als dieser Gold unter den Abenteurern verstreuen läßt, geraten sie völlig außer Kontrolle, raffen zusammen, soviel ihnen möglich ist, und fliehen mit der Beute in alle Himmelsrichtungen. Alvarez bleibt mit einigen wenigen zurück und kann sich zum Strand durchschlagen. Antonio verirrt sich und gerät in einen Garten, wo er einschläft. Als er erwacht, ist eine schöne junge Frau bei ihm, die Antonio als Frau Venus aus der Höhle zu erkennen glaubt. Er flieht vor ihr und gelangt zu den Spaniern zurück. Die Überlebenden werden von den Eingeborenen angegriffen und haben kaum noch eine Chance, mit dem Leben davonzukommen. Doch da erscheint das schöne Mädchen und gebietet den Kriegern Einhalt. Sie knien vor ihr nieder, während sie auf die Spanier zugeht und mit ihnen auf das Schiff flüchtet. Das Mädchen heißt Alma und ist die Nichte der toten Königin, deren Leichnam in einer eisig kalten Höhle aufbewahrt und verehrt wird. Da Alma ihrer Tante sehr ähnlich sieht, kann sie ihre eigenen Leute täuschen und so Antonio, in den sie verliebt ist, retten.

Auf einer nahegelegenen Insel wollen die Spanier Proviant an Bord nehmen, die Verwundeten pflegen und das Schiff ausbessern. Antonio, Alvarez und einige andere Seeleute erkunden noch in der Nacht die Insel, die Spuren von menschlicher Arbeit zeigt. Da hören sie eine männliche Stimme singen:

> Komm Trost der Welt, du stille Nacht!
> Wie steigst du von den Bergen sacht,
> Die Lüfte alle schlafen,
> Ein Schiffer nur noch, wandermüd,
> Singt übers Meer sein Abendlied
> Zu Gottes Lob im Hafen.
>
> Die Jahre wie die Wolken gehn
> Und lassen mich hier einsam stehn,

Die Welt hat mich vergessen,
Da tratst du wunderbar zu mir,
Wenn ich beim Waldesrauschen hier
In stiller Nacht gesessen.
O Trost der Welt, du stille Nacht,
Der Tag hat mich so müd gemacht,
Das weite Meer schon dunkelt,
Laß ausruhn mich von Lust und Not,
Bis daß das ew'ge Morgenrot
Den stillen Wald durchfunkelt.[145]

Ein Lieutenant wird ungeduldig, weil sie den Bewohner der Insel nicht finden können, und feuert sein Gewehr ab, um den Fremden auf sie aufmerksam zu machen und gleichzeitig einzuschüchtern. Aber ein Schuß war das verabredete Zeichen für die anderen Matrosen, ihnen nachzufolgen. In der Dunkelheit stoßen sie nun auf die eigenen Leute und halten sie für Ureinwohner. Ein Kampf beginnt, der erst durch das Erscheinen des Sängers beendet wird, denn er bringt mit seiner Fackel Licht ins Dunkel und ruft sie zur Vernunft:

„Ruhe da!" rief er; „was treibt euch, hier die Nacht mit wüstem Lärm zu brechen, das wilde Meer murrt nur von fern am Fuß der Felsen und alle blinden Elemente hielten Frieden hier seit dreißig Jahren in schöner Eintracht der Natur, und die ersten Christen, die ich wiedersehe, bringen Krieg, Empörung, Mord."[146]

Der Insel-Eremit weist ihnen den Weg zurück zu ihrem Lagerplatz und bestellt eine Abordnung für den nächsten Morgen zu seiner Wohnung. Als er Antonio und Alvarez seine Geschichte erzählt, erkennt Antonio in ihm seinen verschollenen Onkel. Don Diego war auf seiner Reise an dieselbe bewohnte Insel gelangt, wie sein Neffe mit Kapitän Alvarez' Leuten. Der schönen und klugen Königin, deren Leichnam nun in der eisigen Höhle aufbewahrt wird, war es

---

[145] Ebd., S. 772f.
[146] Ebd., S. 773.

damals gelungen, das Vertrauen Don Diegos zu gewinnen. Er hatte die Festung auf der Insel bauen und die Schiffsausrüstung an Land bringen lassen, da waren sie von den Eingebohrenen angegriffen worden. Da das Schiff von den Eingeborenen in Brand gesteckt worden war, hatte nur Don Diego überlebt, der an einen Mast geklammert, an den Strand der unbewohnten Insel gespült worden war.

Doch Don Diego ist nun aber nicht bereit, mit seinem Neffen nach Europa zurückzukehren. Don Diego ist völlig zufrieden auf seinem „Felsen".[147] Da der Einsiedler den Spaniern das ganze Gold der Insel schenkt, beschließen die Entdecker, ohne Umwege in die Heimat zurückzukehren. Antonio und Alma wollen in Spanien ein neues, gemeinsames Leben beginnen.

Die Einsiedlerepisode ist in weiten Zügen dem *Simplicissimus* nachgestaltet. Die ersten Zeichen von menschlicher Anwesenheit, die die ankommenden Seefahrer entdecken, sind Kreuze.[148] In beiden Werken geraten die Seeleute in Schwierigkeiten, aus denen ihnen nur der Einsiedler helfen kann. Im *Simplicissimus* sind einige Matrosen durch den Verzehr von Pfirsichen verrückt geworden, bei Eichendorff stiften Unbedachtsamkeit, Angst und Dunkelheit eine Verwirrung, die ohne das Eingreifen des Einsiedlers zu Mord und Totschlag geführt hätte. Die Einsiedler sind beide alt, aber stattlich, bärtig und ehrfurchtgebietend.[149] Glücklicherweise wurden sie nach einem Schiffbruch auf eine unbewohnte Insel gespült und damit vor dem Tod gerettet. Nach vielen Jahren der ursprünglich unfreiwilligen Einsamkeit hegen sie noch nicht den Wunsch, nach Europa zurückzukehren, denn beide genießen den Frieden und die Ruhe ihrer Weltabgeschiedenheit. Aber ihre Lebensgeschichte gelangt, einmal in Schriftform und einmal in Form der mündlichen

---

147 Vgl. ebd., S. 793.

148 Vgl. Simplicissimus, S. 571; Eine Meerfahrt, S. 770.

149 Vgl. Eine Meerfahrt, S. 773 und Simplicissimus, S. 580.

Überlieferung durch Antonio, in die Heimat.

Besonders auffällig aber ist das Lied, welches Eichendorffs Einsiedler von Grimmelshausens Waldbruder übernommen und abgewandelt hat. Die Abweichungen sind dabei interessanter als die Übereinstimmungen, die im Metrum und in gemeinsamen Motiven bestehen. Bei Grimmelshausen findet der Einsiedler in der Nacht Trost im Gesang der Nachtigall, während bei Eichendorff der Einbruch der Nacht tröstlich ist für den Menschen, der müde ist vom Welttreiben. Ein Schiffer singt hier einsam zum Lobe Gottes ohne die Unterstützung der Nachtigall. Eichendorffs Inseleremit findet in der Nacht Ruhe und Frieden. Die Nacht ist aber auch das Symbol für den Tod, nach dem sich der fromme Mann sehnt, denn er wartet darauf, „daß das ew'ge Morgenrot Den stillen Wald durchfunkelt."[150] Der eigentliche Trost der Nacht liegt im bevorstehenden Sonnenaufgang, der die Wiederauferstehung nach dem Tod symbolisiert. Für Grimmelshausens Einsiedler ist die Nacht bedrückend, und nur durch den schönen Gesang der Nachtigall, der zum Lobe Gottes gereicht, gewinnt die Finsternis einen schönen Sinn, während bei Eichendorff die Nacht ein Versprechen des ewigen Lebens birgt.

Der wesentliche Unterschied zwischen Grimmelshausens und Eichendorffs Einsiedler besteht in ihren Beweggründen. Simplicissimus und sein Vater haben sich von der menschlichen Gesellschaft zurückgezogen, um sich ganz auf Gott und ein Leben nach dem Tod zu konzentrieren, und damit die Gefahr der Sünde zu beschränken. Don Diego hat auf seiner Insel Ruhe und Frieden gefunden und erlebt die Nähe zu Gott in der ihn umgebenden Natur. Er will nicht nach Europa zurückkehren, denn die Ankunft der Spanier auf seiner Insel hat ihm erneut bewiesen, daß es unter den Menschen keinen Frieden gibt. Don Diego hat mit dem irdischen Leben abgeschlossen und wartet hoffnungsvoll auf seinen Tod, während Simplex auf

---

[150] Eine Meerfahrt, S. 280.

seiner Insel Schutz sucht vor den Verlockungen zur Sünde. Er wartet nicht auf seinen Tod, aber er konzentriert sich ganz auf die Erlangung seines Seelenheils. Don Diego findet auf der Insel eine Lebensform, die seinen Glauben nicht gefährdet, sondern vor den Anfechtungen der Welt und der Gottlosigkeit der Menschen schützt. Simplicissimus dagegen wählt die Lebensform, die ihm den größten Schutz vor dem Teufel bietet.

3.2.7. Hermann Kurz

Im Mai 1836 erschien im *Morgenblatt für gebildete Stände* eine Novelle mit dem Titel *Simplicissimus* von Hermann Kurz.[151] Simplicissimus ist der Spitzname des jungen Theodor Gradmann, denn sein Vater, ein angesehener Kaufmann, läßt ihn in großer Zurückgezogenheit und Weltferne aufwachsen:

> so taufte ihn der Witzigste aus der Gesellschaft um und nannte ihn passender den neuen Simplicissimus, durch welche Vergleichung mit dem Helden eines der anziehendsten altdeutschen Romane ihm eben auch kein groß Unrecht geschah. Unter diesem Namen coursirte er von nun an in ihren gesellschaftlichen Zusammenkünften, und bot einen unerschöpflichen Stoff zu belustigenden Erzählungen von seiner Unschuld und Unwissenheit in den Verhältnissen des täglichen Lebens dar.[152]

Theodor wächst ähnlich unwissend auf wie Simplex bei seinem Knan und später beim Einsiedler, aber während Simplex schon als Knabe in die Welt gestoßen wird, erhält sich Theodor seine Unwissenheit, bis er zwanzig Jahre alt ist. Als an seinem Geburtstag der Vater davon spricht, daß Theodor nun bald heiraten könnte, zögert der nicht lange und beschließt, Marie, die Tochter des Pastors, zu heiraten, obwohl er keine Ahnung hat, was das bedeutet. Durch

---

[151] Hermann Kurz: Simplicissimus. In: Morgenblatt für gebildete Stände, 2. bis 7. Mai 1836, Nr. 105: S. 418/419, Nr. 106: S. 422-424, Nr. 107: S. 425/426, Nr. 108: S. 430, Nr. 109: S. 433-434, Nr. 110: S. 438-439.

[152] Simplicissimus, Nr. 105, S. 418.

Zufall erhält er die wichtigsten Informationen, wie zum Beispiel, daß er sich beim Amtmann die notwendigen Papiere besorgen und daß anschließend die Verlobung in der Kirche mehrmals verkündet werden muß. Da der Pastor, also der unwissende Brautvater, bei einem kranken Kollegen ist, bittet Theodor den Vikar, seine Verlobung mit der Pastorentochter nach dem Gottesdienst bekanntzugeben. Bei dieser Gelegenheit erfährt nun die Braut zum ersten Mal von ihrem Glück, und Theodors Vater ist nicht minder bestürzt als sie. Trotz seiner Unerfahrenheit ist es Theodor gelungen, alle zu überraschen und auf diese Weise tatsächlich die Hand der geliebten Marie für sich zu gewinnen. Und diese Liebe lehrt ihn auch das Leben besser verstehen, denn schon der erste Kuß hat eine fabelhafte Wirkung: „Dieser Kuß that Wunder und brachte unsern Helden auf einmal in Weisheit und Verstand um viele Jahre vorwärts".[153]

Während im *Simplicissimus* von Grimmelshausen die Unwissenheit des Knaben einigermaßen überzeugend durch das Leben auf dem Bauernhof und in der Waldeinsamkeit beim Einsiedler begründet wird, ist die Weltfremdheit Theodors kaum vorstellbar. Selbst während seiner Lehrzeit im väterlichen Geschäft lernt er kaum etwas über das Leben. Neugier und Entdeckungsgeist werden bei ihm erst wach, als er glaubt, der Vater wünsche sich seine Heirat. Dann erst wird er aktiv und verschafft sich das nötige Wissen. Die Gemeinsamkeit dieser Novelle mit dem *Simplicissimus* von Grimmelshausen geht nicht über eine vergleichbare Unerfahrenheit der Protagonisten hinaus. Davon abgesehen sind die Figuren und die Handlung völlig unterschiedlich angelegt, denn Simplex muß sehr schnell die Welt kennenlernen und die Menschen durchschauen, um sich zu behaupten, während Theodor immer unter dem Schutz und der Abschirmung des Vaters steht und sich damit zufrieden gibt. Mag sein, daß Hermann Kurz durch den *Simplicissimus* zu dieser Novelle inspiriert wurde, denkbar ist aber auch, daß er sich nur auf

---

[153] Simplicissimus, Nr. 110, S. 439.

den Barockroman bezieht, um sein Werk von der Anziehungskraft des Titels profitieren zu lassen. Man kann in diesem Fall kaum von *Simplicissimus*-Rezeption sprechen. Allerdings zeugt die Titelwahl für den Bekanntheitsgrad des *Simplicissimus* noch im Jahre 1836.

3.2.8. Zwischenergebnisse

Wie die bisherigen Untersuchungen zeigen, läßt sich die Rezeption Grimmelshausens in der Romantik auf bestimmte Interessensschwerpunkte festlegen. Die Jupiterfigur und allgemein die Narrenthematik werden in mehreren Werken aufgegriffen, ebenso faszinieren die verschiedenen Einsiedlerfiguren, ihre Weltflucht und ihr religiöser Hintergrund. Das Thema Krieg und Frieden ist gerade in der Zeit um 1800 sehr aktuell und verleiht dem *Simplicissimus* Aktualität.

Besonders für Ludwig Tieck wird Grimmelshausens *Simplicissimus* als Musterbeispiel von Satire interessant. In seiner Erzählung *Ein Tagebuch* stehen das Narrenmotiv sowie die aktuelle Kriegsgefahr im Vordergrund. Der Tagebuchschreiber ist der Figur Simplex nachgestaltet. Er schildert seine Einfalt, seine Fehler und Irrwege und vergeblichen Bekehrungsversuche und gelangt dabei schließlich zu größerer Selbsterkenntnis. Im *Zerbino* findet vorrangig eine Auseinandersetzung mit der Aufklärung und ihren für das Individuum fatalen Auswirkungen statt. Narrentum wird dabei zum positiven Gegenwert stilisiert, während als verlorenes Ideal eine archaische Welt gestaltet wird, in der erfülltes, sinnvolles Leben möglich war. In diesem Bereich ist der Waldbruder angesiedelt, der deutlich dem *Simplicissimus* entlehnt ist. Brentanos Märchen vom Schulmeister Klopfstock profitiert in erster Linie von der Übertragung der Einsiedlerfigur, die allerdings parodistische Züge annimmt. Trilltrall trägt viele Züge von Simplex und geht einen analogen Lebensweg, allerdings unter veränderten Vorzeichen. In der Erzählung *Der Held des neunzehnten Jahrhunderts* wird direkt die Jupiterepisode aus dem *Simplicissimus* auf das aktuelle Zeitgeschehen bezogen, um dadurch Gesellschaftkritik und Kritik an Napoleon zu üben. Chamisso setzt sich in der Geschichte des geächteten Peter Schlemihl mit den gesellschaftlichen Veränderungen im beginnenden Kapitalismus auseinander. Wieder flieht hier die Hauptfigur nach ihrem Versagen die menschliche Gesellschaft, um ihren Gefahren in Zukunft zu entgehen.

Arnim verwendet eine relativ werktreue Nachschöpfung der Zigeuner-Episode aus dem *Springinsfeld* zusammen mit einer Philander-Episode, um in seinem Zyklus *Wintergarten* ein abschreckendes Bild des Dreißigjährigen Krieges und damit eines jeden Krieges, besonders aber des zu erwartenden, zu präsentieren. Ganz anders benutzt Eichendorff die Szene in seinem Roman *Dichter und ihre Gesellen*, denn ihm geht es dabei um das Verhältnis von Kunst und Wirklichkeit und einen Vergleich von Zigeunern und Komödianten, die ja Kunst als Wirklichkeit erscheinen lassen sollen. Kennzeichnend für Eichendorffs *Simplicissimus*-Rezeption ist die mehrfache Adaption der verschiedenen Einsiedlerfiguren. In *Ahnung und Gegenwart* folgt Friedrich Simplex' Beispiel in seiner Weltabkehr nach, und in *Eine Meerfahrt* dient die Robinsonade aus der *Continuatio* als Vorbild. In *Dichter und ihre Gesellen* wird das Einsiedler-Motiv mehrfach gesteigert und immer mit Bezug zum *Simplicissimus*. Vitalis/Viktor ist der tief religiöse Einsiedler, der sich auf seine Mission in der Welt vorbereitet, während der benachbarte Klausner vielmehr Simplex und seinem Vater gleicht, die beide in der Einsiedelei die Nähe zu Gott suchen und den schädlichen Einfluß der Menschen fliehen. Dryander, als gespielter Einsiedler, erinnert dagegen an Simplex auf dem Mooskopf zu Beginn der *Continuatio*, als er seine Andacht bereits wieder verloren hat und schließlich als heuchlerischer Pilger durch die Welt zieht. Bei Eichendorff ist noch am stärksten das religiöse Anliegen Grimmelshausens präsent. Für die romantischen Dichter ist der *Simplicissimus* ein Musterbeispiel von Satire. Er dient als Quelle von faszinierenden Sagen- und Märchenmotiven, von Kriegserfahrungen und Lebensweisheit.

3.3. Dritte Rezeptionsphase: 1896-1991

Mit dem Erscheinen der satirischen Wochenschrift *Simplicissimus* beginnt eine dritte Phase der *Simplicissimus*-Rezeption, die besonders durch die beiden Weltkriege geprägt ist. Grimmelshausens Werk wird als Kriegsroman für moderne Autoren aktuell, aber auch als Meisterwerk der moralischen und politischen Satire zum Vorbild.

3.3.1. Satirezeitschrift Simplicissimus

Die folgende Untersuchung des Zusammenhangs zwischen dem barocken Roman und Text- und Bildmaterial in der Zeitschrift *Simplicissimus* lehnt sich stark an einen Aufsatz von Christian Juranek an.[1]

Im Jahr 1896 gründet der Verleger Albert Langen die satirische Wochenschrift *Simplicissimus*. Umstritten ist die Frage, wer die Idee zu dem Projekt ursprünglich hatte: Langen selbst, August Strindberg oder der dänische Maler Willy Grétor. Ähnlich unklar ist die Frage, wer den Titel für die Zeitschrift fand.[2] Daß der Name *Simplicissimus*, der sich gleichzeitig auf Grimmelshausen und seine Kunstfigur bezieht, jedoch Programm ist, wird gleich in der ersten Ausgabe vom 4. April 1896 deutlich. Unter der Rubrik „Simplicissimus spricht" findet man folgendes Gedicht, das wie die Zueignung aus Goethes Faust in Stanzen geschrieben ist und das Selbstverständnis der neuen Zeitschrift definiert:

O Narrenspiel der bunten Wirklichkeiten,
Was menschlich ist, versinkt in deinem Schoß,
Die hellen und die düstern Bilder gleiten

---

[1] Christian Juranek: *Simplicissimus Teutsch* und „Simplicissimus" – ein Urahn und sein Nachfahr. In: Simplicissimus heute. Ein barocker Schelm in der Kunst des 20. Jahrhunderts, hrsg. von Martin Bircher und Christian Juranek, Wolfenbüttel 1990.

[2] Vgl. Bruni Mahlberg-Gräper: Starke Typen. 100 Jahre Simplicissimus, Eupen 1996, S. 10ff.

Vorüber, und das Kleine scheint euch groß.
Ich aber, jauchzend will ich weiter schreiten,
hier bin ich: frei und jung und ahnenlos;
Nicht Schwert, noch Helm und Lanze will ich tragen,
Mit heißen Worten nur will ich euch schlagen.
Du träges Volk, du hast zu lang gerastet.
Wach auf, wach auf, die Morgenstunde naht!
Wenn stumm und scheu die Nacht von dannen hastet,
Vernichten wir der Knechtschaft bittre Saat.
Wer Durst gelitten, trinke, — wer gefastet,
Empfange neues Brot; — der Zeiten Rad
Läuft über Parlament und Pickelhelmen
Zum dunkeln Pförtchen eines armen Schelmen.

Jawohl ich bin ein Schelm, und meine Schelle
Wird euch gar bald den Morgensegen bimmeln,
Und wo man lacht, da bin auch ich zur Stelle,
Den Tugendbold reiß ich aus allen Himmeln, —
(Mein Gott, es gibt ja hunderttausend Fälle):
Weisheit ist selten, doch die Schafe wimmeln.
Ich bin kein Simson, nicht der Juden Priester,
Doch schlag ich allerorten die Philister.

Dies kurze Spännchen Leben ist voll Trauer
Und Thränen bleiben Wenigen erspart.
Stets liegt das plumpe Schicksal auf der Lauer,
Sein hinterlistiger Schlag trifft gut und hart,
Doch ich bleib heiter, wenn das Spiel auch sauer,
Und meine Schmerzen hab ich bald verscharrt.
Allein, wer könnte allen Schmerz verscharren —
Die bittern Narren sind die guten Narren.[3]

Es geht also wie schon bei Grimmelshausen um die Entlarvung einer verkehrten Welt und der Narrheiten, die sich in ihr abspielen. Der neue *Simplicissimus* bezeichnet sich als „frei und jung und ahnenlos". „Frei" meint hier, politisch nicht auf eine bestimmte

---

[3] Simplicissimus Jg. 1, Nr. 1, 4.4.1896, S. 2.

Richtung festgelegt Kritik zu üben, „jung" postuliert die Neuartigkeit und Frische der Zeitschrift gegenüber den etablierten Konkurrenzblättern. Schwieriger ist die Deutung von „ahnenlos", da ja ganz deutlich auf den Urahnen Simplicius Simplicissimus Bezug genommen wird. Doch Grimmelshausens Simplex war genau genommen ahnenlos, da er von seiner adligen Herkunft erst erfuhr, als sie keine Rolle mehr spielte für seinen weiteren Lebensweg. Er war die meiste Zeit immer auf sich allein gestellt und damit auch unabhängig von familiären Verpflichtungen. „Ahnenlos" bedeutet aber auch, daß er nicht eindeutig einer bestimmten sozialen Schicht zuzuordnen ist. Die Zeitschrift *Simplicissimus* ist niemandem verpflichtet, muß keine Rücksichten nehmen und deckt Fehlverhalten auf, wo immer es sich ausmachen läßt. In den letzten beiden Zeilen der ersten Strophe grenzt sich *Simplicissimus* allerdings von seinem Vorbild, dem barocken Landsknecht Simplex ab. Nur mit „heißen Worten" wird da gekämpft, nicht mit Waffen. So hält es allerdings auch Grimmelshausens Erzähler, der zwar zeitweise Soldat ist, aber seine eigenen Laster und Torheiten sowie die seiner Mitmenschen mit Worten straft. In der zweiten Strophe erfährt der Leser mehr über die Zielsetzung des Blattes. Es will das träge gewordene deutsche Volk aufrütteln und gegen Unterdrückung und Elend vorgehen und auch Kritik gegen Obrigkeit und Staatsgewalt frei äußern. Der Satirecharakter der Zeitschrift wird in den beiden folgenden Strophen deutlich und damit auch die Analogie zum barocken *Simplicissimus*. Durch Schelm und Narr sollen Tugendbolde und Philister entlarvt und der Lächerlichkeit preisgegeben werden. Dabei entsteht das Lachen häufig aus Leid und Schmerz. Der Narr, der hier auf witzige Weise eine verkehrte Welt anklagen will, ist eigentlich weise und traurig, aber umso entschlossener.

Der *Simplicissimus* richtet sich gegen moralische Mißstände in der Gesellschaft, gegen soziale Ungerechtigkeit und Unterdrückung, gegen Heuchelei und falschen Nationalstolz, und setzt sich für Humanismus und Demokratie ein in einer Zeit, da das deutsche Reich und das Kaisertum stark und unerschütterlich scheinen. Eben weil die Regierung so mächtig ist, muß die Satire umso schärfer sein. Die Kombination von witzig-ironischen Bildgeschichten, Karikaturen, satirischen Texten, Anekdoten, Witzen und literarischen Texten spricht ein breites Spektrum von Lesern an, doch erst eine Reihe von Skandalen lassen die Verkaufszahlen steigen. Angriffe auf die Obrigkeit führen zu Beschlagnahmen und Prozessen. Besonders der Angriff auf Kaiser Wilhelm anläßlich seiner Palästinareise im Jahr 1898 kommt die Spötter teuer zu stehen.[4] Der Zeichner Thomas Theodor Heine muß für sechs Monate und der Dichter Frank Wedekind für sieben Monate ins Gefängnis. Letzterer verfaßte später eine bissige Satire auf Langen, der sich der Verhaftung entziehen konnte, und die *Simplicissimus*-Redaktion mit seinem Drama *Oaha* von 1909. Albert Langen hält sich einige Jahre im Ausland versteckt, um sich der Verhaftung zu entziehen.[5] Zu den Stammzeichnern gehören Karl Arnold, Joseph Benedikt Engl, Erich Schilling, Rudolf Wilke, Olaf Gulbransson, Wilhelm Schulz, Ferdinand von Reznicek, Eduard Thöny und Bruno Paul. Es werden literarische Beiträge von Rilke, Richard Dehmel, Hugo von Hofmannsthal, Ludwig Thoma, Arthur Schnitzler, Gustav Meyrink und vielen anderen gedruckt. Zur Redaktion gehört neben Jakob Wassermann und Korfiz Holm kurze Zeit auch Thomas Mann.

Bereits in der siebten Nummer des ersten Jahrgangs sieht sich die Redaktion gezwungen, zum Vorwurf der Pornographie Stellung zu nehmen, allerdings nun nicht mehr in der Narrenpose. Unter der Überschrift „Simplicissimus spricht" liest man nun ernsthaftere Töne:

> Närrisch muß es in der Welt zugehen, wenn sich der Narr gezwungen sieht, seine Schellenkappe abzunehmen und ein ernstes Wort an die Menschen zu richten, denen er doch nur

---

[4] Ebd., Jg. 3, Nr. 31 vom 23.10.1898.

[5] Vgl. Mahlberg-Gräper, S. 22ff.

Heiteres bringen möchte. Manchmal wird's aber auch dem Narren zu bunt. Dann vertauscht er seine Kappe mit dem Helm, greift statt der Pritsche zum Schwert und ist närrisch genug, gegen den bittersten Feind der Narretei, die Dummheit, zu Felde zu ziehen, unbekümmert um die Erfahrung, daß selbst Götter dies vergebens gethan.

Auch Grimmelshausen sah sich gezwungen, am Anfang der Continuatio auf seine moralischen Absichten hinzuweisen, die durch die belustigenden Erlebnisse des Simplicissimus vermittelt werden sollten. Ebenso erging es der Zeitschrift *Simplicissimus* schon nach dem Erscheinen weniger Ausgaben. Man unterstellte ihr, frivole Gegenstände um ihrer selbst willen darzustellen in der Absicht, damit einen Kaufanreiz zu schaffen. In der Verteidungsrede gibt *Simplicissimus* den Vorwurf der Unsittlichkeit an seine Feinde zurück:

> Unsittlich? — Nein, ihr Herren! Unsittlich ist die Lüsternheit, die über den sittlichen Schmutz einen gleißnerischen Venusberg-Schimmer wirft. Das thut „Simplicissimus" nicht. Thäte er's, so würdet ihr zwar gegen ihn zetern, in der stillen Klause aber ihn mit umso heißeren Blicken verschlingen.
>
> Unsittlich ist der aber nicht, der mit bitterem Lachen die sittliche Erbärmlichkeit aufdeckt, in die unsere alternde Gesellschaft versinkt. Unsittlich ist der nicht, der mit Künstlerhand Schlaglichter in jene Tiefen des socialen Lebens wirft, in denen absterbende Vorurteile, zerbröckelnde Grundsätze, der Kultus des goldenen Kalbs, die lähmende Macht des Elends, die gesunde Leidenschaft in ein entartetes Zerrbild verwandeln. Unsittlich ist der nicht, der einem entmannten Geschlecht das ewige, heilige Recht der w a h r e n Leidenschaft verkündet.

Der *Simplicissimus* zeigt ungeschminkt die Mißstände der Gesellschaft auf und bedient dabei eben nicht die niederen Instinkte der Leser, sondern macht sie ihnen kritisch bewußt. Unsittlich ist die Gesellschaft, die der *Simplicissimus* erbarmungslos entlarvt:

> Unsittlich?! — Blickt in euch selbst, in eure nächste Umgebung und dann sagt euch — Hand aufs Herz: was ist noch

geblieben von der alten „frommen Sitte" außer der immer fadenscheiniger werdenden Maske? Ist der „pornographisch", der es wagt, diese Maske zu lüften? Es mag sein, daß die Gebärde, mit der „Simplicissimus" dies thut, manchmal zu schroff, ja — brutal ist. Mag sein: „Simplicissimus" ist ein armer Teufel und irren ist ja sogar menschlich. Aber unsittlich ist nur der, der jene Maske noch fester aufdrückt, oder sie nur halb lüftet, um durch das, was darunter ist, zu reizen.

Der *Simplicissimus* reißt der Gesellschaft die Maske ab, hinter der sie sich heuchlerisch versteckt, um ihr dann einen Spiegel vorzuhalten und sie zur Selbsterkenntnis zu führen, denn darum geht es hier wie schon bei Grimmelshausen:

> Was hat der arme Schelm mit irgend welcher Politik zu thun? Der Kunst allein will er seine schwachen Kräfte widmen. Aber diese Kunst soll frei sein, ihren Vorwurf zu wählen, wo es ihr beliebt, ohne sich in die Zwangsjacke einer verlogenen Sitte, oder irgend welcher politischen Phrase einstecken zu lassen. Und wenn im Auge des „armen Schelmen" „Simplicissimus" dem Armen ein Thräne, dem Protzen ein Zornesfunke entgegenblitzt, — heißt das „revolutionär" sein? Wie entmannt müßte ein Bürgertum sein, das keinen freien Gedanken in Wort oder Bild mehr vertragen könnte, ohne nach dem Schutz des Nachtwächters zu kreischen![6]

Nur eine freie Kunst kann die Gesellschaft positiv beeinflussen, deshalb kämpft der *Simplicissimus* um seine Freiheit, indem er auf seine Spiegelbildfunktion verweist, und damit die Schuld am negativen Gehalt der Zeitschrift der Gesellschaft selbst zuschreibt. Denn gäbe es nicht all die Unsittlichkeit und Heuchelei, müßten sie auch nicht angeprangert werden. Ludwig Thoma schrieb 1902 ein Gedicht mit dem Titel „Gräßliches Unglück, welches eine deutsche Familie betroffen hat", indem er die Scheinheiligkeit der feinen Bürger am Beispiel einer deutschen Familie ironisiert. Die Mutter

---

[6] Simplicissimus Jg. 1, Nr. 7, 16.5.1896, S. 2.

hält sich einen Liebhaber, der Vater ist Trinker, und beide entsetzen sich darüber, daß ihre Tochter die Zeitschrift *Simplicissimus* liest und daraus von der Lasterhaftigkeit der Welt erfährt.

In der Nummer 13 des ersten Jahrgangs liest man eine Art Neubestimmung der Aufgabe des *Simplicissimus* von Albert Langen. Bei diesem Beitrag handelt es sich auch um einen Aufruf an mutige Künstler, geeignete Beiträge einzureichen:

> Der Simplicissimus in seinem Bestreben mit unbefangenen Augen die Zeit und das Ringen der Geister zu betrachten, will sich nicht damit begnügen, als Zuschauer am Wege zu stehen, sondern er will auch mit den Ringenden ringen. Er will alles Neue, was in Kunst und Litteratur von ernsthaftem und ehrlichem Wollen zeugt, von jetzt ab einer ebenso ernsthaften und ehrlichen Kritik unterziehen. Kraft, Natürlichkeit und wahrhafte Frische werden ihm sympathischer sein, als krankhaftes Zagen und peinliche Nervenkunst, und wo ein Dichter oder ein Künstler mit starker Hand die scheinheilige Decke von Mißständen und gesellschaftlichen Abgründen zieht, wird Simplicissimus umso freudiger applaudieren, wenn dem Künstler dabei die Kunst nicht abhanden gekommen ist.[7]

Mit „den Ringenden ringen" bedeutet nicht nur, die Mißstände in der Gesellschaft zu durchschauen und zu benennen, sondern sie zu bekämpfen mit den Mitteln der Satire im Gewand der Kunst. Dabei tritt auch die Kritik an Literatur und Kunst mehr in den Vordergrund. Der *Simplicissimus* wendet sich besonders an den künstlerischen Nachwuchs, dem die Zeitschrift eine Plattform für die Erprobung der eigenen Fähigkeiten bieten will. „Kraft, Natürlichkeit und wahrhafte Frische" werden gefordert, also eine unerschrockene, ehrliche Kunst. Im Heft Nr. 27 des ersten Jahrganges allerdings klagt Simplicissimus in einer „Paraphrase" des programmatischen Gedichts aus Heft 1 über die Wirkungslosigkeit

---

[7] Ebd., Jg. 1, Nr. 13, 27.6.1896, S. 6.

seines waffenlosen Kampfes. Besonders die dritte Strophe ist voll von Resignation:

> Das träge Volk hat freilich lang gerastet,
> Doch seh ich schon, es will noch länger ruhn;
> Wenn auch ein Quaderstein sein Haupt belastet,
> Es tappt und tappt dahin mit schweren Schuhn.
> Es fühlt sich wohl, weil es im Finstern tastet,
> Zum Heil des Spiritus ist nichts zu thun.
> Ich bin betrübt, hülle mein Haupt in Tücher
> Und schäm' mich meines Amts als Narren=Blücher.

Der *Simplicissimus* wurde in jener Zeit von seinen Feinden heftig attackiert und in Österreich sogar zeitweise verboten. In der fünften Strophe bedankt sich Simplicissimus für die Aufhebung des Verbotes, was doch hoffen lasse. Simplicissimus kann sein Narrenamt nicht aufgeben trotz aller Anfeindungen. Im Gegenteil dient das scheinbare Klagegedicht auch gleich als Strafpredigt. In der letzten Strophe kommt es sogar zu einem flüchtigen Utopieentwurf, der jedoch in Selbstironie mündet:

> Schwül ist die Luft und trocken stehn die Ähren.
> Ein Königreich für ein Gewitter! Bald
> Will ich euch sonderbare Dinge lehren;
> Das Haus ist morsch, die ganze Welt ist alt.
> Wird diese Greisin noch einmal gebären,
> Ein Kind von apollinischer Gestalt — ?
> O Simplicissimus du bist ein trister
> Verträumter Thor; geh hin und werde Küster![8]

Von der Erneuerung der Welt träumt Simplicissimus und ist sich dabei der Schwierigkeit des Unternehmens bewußt, doch er kann es nicht lassen. Ebenso hoffte Grimmelshausen darauf, die Menschen zu erreichen und die Welt zu bessern. Seine Figur Simplicius Simplicissimus hat in der Satirezeitschrift deshalb mehrere Gastauftritte in Bild und Wort. Zunächst war er in den oben zitierten

---

[8] Ebd., Jg. 1, Nr. 27, 3.10.1896, S. 2.

Beispielen nur Sprachrohr für die Redaktion des Blattes, im Heft Nr. 18 des 23. Jahrgangs von 1918 findet sich eine Zeichnung von Olaf Gulbransson mit dem Titel: „Wie Simplicius Simplicissimus die Schlachtfelder in Flandern besucht". Simplex trägt ein Gewehr über der Schulter, ein Schwert am Gürtel und stützt sich auf einen Stock, während er den Blick über eine öde Landschaft mit vereinzelten Ruinen schweifen läßt. Die Bildunterschrift lautet: „Welch ein erstaunlicher Fortschritt der Kultur! In vier Jahren haben sie es fürwahr ebenso weit gebracht wie wir in dreißig!"[9] Der Soldat des Dreißigjährigen Krieges wird hier mit der Zerstörungsmaschinerie der Moderne konfrontiert. Von „Fortschritt der Kultur" zu sprechen, zeugt von einem doppelbödigen Sarkasmus, wie man ihn bei Grimmelshausen nicht finden kann. Dennoch demonstriert auch dieser Simplex nicht ohne Stolz seine militärisch-wissenschaftlichen Kenntnisse zum Beispiel über die Herstellung von Schießpulver.[10] Daß durch die Anwendung dieses Wissens Menschen sterben, wird dem Leser dabei deutlich veranschaulicht. Ähnlich wird nun in der Satirezeitschrift der Fortschritt der Technik ad absurdum geführt, da die Technik für die Zerstörung der Menschheit und ihrer Kultur eingesetzt wird.

Zwei Jahre später erscheint eine ähnliche Zeichnung von Wilhelm Schulz unter dem Titel: „Unserm Urahnen und Gevatter Simplicius Simplicissimus". Wieder trägt Simplex ein Gewehr über der Schulter und führt einen Wanderstock in der rechten Hand. Er geht durch eine düstere, einsame, undeutliche Landschaft. Schwarze Vögel tummeln sich in der Luft und auf dem Boden. Die Bildunterschrift zitiert die Inschrift auf dem Grimmelshausen-Denkmal in Renchen:

> Deutsch Volk, belogen und betrogen
> Im Streit um hohes Ideal,

---

[9] Ebd., Jg. 23, Nr. 18 vom 30. Juli 1918, S. 211.

[10] Vgl. Simplicissimus, S. 450.

Durch Not und Elend durchgezogen,
Aus Wunden blutend ohne Zahl,
Einfält'gen Herzens, tief verwildert,
Berührt doch von der Muse Kuß,
Deutsch Volk, du warst, den er geschildert:
Der arme Simplicissimus.[11]

Die Situation in Deutschland nach dem Ersten Weltkrieg wird mit der Situation nach dem Dreißigjährigen Krieg verglichen. Deutschland ist vom Krieg zerstört, und Simplicissimus hat in diesem Krieg gekämpft und wurde sein Opfer. Grimmelshausen beschrieb Simplex' Lebenslauf stellvertretend für alle Menschen, und als exemplarischer Mensch wird Simplex nun auch für die Betrogenen des Ersten Weltkriegs zur Identifikationsfigur. Die Gestalt auf der Zeichnung trägt noch immer ein Gewehr und schreitet durch die Welt. Sie hat den Krieg mitgetragen und überlebt, aber ihre Welt und ihre Ideale sind zerstört. In Anbetracht der Verwüstung und des Elends ist die Stimmung von Untergang und Sinnlosigkeit geprägt. Der Rekurs auf die Kunst allerdings in der Denkmalsinschrift wirft einen flüchtigen Hoffnungsschimmer auf das düstere Szenario: „Berührt doch von der Muse Kuß". Aus dergleichen traumatischen Erfahrungen ist schon einmal ein großes Kunstwerk entstanden. Und auch der *Simplicissimus* der Gegenwart schöpft daraus künstlerische Kraft, wie eben diese Zeichnung beweist, und kann vielleicht Veränderungen bewirken.

1924 wird wiederum „Unserm Taufpaten Grimmelshausen"[12] eine Zeichnung von Wilhelm Schulz gewidmet. In einem ovalen Rahmen zeigt sie Grimmelshausen an einem Wirtshaustisch sitzend, vor ihm liegt ein geschlossenes Buch auf dem Tisch, und daneben steht ein Krug Bier. Sein Blick ist allerdings alles andere als bierselig, sondern wach und aufmerksam und nimmt auf, was

---

[11] Simplicissimus Jg. 25, Nr. 1, 1.4.1920, S. 3.
[12] Ebd., Jg. 29, Nr. 16, 14.7.1924, S. 237.

um ihn herum passiert. Im Hintergrund sieht man einen Geigenspieler, der natürlich an Springinsfeld erinnert, und einige raufende
Zecher. Grimmelshausen hat für sein Werk aus dem wahren Leben
geschöpft, so die Botschaft des Bildes, das umrahmt ist von bild-
lichen Darstellungen von Szenen aus dem *Simplicissimus.* In der
linken unteren Ecke sieht man Simplicius beim Einsiedler neben einer Kirche, links oben als Soldat mit dem Gewehr auf der Schulter.
In der rechten oberen Ecke ist nur ein Aussichtsturm dargestellt,
während rechts unten Oliviers Überfall auf eine Kutsche gezeichnet
ist. Diese Homage an Grimmelshausens Werk wird nicht weiter ak-
tualisiert, weist aber umso deutlicher darauf hin, wie sehr man sich
in der *Simplicissimus*-Redaktion noch immer dem barocken Vorbild
verbunden fühlt.

Einen weiteren Beleg dafür stellt Alfred Kubins Zeichnung
„Simplicius beim Einsiedler"[13] dar, die auch bei Juranek reproduziert ist.[14] Wäre da nicht die Bildunterschrift. würde man bestimmt
nicht an des Simplicius' Leben beim Einsiedler denken, wenn man
die Zeichnung betrachtet. Der Einsiedler trägt Mütze und Brille
und hat einen kurzen Vollbart. Er sitzt in einem bequemen Ses-
sel und liest in einem nicht näher bestimmbaren Buch. Simplicius
spielt auf dem Holzboden des behaglichen Raumes mit zwei Minia-
turhäusern und einer kleinen Kirche. Neben ihm steht ein Vogel,
vermutlich ein Rabe, auf Stufen und breitet seine Flügel aus. Hinter Simplicius befindet sich ein großer Ofen, auf dem mehrere Töpfe
stehen, die auf gute Verpflegung schließen lassen. Außerdem hängen
drei Fische am Kamin. Die Szene befindet sich in krassem Widerspruch zu den Lebensverhältnissen bei Grimmelshausens Einsiedler,
der in einer Hütte lebt, „darin war die Armut selbst Hofmeisterin/
der Hunger Koch/ und der Mangel Küchenmeister".[15] Simplicius

---

[13] Ebd., Jg. 30, Nr. 29, 19.10.1925, S. 411.

[14] Juranek, S. 48.

[15] Simplicissimus, S. 23.

und der Einsiedler ernähren sich von Wurzeln und Insekten, tragen erbärmliche Kleidung und ruhen nicht in bequemen Möbeln. Simplex hat auch kein Spielzeug oder ein Haustier, er bekommt aber beim Einsiedler das Wichtigste in seinem Leben: religiöse Unterweisung. Wie also ist Kubins Interpretation zu verstehen? Er versetzt Simplicius und den Einsiedler in diese behagliche Atmosphäre in einer modernen Umgebung. Dabei auffällt, dass Simplex in diesem Bild keine Unterweisung erhält, sondern sich selbst und seinem Spiel überlassen ist, während der Einsiedler für sich in einem Buch liest, das nicht unbedingt die Bibel sein muss. Juranek sieht hier eine Parodie auf die *Siplicissimus*-Zeichnungen Max Klingers: "Eine Hexenküchenatmosphäre wie in Goethes *Faust I* ist im Hintergrund durch den Raben angedeutet. Man fragt sich, wann die Verwandlung des tumben Simplicius vonstatten gehen wird.[16] Simplex' Spiel mit Holzhäusern und Holzkirche weist voraus auf eine ganz andere Lebenseinstellung als sie Grimmelshausens Simplex' beim Einsiedler erfahren hat. Er lernt etwas für das Leben in der Welt und nicht, wie er darüber hinausgelangt, zu einem Leben nach dem Tod.

Noch ein letztes Mal nimmt der Namenspatron im *Simplicissimus* Gestalt an, nämlich in der Ausgabe zum 39. Geburtstag. Wieder ist Wilhelm Schulz der Zeichner. Unter der Überschrift „Simplicissimus steigt ins 40. Jahr" präsentiert er Simplicissimus mit altmodischem Hut und Mantel und qualmender Pfeife in der rechten Hand an einem Tisch sitzend, auf dem nur ein Bierglas steht. Drei Herren und eine Dame in moderner Kleidung stehen ihm lächelnd gegenüber. Vielleicht handelt es sich um Gratulanten. Sie sehen nicht, daß die linke Hand des Schelms, wie es Kinder im Spiel tun, zu einer Pistole geformt ist, als würde er auf sie schießen. Unter dem Bild liest man folgendes Gedicht:

> „Wie freu' ich mich, ihr lieben Leut',

---

[16] Juranek, S. 82

an diesem mein'm Geburtstag heut,
daß wir in unseren deutschen Landen
izt endlich zu uns selber fanden.

Daß wir nach langen, schweren Weh'n
auf eignen, festen Füßen steh'n
und — ob auch andre noch so fauchen —
die w a h r e Friedenspfeife schmauchen."

Der Text ist ebenso trügerisch wie das Bild. Zwar hält Simplicissimus die Pfeife in der einen Hand, aber die andere signalisiert seine
Kampfbereitschaft. Und nun soll Deutschland im Jahr 1935, also
nach der Machtergreifung Hitlers, endlich zu sich selbst gefunden
haben? Im Jahr 1933 war der *Simplicissimus* schon vorübergehend
verboten worden. Bis er allerdings 1944 ganz eingestellt wurde,
mußte er sich scheinbar loyal verhalten und konnte nur noch sehr
vorsichtig Kritik üben. Das Fauchen anderer steht im Kontrast zur
Friedenspfeife und verweist damit auf die Unsicherheit des Friedens.
Bild und Text warnen den Rezipienten: Traue dem Frieden nicht!
Gerade diese Botschaft läßt man vom Soldaten und Kritiker des
Dreißigjährigen Krieges aussprechen, um daran zu erinnern, wie
häufig Deutschland schon im Krieg Elend und Vernichtung erfahren mußte. Merkwürdigerweise deutet Rösch die Zeichnung völlig
gegensätzlich:

Hier scheint der Abstand zu der ursprünglichen Figur am weitesten gewachsen. Dies ist kein Kritiker mehr, sondern ein
gemütlicher Mensch, der seinen Feierabend am Wirtshaustisch
verbringt. [...] Der *Simplicissimus*-Geist hat sich verflüchtigt,
geblieben ist die Statue.[17]

Das Bild vermittelt nicht den Eindruck, daß Simplex im Wirtshaus
ist. Man sieht keine anderen Tische. Zwar steht vor ihm ein Glas,
aber er wirkt nicht wie ein fröhlicher Zecher, sondern wie jemand,

---

[17] Gertrud Maria Rösch: Exzellenz Goethe. Dichterjubiläen im Simplicissimus 1918-1933. In: Dies.: Simplicissimus. Glanz und Elend der Satire in
Deutschland, Regensburg 1996, Rösch, S. 192.

der an seinem Schreibtisch Besucher empfängt und diese warnt bzw. sie mit Worten angreift und provoziert, denn er hat ja nicht wirklich eine Waffe. Satire war die Waffe Grimmelshausens, deren sich der neue *Simplicissimus* nun vorsichtig bedienen muß, da es gefährlich geworden ist, öffentlich Kritik zu üben.

Erst zehn Jahre nachdem der *Simplicissimus* im Jahr 1944 eingestellt worden war, startet Olaf Iversen ein Nachfolgeunternehmen.[18] Das erste Heft erscheint am 9. Oktober 1954. Eine Zeichnung von A. Paul Weber zeigt Simplex im Kalbsfell mit Eselsohren. Er sitzt auf einem Brunnen und blickt auf eine moderne Stadt.[19] Als Überschrift zum nachfolgenden Vorwort des Herausgebers steht ein Zitat von Grimmelshausen: „Es hat mir so wollen behagen/ Mit Lachen die Wahrheit zu sagen".[20] Iversen setzt sich zunächst mit dem Problem auseinander, daß es der neue *Simplicissimus* schwer haben wird, vor den Lesern zu bestehen, die noch den alten gekannt und geschätzt haben:

> Hier ist er wieder! Wohl allen ist er ein Begriff, einige haben ihn, den Gewesenen, noch gelesen, wenige haben ihn, im gleichen Takt mit ihm, erlebt. Ja, diese wohlwollenden oder aufbegehrenden Wächter – sie werden die Köpfe wiegen und sich bedenklich räuspern. Freunde, ihr habt recht: der alte SIMPLICISSIMUS ist es halt nicht; er kann es nicht sein, er wird und will es auch nicht sein!

Iversen würdigt die Arbeit jener „Großen, die diesem Namen unsterblichen Glanz verliehen haben". Sie sind die Vorbilder für den neuen Simplicissimus, der jetzt wieder gebraucht wird. Im Folgenden bezieht sich Iversen auf die Zeichnung von Weber:

> SIMPLICIUS hockt auf dem versiegten Brunnen und blickt sinnend auf die Wüstenei! Er sieht ein Werden überall, das

---

[18] Vgl. dazu Juranek, S. 51ff.

[19] Dieses Bild wie die beiden nachfolgend beschriebenen von A. P. Weber werden bei Juranek reproduziert und interpretiert, S. 50ff.

[20] Simplicissimus Nr. 1, 9.10.1954, S. 2.

ihm grausam dünkt; neue Burgen aus Glas, Eisen und erstarrtem Schlamm, auf dem keine Blume wächst, er sieht neue Söldner, neue Fahnen und Emporgekommene, die wiederum mit Macht und Geld nicht umzugehen wissen. SIMPLICIUS, mache dich auf, die Zeit ist reif! Schüttle Dir die Läuse aus dem Kalbfell und sei guten Mutes: Du wirst auch in diesem gewalttätigen Jahrhundert den Prächtigen die Ohren langziehen!

Simplicius gefällt nicht, was aus den Trümmerfeldern des Krieges neu entsteht. Es ist eine lebensfeindliche Welt, in der nicht einmal Blumen gedeihen können. Die Häuser sind Burgen, also Wehranlagen und keine Lebensräume. Kaum ist ein Krieg überstanden, wird schon wieder aufgerüstet für den nächsten. Deshalb wird Simplicius als Mahner wieder gebraucht, um die Torheit der Menschen vor Augen zu führen, weil sie sie sonst nicht erkennen wollen. Der Herausgeber schlüpft in die Rolle Ulrich Hertzbruders, des guten Freundes und Vertrauten von Simplex:

Ich weiß nicht, was mich getrieben hat, diese Sache anzufangen. Töricht, wie ein rechter Deutscher, wenn er in die Jahre kommt, betrete ich ein Marsfeld, dessen Lohe voll ist von verscharrten Fußangeln, Aufpassern und bezahlten Hinterfotzern. [. . .]
O SIMPLICIUS, ich, Dein Herzbruder, ich erteile Dir wieder das Wort – nun rede, wie es Dir ums Maul und ums Herz ist.[21]

Der Herausgeber baut hier den zu erwartenden Kritiken vor, die den neuen mit dem altem *Simplicissimus* vergleichen werden. Die alten Meister können aber ihre Arbeit nicht fortsetzen, und doch wird wieder ein *Simplicissimus* gebraucht. Iversen nimmt es auf sich, einer neuen Generation von Künstlern wieder ein Medium zu bieten. In dieser Funktion vergleicht er sich mit Hertzbruder, der sich um seinen Freund Simplex kümmert. Der Text dieses Vorwortes umrahmt die Inschrift auf dem Grimmelshausen-Denkmal in

---

[21] Ebd., Nr. 1, 9.10.1954, S. 2.

Renchen, das schon zuvor zitiert wurde. In dieser Inschrift personifiziert die Figur des barocken Schelms das deutsche Volk, und so
wird im Kontext des Vorwortes die Satire-Zeitschrift *Simplicissimus*
zum Sprachrohr des deutschen Volkes erklärt. Simplicissimus und
deutsches Volk werden heute wie damals im Dreißigjährigen Krieg
von den Mächtigen in der Gesellschaft betrogen, und dagegen will
das Satireblatt vorgehen, wie es Grimmelshausen in seinem *Simp-*
licissimus getan hat. Dabei wird das primär religiöse Anliegen des
Barockromans außer Acht gelassen, wenn sich die Redaktion allein
auf den weisen Narren im Kalbsfell beruft, der so meisterhaft dem
Gouverneur in Hanau und seiner Gesellschaft den Spiegel vorgehalten hat.

Ein Jahr später erscheint noch einmal eine Simplicissimus-Zeich-
nung von Weber mit dem Titel „Simplicius triumphans".[22] Wieder trägt Simplicissimus das Narrenfell und die Eselsohren, aber
diesmal steht er mit gezücktem Schwert auf einem erlegten Stier,
und eine tobende Menge applaudiert ihm. Juranek stellt sich
die Frage: „Ist der Stier die langsam überwundene eigene Geschichte, und Simplicius stellvertretend, wie es die Inschrift auf
dem Renchener Denkmal nahelegt, das deutsche Volk?"[23] Für diese
Übertragung gibt es allerdings zu wenig Anhaltspunkte. Simplicius ist hier nicht unmittelbar der Repräsentant des deutschen
Volkes, sondern zunächst vor allem die Personifikation der Satire-
Zeitschrift, die über die Starken und Mächtigen, dargestellt im Bild
des Stieres, zur Freude der Leser, die als applaudierendes Publikum
in das Bild einbezogen sind, triumphiert. Weber illustriert hier
das Selbstverständnis der Zeitschrift *Simplicissimus.* Dazu hat er
zum zehnjährigen Jubiläum noch einmal Gelegenheit. Simplicius,
in demselben Kostüm wie schon zuvor, und die Bulldogge, die von
Th. Th. Heine geschaffen, zum Symbol für die Zeitschrift gewor-

---

[22] Ebd., Nr. 42, 15.10.1955, S. 662.

[23] Juranek, S. 52.

den war, sitzen in einem Segelboot und fahren über ein Meer von entsetzten Gesichtern. Simplex lehnt sich dabei an die zehn bisher erschienenen Bände des *Simplicissimus*, während der Hund nach vorn blickt.[24]

Diese symbolische Fahrt der Satire über, beziehungsweise durch die Köpfe der Menschen ist in der Geschichte der Zeitschrift „Simplicissimus" einmalig. Als einzigem Künstler ist Weber die Beziehung von barocker Titelgestalt und der Heineschen Bulldogge klar. Beide als Genossen ein und desselben Zieles, eben mit Lachen die Wahrheit zu sagen, wie Weber es auch bereits in der ersten Nachkriegsnummer bildlich deutlich gemacht hatte, sitzen in einem Boot; der Simpl-Hund als die neuere Identifikationsfigur der Zeitschrift, und vielleicht als Symbol des „Simplicissimus" überhaupt, schaut nach vorn in die Zukunft; Simplicius mit der Narrenkappe dagegen lehnt sich an das Erbe und blickt mit überlegenem Humor über die Schar der entsetzten und griesgrämigen Bürger. Er ist das Symbol des *Simplicissimus Teutsch* und weist auf den Urahn des ganzen Unternehmens, den Herrn Schultheißen Hans Jakob Christoffel von Grimmelshausen zurück[25]

Tatsächlich scheint im Nachkriegs-*Simplicissimus* der Rückbezug auf Grimmelshausen und sein Werk noch stärker vorhanden zu sein als in den früheren Ausgaben. Zweifellos fühlen sich die Künstler des *Simplicissimus* von Anfang an durch eine lange und bedeutende Tradition mit der Vergangenheit verbunden. Diese Tradition der Satire wird in der Gestalt Grimmelshausens oder seiner Figur immer wieder heraufbeschworen. Damit erhält die Zeitschrift bei aller Frechheit und Provokation einen seriösen Charakter.

Eine etwas ungewöhnliche Form der *Simplicissimus*-Rezeption stellen die beiden Lieder da, die unter dem Pseudonym Reveb im *Simplicissimus* erschienen sind. Es handelt sich dabei zum einen

---

[24] Simplicissimus Nr. 21, 9.10.1964, S. 322.

[25] Juranek, S. 53.

um „Des Simplicii Sauflied (wie er es Anno 1650 herausgerülpst haben mag)"[26] und zum anderen um „Des Simplicii Totentanz-Lied (wie er es um 1650 herausgerölt haben mag)".[27] Im „Sauflied" wird Simplicius auf drei Elemente aus dem *Simplicissimus* reduziert: Saufen, Raufen und Liebschaften. Zwar ist ein Schelm mit Narrenkappe abgebildet, aber von Satire und Witz fehlt jede Spur:

> Seyd ir ein fruend?
> Khum, bruderhertz, und laß uns zuesamt sauffen
> auffs leben fein, — und den dikhsten hauffen
> s o l d e r von uns auf disen Tischen scheyssen,
> dens trift, den lezzten humphen hir zu schmeyssen!
> Khum her, du lapp, und eur lanzze
> laßt dorten bey der schanzze, —
> nur her zue mir, itz gets umbs ganzze!
>
> Seyd ir ein feind?
> Khum, tumber gschind, und laß uns zuesamt rauffen
> umbs leben fein, — und den dikhsten hauffen
> s o l d e r von uns sich in die hoßen scheyssen,
> dens trift, noch itzo hir ins grass zue beyssen!
> Khum her, du knote, mitt der lanzze
> ich uech den tod einstanzze, —
> nur her zue mir, itz gets umbs ganzze!
>
> Seyd ir ein frau?
> Khum, buhlerin, und laß uns zuesamt schnauffen
> das leben fein, — und den dikhsten hauffen
> solt bälde ir in eur Ligstat scheyssen,
> so's trift, was uns die amorschaft tuet heyssen!
> Khum, mägdelin, mitt meiner lanzze
> ich leben uech einflanzze, —
> nur her zue mir, itz gets umbs ganzze!

Juranek sieht hier und im „Totentanz-Lied" eher einen Einfluß des Eulenspiegel wirksam, obwohl „die Datierung und der Bezug

---

[26] Simplicissimus Nr. 43, 22.10,1955, S. 683.

[27] Ebd., Nr. 50, 10.12,1955, S. 798.

auf Simplicius eindeutig" sind. Besonders die „fäkale Sphäre" ist hier wesentlich ausgeprägter als im *Simplicissimus* üblich.[28] Weder Ton noch Sprache entsprechen Grimmelshausens Simplicius, und auch nicht der Zynismus, mit dem über Leben und Tod gespottet wird. Das Totentanz-Lied ist noch weniger mit dem barocken *Simplicissimus* in Verbindung zu bringen, deshalb wird hier auf ein Zitat verzichtet.

3.3.2. Friedrich Kayßler

Unter dem Titel *Simplicius* erscheint 1905 ein „Tragisches Märchen in fünf Akten" von Friedrich Kayßler. Simplicius ist ein Findelkind, das von einem Einsiedler in einem Zauberwald aufgezogen wird. Über seine Herkunft erfährt man nichts. Simplicius spielt mit Elben und Trollen und fühlt sich als Teil des Waldes, bis er sich seiner Andersartigkeit bewußt wird. Nun zieht es ihn in die Gesellschaft anderer Menschen, doch der Einsiedel will ihn zurückhalten. Dieser hat die Welt der Menschen verlassen, weil er in ihr niemals glücklich geworden war. Seine Liebe war immer wieder enttäuscht und verraten worden, und schließlich hatte auch er angefangen zu betrügen und zu verraten. Aus Abscheu vor sich selbst und der gesamten Menschheit war er in den Wald geflüchtet.

Simplicius kann nicht glauben, daß die Menschen schlecht sind und es keine Liebe in der Welt gibt. Er hat einen Handschuh gefunden, der einem schönen Fräulein gehört, das sich mit einem Knecht in den Zauberwald verirrt hatte. Zwei Elben berichten Simplicius davon, und er will nun das Fräulein suchen und heiraten. Obwohl Einsiedel alle Waldgeister um Hilfe anruft, kann Simplicius entkommen und gelangt an einen Königshof. Die Prinzessin, der der Handschuh perfekt paßt, obwohl er ihr nicht gehört, verliebt sich in ihn und zwingt ihren Vater, den verwahrlosten Jungen aufzunehmen. Simplicius wird Ritter und schließlich der Ehemann der

---

[28] Juranek, S. 52.

Prinzessin. Doch Simplicius fühlt sich nicht wohl in der Gesellschaft am Königshof. Er folgt ihren Spielregeln, aber alles erscheint ihm sinnlos, nicht einmal den Kampf um Leben und Tod kann er ernst nehmen. Er fragt sich selbst:

> Wie kommt's, daß du inmitten einer Schlacht,
> wo dich der Tod aus tausend Lanzen anstarrt,
> wenn eben noch dein Arm zum Stoße ausholt,
> daran dein Leben hängt — den Stoß zurückhältst,
> und lächeln mußt, weil dich aus deines Feindes
> sonnblankem Harnisch eine Fratze angrinst,
> drin du dich selbst erkennst und deine Wut?
> Und lächeln mußt du, kost es auch dein Leben,
> ob dieses Possenspiels, das um dich tobt,
> und gerne stießest du die blutige Lanze
> ins grüne Moos anstatt in Feindesbrust
> und trabtest stolzgelassen aus der Schlacht
> wie Einer, der des Spieles satt — da saust
> auf deines Träumerhauptes Helm ein Schwert:
> dein Lächeln flog davon und deine Lanze
> in Feindes Brust — und weiter geht das Spiel.[29]

Unwirklich und sinnlos kommt ihm dieses Leben vor, wie ein Rollenspiel, deshalb möchte er mit seiner Frau Jorinde in den Wald zurückkehren, wo er lange Zeit glücklich und mit sich selbst im Reinen gelebt hat. Doch die Prinzessin fürchtet sich vor dem Wald und möchte das Schloß ihres Vaters nicht verlassen. Sie fürchtet sich auch vor ihrem Mann, den sie nicht mehr verstehen kann. Simplicius verläßt den Hof und lebt einige Zeit als Raubritter, doch er ist nicht mit seinem Herzen bei der Sache und bekommt deshalb Streit mit seinem Freund Jon Flak, der Simplicius daraufhin verläßt. Jons Geliebte Helga folgt diesem, obwohl ihr alter, kranker Vater sie braucht. Simplicius erkennt bei ihr die wahre, starke Liebe, die er sich immer gewünscht hat, aber sie gilt einem anderen.

---

[29] Friedrich Kayßler: Simplicius. Tragisches Märchen in 5 Akten. Berlin 1905, S. 97.

Dennoch ist Helga der erste Mensch, der Simplicius versteht. Er hat eine verwandte Seele gefunden, und als gerade sie ihn verläßt, um mit Jon Flak zu gehen, fühlt er sich völlig allein und beschließt, in den Wald zurückzukehren. Dort findet er zunächst wieder Geborgenheit bei den Trollen und Elben, doch der Einsiedel ist tot, und Simplicius erkennt, daß er auch hier nicht mehr zu Hause ist. Die Elben fragen ihn, ob er das „Menschlein" gefunden habe, das er in der Welt hatte suchen wollen. Auf seine Antwort „Ich bin es selbst" erntet er nur Spott und Gelächter: „Simplicius lief die ganze Welt herum — haha — und fand sich selbst!"[30] Er hat in der Welt vieles über sich selbst herausgefunden, vor allem aber, daß die Liebe das einzige ist, was wirklich für ihn zählt, und daß das Leben für ihn keinen Sinn hat ohne Liebe. Durch seine vergebliche Suche nach wahrer Liebe hat er zu sich selbst gefunden.

Erst als der Elbenkönig die Liebe als Dirne schmäht, wird Simplicius wütend und verjagt die Waldgeister. Er will dem Einsiedel in den Tod folgen, doch vorher holt er noch einmal den Handschuh, den er die ganze Zeit über bei sich getragen hat, hervor. Er stürzt sich in seinen Dolch und läßt im Sterben den Handschuh fallen. Zwei Elben finden Simplicius und bedecken die Leiche, bevor das Fräulein, dem der Handschuh gehört, wieder auftritt. Wie in der Eingangsszene hat sie sich mit ihrem Knecht während der Jagd verirrt und findet nun ihren Handschuh an derselben Stelle, da sie ihn vor vielen Jahren verloren hatte. Wie damals haben sich Simplicius und das Fräulein nur um wenige Minuten verfehlt. Auch das Fräulein ist am Ende noch allein. Der Text berührt diese Möglichkeit zwar nicht, aber implizit stellt sich die Frage, was passiert wäre, wenn sich die beiden begegnet wären. Hätten sie gemeinsam ein erfülltes Leben finden können? Das Fräulein hat keine Angst vor den Waldgeistern, sie hätte vielleicht nicht gezögert, mit Simplicius im Wald zu leben. Einsiedel ist von der Liebe enttäuscht

---

[30] Ebd., S. 140.

worden, Simplicius konnte keine Liebe finden, aber dennoch gibt es wahre Liebe zwischen den Menschen, wie Helga beweist, und Simplicius hätte sie vielleicht auch noch finden können. Gerade der Auftritt des namenlosen Fräuleins rückt seinen Freitod in ein tragisches Licht, allerdings wird ihr Erscheinen im Wald als Verirrung bezeichnet, so daß eine glückliche Verbindung des Waldkindes und des Fräuleins nicht wirklich als vom Schicksal vorbestimmt erscheint.

Die Parallelen zwischen *Simplicissimus* und *Simplicius* scheinen nur oberflächlich. Der Einsiedel ist bei Kayßler kein religiöser Mann, der sich in den Wald zurückgezogen hat, um sein Leben ganz der Verehrung Gottes zu weihen. Er ist aus Haß auf die Menschen, sich selbst eingeschlossen, in den Wald geflohen. Die Menschen betrügen und verletzen einander, wenn man sie an sich heranläßt, und dem sucht er zu entgehen wie sein barockes Vorbild der Versuchung zur Sünde. Bei Kayßler ist Simplicius ein Findling, dessen Abstammung unbekannt beleibt. Er wächst wie Simplex in Unkenntnis der Welt auf. Er erhält aber keine religiöse Erziehung, sondern lebt als Teil des Zauberwalds wie die Elben und Trolle ein unreflektiertes Dasein, in einer Art Naturzustand. Erst der Streit zwischen zwei Elben-Spielkameraden zeigt Simplicius, daß er anders ist als sie, eben ein Mensch. Simplicius entdeckt dadurch seine Seele, die Macht seiner Phantasie und seine Sehnsucht nach anderen Menschen und Liebe. Er will nicht mehr allein sein, obwohl ihm der Einsiedler prophezeit, daß er immer allein sein wird. Nachdem Simplicius verschwunden ist, gibt Einsiedel allerdings zu, daß er den Jungen liebt und daß er ihn vermißt. Nun erst ist der Einsiedler wirklich allein und ohne Liebe. Er war nicht ehrlich zu Simplicius. Er hätte ihm helfen, ihn auf seine Suche nach Liebe und Selbsterkenntnis vorbereiten können, so wie Grimmelshausens Einsiedler seinem Zögling den Weg zu Gott aufzeigt. Indem sich Kayßlers Einsiedler weigert, seinen Pflegesohn auf das Leben unter Menschen vorzubereiten, wird die Orientierungslosigkeit der Moderne in Kontrast gesetzt zum christlichen Weltbild des Barock, einer Zeit in der Simplex noch einen verbindlichen religiösen Maßstab erhielt und so sein Verhalten immer an einem gesicherten Wertsystem überprüfen konnte.

Simplicius sucht in der geliebten Frau auch sich selbst. Er weiß nichts über sich, als daß er eine Seele hat, ein Land, in das er andere Menschen einlassen kann. Doch er findet nicht den richtigen Menschen, mit dem er, in wahrer Liebe verbunden, sich selbst erfahren könnte. Auch entspricht keine Lebensweise der Menschen der Sehnsucht seiner Seele. Er kann das Welttreiben nicht ernst nehmen, weder das Ritterhandwerk noch ein anderes.[31] Er findet nichts und niemand, an das oder den er seine Seele binden könnte, und bleibt tatsächlich allein, wie es ihm der Einsiedel vorhergesagt hatte. Dennoch hat Simplicius am Ende nicht den Glauben an die Liebe verloren, nur den Glauben an die Welt, wenn er feststellt:

Es ist nicht anders:
wir haben uns verirrt auf diese Erde.
So wollen wir ein Sternlein weitergeh'n.

Auch im Tod bleibt er ein Suchender. Seinen Selbstmord vollzieht er mit „ganzer Seele".[32] Der Tod als Erfüllung seiner Sehnsucht wird nur durch den Auftritt des Fräuleins in Frage gestellt. Hätte Simplicius gewartet, dann hätte er vielleicht die wahre Liebe gefunden.

Simplicius denkt zunächst, er könne in der Welt der Menschen glücklich werden, aber er kann sie nicht ernstnehmen. Wesentlich länger gibt sich Grimmelshausens Figur völlig dem Welttreiben hin und beginnt erst langsam, sich von seinem sündhaften Leben abzuwenden und Rettung zu suchen. Auch er kehrt zurück in den Wald, um wieder zu sich selbst zu finden und den rechten

---

[31] Vgl. ebd., S. 122.
[32] Ebd., S. 147.

Weg zu Gott. Grimmelshausens Simplex lebt in einer sinnvoll geordneten, von Gott geschaffenen Welt und kann sich nach dessen Geboten richten. Der moderne Simplicius dagegen lebt in einer Welt, die er nicht mehr als sinnvoll erfährt, und die Rückkehr in den Wald bedeutet für ihn Resignation. Er hat die Hoffnung auf Liebe verloren, die für ihn den höchsten Wert darstellt. Der barocke Simplex triumphiert über die lasterhafte Natur des Menschen und der Welt, der moderne Simplicius triumphiert über die Sinnlosigkeit der Welt durch die Hingabe, mit der er sich in seinen Dolch stürzt, doch der Auftritt des Fräuleins macht daraus einen fragwürdigen Triumph.

Für Kaißler ist vor allem das Thema Selbsterkenntnis und Welterkenntnis von Bedeutung. Religion ist durch zwischenmenschliche Beziehungen ersetzt, die Liebe zu einem anderen Menschen ist an die Stelle der Liebe zu Gott getreten und erhält dadurch eine beinah religiöse Dimension. Grimmelshausens *Simplicissimus* liefert die Kontrastfolie, vor der das veränderte Weltbild seine tragische Qualität bekommt. Es gibt keine verbindlichen Regeln mehr, der Mensch ist ganz auf sich allein gestellt, und vom Zufall hängt es ab, ob man Liebe findet oder nicht. In seltsamem Widerspruch zu einem modernen Simplicius als Sinnsucher stehen die Zauberwesen im Wald, Elben und Trolle. Sie stellen eine Reminiszenz dar an die Sylphen im Mummelsee, die keine unsterbliche Seele besitzen, und tragen eine ähnliche Funktion. Bei Kaißler werden die Zauberwesen benutzt, um die Einzigartigkeit der menschlichen Seele zu betonen und das Leid und das Glück, das der Mensch durch den Besitz einer Seele erfährt, hervorzuheben. Ein weiteres Problem für die Interpretation Simplicii als eines modernen Sinnsuchers stellt die Gesellschaft am Königshof dar. König, Prinzessin und Ritter wirken wie die Zauberwesen als Märchenelemente, und ein „tragisches Märchen" wollte Kaißler ja auch schreiben, doch die Konventionen des Märchens werden nicht eingehalten. Simplicius bekommt die Königstochter, wird aber nicht glücklich mit ihr. Die

Frau, mit der er vielleicht glücklich werden könnte, findet er nicht. Und schließlich endet das Märchen nicht in einem Happy End, sondern im Freitod des Protagonisten. Die Barockfigur Simplex wird einerseits in einen modernen Problemkomplex gestellt und andererseits in die Form des Märchens gekleidet, um dann die erzeugte Erwartungshaltung des Lesers zu enttäuschen. Märchen funktionieren in Kayßlers Werk nicht mehr, denn wenn ein junger Mensch im Märchen in die Welt zieht, muß er Abenteuer bestehen und wird am Ende als gereifter Mensch belohnt.

Als Simplicius von seiner Seele erfährt und beschließt, den Wald zu verlassen, um Liebe zu suchen, kommt dies einem freiwilligen Verlassen des Paradieses gleich, ohne daß es eines Sündenfalles bedarf. Simplicius ist so unwissend wie Grimmelshausens Figur oder auch Adam und Eva, bevor sie den Apfel vom Baum der Erkenntnis essen. Simplicius verliert sein unreflektiertes Glück im Wald und tauscht dafür die Rastlosigkeit und Unzufriedenheit eines Lebens in der Menschengesellschaft ein. Diese Gesellschaft ist eine verkehrte, denn die Ritter am Königshof führen sinnlose Kämpfe und töten ohne einen Grund, den Simplicius nachvollziehen könnte. Die Liebe der Königstochter ist nicht stark genug, denn sie will ihm nicht in den Wald folgen, dagegen findet Simplicius bei den gesetzlosen Räubern Freundschaft und Liebe, allerdings nicht für sich selbst. Die Grenzen von richtig und falsch, gut und böse verschwimmen. Simplicius verzweifelt in einer Welt ohne Verbindlichkeit, in der sich seine Sehnsucht nach Liebe nicht erfüllt, doch eine Rückkehr in den Wald als das verlorene Paradies ist nicht mehr möglich, da er nicht mehr der naive Junge ist, der er damals war. In seiner Hoffnungslosigkeit erscheint ihm das Leben der Menschen auf Erden als Verirrung, da er jedoch an seine Seele glaubt, setzt er alle seine Hoffnung auf den Tod, der ihm vielleicht das wahre Leben bringen kann.

Das christliche Weltbild des Barock ist der Ungewissheit nach dem Metaphysikverlust in modernen Zeiten gewichen, doch im

Simplicius-Drama findet sich noch eine ebenso verzweifelte wie unbestimmte Hoffnung auf eine Rettung der Seele über den Tod hinaus. Das Simplicissimus-Motiv spielt in mehrfacher Hinsicht eine wichtige Rolle. Es liefert die Grundhandlung des Findelkindes, das in Unkenntnis der Welt im Wald bei einem Einsiedler aufwächst, in der Welt bittere Erfahrungen macht und wieder in die Waldeinsamkeit zurückkehrt. Simplex und Simplicius treibt die Sehnsucht nach weltlichem Glück, bis sie am Ende erkennen, daß sie dieses nicht finden können. Simplex sucht den Weg zu Gott, während Simplicius eine bessere Welt sucht. Die Unterschiede der Simplicius- und Einsiedlerfiguren ergeben sich notwendig aus den zeitgeschichtlichen Veränderungen, die sich seit dem Barock vollzogen haben. Kayßler ist kein religiöser Autor wie Grimmelshausen, er beschäftigt sich nicht mit der Frage, wie er auf dem sichersten Weg zu Gott gelangt, sondern er setzt sich mit der Sinnlosigkeitserfahrung in der Moderne auseinander und setzt ihr einen metaphysischen Hoffnungsschimmer entgegen, denn er kann die menschliche Seele nach dem Tod nicht völlig aufgeben. So wie im christlichen Zeitalter die eigentliche Bedeutung des irdischen Daseins darin besteht, das ewige Leben zu erlangen, so gewinnt im *Simplicius*-Drama das Leben nur durch die Liebe Bedeutung. Bleibt sie dem Menschen so wie Simplicius verwehrt, besteht nur im Tod Hoffnung, und in dieser Hoffnung nähern sich der Roman aus dem 17. Jahrhundert und das Drama aus dem frühen 20. Jahrhundert einander wieder an.

3.3.3. Ernst Stadler

Der Elsäßer Dichter Ernst Stadler läßt Simplex in seiner Hütte im Schwarzwald auf seine Vergangenheit zurückblicken und Bilanz ziehen. Das Gedicht mit dem vollständigen Titel „Simplicius wird Einsiedler im Schwarzwald und schreibt seine Lebensgeschichte" erschien in dem Gedichtband *Der Aufbruch* Ende Dezember 1913 in Leipzig, allerdings mit der Jahreszahl 1914.

Die insgesamt 26 Paarreimverse gliedern sich in zwei Abschnitte.

In Vers eins bis vierzehn erinnert sich das Sprecher-Ich an die Vergangenheit. Von Vers fünfzehn bis sechsundzwanzig wird seine gegenwärtige Situation beschrieben. Der Rückblick setzt mit der Erinnerung an die Soldatenzeit ein, an die Schlachten, die das „Blut aufkochen" lassen, und an die Vergnügungen im Feldlager mit Würfelspiel und Alkoholkonsum. Unter Lebensgefahr überziehen die Soldaten viele Länder mit Zerstörung und Tod, und in Frankreich lernen sie „die Wollust feiner Betten und das weiße Fleisch der Weiber" kennen.[33] Trotz allem erreichen sie keine Sättigung ihrer Lebenslust, bleiben Getriebene.

Das erinnernde Erzähler-Ich dagegen hat Ruhe gefunden, ihm dienen die Bilder der Vergangenheit zur Einkehr. Dieser Seelenfrieden wird weder durch Reue noch durch Sehnsucht nach der guten alten Zeit getrübt. Dieser Simplicius lebt zufrieden mit seinen Büchern und in der Gewißheit, einmal das ewige Seelenheil zu erlangen, denn:

> Früher hab ich meinem Gott gedient mit Hieb und Narben so
> wie heute mit Gebeten,
> Ich brauche nicht zu zittern, wenn er einst mich ruft, vor seinen
> Stuhl zu treten.[34]

Der Gegensatz zu Grimmelshausens *Simplicissimus* wird besonders in diesen letzten beiden Versen deutlich. Diese absolute Heilsgewißheit des Sprechers ist für Grimmelshausens Protagonisten nicht einmal auf der Kreuzinsel, abgesondert von jeder menschlichen Gesellschaft, denkbar. Und niemals wäre es ihm eingefallen, Krieg als Dienst an Gott zu bezeichnen. Der Krieg ist im Grunde das zentrale Thema in diesem Gedicht. Simplex' Jugend ist ausgespart, seine Erfahrungen als Narr auch. Die Kriegswelt ist hier nicht eine

---

[33] Ernst Stadler: Dichtungen, Schriften, Briefe. Kritische Ausgabe, hrsg. von Klaus Hurlebusch und Karl Ludwig Schneider, München 1983, S. 163.

[34] Ebd., S. 164.

verkehrte, sondern eine aufregende. Der Sprecher möchte die Zeit als Soldat nicht missen, aber er sehnt sich nun auch nicht mehr danach zurück. Die Figur Simplicius wird hier reduziert auf den Landsknecht, der sich später auf seinem Hof zur Ruhe setzt, um sich verschiedenen Studien zu widmen.

Als das Gedicht veröffentlicht wurde, stand Deutschland ein großer Krieg bevor, aber Ernst Stadler gehörte sicher nicht zu den Menschen, die einem Krieg mit blinder Begeisterung entgegensahen. Dennoch faszinierte ihn das aufregende, gefährliche Soldatenleben, und so verherrlicht er in seinem Gedicht intensives Lebensgefühl, das sich im *Simplicissimus* in dieser Art ebensowenig finden läßt, wie die Beschreibung des Krieges als positives Erlebnis für den Einzelnen. Wie viele andere Gedichte in dem Band *Aufbruch* ist auch dieses geprägt von Vitalismus und Optimismus.

Ernst Stadler fiel im Oktober 1914 im Alter von 31 Jahren. Als Grimmelshausen den *Simplicissimus* schrieb, wußte er, wie grausam und schrecklich Krieg ist, und hat ihn auch entsprechend dargestellt. Als Stadler dieses Gedicht schrieb, diente ihm die Figur des Simplex lediglich als bekanntes Beispiel eines Kriegsveteranen, den er dann nach seinen eigenen Vorstellungen umgestaltet, wobei er nur wenige Details beibehält. Mit den Intentionen, die Grimmelshausen im *Simplicissimus* verfolgt, hat Stadlers Gedicht nichts gemein. Die religöse Problematik wird zwar aufgegriffen, aber in ihr Gegenteil verkehrt. Statt Unsicherheit wie bei Grimmelshausen finden wir bei Stadler die absolute Heilsgewißheit für seinen Simplicius, obwohl dieser seine Hingabe an den Krieg nicht im geringsten bereut. Hier handelt es sich um ein weiteres Beispiel der völligen Entfernung vom Originaltext bei der Verwendung des Simplicissimus-Motivs.

3.3.4. Egid Filek

Egid Filek Edler von Wittinghausen ist 1874 in Wien geboren. Er studierte Philosophie, Germanistik, Geschichte und Geographie und trat dann in den Schuldienst in Iglau. Sein erstes literarisches Werk war eine autobiographische Novellensammlung mit dem Titel *Mein Frühling*, deren erster Band im Jahr 1900 erschien. Es folgten ein zweiter Band und einige Romane. Nach dem Ersten Weltkrieg wandte er sich historischen Stoffen zu, schrieb aber auch einige Heimat- und Wanderbücher. 1949 starb Filek in Wien. Der Roman *Die wundersame Wandlung des Herrn Melander* erschien 1921, also kurz nach Ende des Ersten Weltkriegs, und beschreibt das Ende des Dreißigjährigen Krieges als Spiegelbild der Gegenwart. Der Roman setzt zwei Jahre nach dem Abschluß des Westfälischen Friedens ein. Herr Melander zu Geislingen war im Dreißigjährigen Krieg Offizier und Abenteurer gewesen. Wie viele andere, die sich vom Krieg schnellen Reichtum und sozialen Aufstieg erhofft hatten, reagiert Melander auf den Friedensschluß mit Frustration und Verbitterung, denn was auch immer er im Krieg erbeutet hat, hat er auch wieder verloren. Seine Zukunft ist ungewiß, und das Land liegt in Trümmern.[35] Der Weg zurück in eine friedliche, arbeitsame Existenz fällt ihm schwer, doch er hat Glück und kann als Burgverwalter in den Dienst des Grafen Herbert von Birckenfeld treten. Auf dem Gut Eggenfelden war Melander, als Sohn des Burgvogts, zusammen mit dem Grafen aufgewachsen. Diese Rückkehr in die Heimat bedeutet für ihn allerdings mehr als nur eine neue Aufgabe, denn „es war ihm klar geworden, daß er hier eigentlich etwas ganz anderes suchte: sein eigenes Ich, das er verloren, das ihm auf der

---

[35] Die Hoffnungen, aber auch Ängste in bezug auf den ersehnten Frieden lassen sich in den Werken verschiedener Autoren aus der Zeit des Dreißigjährigen Krieges nachlesen; auf ein bekannteres Beispiel sei hier verwiesen: Justus Georgius Schottelius: FriedensSieg. Ein Friedensspiel (1648), hrsg. von Friedrich Koldewey, Halle 1900.

Irrfahrt seines Abenteurerlebens gleichsam entglitten war".[36]

Das Gut befindet sich in einem verheerenden Zustand. Tatsächlich handelt es sich um kaum mehr als eine Ruine, und die Bauern sind durch wiederholte Plünderungen verelendet und halb verhungert. Hoffnungslosigkeit herrscht überall, bis Melander mit seiner Aufbauarbeit beginnt. Der alte Thurneisser und seine Enkelin Doris unterstützen ihn dabei und auch bei seiner Verwandlung in einen seßhaften, fürsorglichen Landverwalter. Doris ist es, die das Gute in ihm wieder erweckt, das durch den Krieg verschüttet worden war. Allerdings hängt Melander noch immer an seiner Jugendliebe Belinda, die nun jedoch mit dem Grafen Birckenfeld in Wien zusammenlebt, ohne daß Melander davon weiß. Der Graf ist außerdem mit dem Dichter Hans Jakob Christoffel von Grimmelshausen befreundet, der sich dafür eingesetzt hatte, daß Birckenfeld unter dem Namen „Der schmackhafft Schmelzende" in die „Fruchtbringende Gesellschaft" aufgenommen wird. Grimmelshausen trägt bereits die Idee zu seinem *Simplicissimus Teutsch* mit sich herum, als er den Grafen besucht, um ihm von dessen Aufnahme zu berichten. Nachdem Grimmelshausen es sich einige Zeit beim Grafen hat gutgehen lassen, flieht er in die Einsamkeit des Waldes, um über sein neues Werk nachzudenken. Obwohl er sich lieber ganz seiner Arbeit widmen würde, nimmt er doch die Einladung an, den Grafen nach Paris zu begleiten. Unterwegs machen sie Halt auf dem Gut Eggenfelden, wo sich der Graf von den Fortschritten beim Wiederaufbau überzeugen will. Hier begegnen sich Melander und Belinda wieder, und obwohl Belinda nicht glücklich geworden ist an der Seite des Grafen, ist sie doch für Melander verloren. Diese Erkenntnis bedeutet für ihn, daß er sich endlich Doris zuwenden kann, die ihn schon lange liebt.

Grimmelshausen spielt in diesem Roman nicht nur eine amüsante

---

[36] Egid Filek: Die wundersame Wandlung des Herrn Melander, Wien und Leipzig 1921, S. 8.

Nebenrolle, sondern spiegelt die Wandlung des Herrn Melander sowohl auf menschlicher als auch auf literarischer Ebene wieder. Eingeführt wird die Person Grimmelshausen bei seinem Besuch in Wien durch die abfälligen Worte des gräflichen Kammerdieners:

[...] der Kerl da unten trage einen breitkrämpigen Schlapphut, schief aufs Ohr gesetzt, ein geschlitztes Wams, rote Pumphosen und Stulpenstiefel mit langen Reitersporen, dazu auch einen schweren Raufdegen; so ein Deutscher rieche eben auf hundert Schritte nach dem Stall, aus dem er stamme.[37]

Der Sekretarius des Grafen gerät durch Grimmelshausens unverschämt selbstsicheres Verhalten völlig aus der Fassung, doch der Graf freut sich, ihn wiederzusehen:

Ja, das war der Hans Jakob, der Genosse so mancher fröhlicher Fahrt aus jüngeren Tagen, der Freund und Helfer in tausend Händeln und verzwickten Abenteuern, und trotz einiger neuer Runzeln und Falten trug er noch dasselbe Fuchsgesicht spazieren wie damals, mit seiner unverschämten Frechheit und seinem unverwüstlichen Humor.[38]

Erst nachdem Grimmelshausen aus der Perspektive verschiedener Romanfiguren vorgestellt worden ist, erfolgt die Charakterisierung durch den auktorialen Erzähler:

Er war eine Abenteurernatur mit immer wachen Sinnen und Quecksilber im Blut. Schelm genug, um andere an seine Ehrlichkeit glauben zu machen, und doch wieder so sehr Naturbursch, daß er mitunter selbst daran glaubte. Schon bei der ersten Begegnung hatte er den Grafen, der immer Anschluß an eine stärkere Persönlichkeit brauchte, durchschaut und beschlossen, sich ihm unentbehrlich zu machen. Dabei fiel immer für ihn irgend ein Vorteilsbrocken ab.[39]

---

[37] Ebd., S. 118.
[38] Ebd., S. 120f.
[39] Ebd., S. 125.

Grimmelshausen ist also unverschämt, frech, humorvoll, ein Schelm und ein Opportunist, einer, der sich in jeder Lebenslage zu helfen weiß. Was seine Arbeit als Schriftsteller betrifft, ist er durchaus zur Selbstironie fähig, denn er erklärt in Wien einem Maler, der ein heroisches Bild vom Grafen malt: „Ich lüge mit dem Gänsekiel statt wie Ihr mit dem Pinsel; Hauptsach ist, daß man unsere Lügen glaubt".[40] Andererseits ist es Grimmelshausen mit seinem neuen Projekt doch recht ernst. Er erklärt dem Grafen:

> Heut müßte einer was schreiben, darin das deutsche Volk sich sehen könnt wie in einem Spiegel; und müßte alle Not und alles Elend, so wir in diesem fluchwürdigen Krieg erfahren haben, darinnen geschildert sein ohne Ziererei, wie es wirklich und wahrhaftig geschehen ist; und dennoch müßt man verspüren, wie wir uns aufrappeln werden aus unserem Unglück und den Mut nicht verlieren dürfen trotz allem Jammer, bis wir wieder imstand sind, tapfer unser Geschick zu lenken. Wollt mir so-thane Arbeit gelingen: dann tät ich alles Mißgeschick segnen, das mir in meinem wirren Leben zugestoßen ist.[41]

Grimmelshausen erlebt eine „seiner Häutungsperioden"[42] und zieht sich deshalb in die einsame Natur zurück, wo er vielfache Anregung für sein völlig neues Werk findet. Er schreibt:

> Von einem törichten Waldknaben im Spessart, dem der wilde Krieg Haus und Heimat genommen; von dem Einsiedler im Walde, zu dem er sich flüchtet, bis rohe Musketiere ihn auch von dort vertreiben; von Feldzügen und Gelagen, Leiden-schaft und Sünde, von einem unendlich bunten Menschenle-ben, das sich in seinen eigenen Flammen verzehrt und endlich in wehmütiger Betrachtung des Daseins nicht das Glück, aber die Ruhe findet.

---

[40] Ebd., S. 127.

[41] Ebd., S. 124.

[42] Ebd., S. 135.

Der Erzähler gibt hier weniger einen Abriß der Handlung als vielmehr eine Deutung, die sich schwer mit dem realen *Simplicissimus*
verträgt. Simplex hat sich nicht in den Flammen seiner Leidenschaft verzehrt, um dann erschöpft einen ruhigeren Lebensabend
zu verbringen. Simplex ist nicht wehmütig, sondern von der Welt
enttäuscht, als er ihr den Rücken kehrt, um in der Einsiedelei auf
dem Mooskopf ein gottesfürchtigeres Leben zu führen. Auch auf
der Kreuzinsel empfindet er keine Wehmut, sondern allenfalls Reue
über seine Sünden. Noch weiter von der Intention des realen *Simplicissimus* entfernt sich Filek mit seiner Aussage über Grimmelshausen: „hatte er doch selber ein ähnliches Schicksal erfahren wie sein
Held, hatte gerungen mit tausend Teufeln und sich doch am Ende
das Eine erstritten, das dem Leben Wert gab: den Glauben an die
eigene Kraft."[43] Tatsächlich lernt Simplex, die eigene Ohnmacht
anzuerkennen und sein Leben ganz auf Gott und sein künftiges
Seelenheil auszurichten. Und Filek steigert seine Vereinnahmung
Grimmelshausens noch:

> Und der es sang, war ein Mensch mit tausend Fehlern und
> Gebrechen, ein Schelm und Bruder Liederlich, der hundertmal
> gesündigt und bereut und hundertmal aufs neue gesündigt
> hatte; einer, der den Trank des Lebens in vollen Zügen trank
> und nicht nach der Hand fragte, die ihn kredenzte; ein Starker,
> Eigener, Selbstsicherer.

Zwar tauchen hier die zentralen Begriffe Sünde und Reue auf, aber
Filek verwendet sie als Metaphern für Lebenslust und betont wiederum Grimmelshausens Autonomie und Kraft. Dabei handelt es
sich um eine triviale Variante des Pathos vom „Neuen Menschen",
das im Expressionismus wirksam wird. Im folgenden Absatz weist
er explizit eine religiöse Heilshoffnung für den Verfasser des *Simplicissimus* zurück:

> Einer derjenigen, denen kein Evangelium das Himmelreich ver-
> heißt, die hier auf der Erde stehen mit strammen Beinen und

---

[43] Ebd., S. 137.

trotzigem Blick, damit sich in fernen Tagen immer wieder unsere Seele an ihnen aufrichten kann, wenn sie unter der Qual und Mühsal des zermürbenden Alltags verschmachten will.[44]

An dieser Stelle wird auch deutlich, welchen Zweck Filek mit seiner Umdeutung Grimmelshausens verfolgt. Er will seinen Lesern nach dem Schock des verlorenen Weltkrieges ein Vorbild an Stärke und Selbstsicherheit geben. Filek geht dabei sehr geschickt vor, indem er nicht direkt Simplicius Simplicissimus zum Vorbild stilisiert sondern Grimmelshausen, der sich eben nicht aus religiösen Gründen aus der Welt zurückgezogen, sondern seine Erfahrungen in einem Buch verarbeitet hat und schließlich im fortgeschrittenen Alter noch einmal in den Krieg gezogen ist. Dennoch stellt er den Roman seiner Grimmelshausenfigur als weitgehend von dieser selbst erlebt dar, so daß es zu einer Identifizierung von Simplex und Autor kommt, wie es auch schon bei Stadler und in der Zeitschrift *Simplicissimus* zu beobachten war. Grimmelshausen wird hier als einer derjenigen bezeichnet, „denen kein Evangelium das Himmelreich verheißt", obwohl es doch gerade die zentrale Frage des *Simplicissimus* ist, wie Simplex oder der Mensch im allgemeinen in dieses Himmelreich eingehen können. Filek spart hier allerdings nicht einfach die religiöse Dimension im *Simplicissimus* aus, sondern unterstellt Grimmelshausen sogar eine antichristliche Einstellung, die sich in der Meinung äußert, „man müsse dem, der uns einen Streich auf die linke Wange gibt, deren zweie auf die rechte hauen; das ist allerdings keine echt christliche Auffassung, aber man kommt besser durch die Welt damit."[45] Fileks Grimmelshausen-Rezeption spitzt sich schließlich auf die gekürzte Wiedergabe der Jupiter-Episode zu. In der ersten Nacht auf Eggenfelden liest Grimmelshausen seinen neuen Freunden Thurneisser, Doris und Melander aus dem *Simplicissimus* vor. Die Paraphrase setzt ein mit Simplex' Frage, wie Jupiter erreichen wolle, daß nur die bösen Menschen bestraft würden.

---

[44] Ebd., S. 138.
[45] Ebd., S. 142.

Der Narr erzählt daraufhin von dem deutschen Helden, den er erwecken werde.[46] Allerdings fehlt im Zitat alles Martialische, das diesem Helden bei Grimmelshausen anhaftet. Filek kristallisiert aus der satirischen Episode die reine, ungebrochene Utopie und stellt sie in den Dienst seiner Absicht, dem Leser Zuversicht und Selbstvertrauen zu geben. Dabei fällt auf, daß er darauf verzichtet, die extrem deutschnationalistischen Elemente auszuschlachten. Beispielsweise wird folgende Aussage des Narren Jupiter ausgespart:

> die Griechische Sprach werde ich alsdenn verschwören/ und nur Teutsch reden/ und mit einem Wort mich so gut Teutsch erzeigen/ daß ich ihnen auch endlich/ wie vor diesem den Römern/ die Beherrschung über die ganze Welt zukommen lassen werde.[47]

Es geht also nicht darum, einen neuen Nationalstolz zu schüren, der zu neuen Weltmachtsbestrebungen führen soll, sondern Filek meint es offenbar ernst, wenn er die Episode enden läßt mit der Aussicht: „alsdann wird wie zu Augusti Zeiten ein ewiger beständiger Friede zwischen allen Völkern in der ganzen Welt sein".[48] Filek will dem geschlagenen und durch den Versailler Vertrag gebunden Deutschland zeigen, daß der Friede die Möglichkeit zum Neubeginn birgt und Hoffnung auf eine bessere Zukunft besteht. In der spiegelbildlichen Wirklichkeit des erzählten Geschehens nimmt Melander diese Gelegenheit war. Als ein vom Krieg verrohter und gleichzeitig enttäuschter Mensch kehrt er in seine Heimat zurück, um Wiederaufbauarbeit zu leisten. Zunächst allerdings muß er den Kriegsmann und Abenteurer ablegen. Mit seinen Forderungen nach Gehorsam und Disziplin kann er in Friedenszeiten nichts erreichen. Im Umgang mit den gequälten, ausgehungerten und hoffnungslosen Bauern muß er vielmehr Menschlichkeit lernen und Vorbild sein. Melander durchlebt wie die Romanfigur Grimmelshausen

---

[46] Vgl. ebd., S. 172ff.

[47] Simplicissimus, S. 212f.

[48] Melander, S. 174.

eine Häutungsperiode. Gleich nach seiner Ankunft auf Eggenfelden zwingt Doris ihn, seine rohe Umgangsweise mit Frauen abzulegen.[49] Doris ist es auch, die ihn dazu bewegt, einem verwundeten Kriegsgefangenen gegenüber Gnade walten zu lassen, statt nach Kriegsrecht das Todesurteil über den Spion zu verhängen. Er hilft dann sogar, ihn gesundzupflegen: „Es war das erste Mal, daß Melander zu Geislingen Samariterdienste tat".[50] Melander wandelt sich vom Befehlshaber zum Beschützer, aus dem Zerstörer wird ein Bewahrer und ein Schaffender. Deshalb kann der Graf auch sehr zufrieden sein mit seinem neuen Gutsverwalter, als er die Fortschritte auf Eggenfelden in Augenschein nimmt. Aber das Wichtigste ist, daß nun auch Melander sein Dasein als sinnvoll empfindet:

> Nur seinem Fühlen erschloß sich die Offenbarung, daß sein Leben, wenn es auch den Höhepunkt schon überschritten, nicht vergebens, nicht nutzlos gewesen; daß von jeder Handlung, von jedem Gedanken heimliche Kräfte ausgingen und andere Handlungen, andere Kräfte in der Seele der Mitmenschen weckten, bis alles in den wunderbaren Teppich des großen Weltgeschehens versponnen war.

Plötzlich bekommt alles für ihn eine Bedeutung, und er erfährt die Welt in einem vagen Sinnzusammenhang. Er vergleicht sein eigenes Schaffen mit dem Grimmelshausens, der „die tausenderlei bunten Dinge des Lebens gerettet hatte aus der Flut der Zeit, sie zum Mosaikbild seiner Dichtung zu vereinigen".[51] Dabei teilt Melander die Vision Grimmelshausens vom ewigen Frieden und von einem deutschen Helden, der diesen ohne Gewalt schaffen kann. Hierin sieht er die eigentliche Bedeutung seiner Arbeit:

> Er hatte die Felder verbessert und den Viehstand gemehrt, hatte gezeigt, was der ewig spendende Boden zu geben vermochte, hatte Roheit zu Kraft, Starrsinn zu Beharrlichkeit,

---

[49] Vgl. ebd., S. 26f.

[50] Ebd., S. 75.

[51] Ebd., S. 187.

knechtischen Gehorsam zu freudiger Arbeitswilligkeit veredelt. Wenig war das und doch unendlich viel, Samen einer Zukunft für Land und Volk, die er nimmer erleben würde; ein Bereiten des Bodens für jenen deutschen Helden, von dem Hans Jakob sprach in seinem Buche, der keiner Waffengewalt bedurfte und doch stärker war als alle Krieger und Waffen der heutigen Welt; jenes Helden für den die Zeit noch nicht reif war.[52]

Melanders Aufbauarbeit ist im Grunde nur sinnvoll, wenn der deutsche Held ein starkes, selbstbewußtes, aber friedfertiges deutsches Volk entstehen läßt. Im Erscheinungsjahr des Romans übernahm Adolf Hitler den Parteivorsitz der NSDAP. Vielleicht hat Filek in ihm jenen deutschen Helden sehen wollen, dann aber sicherlich nicht in der Form des Diktators und Aggressors, der Hitler geworden ist.

3.3.5. Ludwig Renn

Unter dem Pseudonym Ludwig Renn veröffentlicht 1928 Arnold Friedrich Vieth von Golßenau den Roman *Krieg*.[53] Der Ich-Erzähler trägt ebenfalls den Namen Ludwig Renn, um dem Roman über den Ersten Weltkrieg den Anschein einer Autobiographie zu verleihen. Die Romanfigur Renn ist zunächst einfacher Gefreiter, später Unteroffizier und Vizefeldwebel und erzählt aus der Perspektive des einfachen Soldaten, der Befehle ausführt, ohne die größeren Zusammenhänge zu kennen, bzw. aus der des Zugführers, der die Befehle gegenüber seinen Untergebenen vertreten muß und gleichzeitig die Verantwortung für diese Leute hat, ohne tatsächlich Einfluß auf das Kriegsgeschehen nehmen zu können.

Als Renn 1914 mit seiner Kompanie ausrückt, freut er sich auf den Kriegseinsatz: „Bin ich nicht glücklich daran, einen Krieg zu erleben! Es ist doch irgendeine Loslösung. Wie schlimm für

---

[52] Ebd., S. 187f.

[53] Zitiert nach Ludwig Renn: Krieg, Frankfurt am Main 1929.

die, deren Jugend ohne das vergeht!"[54] Aber schon bald folgt die Ernüchterung, als nämlich Renns Kompanie nach dem ersten Fronteinsatz und einer kurzen Erholungspause wieder in den Kampf geschickt wird:

> Ich machte mich an meinen Tornister. Meine Hände waren mir lahm. Warum noch einmal vor? Wozu hatte man uns hier ordentlich zu essen gegeben, wenn es wieder hineingehen sollte? [...] Wenn man wenigstens wüßte, wohin es ginge! Irgendwo vor uns sollten sie sich auf hundertfünfzig Meter, und weniger sogar, gegenüberliegen. Wie kann man, — — und, Herr Gott, wie kann ich da leben?[55]

Renn hat erlebt, wie schwer der Krieg zu ertragen ist, vor allem, weil dem einfachen Frontsoldaten oft der Zweck von Anordnungen und Manövern verborgen bleibt. Er sieht das Sterben um ihn herum, ohne helfen zu können, ohne einen Sinn darin zu finden. Später sucht er in philosophischen Schriften nach Antworten: „Ich wühlte in mir und mühte mich. Ich ergriff auch einen Sinn an manchen philosophischen Sätzen. Aber es war nicht der richtige, den ich suchte." Dagegen hilft ihm das Schreiben, seine Erlebnisse im Krieg zu bewältigen: „Schon zum drittenmal beschrieb ich das Gefecht von Lugny. Wenn ich vom Schreiben aufstand, fror ich und war steif, aber dann war auch eine Heiterkeit in mir, die alles hell machte, was ich sah."[56] Kunst dient hier zur Verarbeitung der erfahrenen Sinnlosigkeit des Daseins. Renn muss allerdings immer wieder dieselben Ereignisse beschreiben, ohne in dieser Vergegenwärtigung der Vergangenheit wirklich über diese hinauszugelangen. Besonders deutlich wird ihm seine Veränderung, als er einen kurzen Heimaturlaub erhält. Er kann die Umarmung seiner Mutter und ihren Kuß nicht erwidern, denn er denkt: „Wenn sie wüßte, wie es in mir aussieht, daß ich an nichts mehr glaube, sie würde

---

[54] Ebd., S. 16.

[55] Ebd., S. 142.

[56] Ebd., S. 175.

mich nicht küssen!"[57] Renn hat seinen Glauben im Krieg verloren und empfindet dies als Versagen. Der Krieg war tatsächlich eine Art von Loslösung für ihn, aber mit negativen Folgen. Er hat sich gelöst von allem, was zuvor für ihn Verbindlichkeit und Wert besaß, von allem, woran er glauben konnte. Dennoch hält er an seiner Vaterlandsliebe bis zum bitteren Ende fest und rechtfertigt damit den Krieg, der ihm allerdings „immer verdächtiger" wird.[58] Am Ende sehnt er sich nach Frieden um jeden Preis. Als ein Leutnant sich über das deutsche Friedensangebot aufregt, weil es ein „Eingeständnis" von „Schwäche" ist, kann Renn ihn nicht verstehen: „Ich wollte mich nicht mit ihm streiten. Es war mir auch ganz gleichgültig, was man darüber sagte, wenn nur der Krieg zu Ende ginge!"[59] Dennoch wird Renn von Anfang bis Ende von einem intensiven Pflichtgefühl geleitet. Unter seinem Versagen leidet er mehr als unter der Angst zu sterben. Beim ersten Feindkontakt benimmt er sich dumm und kopflos, was jedoch bei seiner Unerfahrenheit nur allzu verständlich ist, dennoch macht er sich schwere Vorwürfe:

> Feigheit ist es doch nicht! Ach, ist denn das keine Feigheit, wenn man den Kopf verliert vor ein paar Schüssen! Vorhin habe ich in den Steinbruch geknallt, und jetzt wieder gegen das Haus! Obwohl ich wissen mußte, daß das wieder nur Einschläge waren! Nicht einmal habe ich in meiner Angst gemerkt, daß ich keine Patrone mehr im Lauf hatte! [...] Und ich habe meine Leute von dort drüben vorgelockt, und weshalb? Weil ich nicht feige aussehen wollte! Aussehen, aussehen! Als ob ich nicht die Feigheit, die Angst in mir gehabt hätte! — Die Gedanken peitschten in mir. Und ich war doch ausgerissen; denn wir hatten gelernt, daß man nicht zurückgehen darf, auch nicht hinter ein Haus. — Auf einmal gähnte in mir ein Gedanke: wären wir vorn geblieben, wären

---

[57] Ebd., S. 177.

[58] Ebd., S. 361.

[59] Ebd., S. 386.

wir jetzt tot, und wofür? Ganz nutzlos. Dann hätte ich die Perle und die anderen geopfert. Ich mußte also schuldig werden, was ich auch tat![60]

Ausweglose Konfliktsituationen wie diese sind für Renn das eigentliche Dilemma des Krieges, obwohl er sehr schnell ein guter Soldat wird und entsprechende Auszeichnungen und Beförderungen erhält. Sein Ehrgeiz, alles richtig zu machen, sein Pflichtgefühl, seine Bescheidenheit und seine Furchtlosigkeit nach jenem ersten Versagen treiben ihn an. Für Renn ist es selbstverständlich, seine Pflicht zu tun, selbst als schon die Kapitulation unmittelbar bevorsteht. Deshalb empört er sich auch über das Mißtrauen seines Vorgesetzten, der die Zugführer, darunter Renn, an ihre Pflicht erinnert für den Fall, daß sie noch einmal an die Front müßten: „Schubring hatte also kein Vertrauen zu uns? Das brachte mich auf. Habe ich deshalb versucht, deine saudummen Befehle so gut wie nur irgend möglich auszuführen, daß du mich dann beschimpfst?"[61] Pflichterfüllung und Vaterlandsliebe sind für Renn zum Ersatz für sinnvolles Leben geworden. Das geht so weit, daß er auch dann sein Bestes gibt, wenn er an einem Befehl seines Vorgesetzten zweifelt, wie er hier selbst zugibt.

Das Furchtbare am Krieg ist für Renn nicht die Todesgefahr, denn einerseits ist er sich gewiß, daß er nicht sterben wird, und andererseits macht ihm der Tod keine Angst. Einmal liegt Renn während eines Granatenangriffs in einem Kraterloch und denkt: „Mein Gott, das ist ja entsetzlich! Ich krampfte mich zusammen. Und wenn es einen erwischt, — nichts merkt man mehr, auch keinen Schmerz, — einfach zu Ende! Was ist eigentlich daran so schlimm?"[62] Kurz darauf schläft er ein und wird von seinen Kameraden fassungslos

---

[60] Ebd., S. 39.

[61] Ebd., S. 397.

[62] Ebd., S. 266.

bestaunt. Bald munkelt man in der Kompanie von seiner Unver-
wundbarkeit, und dieser Mythos wird durch ähnliche Vorfälle noch
weiter genährt, obwohl Renn auch leichte Verletzungen davonträgt.
Kurz nachdem Renn unter schwerem Granatfeuer eingeschlafen ist,
schenkt ihm sein Vorgesetzter und Freund den *Simplicissimus* zum
Geburtstag mit dem Kommentar: „Das ist was für dich. So bist
du auch wie der da."[63] Auch von Simplex glaubt man, daß er über
übernatürliche Kräfte verfüge, denn er kann mit seinem Hörrohr
auf weite Entfernungen Feinde oder Bauern wahrnehmen. Auf diese
Weise kann er reichlich Gefangene und Beute machen, aber auch
vielen Gefahren entgehen, wenn ihm feindliche Truppen nachstel-
len. Seine Kameraden können sich das nur mit Zauberei erklären:

> Meine eigene Kameraden hielten anfangs diese Reden vor Auff-
> schneiderey/ und als sie im Werck befanden /daß ich jeder-
> zeit wahr sagte/ mußte alles Zauberey/ und mir/ was ich ih-
> nen gesagt/ vom Teuffel und seiner Mutter offenbart worden
> seyn: Also/ glaub ich/ wird der günstige Leser auch geden-
> cken. Nichts desto weniger bin ich dem Gegentheil hierdurch
> offtmals wunderlich entronnen/ wann er Nachricht von mir
> kriegte/ und mich aufzuheben kam [...].[64]

Zwar unterscheidet sich Simplex' Situation von der Renns vor allem
dadurch, daß Simplex seinen Verstand und sein überlegenes Wissen benutzt, um die Feinde auszuspionieren bzw. sie zu täuschen,
während Renn die Kameraden durch seine Furchtlosigkeit verblüfft,
doch die beiden Figuren gleichen sich in ihrer Gelassenheit in der
größten Gefahr, in ihrem Wunsch, sich zu bewähren. Renn teilt allerdings nicht Simplex' Ehrgeiz, es ist ihm geradezu peinlich, als er
zum Vizefeldwebel befördert wird. Und während Simplex es liebt,
seine Gegner, aber auch seine Vorgesetzten durch List zu täuschen,
schätzt Renn Geradlinigkeit und Aufrichtigkeit. Als seine Kompanie einen neuen frontunerfahrenen Führer, Lößberg, bekommt,

---

[63] Ebd., S. 285.

[64] Simplicissimus, S. 202.

muß sich Renn dennoch mit den anderen Zugführern mancher List bedienen:

> Ich mußte zugeben, daß manche von Lößbergs Anordungen wirklich gut waren. Aber zugleich war eine Unehrlichkeit in allem. Lößberg wollte nicht sehen, daß auf diese Weise die Verbesserungen dort, wo sie, wenigstens mir, am notwendigsten erschienen, an den Unterständen, fast völlig liegen blieben, und daß alles nur fürs Auge geschah. Hinter seinem Rücken hintergingen wir Zugführer ihn und ebenso die Gruppenführer, wo wir nur konnten, vor allem in den Stunden, zu denen er sich nicht zeigte.[65]

Dies ist der einzige Fall, da Renn sich nicht strikt an seine Befehle hält, aber wiederum aus Pflichtgefühl, denn er muß das Richtige für seine Leute tun. Wieder stehen seine Pflicht gegenüber seinen Untergebenen und seine Pflicht gegenüber seinem Vorgesetzten in Widerspruch zueinander.

Renn fehlt zwar das Schelmenhafte, der Humor eines Simplicissimus vollkommen, dafür suchen aber beide verzweifelt nach einer Möglichkeit, sinnvoll zu leben. Bei Grimmelshausen bedeutet das, so zu leben, daß man der Versuchung durch den Teufel entgeht und seine Seele rettet. Renn dagegen hat im Krieg auch den Glauben verloren und kann keinen Ersatz in philosophischen Lehren finden. Er lernt daraus vielmehr: „Eine Weltanschauung gibt es eben nicht, weil es viele gibt und alle weder falsch noch wahr sind."[66] Auch verfolgen Simplex und Renn sehr unterschiedliche Ziele im Krieg. Während Renn für sein Vaterland kämpft, wechselt Simplex je nach Kriegsglück die Fronten und kämpft im Grunde nur für sein eigenes Wohlergehen und Ansehen.

In welcher Beziehung steht also Renns *Krieg* zum *Simplicissimus*, wenn die beiden Hauptfiguren doch mehr Unterschiede aufweisen

---

[65] Krieg, S. 344.

[66] Ebd., S. 176.

als Gemeinsamkeiten? Renn liest das Buch erst, als er sich von einer Krankheit im Lager erholt, und da heißt es: „Ich hatte das Recht, mich gehen zu lassen. Aber das konnte ich bald nicht mehr. Ich las den Simplicius Simplicissimus.“[67] Das Buch hält ihn davon ab, sich gehen zu lassen, weil es auch vom Krieg handelt und immer noch aktuell ist, weil es ihn beschäftigt; doch teilt er dem Leser seine Reflexionen nicht mit. Stattdessen wird mit diesen wenigen Sätzen eine Aktualität des *Simplicissimus* während des Erstem Weltkrieg festgestellt. Die existentielle Konfliktsituation des Menschen im Krieg besteht in ähnlicher Form schon seit Jahrhunderten. Vor allem anderen belastet die beiden Hauptfiguren ihre eigene Ohnmacht, die sie durch gesteigerte Aktivität zu bekämpfen versuchen. Simplex ist Spielball eines wechselhaften Glücks und versucht doch immer wieder selbst sein Glück in die Hand zu nehmen. Renn kämpft am liebsten an der Front, weil er hier nicht viel Zeit zum Nachdenken hat, sondern sich ganz auf die Erfordernisse der Schlacht konzentrieren muß. Er leidet darunter, daß er die größeren Zusammenhänge von Militäraktionen und damit ihren Sinn nicht erfahren kann, sondern nur als kleines Rad im Getriebe Befehle ausführen muß, auch wenn er an ihnen zweifelt. Ebenso leidet er unter seinem Vorgesetzten, der lieber eine repräsentative Armee möchte als eine effiziente, und wird hier schließlich sogar zum Betrug gezwungen. Seine Hilflosigkeit treibt Renn mit Todesmut in den Kampf.

Simplex schreibt auf der Kreuzinsel seinen Lebenslauf nieder, um anderen Menschen ein Exempel zu geben und sie zur Besserung zu bewegen. Renn versucht durch sein Schreiben, die Erlebnisse zu bewältigen. Auf Erzähler- wie Autorenebene wird in beiden Fällen die Fiktion einer Autobiographie erzeugt. Von Golßenau benutzt den Namen seiner Hauptfigur als Pseudonym, um größere Authentizität zu suggerieren, und Grimmelshausen entwickelt eine komplexe Herausgeber- und Autorenfiktion, die den *Simplicissimus*

---

[67] Ebd., S. 335.

als wahrhafte Lebensbeschreibung behauptet. Beide Schriftsteller haben den Krieg als Soldaten miterlebt, dennoch schreiben sie keine Autobiographien, sondern fiktive Autobiographien, die sich den Anschein von dargestellter Realität geben. Sie schreiben nicht von Helden und großen Schlachten. Renn erzählt von den zwiespältigen Gefühlen eines Soldaten, der nicht nur kämpft, um zu überleben, sondern für Ziele, die er nicht versteht bzw. nicht teilt, der tötet und in Todesgefahr leben muß. Simplex gerät schon als Kind in den Krieg und paßt sich an. Er sucht sein Glück im Krieg und wird doch nur vom Schicksal hin- und hergeworfen. Gustafson meint, Renn und Simplex verkörperten einen Urtyp des einfachen deutschen Fußsoldaten,[68] doch das geht zu weit, auch wenn man davon absieht, daß Simplex kein Fußsoldat sondern Reiter ist und in der Regel Fouragetrupps anführt. Und Renn wird immerhin bis zum Vizefeldwebel befördert. Die beiden Figuren gleichen sich vielmehr in ihrem Einsatz in einem Krieg, der nur Schrecken birgt. Die *Simplicissimus*-Lektüre hat keinen sichtbaren Einfluß auf Renn, der, sobald er sich vom Fieber erholt hat, wieder zurück an die Front will, da er lieber dabei ist, wenn schon gekämpft werden muß. Renn und Simplex sind verschiedene Facetten des einfachen Soldaten oder rangniedrigen Offiziers, und in beiden Fällen bezeichnet ihr Name jeweils die hervorragende Charaktereigenschaft. Simplex ist bei aller Gewitztheit und Gelehrsamkeit naiv und versucht immer wieder aus dem Krieg Gewinn zu schlagen. Er lernt nicht aus seinen Erfahrungen. Ludwigs Nachnamen kann man als Imperativ von „rennen" deuten, und darin drückt sich sein Aktionismus aus, mit dem er auf Konflikte, Ohnmachtsgefühl und Stress reagiert. Auch Renn lernt nichts aus seinen Erfahrungen. Er kämpft immer weiter in der Hoffnung, daß dadurch der Krieg umso schneller gewonnen und beendet wird, obwohl er zutiefst die Sinnlosigkeit des ganzen Unternehmens spürt.

---

[68] Vgl. Daryl Gustafson: Ludwig Renn — the Simplicissimus of the World War I? In: Simpliciana I (1979), S. 51.

3.3.6. Walter Mehring

Kurz vor seiner Flucht nach Frankreich im Jahr 1935 ließ Walter Mehring den Roman *Müller. Chronik einer deutschen Sippe* veröffentlichen.[69] Er parodiert darin die nationalsozialistische Rassenlehre und führt die deutsche Untertanenmentalität vor. Nach der Erzählfiktion beruht der Roman auf den Unterlagen, die Dr. Armin Müller, ein Berliner Gymnasiallehrer, im Dritten Reich über seine Vorfahren gesammelt hat, um seine arische Abstammung nachzuweisen. Die Familiengeschichte wird vom Erzähler immer wieder als exemplarisch für das deutsche Volk bezeichnet:

> Denn die Chronik des Hauses Müller, dessen Abstammung bis um das Jahr 90 nach Christi Geburt zurückverfolgt wird — das Archiv bildete die Unterlagen zu dem vorliegenden Buche — gibt mehr als die zufälligen Geschicke einer Familie. Das deutsche Schicksal in all seiner Tragik, all seiner Wunderlichkeit formt sich daraus.[70]

Ich möchte an dieser Stelle einen stark gerafften Überblick über die Ahnengalerie der Müllers präsentieren, um einen Eindruck zu vermitten, wie Mehring die Frage nach der Vererbung von Charaktereigenschaften innerhalb einer Familie bzw. innerhalb eines Volksstammes beantwortet. Außerdem wird dadurch die Stellung des Kapitels „Die Jungfrau von Magdeburg"[71], das auf Grimmelshausens *Courasche* zurückgeht, innerhalb des Romans deutlich. Nicht zufällig beginnt die dokumentierte Geschichte der Müllers mit dem germanischen Römer-Sklaven Millesius, der zur Hauptinformationsquelle für die *Germania* von Tacitus wird. Allerdings erfindet Millesius die meisten Geschichten, Rituale und Bräuche, um seinen reichen und mächtigen Gönner bei Laune zu halten. Dr. Armin

---

[69] Hier zitiert nach Walter Mehring: Müller. Chronik einer deutschen Sippe, Frankfurt/M. et. al. 1980.

[70] Ebd., S. 12.

[71] Ebd., S. 89-101.

Müller wird sich später auf Tacitus spezialisieren und seine Schüler vorzugsweise mit der Lektüre der *Germania* beschäftigen. Millesius hat nun allerdings mit einer germanischen Prostituierten eine Affäre, und der Sohn, den sie zur Welt bringt wird zwar Millesius zugeschrieben, aber ob dieser der Erzeuger ist, bleibt fraglich. So ist die Ahnenkette bereits nach dem ersten Glied sehr brüchig. Im Zuge der Völkerwanderung werden die Millesius-Nachfahren in ganz Europa und Nordafrika verstreut, wo sie wiederum Nachkommen zeugen. Mülibert ist der erste der Sippe, der sich zum Christentum bekehren läßt. Sein Sohn Mülobrad heiratet eine Slawin, die ihm elf Söhne und zwei Töchter schenkt. Allerdings werden Frau und Töchter bei einem Überfall der Normannen verschleppt und vergewaltigt. Neun Monate später bringt Mülobrads Frau einen Sohn zur Welt, der vermutlich nicht sein Sohn ist, sondern der eines Normannen, aber dennoch in der Ahnenchronik die entscheidende Rolle spielt, da nur das Schicksal seiner Nachkommen überliefert ist. Immer wieder in der Geschichte der Sippe Müller kommt es dazu, daß eben kein leiblicher Sohn der Müllers die Erbfolge antritt, was die nationalsozialistische Rassenideologie ad absurdum führt.

Der erste Gelehrte der Sippe, Magister Johannes Molitor, ist an der Universität Köln tätig und soll ein Gutachten zu Institoris *Malleus Maleficarum* erstellen. Die Lektüre verwirrt ihm die Sinne derart, daß er seine reizvolle Nachbarin zu vergewaltigen versucht und sie schließlich als Hexe anklagt, um die Verantwortung für seine moralische Verfehlung nicht übernehmen zu müssen. Die Frau wird verbrannt, und der Magister landet im Narrenhaus. Der Enkel dieses Gelehrten wird Mönch, flieht aus dem Kloster und heiratet eine entlaufene Nonne. Er wendet sich den Lehren Martin Luthers zu, während seine Frau für Thomas Münzer eintritt. Den Sohn der beiden, Martinus Thomas Müller, verschlägt es nach Magdeburg, wo einige Generationen später der einzige Fall von weiblicher Erbfolge eintritt. Es handelt sich dabei um die für die Grimmelshausen-Rezeption relevante Episode über Johanna Müller, die Jungfrau von Magdeburg, auf die ich allerdings erst später genauer eingehen möchte.

Diese Johanna bringt Zwillingssöhne zur Welt, die interessanterweise trotz identischer Gene in ihrem Charakter sehr verschieden sind. Greiff hat die „hemmungslose Sinnlichkeit" seiner Mutter geerbt und Wolf ihre „Landsknechtnatur".[72] Der Vater ist im übrigen ein Russe. Einer der Zwillinge, Greiff, wird durch Betrug an Stelle seines Bruders in den Adelsstand erhoben, darf sich nun von Greiffenmüller nennen, und wird sehr vorteilhaft verheiratet, während sein Zwilling Wolf aufgrund der Verwechslung für die Vergehen Greiffs ins Gefängnis kommt. Mit dem Enkel Wolf Müllers beginnt die Wandlung der Müllers zu Preußen. Dieter beginnt zunächst ein Studium an der Universität Halle, wird aber dann von einem Nachfahren der von Greiffenmüllers in betrunkenem Zustand an preußische Militärwerber verkauft. Noch während der ersten Monate begegnet er dem preußischen König Friedrich Wilhelm: „Dieter sah einen feisten Wanst auf O-Beinen, wasserblaue Triefaugen, weinrote Hängebacken, einen Schweinsrüssel unter einer Kolbennase."[73] So sehr sich Dieter anfangs gegen seine Zwangseinberufung wehrt, so sehr leidet er nach acht Jahren Militär darunter, daß er infolge eines Beinbruchs aus dem Dienst scheiden muß. Er übersiedelt mit seiner Frau nach Berlin, wo er eine Schenke betreibt und seinen schwächlichen Sohn militärisch drillt. Kaum achtzehn Jahre alt, wird Fritz Müller auch schon in den Krieg geschickt und fällt. Dieter heiratet noch einmal, eine polnische Prostituierte, und kommt so doch noch zu seinem Stammhalter Jonathan. Dieser tritt später dem Rosenkreuz-Orden bei und wird Geheimpolizist. Seine fünf Kinder nennt er Hermann, Thusnelda, Hagen, Gudrun und Etzel, welcher der Großvater des Chronisten Armin Müller ist. Etzel gerät durch seine politisch aktive Frau in die 1848er Revolution, doch sein

---

[72] Ebd., S. 104.
[73] Ebd., S. 128.

Sohn Hugo ist wiederum fanatischer Patriot und wird als Soldat 1870 verwundet. Später heiratet er eine wohlhabende geschiedene Frau und spekuliert mit ihrer Mitgift. Hugo Müller bringt es mit Hilfe jüdischer Bankiers zu einem stattlichen Vermögen, doch verliert er es genauso schnell wieder durch seine eigene Unfähigkeit.

Hugos Sohn Armin wird auf dasselbe Gymnasium geschickt, auf das auch Bismarck gegangen war, und eines Tages besucht der Reichskanzler seine alte Schule und spricht ein paar Worte mit dem jungen Müller, über dessen Namen er sich lustig macht, was der Junge allerdings als Lob versteht. Nach abgeschlossenem Studium wird Dr. Armin Müller Lateinlehrer an einem Gymnasium in Berlin. „Ihm galt die ‚Germania‘ als das Evangelium des Deutschtums."[74] Und damit ist der Bogen geschlagen zum Vorfahren Millesius, von dem Tacitus sein fragwürdiges Wissen über die Germanen bezog. Im September 1914 wird Dr. Armin Müller einberufen. Nach Demütigungen und militärischem Drill wird er an die Front geschickt, wo er schließlich an einer schweren Nierenentzündung erkrankt und vorübergehend erblindet. Später heiratet er eine Jüdin, die ihn im Lazarett gepflegt hatte, und damit beginnen für Dr. Armin Müller die Probleme. Zwar erhält er noch im Jahr 1933 den „Auftrag eines hohen Kultusministeriums, einen streng historischen ‚Leitfaden der deutschen Geschichte‘ nach den Gesichtspunkten der Rasseforschung und der nationalsozialistischen Weltanschauung"[75] zu verfassen, doch schon kurze Zeit später wird er wegen seiner Heirat mit einer Nichtarierin angefeindet. Dr. Armin Müller steht zu seiner Frau und seinem Sohn und verweigert die Scheidung auch noch, als man ihm mit Entlassung droht. Und da man schließlich beginnt, seine eigene arische Abstammung anzuzweifeln, beginnt Müller fieberhaft mit der Arbeit an der Familienchronik, die als Vorlage für den Roman dient, doch das bewahrt ihn nicht davor,

---

[74] Ebd., S. 225.
[75] Ebd., S. 237f.

seine Stelle im Schuldienst zu verlieren. Grotesk mutet es an, daß er auch danach noch den nationalsozialistischen Lehren anhängt. Heiligabend 1934 geht er ohne Frau und Sohn ins Exil nach Paris, wo ihn der Erzähler Mehring, einer seiner ehemaligen Lateinschüler, trifft. Nachdem dieser letzte Müller erfährt, daß man seiner Frau und seinem Sohn den Familiennamen Müller aberkannt hat, begeht er Selbstmord. Der Erzähler hilft der Polizei bei ihren Ermittlungen, indem er ein Dokument übersetzt. Auf diese Weise gerät er an Dr. Müllers Archiv zu seiner Familienchronik, das dieser mit sich ins Exil genommen hatte.

Mehring stellt die Familie Müller als exemplarische deutsche Familie dar, die im Lauf ihrer Geschichte bestimmte Charaktereingeschaften aufweist, die angeblich typisch germanisch sind, wobei es zu einer doppelten ironischen Brechung kommt, da einerseits die Müllers ja nun alles andere als eine reingermanische Familie sind und da andererseits die Eigenschaften, die den Germanen von den Rassenforschern des Dritten Reiches zugeschrieben werden, so vage und gegensetzlich sind, daß man sie wirklich auf jede größere Gruppe von Menschen applizieren kann. Mehring führt diese Widersprüche auch im wörtlichen Zitat vor:

> Ganz allgemein müssen wir aber dem eminentesten Rasseforscher des Nationalsozialismus, Professor Dr. Günther, beipflichten, der die Anlagen des nordischen Menschen also charakterisiert:
> „Was auffällt, ist dieses: daß Tugend wie Verbrechen, Heiligkeit, schauende Stille, zartes Wesen, feinsinnige Herzlichkeit ebenso möglich sind wie rücksichtsloser Tatendrang, kälteste Berechnung, höhnische Verachtung und unerbittliche Härte ..."
> Und trifft das nicht, in der Tat, in hohem Grade auf unsere mustergültig nordische Sippe zu? Der rücksichtslose Tatendrang des römischen Legionärs Millesius – Tugend wie Verbrechen bei Mühlicher, der seine Stiefmutter ehelichte – kälteste Berechnung bei dem Wollhändler Mülibert – zartes Wesen

bei Mülobrad, dem Thumben, und höhnische Verachtung bei Thassilo? Wahrhaftig, uns fehlt nur noch eine andere Gabe, die der genannte große Forscher als Grundzug germanischen Wesens erkannt hat: „die voraussetzungslose, kritische, wissenschaftliche Forschung, die dem nordischen Streben nach Wahrheit entstammt." Sie wird noch eine bedeutende Rolle im ferneren Verlaufe spielen.[76]

Im Anschluß an diese Passage wird die Geschichte des Magister Müller in Köln erzählt, aber in erster Linie zielt der Erzähler auf Dr. Armin Müller, der in seiner pseudowissenschaftlichen Ahnenforschung die Wahrheit so sehr verkehrt, bis sie seinen Zwecken entspricht, ohne sich dessen auch nur bewußt zu werden. Indem Mehring jedem Müller jeweils nur eine „germanische" Charaktereigenschaft zuweist, wird die Idee eines Volkscharakters verworfen, der sich insgesamt in möglichst vielen Individuen wiederspiegeln müßte. Die Bloßstellung der Rassenlehre ist eine Strategie, die Mehring in diesem Buch verfolgt, eine andere Strategie richtet sich gegen die weitverbreitete Untertanenmentalität der Deutschen, die an den Müllers beispielhaft vorgeführt wird. Schon im „Auftakt"-Kapitel werden die Müllers entsprechend charakterisiert:

> Es sind die Durchschnittsmenschen, die Mittelmäßigen, die geborenen Untertanen, die sich als Versuchskaninchen für alle Leidenschaften, Launen, für alle Verruchtheiten und Verrücktheiten der jeweils Herrschenden fortpflanzten.
>
> Jeder Müller, vom Ersten bis zum Letzten seines Stammes, hat stets den Anschauungen seiner Zeit gehuldigt. Keiner von ihnen ist verantwortlich für seine Taten und Worte. Aus jedem spricht nur jene Meinung, die die Regierenden ihren Untertanen zubilligten.[77]

Vor diesem Deutungshintergrund fällt die Geschichte der Johanna Müller in mehrfacher Hinsicht aus dem Rahmen, denn

---

[76] Ebd., S. 58f.

[77] Ebd., S. 12.

im Mittelpunkt steht eine Frau, und zwar eine Frau, die Ungewöhnliches leistet. Eingeleitet wird die Episode durch ein sprachlich modernisiertes, leicht modifiziertes Zitat der Eingangspassage aus dem *Simplicissimus*, das wie folgt lautet:

> „Es eröffnet sich zu dieser Zeit, von welcher man glaubt, daß es die letzte sei, unter geringen Leuten eine Sucht ... daß sie gleich rittermäßige Herrn und adlige Personen von ur-altem Geschlecht sein wollen, da sich doch oft befindet und auf fleißiges Nachforschen nichts anders herauskommt, als daß ihre Vorältern Schornsteinfeger, Taglöhner, Karchelzieher und Lastträger, ihre Vettern Eseltreiber, Taschenspieler, Gaukler und Seiltänzer, ihre Brüder Büttel und Schergen, ihre Schwestern Nähterin, Wäscherin, Besenbinderinnen oder wohl gar Huren, ihre Mütter Kupplerinnen oder gar Hexen und in Summa ihr ganzes Geschlecht von allen zweiunddreißig Ahnichen her also besudelt und befleckt gewesen, als des Zucker-bastels Zunft zu Prag immer sein mögen ...!"
> Grimmelshausen, Simplicissimus[78]

Diese Anleihe aus dem Simplicissimus kommentiert Dr. Armin Müllers Versuch, seine vermeintliche germanische Abstammung zu erforschen und zu beweisen. Mit der nachfolgenden Episode verbindet das Zitat nur die gemeinsame Quelle Grimmelshausen, denn daß für die Jungfrau von Magdeburg die Courage Vorbild ist, wird schon im Titel der gedruckten Lebensgeschichte deutlich:

> Ausführliche, unerdichtete Lebensbeschreibung
> der Jungfrau von Magdeburg,
> genannt Jean der Männerschreck
> von ihr selbst
> dem ersten Fehndrich ihrer Cumpaney
> in die Feder dictiert
> Gedruckt in Utopia bei Felix Stratiot[79]

---

[78] Ebd., S. 89.
[79] Ebd., S. 93.

Nicht nur die Tatsache, daß die Erzählerin ihre Geschichte diktiert, sondern auch der fiktive Druckort und Verleger sind Details, die mit Grimmelshausens *Courasche* übereinstimmen. Johanna Müller erzählt allerdings ihre Lebensgeschichte nur bis zu dem Tag, da sie die Armee endgültig verläßt und ihre Männerkleidung ablegt, während die Courage im hohen Alter Rückblick über ihr ganzes Leben hält. Im Soldatenleben der beiden Frauen lassen sich einige Parallelen finden, und manche Beschreibungen stimmen bis in den Wortlaut hinein überein. Einen genauen Vergleich der entsprechenden Textpassagen liefert van Gemert.[80]

Johanna ist sechs Jahre alt, als sie bei der Schlacht um Magdeburg ihre Eltern verliert. Ein Rittmeister der Kaiserlichen Truppen nimmt sich ihrer an, da sie seiner eigenen Tochter ähnlich sieht. Als Vorsichtsmaßnahme kleidet dieser Offizier das Mädchen in Jungenkleidung und läßt es als Troßbub aufwachsen. Die Courage ist bereits dreizehn Jahre alt, als die Stadt Bragoditz überfallen wird. Sie wird von ihrer Pflegemutter in Knabenkleidung gesteckt, um sie vor Vergewaltigung zu bewahren. Auch die Courage wird von einem Rittmeister aufgenommen, allerdings kennt dieser nicht ihr wahres Geschlecht. Beide Mädchen, Johanna und Courage, verlieben sich in ihre Beschützer, doch während Courage ein Verhältnis mit dem Rittmeister beginnt und er sie noch kurz vor seinem Tod heiratet, mißlingt Johannas Verführungsversuch, und der Rittmeister stirbt kurz darauf beim Angriff der schwedischen Truppen. Johanna wechselt nach verlorener Schlacht in schwedische Dienste, allerdings als Jean, der Männerschreck. Niemand bemerkt, daß sie eine Frau ist, denn sie kämpft wie ein Mann und verhält sich genauso wie die anderen Soldaten, wenn man davon absieht, daß sie nicht an den Vergewaltigungen teilnimmt. Aufgrund ihrer reichen Beute kann sie es sich leisten, ein eigenes Regiment aufzustellen. Ihr Glück wendet sich erst, als sie mit ihrem Regiment in die Nähe

---

[80] Guillaume van Gemert: Die Jungfrau von Magdeburg. Walther Mehring und Grimmelshausen. In: Morgen-Glantz 4 (1994), S. 235ff.

von Magdeburg kommt. Johanna schleicht sich mit ihrem Pagen in die Stadt zu ihrem Vaterhaus, bei dessen Anblick das Mädchen zu weinen beginnt. Der erschrockene Page, der schon zuvor Verdacht geschöpft hatte, versucht, sie zu trösten. Dabei allerdings entbrennt so recht seine Leidenschaft, der sich Johanna kaum erwehren kann:

> Nun hätte ich ihm, wär's im Regiment geschehen, mit Karbatschen solche Begierde austreiben lassen nicht aber hier wo mich die Mauern und Wände als unschuldiges Mädchen erkannt. Also daß ich es ihm nicht mit Streichen, sondern mit Streicheln vergalt und in ihm schürte, was ich löschen wollte.[81]

Während Johanna noch versucht, sich ihren Pagen vom Leib zu halten, werden die beiden von einem eifersüchtigen moskowitischen Soldaten überrascht. Der findet nun zwar nicht seine untreue Geliebte vor, aber er erkennt in dem halb entblößten Mädchen seinen Obristen. Ohne auf ihre Befehle zu achten, vergewaltigt er sie, wofür sie ihn allerdings am nächsten Morgen hinrichten läßt. Johanna wechselt anschließend das Regiment, doch dann muß sie feststellen, daß sie schwanger ist, und verläßt die Armee endgültig. Johanna bringt Zwillinge zur Welt und gibt sie gut versorgt zu Pflegeeltern. Bevor sie Magdeburg mit ihrem Pagen verläßt, diktiert sie ihm ihre Geschichte, um sie für die Kinder zurückzulassen. Einer der Zwillingssöhne läßt sie später veröffentlichen. Der Erzähler ist nur zufällig auf diese Geschichte gestoßen, denn sie befand sich nicht im Archiv Dr. Müllers.

Guillaume van Gemert stellt als erster Grimmelshausens *Courasche* als Hauptquelle für Mehrings Jungfrau von Magdeburg fest und verweist auf weitere literarische Anspielungen:

> Johanna Müller ist, wie schon angedeutet wurde und wie ihr Vorname sowie der Zuname Jungfrau von Magdeburg bestätigen, eine Art ins Müllersche pervertierte Jeanne d'Arc. Das Motiv des als Knaben verkleideten Mädchens im Zeitalter des Dreißigjährigen Krieges gemahnt an Conrad Ferdinand

---

[81] Müller, S. 98f.

Meyers Novelle *Gustav Adolfs Page*. Auch der Siegelring mit dem Porträt eben dieses Gustav Adolf legt nahe, daß Mehring bewußt den Bezug zu Meyer hat herausstellen wollen. [...] All diese Anspielungen sind jedoch bloß peripher im Vergleich zu dem, was Mehring bei seinem Hauptgewährsmann entlehnte. Dieser stammt tatsächlich aus der Zeit, in der die Geschichte spielt, aus dem 17. Jahrhundert: es ist, wie bisher offensichtlich noch nicht bemerkt wurde, Hans Jakob Christoffel von Grimmelshausen.[82]

Die Geschichte der Johanna Müller steht teilweise unter umgekehrtem Vorzeichen gegenüber Grimmelshausens *Courasche*. Johanna bleibt immer als Mann verkleidet, während Courage später als Frau kämpft und dadurch in Schwierigkeiten gerät. Courage hat Liebhaber, heiratet immer wieder und wird mehrfach vergewaltigt, doch Johanna bewahrt sich durch die Verkleidung ihre Jungfräulichkeit, bis ihr Geschlecht entdeckt und sie vergewaltigt wird. Es fällt auf, daß Johanna schon nach einmaligem Geschlechtsverkehr schwanger wird und auch noch Zwillinge zur Welt bringt, während Courage trotz ihrer ausschweifenden sexuellen Aktivität keine Kinder bekommt. Nach der Enttäuschung mit dem Rittmeister verleugnet Johanna ihre Weiblichkeit vollkommen und erfüllt – beinah perfekt – die Rolle eines Soldaten. Die Courage dagegen lebt, nachdem sie ihren Rittmeister verführt hat, auch ihre Weiblichkeit aus. Sie besiegt Männer im Kampf, und sie gibt sich ihnen mit Leidenschaft hin. Diese Doppelnatur verleiht ihr einen monströsen Charakter, der die Leser abschreckt. Für Johanna dagegen bedeutet ihre gewaltsame Entjungferung das Ende ihrer „männlichen" Militärkarriere, weil die Natur sie durch die Schwangerschaft in ihre Schranken weist. Damit erscheint Jean der Männerschreck als fehlgeleitete Frau, die schließlich durch einen Mann ihrer natürlichen Bestimmung zugeführt wird. Für die Leser, welche Grimmelshausens Werk kennen, dient die Courage als Kon-

---

[82] Van Gemert, S. 232.

trastfolie, vor der Johannas Müllerhaftigkeit deutlich wird. Ganz allgemein aber benutzt Mehring die Zitate aus *Courasche*, um leichter die Illusion eines authentischen literarischen Dokuments aus der Zeit des Dreißigjährigen Krieges erzeugen zu können.

Van Gemert interpretiert Johanna als grofe Ausnahme unter den Müllers viel zu positiv:

> Johanna Müller ist dagegen in dem nie abreißenden Reigen der bornierten müllerschen Durchschnittsspießer, dieser Möchtegern-Übermenschen, eine auffällige Lichtgestalt, die einzige wirkliche Größe. Sie versinnbildlicht neben einer gewissen kindlichen und daher natürlichen Anmut die Stärke und die Autonomie; sie nimmt ihr Frausein voll und ganz an, sobald dies unausweichlich wird; sie bekennt sich zu ihren Kindern und übernimmt liebend die Verantwortung für sie, auch wenn sie deren Vater hassen muß. Alles in allem stellt sie, die einzige echte Müller-Frau, die in der Chronik agiert, eine humane Ordnung wieder her in dem Chaos, das die Müller-Männer vor ihr hinterlassen haben.[83]

Van Gemert übersieht, daß auch Johanna nur ein „Möchtegern-Übermensch" ist und schließlich unfreiwillig in ihre angemessene Rolle zurückkehrt. Sie schafft es nicht, Frau und Soldat zu sein, wie sie gerne möchte. Notgedrungen nimmt sie ihre Weiblichkeit an, als es sich nicht mehr vermeiden läßt, aber ihr Verantwortungsgefühl für ihre Kinder reicht nur so weit, daß sie sie finanziell abgesichert bei fremden Menschen zurückläßt und für immer aus deren Leben verschwindet. Eine humane Ordnung ist dadurch nicht geschaffen. Johanna hinterläßt hier mehr Chaos als die meisten Müller-Männer. Sie nimmt ihren Söhnen Vater und Mutter und hinterläßt nichts als Geld, ihre Lebensgeschichte und einen Beutering mit dem Bild des schwedischen Königs Gustav Adolf, der später von ihren Nachfahren als besondere Auszeichnung durch den König persönlich gehandelt wird. Van Gemert stellt weiter fest, daß sich

---

[83] Ebd., S. 238f.

Johanna „auf der fiktiven Ebene aus Liebe und aus Mütterlichkeit über angebliche Rassenunterschiede" hinwegsetzt, da sie ihre eigenen Kinder annimmt, obwohl der Vater ein Russe ist. Er zieht daraus die Schlußfolgerung:

> Im Kontext des *Müller*-Romans ist sie eine liebenswürdige, aber dadurch nicht weniger überzeugende Gegnerin des politisch-ideologisch verbrämten Rassendünkels, wie er sich zur Zeit der Veröffentlichung des Werkes unter Hitlers Herrschaft artikulierte.[84]

Für Johanna besteht das Problem allerdings weniger in Rassenunterschieden als vielmehr darin, daß sie vergewaltigt worden ist und den Vater der Kinder aus Haß sogar hat hinrichten lassen. Sie hat die Kinder „in Haß empfangen", aber „in Liebe genährt".[85] Johannas Mutterinstinkt ist immerhin stark genug, den Haß gegen den Vater nicht auf die Kinder zu übertragen, aber er ist nicht stark genug, daß sie sich selbst um ihre Kinder kümmert. Mehring wählt einen Russen als Vater für die Kinder, um wie schon zuvor die Idee einer rein germanischen Rasse dadurch unmöglich zu machen. Johanna kümmert sich nicht um Rassen und Nationalitäten, sondern nur um sich selbst. Als sie vor der Wahl steht, zu sterben oder in schwedische Dienste zu wechseln, hat sie kein Problem damit, für den Feind zu kämpfen, solange sie dabei genug Beute machen kann:

> Als uns die Schwedischen gefangen, stellten sie uns frei, ob wir wollten gespießt oder entmannt werden oder für der Evangelischen heilige Sache fechten, so trat ich in Schwedische Dienste, weil's mir ohnehin gleich war, wessen Häuser ich plünderte, in Brand steckte, und welche Bauern ich ranconnierte.[86]

Sie ordnet sich unter wie alle Müllers, weil es bequemer ist und

---

[84] Ebd., S. 240.

[85] Müller, S. 100.

[86] Ebd., S. 97.

man dabei leichter seinen Vorteil suchen kann. Eine Sonderstellung erhält Johanna nicht durch ihre überragenden Charaktereigenschaften, sondern durch ein äußerst bewegtes, ungewöhnliches Schicksal. Johannas Geschichte wirkt andererseits auch unmittelbarer auf den Leser, da Johanna ihre Geschichte selbst erzählt. Ihre Ausführungen werden nicht durch den Erzähler kommentiert oder ironisch gebrochen. Genau wie Grimmelshausen läßt Mehring seine Heldin sich selbst bloßstellen. Johanna weint nicht wie andere Kinder bei ihren toten Eltern, sie sucht bei den Soldaten nach Nahrung. Als sie später von ihrem Wohltäter zurückgewiesen wird, will sie ihn ermorden. Haß treibt sie dann auch zu ihren Heldentaten als Soldat. Aus gekränkter Eitelkeit schwört sie, daß sie „mit Männern keine andere Liebkosung je tauschen würde, als ihnen die Köpfe zu spalten und die Hälse abzutrucken".[87] Und am Ende lernt Johanna doch ihre Lektion, „was Gott allen Weibern bestimmt, mögen sie noch so fest ihre Sittsamkeit hinter Schwadronieren und Wildheit verschanzen." Johanna sieht ihre Vergewaltigung als Strafe dafür, daß sie sich ihrem Pagen verweigert hatte, und sieht sich deshalb veranlaßt, ihre Geschlechtsgenossinnen zu warnen: „Ach, Ihr Mägdlein, nehmt es Euch zum Beispiel, was geschieht, wenn eine Jungfrau nicht gleich ihrer Herzensneigung folgt!"[88] Johanna, der Männerschreck, wird zahm, und alles, was es dazu braucht, ist ein Mann, der rücksichtslos seine Macht über sie ausübt und sie vergewaltigt. Johanna gleicht ihren Vorfahren darin, daß sie sich den Mächtigen beugt.

Johanna ist als eine von vielen Müllerfiguren ein Mosaikstein, der zu einem vielschichtigen Bild gefügt wird. Mehring läßt die unterschiedlichsten Charaktere auftreten, um einerseits die Vererbung bestimmter Charaktereigenschaften innerhalb einer Sippe zu negieren, und andererseits, um die Müllers tatsächlich repräsentativ

---

[87] Ebd., S. 97.

[88] Ebd., S. 99.

für die Deutschen werden zu lassen. Denn eines verbindet die Müllers untereinander und auch mit der Masse des deutschen Volkes, nämlich ihre Anpassungsfähigkeit an veränderte Lebensumstände und – damit verbunden – ihre Untertanenmentalität, die es ihnen erleichtert, überall durchzukommen. Indem Mehring aber immer wieder nichtgermanisches Blut in die Sippe der Müllers einfließen läßt, erweitert er seine Kritik auf alle Menschen, die schwach und geneigt sind, allen Konflikten aus dem Weg zu gehen. Das Beispiel Müller und Deutschland soll die gesamte Menschheit vor ihrer Verführbarkeit warnen und nicht nur die Deutschen kritisieren.

Durch den Bezug auf Grimmelshausen im Zitat am Kapitelanfang stellt Mehring Kontinuität her, indem er den älteren Kollegen zum Zeugen aufruft, der ihm bestätigt, daß es schon immer so war in Deutschland bzw. Europa, daß die Menschen schon immer mehr gelten wollten als sie waren, und das seit vielen Generationen. Außerdem legt Mehring damit eine Spur, die zu seiner eigentlichen Quelle, dem weniger bekannten *Courasche*-Roman Grimmelshausens, führt. Denn wenn auch die Geschichte der Johanna aus sich selbst heraus verständlich ist, birgt der Vergleich mit dem Original doch ein zusätzliches Vergnügen und eine tiefere Einsicht in die Durchschnittlichkeit der Müllers.

3.3.7. Bertolt Brecht

Das Drama *Mutter Courage und ihre Kinder. Eine Chronik aus dem Dreißigjährigen Krieg* entstand 1938/39, als Bert Brecht bereits im Exil war. Die Uraufführung fand dann während des Zweiten Weltkrieges 1941 in Zürich statt.[89]

Erzählt wird die Geschichte der Marketenderin Anna Fierling, genannt Mutter Courage. Sie sucht im Dreißigjährigen Krieg durch

---

[89] Zitiert wird nach der Ausgabe Bertolt Brecht: Mutter Courage und ihre Kinder. Eine Chronik aus dem Dreißigjährigen Krieg. Frankfurt am Main 1963.

Handel mit den Soldaten Profit zu machen und ihre drei Kinder zu ernähren, ohne selbst in den Krieg verwickelt zu werden. Doch das kann nicht gelingen. Zunächst wird ihr ältester Sohn von Soldaten angeworben, ohne daß sie es verhindern kann, weil sie gerade zu sehr mit einem Handel beschäftigt ist, der als Ablenkungsmanöver dient. Dieser Sohn, Eilif, übersteht alle Gefahren des Krieges aufgrund seiner Klugheit und Tapferkeit, doch als er während einer kurzen Friedensphase einen Bauernhof überfällt und dabei die Bäurin tötet, wird er hingerichtet. Auch der zweite Sohn, Schweizerkas genannt, kann sich nicht aus dem Krieg heraushalten. Er ist redlich und einfältig, deshalb wird er Zahlmeister. Er wird noch vor seinem Bruder getötet, als er versucht, die Regimentskasse vor den Feinden in Sicherheit zu bringen. Mutter Courage hätte ihn retten können, wenn sie all ihren Besitz und damit ihre Lebensgrundlage drangegeben hätte, um ihn freizukaufen. Sie zögert zu lange und verschuldet damit den Tod ihres Sohnes. Auch die Tochter Kattrin ist Opfer des Krieges. Als Kind war sie von einem Soldaten mißhandelt worden und hat dadurch die Sprache verloren. Später wird sie durch den Krieg um die Möglichkeit gebracht, zu heiraten und Kinder zu bekommen. Und schließlich wird sie auch noch überfallen und im Gesicht verunstaltet, so daß sie jede Hoffnung auf Ehemann und Kinder aufgibt. Am Ende opfert Kattrin ihr Leben, um die Stadt Halle vor einem Angriff zu warnen, nachdem Bauersleute in ihrer Gegenwart das Schicksal von Verwandten mit kleinen Kindern in der Stadt bejammert hatten. Kattrin setzt sich aufs Dach des Bauernhauses und trommelt, bis man in Halle die Gefahr bemerkt, und wird dafür erschossen. Mutter Courage zieht nun allein ihren Marketenderwagen zum nächsten Heer.

Walter Hinck weist auf zwei verschiedene Quellen hin, die Bert Brecht für seine Courage benutzt hat:

> Damit ist zugleich auf eine der Anregungen verwiesen, die in die Figur eingegangen sind, auf die Gestalt der finnischen Marketenderin Lotta Svärd aus einer Ballade des Dich-

ters Johan Ludvig Runeberg, deren Geschehen im finnisch-russischen Krieg der Jahre 1808/09 spielt und die sich Brecht im Sommer 1939 übersetzen ließ. Allerdings bleiben die Übereinstimmungen auf bloße Äußerlichkeiten beschränkt; für alles, was die Ballade zum Ruhmeslied macht, hatte Brecht keine Verwendung. Wesentlicheres konnte er in der Gestalt der „Landstörtzerin" Courasche von Grimmelshausen finden, die ihm nicht nur den Namen, sondern auch das geschichtliche und soziale Kolorit des Dreißigjährigen Krieges zuspielte.[90]

Der Name der Hauptfigur Courage und die Zeit des Dreißigjährigen Krieges sind oberflächliche Parallelen zu Grimmelshausens *Courasche*-Roman, doch die inhaltlichen Übereinstimmungen gehen darüber hinaus. Auch Grimmelshausens Courage folgt einige Zeit als Marketenderin einem Regiment auf einem Feldzug. Und wie die moderne Courage versucht sie, aus dem Krieg Gewinn zu ziehen. Allerdings ist sie dabei erfolgreicher, da sie keine Rücksicht auf Kinder nehmen muß und nicht nur das Marketender-Geschäft betreibt, sondern sich auch prostituiert. Die Kinderlosigkeit von Grimmelshausens Courage stellt einen großen Unterschied zur Mutter Courage dar, der schon durch den Namenszusatz „Mutter" hervorgehoben wird. Dagegen verbindet die beiden Figuren wiederum ihre sexuelle Freizügigkeit, da die Mutter Courage jedes Kind von einem anderen Mann bekommen und noch eine Reihe weiterer Liebhaber hatte.

Gemeinsam ist den beiden Frauen auch, daß ihr Geschäfts- oder auch Liebesglück immer nur von kurzer Dauer ist. Grimmelshausens Figur lebt in einer Fortuna-Welt, auf den Gewinn folgt der Verlust, auf den Erfolg die Niederlage. Sie wird ausschließlich von egoistischen Motiven bewegt, während Brechts Courage

---

[90] Walter Hinck: Mutter Courage und ihre Kinder: Ein kritisches Volksstück. In: Brechts Dramen. Neue Interpretationen, hrsg. von Walter Hinderer, Stuttgart 1984, S. 164.

für ihre Kinder sorgen muß und damit ihr Gewinnstreben rechtfertigt. Doch sie gerät immer wieder in Konflikt zwischen ihrer Mutterliebe und ihren Geschäftsinteressen, da der Krieg für sie gute Verdienstmöglichkeiten bietet, während er ihre Kinder gefährdet. Mutter Courage kennt die Gefahr und riskiert doch alles: „MUTTER COURAGE *nimmt einen Pergamentbogen und zerreißt ihn:* Eilif, Schweizerkas und Kattrin, so möchten wir alle zerrissen werden, wenn wir uns in'n Krieg zu tief einlassen täzen."[91] Sie verliert alle ihre Kinder, weil sich diese unmöglich aus dem Krieg heraushalten können, solange ihre Mutter am Krieg verdient. Ihre Profitgier zeigt beispielhaft, daß es im Krieg im Grunde immer nur um materielle Interessen geht, und die Courage weiß das:

> Wenn man die Großkopfigen reden hört, führens die Krieg nur aus Gottesfurcht und für alles, was gut und schön ist. Aber wenn man genauer hinsieht, sinds nicht so blöd, sondern führn die Krieg für Gewinn. Und anders würden die kleinen Leut wie ich auch nicht mitmachen.[92]

Wie Grimmelshausen zeigt auch Brecht den Krieg, wie er sich für die einfachen Leute darstellt: die Soldaten, die Werber, den Koch, den Feldprediger, die Marketenderin, die Soldatenhure, das anständige Mädchen. Sie alle sind die Leidtragenden des Krieges, aber auch seine Betreiber. Mutter Courage trägt den Krieg mit, weil sie sich davon ein gutes Auskommen für sich und ihre Kinder verspricht. Als für kurze Zeit der „Friede ausgebrochen ist",[93] hegt sie denn auch recht gemischte Gefühle, da sie den Wagen voller nun schwer verkäuflicher Waren hat: „Ich bin froh übern Frieden, wenn ich auch ruiniert bin. Wenigstens zwei von den Kindern hätt ich also durchgebracht durch den Krieg."[94] Die Mutterliebe überwiegt

---

[91] Mutter Courage, S. 14.

[92] Ebd., S. 36.

[93] Ebd., S. 77.

[94] Ebd., S. 78.

hier scheinbar die geschäftlichen Erwägungen, aber es mutet doch grotesk an, daß sie zufrieden damit ist, daß sie nur eines von drei Kindern dem Krieg, also ihrem Geschäft, hat opfern müssen. Eine nüchterne Kosten-Nutzen-Rechnung wird hier aufgemacht. Courage weiß in diesem Moment noch nicht, daß ihr zweiter Sohn Eilif bereits zum Tode verurteilt ist. Im Grunde sind ihre Gefühle in bezug auf den Krieg immer gespalten. Nachdem Kattrin überfallen worden ist, verflucht sie den Krieg am Ende der sechsten Szene, während die siebte mit ihren Worten beginnt: „Ich laß mir den Krieg von euch nicht madig machen."[95] Erst am Ende, als alle ihre Kinder tot sind, bleiben ihr nur noch die Geschäfte, denen sie nun unbeirrt nachgehen kann. Mutter Courage ist nicht zu belehren. Sie betrauert ihre Kinder, aber sie erkennt kaum ihren eigenen Anteil an deren Tod.

Weder Brecht noch Grimmelshausen sehen den Dreißigjährigen Krieg als Glaubenskrieg. Für Brecht ist die Habgier der eigentliche Grund, für Grimmelshausen die Sündhaftigkeit der Menschen. Während allerdings der religiöse Grimmelshausen hier das Wirken des Teufels ansetzt, macht Brecht das kapitalistische System verantwortlich. Wie Grimmelshausen benutzt Brecht das Mittel der Satire, um seine Figuren bzw. die Kriegsgesellschaft zu entlarven. So klärt Mutter Courage den Koch und den Feldprediger über die Gerechtigkeit des Polenfeldzugs in ironischer Rede auf:

> Die Polen hier in Polen hätten sich nicht einmischen sollen. Es ist richtig, unser König ist bei ihnen eingerückt mit Roß und Mann und Wagen, aber anstatt daß die Polen den Frieden aufrechterhalten haben, haben sie sich eingemischt in ihre eigenen Angelegenheiten und den König angegriffen, wie er grad in aller Ruh dahergezogen ist. So haben sie sich eines Friedensbruchs schuldig gemacht, und alles Blut kommt auf ihr Haupt.[96]

---

[95] Ebd., S. 75.
[96] Ebd., S. 35.

„Sich in die eigenen Angelegenheiten einmischen" ist eine paradoxe Formulierung, die geradezu grotesk anmutet in Anbetracht eines feindlichen Angriffs, der dann auch noch in Ursache und Wirkung soweit verdreht wird, daß die Überfallenen des Friedensbruchs bezichtigt werden, während der Aggressor „in aller Ruh dahergezogen ist". Auch für Brecht ist die Welt des Krieges eine verkehrte Welt, in der die natürliche Ordnung der Dinge und der Gesellschaft durcheinander geraten sind. Deshalb bietet sich auch für ihn eine satirische Darstellung an. Gescheiterte Versuche, die Humanität zu retten, streichen die Absurdität des Krieges heraus, so zum Beispiel, als Kattrin für ihre Kinderliebe ihr Leben lassen muß. Sie hatte schon einmal ihr Leben riskiert, um ein Kind aus einem brennenden Haus zu retten; beim Angriff auf die Stadt Halle wird sie für dasselbe menschliche Verhalten getötet. Im privaten Bereich stoßen ihr Mut und ihre selbstlose Kinderliebe zwar auf Unverständnis, aber erst als sie sich in eine Militäraktion einmischt, wird ihr Heldentum bestraft. Der Krieg bewirkt eine Umwertung aller Werte. Schweizerkas muß für seine Redlichkeit büßen, Kattrin für ihre Kinderliebe und Eilif für sein Draufgängertum, das keinen Unterschied zwischen Krieg und Frieden kennt. Nur die Courage weiß immer, wie sie sich selbst vor Schaden bewahren kann, denn sie achtet immer auf ihren Vorteil und kennt keine Prinzipien. Nur die Liebe zu ihren Kindern wirkt als Gegenkraft, aber auch als Antrieb für ihr Gewinnstreben. Mutter Courage läßt sich jedoch niemals von ihren Gefühlen überwältigen. Als man ihr die Leiche ihres toten Sohnes, des Zahlmeisters, bringt, läßt sie keine Reaktion erkennen und verleugnet ihn, da man sie sonst des Verrats beschuldigen würde.[97] Mutter Courage hat die verkehrte Ordnung des Krieges akzeptiert, sie fügt sich ihr ohne Aufbegehren. Dabei steht von Anfang an außer Zweifel, daß die Menschen durch den Krieg nur verlieren können. Gleich in der ersten Szene erklärt der Feldwebel:

Wie alles Gute ist auch der Krieg am Anfang halt schwer zu

---

[97] Vgl. ebd., S. 54.

machen. Wenn er dann erst floriert, ist er auch zäh; dann schrecken die Leut zurück vorm Frieden, wie die Würfler vorm Aufhören, weil dann müssens zählen, was sie verloren haben.[98]

In dieser ironischen Aussage wird deutlich, wie sehr die Menschen sich vom Krieg ihr Glück erhoffen, genau wie Spieler werden sie süchtig und können sich nicht eingestehen, daß sie doch nur verlieren werden. Und auch die Courage weiß: „Im allgemeinen kann man sagen, daß uns gemeinen Leuten Sieg und Niederlag teuer zu stehn kommen.“[99] Wie sehr dies in ihrem Fall zutrifft, zeigt sich dann auch bald. An Mutter Courage und ihren Kindern wird exemplarisch vorgeführt, wie unerbittlich der Krieg zu jenen ist, die nicht von ihm lassen können. In krassem Gegensatz dazu steht Grimmelshausens Courage, die durch den Krieg nicht wirklich Schaden nimmt. Sie paßt sich seinen Bedingungen an und nutzt alle Chancen, die er ihr bietet. Andererseits jammert sie nicht lange, wenn sie ihr Vermögen oder einen Mann verliert, entführt oder vergewaltigt wird. Sie nimmt das Leben und den Krieg mit allen negativen und positiven Seiten. Daß sie dabei sozial immer weiter absteigt, scheint für sie auch kein Problem zu sein. Am Ende fühlt sie sich im sozialen Abseits bei den Zigeunern sehr wohl, denn hier kann sie alle ihre Talente zum Einsatz bringen. Sie ist keine tragische Figur, sondern ein abschreckendes Beispiel für den religiösen Leser des 17. Jahrhunderts. Analog dazu soll natürlich auch Mutter Courage als Negativ-Beispiel dienen und gerade im Hinblick auf den drohenden Zweiten Weltkrieg alle Menschen warnen, die sich vom Krieg einen materiellen Gewinn erwarten.

Das Thema Religion wird von beiden Autoren sehr unterschiedlich behandelt. Sie sind sich einig darin, daß es im Krieg weniger um den wahren Glauben als vielmehr um Besitz- und Machtgewinn geht. Grimmelshausen stellt weder im *Simplicissimus* noch in der

---

[98] Ebd., S. 8.
[99] Ebd., S. 40.

Courasche die Frage nach dem wahren Glauben, sondern die Frage nach einem sicheren Weg zu Gott. Brecht dagegen wählt einen Feldprediger zu einer seiner Hauptfiguren, um dessen Gottlosigkeit zu demonstrieren. Seine Aufgabe ist es, die Soldaten für den sogenannten Glaubenskrieg zu begeistern, damit sie umso leichter ihr Leben für fragwürdige Ziele darangeben. Er steht nicht im Dienst der Religion, sondern im Dienst des Krieges, für den er Propaganda treibt. Aber auch die Religion im allgemeinen ist zum Instrument des Krieges degeneriert, da sie ihm den offenbar notwendigen Vorwand liefert.

Brecht übernimmt auch ein formales Element von Grimmelshausen und anderen Barockautoren. Zu Beginn jeder Szene beschreibt er kurz den folgenden Inhalt. Damit nimmt er bewußt die Spannung zurück und lenkt das Leserinteresse „vom bloß Stofflichen auf dessen Beurteilung".[100] Da es weniger um das Schicksal einer Familie im Dreißigjährigen Krieg geht als vielmehr um die Bedingungen des Krieges im Allgemeinen, spielen Motive und Ursachen eine sehr viel wichtigere Rolle als die Ereignisse. Dieses Verfahren weckt durchaus auch Neugier beim Leser, aber sie wird auf Fragen nach dem wie und warum gelenkt, denn darauf kommt es Brecht an.

3.3.8. Hermann Eris Busse

Im Jahr 1940 erscheint eine Grimmelshausen-Erzählung mit dem Titel *Zum silbernen Stern* von Hermann Eris Busse. Es handelt sich um ein Portrait des Schriftstellers Grimmelshausen und eine Beschreibung seiner Lebenssituation zu der Zeit, als er am *Simplicissimus* arbeitet. Er hat seine Schaffner-Stelle bei den Schauenburgern verloren und betreibt nun die Wirtschaft „Zum silbernen Stern", doch die gewonnene Unabhängigkeit tröstet ihn nicht über den damit verbundenen sozialen Abstieg hinweg. Grimmelshausen

---

[100] Jan Knopf: Brecht-Handbuch. Theater. Eine Ästhetik der Widersprüche, Stuttgart 1986, S. 183.

ist eitel wie sein Simplex und benimmt sich noch immer wie ein mächtiger, bedeutender Mann:

> Der ehemalige Schauenburgische Schaffner, jetzt der freie Wirt und Herr auf der Spitalbühne, war kein reicher Mann, aber er trat so sicher und kundig auf wie ein Grundherr mit Gütern und Zehntleuten. Wenn er irgendwo hoch zu Roß erschien, hoben die Bauern und Bürger die Köpfe und grüßten ehrerbietig. [...] Er trug sich ein wenig eitel nach der Mode, wie man sie im Sauerbrunnen beobachten konnte, und bisweilen hatte er sogar Ringe in den Ohren, nicht nur an den Fingern. Und wenn er geritten kam, so hätte ihn selbst der Graf Reinhardt um das schöne, edle Roß beneiden müssen.[101]

Mehr jedoch als seine gesellschaftliche Stellung beschäftigt ihn die Erinnerung an seine wilde Vergangenheit im Dreißigjährigen Krieg. Die Bilder verfolgen ihn Tag und Nacht, und die Arbeit am *Simplicissimus* hilft ihm, damit fertig zu werden. In das Buch fließen reale Erlebnisse, Erzählungen anderer Leute, Übernahmen aus literarischen Werken und seine Phantasie ein. Von dieser Arbeit ist er geradezu besessen und führt deshalb ein Doppelleben. Während er am Tag seinen Pflichten als Wirt, Bauer, Pferdehändler und Berater der Bauern nachkommt, schreibt er in der Nacht an seinem Roman: „Wenn er in seinem Schreibstübel saß und die Feder emsig, kaum den Gedanken eilig genug, übers Papier lief, lebte er sein zweites Leben."[102] Manchmal quält ihn das schlechte Gewissen, wenn er seine Pflichten als Familienvater vernachlässigt, aber das Schreiben ist ihm zur Sucht geworden:

> Von dieser Leidenschaft konnte er nie mehr lassen. Sie stand über der Liebe zu Kathrin und den Kindern, sie stand über allem, was er betrieb, um das Dasein zu fristen. So konnte Grimmelshausen ob seinem merkwürdigen Trieb zum Schreiben ins Grübeln geraten, ja unter Albdruck stehen wie ein

---

[101] Hermann Eris Busse: Zum silbernen Stern, Leipzig 1940, S. 38f.
[102] Ebd., S. 34.

Gebannter.[103]

Diese Konfliktsituation, unter der Grimmelshausen leidet, ist ein
Hauptthema der Erzählung, ein anderes ist die Beschreibung und
Interpretation des Romans als ein moralisches und frommes Werk,
in dem die Präsenz des Bösen zur Abschreckung dargestellt wird
und nicht nur der Unterhaltung dient. Der reale Autor Grimmelshausen hält es für nötig, zu Beginn der *Continuatio* seine satirische
Schreibweise zu rechtfertigen, und Busse läßt Grimmelshausen bereits ahnen, daß er seine Wirkungsabsicht verfehlen könnte:

> Manchmal schien es ihm gefährlich zu sein, ein Buch an den
> Tag zu geben, das nicht nur erzählte, beschrieb und aus-
> schweifte, sondern spottete, verurteilte und bekannte, das viel-
> leicht, indem es viel Bosheit der Welt berichtete, nicht die
> Macht besaß, von der Bosheit abzuschrecken, sondern eher
> das böse Beispiel in größere Übung zu bringen.[104]

Und später heißt es noch einmal: „Er wollte, indem er den Spiegel
der Wirklichkeit zeigte, die Verzerrung des Bösen in vielen Ein-
zelheiten abschreckend schildern."[105] Grimmelshausen stößt damit
auch schon bei seiner Frau auf Kritik, der ihr Mann wegen seiner
Vergangenheit immer etwas unheimlich bleibt. Dennoch hält er
daran fest, den Krieg so zu beschreiben, wie er ihn erlebt hat:

> Denn mußte er auch sonst bisweilen fromm sein – im Innern vor
> seinem Herrgott war er es tief und unbeirrbar –, so ging es in
> seinem Dichten toll zu, weil es so Wirklichkeit war in der Zeit
> seines Handelns und Wandelns, weil die Kriegsfanfare eben
> keine sanfte Hirtenweise blasen konnte, weil das Trummtrumm
> der Landsknechtstrommeln kein Wiegenlied war, weil die Pest
> und die Folter nicht wohlgefällig unter den Menschen wählten,
> sondern bös und tödlich, weil die Sünde gern in wilden Lagern
> lebte, wo der Tod die Würfel warf, und weil die Hölle nicht

---

[103] Ebd., S. 53.
[104] Ebd., S. 34f.
[105] Ebd., S. 52.

grausam und düster genug geschildert werden konnte, damit der Himmel Gottes um so reiner strahlte.[106]

Die realistische Darstellung im *Simplicissimus* wird auch dadurch behauptet, daß Busse einen Ulrich Bruder, einen Springinsfeld und vor allem die Courage als reale Personen auftreten läßt. Die Courage wird auch gleich als Frau Welt interpretiert: „Katharina, die Gute, Saubere, hatte gespürt, was da in der Stube saß. Frau Welt in Person, das Mensch Fortuna: geliebte und gehaßte, gesuchte und verstoßene Gefährtin der Soldaten und Abenteurer."[107] Besonders aufschlußreich für Grimmelshausens literarische Arbeit ist ein Traum, den er nach dem beunruhigenden Auftauchen der Courage hat: „Gegen Morgen wankte ein Zug von Zigeunerwagen vorüber. Grimmelshausen hörte es im Halbschlaf, und ihm träumte, auf einem Esel ritte dazwischen, geputzt wie eine Königin, die Hauptmännin, die Courasche."[108] Aus Traum, Erinnerung und Phantasie wird hier schon der Roman *Courasche* gewebt.

Busse hat die bekannten Lebensdaten Grimmelshausens in seiner Erzählung verwendet und darum herum ein Charakterbild des Schriftstellers geschaffen, das vor allem durch eine Gespaltenheit bestimmt wird. Entsprechend seiner Zeit begründet Busse diese genetisch:

> Seine Sehnsucht nach geordnetem Dasein lag ihm im Blut. Die bürgerlichen Ahnen in Gelnhausen im Spessart, die Bäcker und Wirte und Rebbauern, die Besitztum und Ehrenamt liebten, die waren sehr stark in ihm wirksam. Die Adelsahnen beunruhigten ihn mit Ehrgeiz und Hochmut. Er spürte das alles genau.[109]

---

[106] Ebd., S. 42f.

[107] Ebd., S. 6.

[108] Ebd., S. 31.

[109] Ebd., S. 41f.

Hochmut und Künstlertum des Adels sowie die Bodenständigkeit der Bauern sind die beiden gegensätzlichen Pole, von denen Grimmelshausen bestimmt wird. Von seiner neuen Stellung als Schultheiß in Renchen erhofft er sich einen Ausgleich dieser widerstrebenden Kräfte und damit mehr Zufriedenheit. Überraschend läßt Busse seine Hauptfigur gerade, nachdem er die neue Stelle als Schultheiß angenommen hat, dem Freund Ulrich folgendes anvertrauen:

> Weißt, was mir immer noch das liebste wär'? Soldatendienst. Im Feldlager wachen, den Himmel über mir, und am Morgen gegen den Feind. Damals war es mir doch oft ein Graus, Soldat zu sein. Seit langem sehe ich es anders an. Ich glaub' auch, Bruder, man wird uns noch einmal brauchen. Rheinüberwärts braut sich nichts Gutes für uns. Dem Frieden trau' ich nimmer.[110]

Einerseits gibt Busse hier eine Vorausschau darauf, daß Grimmelshausen noch einmal als Soldat am Krieg teilnehmen wird, andererseits kommt es hier zu einem Bruch in der Charakterisierung Grimmelshausens, der angeblich die schlimmen Kriegszeiten um der Abschreckung willen beschreibt und nicht, weil er sich nach der Zeit zurücksehnt. Busse war hier nicht etwa nachlässig, sondern verfolgt gerade mit dieser abschließenden Verklärung des Lagerlebens aus dem Munde eines kriegserfahrenen, abgeklärten, intelligenten, gelehrten und frommen Mannes eine nun unverhüllte Absicht. Das Buch erschien 1940, als sich Deutschland bereits wieder im Krieg befand. Busse will nun nicht nur für einen Barockdichter und dessen Werk Interesse wecken, indem er dessen Aktualität in der Gegenwart zeigt, sondern er will damit den Krieg als faszinierendes Erlebnis verherrlichen. Nicht zufällig werden Passagen aus der Jupiter-Geschichte zitiert, die besonders den ältesten Sohn Grimmelshausens begeistern, der sowieso einmal Offizier werden möchte, ganz wie der Vater in jungen Jahren. Die Interpretation der Episode jedoch übersieht völlig, daß Grimmelshausen

---

[110] Ebd., S. 71.

seinen Utopieentwurf durch die ironische Darstellung des Narren selbst wieder zurücknimmt, denn Busse legt dem Schriftsteller folgende Worte in den Mund: „Es sollte endlich einer aufstehen, sagte Grimmelshausen, und sie [die verschiedenen kleinen Herrschaftsbereiche in Deutschland] wegwischen mit einem Schlag. Und er sollte die Besten um sich scharen und das Reich führen."[111] Im Kontext des Jahres 1940 kann hier nur Adolf Hitler als deutscher Held der Jupiter-Prophetie gemeint sein. Unmittelbar zuvor beschwert sich Grimmelshausens Freund, der Offenburger Ratsherr Witsch, über „die Klauseln des Westfälischen Friedens", die ihm „immer noch zu schaffen" machten.[112] Welche Klauseln hier gemeint sind, wird nicht weiter erörtert, denn es geht im Grunde nicht um den Weltfälischen Frieden, sondern um den Versailler Vertrag, der Deutschland immense Reparationsleistungen abverlangte. Sehr krampfhaft stellt Busse hier die Parallelen her zwischen Vergangenheit und Gegenwart, um für Hitler und den Zweiten Weltkrieg zu werben. Auf der Heimfahrt muß Grimmelshausen seinem Sohn auch noch erklären, was ein Held ist, und kommt nach langem Überlegen zu dem Schluß:

> Erfüllt einer einen Auftrag, es kann ruhig ein Auftrag sein, den er sich selber gegeben um des Vaterlandes willen, um der Heimat willen, um eines Sieges willen, unter Aufbietung aller Kräfte gegen Not und Tod, so ist er ein Held.[113]

Grimmelshausens satirisch-moralisches Buch wird von Busse richtig interpretiert und dargestellt, bis er gegen Ende der Erzählung unverholen versucht, den *Simplicissimus* und seinen Autor für die Zwecke des Hitler-Regimes zu vereinnahmen. Die logischen Brüche, die dadurch entstehen, zeigen deutlich, wie wenig Grimmelshausens Werk dazu geeignet ist, einer nationalsozialistischen Blut- und Boden-Propaganda zu dienen.

---

[111] Ebd., S. 62.

[112] Ebd., S. 61.

[113] Ebd., S. 69.

3.3.9. Johannes R. Becher

Wie kaum ein anderer moderner Dichter beschäftigte sich Johannes R. Becher mit der Literatur des Barock: „Denn keine andere Epoche kommt an totaler Vernichtungswut in einem solchen Maße dem Weltbrand gleich, in den Deutschland durch den Faschismus gestürzt wurde."[114] Der Einfluß des *Simplicissimus* von Grimmelshausen wirkt sich vor allem im Drama *Winterschlacht* und im Gedichtzyklus *Grimmelshausen* aus.

3.3.9.1. Winterschlacht

Das Drama *Winterschlacht* spielt während des deutschen Rußland-Feldzuges 1941/1942 und wurde erstmals 1942 veröffentlicht und dann noch zweimal von Becher bearbeitet. Für die folgenden Betrachtungen wird die letzte Fassung von 1953 herangezogen, da der Autor offenbar erst mit dieser Version zufrieden war.[115] Das Drama besteht aus fünf Akten, wobei der Schauplatz des ersten, dritten und fünften Aktes die deutsche Ostfront ist, und der zweite und vierte Akt spielen in der deutschen Heimatstadt der Hauptfiguren Johannes Hörder und Gerhard Nohl.

Gerhard Nohl war zunächst begeisterter Anhänger des Nationalsozialismus gewesen und hatte deshalb mit seinem besten Freund und mit seinem Vater gebrochen. Im Krieg aber hat sich seine Einstellung geändert. Er glaubt nicht mehr an einen Endsieg, und er wünscht sich auch nicht mehr den Sieg des Hitler-Regimes. Am Ende des dritten Aktes läuft er zum Feind über, um dort für

---

[114] Marian Szyrocki: Die Dichter des Dreißigjährigen Krieges in Bechers Werk. In: Annäherung und Distanz: DDR-Literatur in der polnischen Literaturkritik, hrsg. von Manfred Diersch und Hubert Orlowski, Halle u.a. 1983, S. 439.

[115] Zitiert wird im folgenden nach der Ausgabe Johannes R. Becher: Winterschlacht (Schlacht um Moskau). In: Johannes R. Becher: Werke in drei Bänden, Band 2, Berlin/Weimar 1976, S. 445-558.

den Frieden einzutreten, indem er Flugblätter entwirft und sie mit Flugzeugen über den deutschen Stellungen abwerfen läßt. Inzwischen haben viele deutsche Soldaten den Glauben an einen gerechten Krieg und die Möglichkeit des Sieges verloren. Auch Johannes Hörders Zweifel werden immer größer, und er sucht nach einem Ausweg. Weil Hörder auf einer Anhöhe die Tafel „NACH MOSKAU — 100 KILOMETER" anbringt, wird er zum Obergefreiten befördert, erhält das Ritterkreuz und wird zum Unbekannten Soldaten des Zweiten Weltkrieges ernannt. Dafür erhält er dann auch Heimaturlaub und muß erfahren, daß sein eigener Vater, der SS-Führer und Beisitzer des Volksgerichtshofes, Nohls Vater zum Tode verurteilt und auch gegen Nohls Frau Haftbefehl erlassen hat. Als ihm die Mutter erzählt, daß sein Bruder nicht einfach im Krieg gefallen, sondern von deutschen Soldaten wegen kritischer Äußerungen hinterrücks erschossen worden ist, hält er es nicht mehr länger zu Hause aus. Am selben Abend findet seine Mutter heraus, daß es ihr Mann persönlich übernommen hatte, den Sohn zu ermorden. Sie stellt ihn zur Rede und erschießt ihn, nachdem er gestanden hat. Als Hörder an die Front zurückkehrt, verdächtigt man ihn bereits, da sein Vater erschossen aufgefunden worden und seine Mutter verschwunden ist. Hörder hütet sich vor den üblichen Fallen, in die man ihn locken will. Doch dann statuiert man ein Exempel an einem Juden und einem Russen. Jeder von ihnen hat die Wahl, den anderen lebendig zu begraben oder selbst zu sterben. Da sich beide weigern, soll Hörder den Schießbefehl auf den Russen und den Juden geben, doch er weigert sich, obwohl er sich der Gefahr für sein eigenes Leben bewußt ist. Nachdem man ihm das Ritterkreuz abgenommen hat, spricht er folgende Verse:

> Der Offizier rief: „Grab den Juden ein!"
> Der Russe aber sagte trotzig: „N e i n !"
> Da stellten sie den in das Grab hinein.
> Der Jude aber blickte trotzig: „N e i n !"
> Der Offizier rief: „Grabt die beiden ein!"
> Da trat ein Deutscher vor und sagte: „N e i n !"

Der Offizier rief: „Stellt ihn zu den zwein!
Grabt ihn mit ein! Der will ein Deutscher sein!"
Und Deutsche gruben auch den Deutschen ein ... [116]

Auf Anordnung Hitlers persönlich wird Hörder nicht hingerichtet, sondern aufgefordert, sich in der Silvesternacht 1941 selbst zu erschiessen. Da er sich weigert, wirft man eine Granate in seinen Gefängnisbunker. Hörder stirbt als Märtyrer und erreicht damit auch eine beachtliche Wirkung. Der Koch Oberkofler und drei weitere Soldaten müssen den Unbekannten Soldaten des Zweiten Weltkrieges begraben und begraben damit symbolisch sich selbst. Sie stellen kein Schild auf, sondern führen auf Vorschlag Oberkoflers ein Jahrhunderte altes Beerdigungsritual durch:

Ich rufe die Namen auf! Wer aufgerufen wird, antwortet mit „hier". Und wenn ich aufruf den Namen des Toten, antworten wir alle „hier", als Zeichen, daß wir von jetzt ab alle seinen Namen innen bei uns mittragen und wir seine Taten gutheißen und daß in dem, was w i r tun, e r fortlebt ... [117]

Während sein Vater die Menschlichkeit mit Füßen getreten hat, setzt Hörder durch sein Opfer ein Zeichen für alle, die Krieg, Machtstreben und Profitgier noch nicht völlig verroht hat, daß es Zeit zur Umkehr ist, wenn es noch eine Chance für ein besseres, menschliches Deutschland geben soll. Nach dem Begräbnis führt Oberkofler die beiden anderen Soldaten den russischen Truppen entgegen, da sie selbst den richtigen Weg aus dem Konflikt zwischen Vaterlandsliebe und Pflichterfüllung nicht finden. Den eigentlichen Ausblick auf eine bessere Zukunft für alle Völker gibt schließlich der Kommandeur der vorrückenden Roten Armee:

Für unsere Freiheit schlugen wir die Schlacht,
Und haben eine Schlacht zugleich geschlagen
Für aller Völker Freiheit. Nicht zuletzt

---

[116] Ebd., S. 548.
[117] Ebd., S. 557.

Für Deutschlands Freiheit. Wenn dereinst erwacht
Das deutsche Volk – ich wag's vorauszusagen –,
Wird dort ein Denkmal stehn, das auf uns weist:
„Zum Sieg der deutschen Freiheit beigetragen
Hat auch d i e Schlacht. Solch einen Sieg verheißt
Uns manche Tat, wenn auch nur halb vollbracht,
Die Deutsche wagten. Ihrer sei gedacht
Hier mitten in der Nacht der Winterschlacht ... "[118]

Mit dem *Simplicissimus* verbindet die *Winterschlacht* vor allem
die simplicianische Figur des Stabskochs Oberkofler. Schon beim
ersten Auftritt wird dies deutlich. Oberkofler wird folgendermaßen beschrieben: „phantastisch ausstaffiert, Schneebrille, Kopf in
Handtuch eingebunden, um den Hals einen Schal aus einem Frau-
enrock, Brust mit Zeitungen umwickelt, Nase glänzt, mit Fett ein-
gerieben". Auf den Anruf „Lausejunge" erwidert der Koch:

> Zu Befehl, Herr Oberstleutnant, ich bin wahrhaftig ein Lau-
> sejunge. Die Läuse haben mich nämlich zum Kriegsgebiet
> erklärt, das Kriegsrecht über mich verhängt und mich bereits
> vereinnahmt durch und durch. Ich scheine eine magische An-
> ziehungskraft für Läuse aller Art zu besitzen.[119]

Zwei Motive weisen hier schon auf den *Simplicissimus*, zum einen
der phantastische Aufzug, der sowohl an Simplex beim Einsiedler
als auch an Simplex als Narr im Kalbsfell erinnert, zum anderen
die kriegerischen Läuse, die besonders in der Jupiter-Episode eine
ähnliche Aufgabe erfüllen, nämlich den Sprecher als Narren kenntlich zu machen.[120] Im Gegensatz zu Jupiter ist Oberkofler aber
kein wirklicher Narr, sondern schützt sich wie Simplex hinter einer
Maske, die nur wenige Eingeweihte durchschauen, wie die beiden
Landser, die später mit Gerhard Nohl zu den Russen überlaufen.
Einer von ihnen sagt über den Koch: „Der versteht's. Der macht

---

[118] Ebd., S. 558.

[119] Ebd., S. 469.

[120] Vgl. Simplicissimus, S. 220.

auf närrisch. Führt sie alle an der Nase herum. Eine Tracht hat er sich zugelegt, zum Gruseln. Der lacht sich eins. Der lacht zu guter Letzt."[121] Und später sagt ein Fallschirmjäger über Oberkofler: „Der General hält ihn sich als Hausnarren".[122] Die Gunst des Generals gibt ihm den notwenigen Schutz und Einfluß. Der General befolgt den Rat des Kochs, nichts gegen die Flugblätter zu unternehmen, die Gerhard Nohl über der Front abwerfen läßt.[123] So werden die Blätter gelesen und tun ungehindert ihre Wirkung. Oberkofler hat sich bewußt Simplex zum Vorbild gewählt:

> In meiner Jugend hatte ich gelesen
> Des großen Dreißigjährigen Kriegs Chronist
> Simplizius Simplizissimus. Er galt
> Als Beispiel mir, wie man im Umgang mit
> Den feinen Herrn sich zu benehmen habe.[124]

Der General, der die Unterhaltungen mit dem Koch genießt und immer wieder seinen Rat sucht, traut ihm dennoch nur einen „Küchenverstand" zu, und Oberkofler sieht sich ermutigt, eine Probe seiner simplicianischen Kunst zu geben:

> Zu Befehl, Herr General! Von Verstand verstehe ich nichts. Bin mir selbst oft ganz unverständlich, und erst recht verstehe ich nichts von den politischen Künsten und den Kriegskünsten heutzutage. Nichts von den vielen Verträgen, die wir geschlossen und wieder aufgekündigt haben, und die wir noch schließen werden und wieder aufkündigen, nichts von den Kriegserklärungen, von den Lebensräumen, nichts und wieder nichts von den Kriegsgewinnen – entschuldigen Herr General, sollte heißen: von den Raumgewinnen –

Der General erkennt durchaus die Kritik in der scheinbar so wirren Aussage, doch er unterschätzt den Koch auch weiterhin,

[121] Becher 1953, S. 495.

[122] Winterschlacht, S. 501.

[123] Vgl. ebd., S. 542.

[124] Ebd., S. 541.

nennt ihn nun aber „ein Küchenwunder an Verstand" und einen „Simpel ohnegleichen".[125] Denn unheimlich ist ihm der Koch schon. Als Oberkofler den General dann auch noch an den General Yorck erinnert, indem er von der Yorckstraße in Berlin spricht, verfehlt er auch diesmal nicht seine Wirkung. Als der General allein ist, arbeitet es in ihm:

> Wo sind wir stehngeblieben – in der Yorckstraße. Dieser Ober-kofler, dieses Unikum, dieser verfluchte Tölpel ... So haben wir es in der Schule gelernt: Am 30. Dezember 1812 unterzeich-nete, gegen den Willen seines Königs und unter Bruch seines Fahneneids, General Hans Yorck von Wartenburg in Taurog-gen den Bündnisvertrag mit Rußland. Mit dieser Tat Yorcks begannen die deutschen Freiheitskriege ... Was habe ich da-mit zu tun? Was soll das Ganze? ... Es war einmal ein General: Hans Yorck von Wartenburg ... [126]

Auch wenn sich der General noch verständnislos gibt, so läßt ihn der Gedanke an Yorck doch nicht mehr los. Auch ihm versucht Oberkofler den richtigen Weg aufzuzeigen. Am Ende heißt es, der General sei in derselben Nacht, in der Hörder getötet worden war, erkrankt. Die Nazi-Funktionäre bei den Truppen haben ihn außer Gefecht gesetzt, denn auch er hatte begonnen, am Zweck dieses Krieges und an der Möglichkeit eines Sieges zu zweifeln.

Oberkofler, der vermeintliche Narr, ist die einzige Figur im Drama Bechers, die von Anfang an den richtigen Weg kennt, nämlich den Krieg zu bekämpfen. Oberkofler hat den *Simplicis-simus* aufmerksam gelesen und daraus gelernt. Er weiß, daß es im Krieg immer nur um Macht und Profit für wenige geht, während die Frontsoldaten den Preis dafür bezahlen müssen. Er weiß auch, wie man auf simplicianische Weise Kritik übt und Zweifel in die Herzen der Menschen sät und ihnen die Augen öffnet für die Wahr-heit. Oberkofler verhilft Nohl zur Flucht, damit er von russischer

---

[125] Ebd., S. 543.
[126] Ebd., S. 545.

Seite aus für die gute Sache kämpfen kann. Hörder, der Sohn des SS-Obergruppenführers, findet keinen Ausweg aus dem Konflikt zwischen seiner Liebe zu Deutschland und seinem Haß auf das Unrechtsregime. Er kann nur durch sein Festhalten an der Menschlichkeit bis in den Tod an die Kameraden appellieren. Und der Koch sorgt dafür, daß er gehört wird.

Becher und Grimmelshausen stellen den Krieg in all seiner Abscheulichkeit dar und zeigen das Elend des Volkes, das kaum weiß, wofür es eigentlich kämpfen soll oder gequält wird. So wie Grimmelshausen nicht nur die Kämpfe der Soldaten darstellt, sondern auch die Plünderungen und Folterungen der Bauern, so ist es Becher wichtig zu zeigen, wie gefährlich und menschenverachtend das Leben in Deutschland inzwischen geworden ist. Anna Nohl und ihr Schwiegervater, der sich vor allem durch sein Schweigen verdächtig macht, werden hingerichtet, ohne auch nur das geringste Verbrechen begangen zu haben. Maria Hörder verliert beide Söhne. Einer stirbt durch die Hand des verbrecherischen Vaters, der andere durch deutsche Granaten, weil er nicht zum Mörder werden will. Und so macht der Krieg aus Maria selbst eine Mörderin, weil es anders keine Gerechtigkeit gibt. Dem Elend der anständigen Menschen steht die Wohlfahrt der gemeinen Räuber und Mörder gegenüber. Dem alten Hörder ist seine Macht am wichtigsten, dieser opfert er auch seine eigene Familie. Aber auch anhand einiger Nebenfiguren wird die Rücksichtslosigkeit der Kriegsgewinnler demonstriert. Von Quabbe ist ein menschenverachtender Mörder, der nun im Krieg ungehindert seinem Vergnügen nachgehen kann. Von Rundstedt interessiert vorrangig sein materielles Wohlergehen, und er schickt reichlich Kriegsbeute an seine Frau, die nicht weniger als ihr Mann ihre Macht und ihren Einfluß genießt. Diese Leute opfern Menschenleben für ihre persönlichen Interessen, und nicht ohne eine gewisse Schadenfreude. Auch Becher stellt also den Krieg in all seiner Abscheulichkeit dar, um eine abschreckende Wirkung zu erzielen.

Nicht zufällig scheitert die deutsche Wehrmacht ausgerechnet im

Feldzug gegen das sozialistische Rußland. Immer wieder wird das Anderssein der Russen betont, denn von ihnen erhofft sich Becher, der sich während des Rußlandfeldzugs im Exil in Rußland aufhielt und wie Nohl Flugblätter gestaltete, die über der Front abgeworfen wurden, die Rettung des deutschen Volkes durch den Sieg über Hitler-Deutschland. Es ist im Grunde ein Kampf zwischen Kommunismus und Nationalsozialismus, also von Gut und Böse, in dem Werte wie Vaterlandsliebe und Pflichterfüllung nicht mehr aufgehen können. Nohl muß seine Heimat verraten, um sie zu retten, Hörder kann dies nicht, aber er verweigert sich dem Unrechtsregime, so wie Simplex sich auf seiner Kreuzinsel einer ungerechten, sündhaften Welt verweigert.

3.3.9.2. Grimmelshausen

Im Jahr 1944 setzt sich Becher in seinem Gedichtzyklus *Grimmelshausen* noch einmal literarisch mit Grimmelshausen und seiner Figur Simplicius Simplicissimus auseinander.[127] Vorweg zitiert er ohne Quellenangabe zwei signifikante Stellen aus Grimmelshausens Werk:

> „Es hat mir wollen so behagen,
> Mit Lachen die Wahrheit zu sagen."

> „Ich wurde durchs Feuer wie Phönix geboren,
> Ich flog durch die Lüfte, wurd doch nit verloren,
> Ich wandert durchs Wasser, ich reist über Land.
> In solchem Umschwärmen macht ich mich bekannt."[128]

---

[127] Zitiert wird die Ausgabe Johannes R. Becher: Grimmelshausen 1625-1676. In: Johannes R. Becher: Gesammelte Werke, Band 7, hrsg. vom Johannes R. Becher Archiv der Deutschen Akademie der Künste zu Berlin, Berlin/Weimar 1968, S. 357-371.

[128] Ebd., S. 359. Zitiert wird hier der Titelkupfer der erweiterten *Simplicissimus-Ausgabe* von 1671.

Becher zitiert hier die für ihn bedeutendsten Charaktereigenschaften Grimmelshausens: satirische Schreibweise und Weltkenntnis. Im folgenden Gedichtzyklus verwischt Becher bewußt die Grenzen zwischen Schriftsteller und literarischer Fiktion. Zunächst spricht er Grimmelshausen an, den er nicht einfach, wie andere Schriftsteller zuvor, mit seinem Werk identifiziert, sondern den er in seinem Oevre zu erkennen versucht.

> Dich ruf ich an. Aus keinem Bildnis spricht
> Dein Angesicht. Wir müssen dich erschauen
> In deinem Werk. Dort dämmert dein Gesicht
> Und blickt uns an aus einem fernen Grauen.[129]

In den Abschnitten II bis IV wird die Vorgeschichte des „fernen Grauens" erzählt, beginnend mit den Bauernaufständen im 16. Jahrhundert und ihrer blutigen Niederschlagung bis hin zu neuer Hoffnung mit der Jahrhundertwende für das einfache Volk. Mit Abschnitt V setzt der Dreißigjährige Krieg ein, der jede Hoffnung zunichte macht. Wieder sind es vor allem die Bauern, die unter den Folgen des Kriegs leiden müssen:

> „Wohlan, in unserer Herren blutigem Streit
> Wird nun das Volk verhandelt nach Belieben,
> Weil wir sie damals nicht, vor langer Zeit,
> In unserer heiligen Schlacht zuschanden hieben ..."[130]

Im folgenden Abschnitt tritt Simplex erstmals auf, und zwar als unschuldiges Kind, das noch im Wald lebt und eine viel zu weite Mönchskutte trägt. Abschnitt VII stellt das Treiben der Zeit im Bild der Ständebaum-Allegorie aus dem *Simplicissimus* dar. Und das unschuldige Kind Simplicius verändert sich, sobald es in diese Welt gerät. Zunächst benimmt es sich wie ein Tölpel in der heuchlerischen Menschengesellschaft, und dann macht man es zum

---

[129] Ebd., S. 359.
[130] Ebd., S. 363.

Hofnarren. Und Simplex lernt, die Welt zu durchschauen und sich hinter der Maske der Narrheit zu verbergen:

> Du hast dein Narrentum dir wohl durchdacht
> Und hast als seinen Sinn herausgefunden:
> O Wahrheit, du erschein in Narrentracht
> Und schlage lächelnd deine Todeswunden,
>
> Den Freunden aber gehe lachend ein,
> Damit sie lachend wiederum genesen
> Von ihrem Wahn ... In eines Lachens Schein
> Sei offenbart der Wahrheit göttlich Wesen![131]

Schon in jungen Jahren entwickelt Simplex also seine Methode, mit Lachen die Wahrheit zu sagen, die für den Schriftsteller Grimmelshausen programmatisch ist. Im Gedicht wird die Zeit als große Verlockerin personifiziert, und Simplex verfällt zunächst der Welt, ohne jedoch sein Lachen zu verlieren, es wird nur bitterer: „Im Lachen schien das Lachen zu zerscherben".[132] Indem sich Simplex der Zeit unterwirft, lernt er sich selbst erkennen und wird zum Spiegelbild der Zeit:

> Es hat die Zeit in ihm sich selbst erkannt
> Und reichte über viele tausend Jahre,
> Und, fort sich wandelnd, wird der Mensch genannt
> Seit dieser Zeit: der große Wandelbare.[133]

Die Unbeständigkeit der Welt und des Menschen, ein zentrales Motiv aus dem *Simplicissimus*, wird hier aufgenommen und auch für die weitere Entwicklung des Menschen als charakteristisch gesetzt, denn es heißt nicht „in" sondern „Seit dieser Zeit". Im X. Abschnitt wird das „Totenreich" Deutschland beschrieben. Zeit wird mit Lebenszeit gleichgesetzt, von der es nicht mehr genug gibt. Wieder werden die Bauern dahingemetzelt, obwohl sie diesmal

---

[131] Ebd., S. 366.

[132] Ebd., S. 367.

[133] Ebd., S. 368.

nichts mit dem Krieg zu tun haben, und wer den Krieg überlebt, wird von der Pest dahingerafft. So endet dieser Abschnitt mit dem Rückblick: „Einst war ein großes deutsches Bauernheer."[134] Doch handelt es sich zugleich um einen Aufruf für die Zukunft, der im folgenden Abschnitt noch weiter ausgearbeitet wird. Zunächst wird die Schreibsituation Grimmelshausens dargestellt, der seiner Zeit ein literarisches Denkmal setzen will. Der Sprecher weist darauf hin, daß diese Zeit eigentlich schon viel früher als Grimmelshausens Geschichte beginnt, nämlich mit den Bauernaufständen. Und auch diese Zeit ist seinem Werk „mit eingeschrieben" sowie die Hoffnung auf eine bessere:

> Zunächst tut not,
> Daß seiner Knechtschaft Bürde abzulegen
> Vom Bauern wird gefordert. Ein Gebot
> Verteilt das Land ... Und frage ich, weswegen
>
> Wird Krieg geführt? Im Namen des Gewinns,
> Auf daß mein Blut der Reichen Gut vermehre.
> Aus Gräbern zieht man Zins und Zinseszins:
> Wenn jedem wird zuteil die heilige Lehre,
>
> Dann mögen alle Städte sich vereinen,
> Und jede Stimme gilt der anderen gleich ...
> O dann wird Sonne über Deutschland scheinen,
> Dann ist das Reich gekommen. Unser Reich.[135]

Zweifellos handelt es sich hier viel mehr um Bechers Traum von einem kommunistischen Deutschland als um Grimmelshausens Vision einer besseren Welt, denn weder die erzwungene Republik eines Narren Jupiter noch die in gewisser Weise kommunistisch organisierte Gesellschaft der Wiedertäufer bieten für Grimmelshausen wirklich eine Alternative. Andererseits bietet der *Simplicissimus* genug sozialkritisches Potential, indem er zeigt, wie sehr das einfache Volk und besonders die Bauern unter einem Krieg zu leiden

---

[134] Ebd., S. 369.
[135] Ebd., S. 369f.

haben, der doch nur um Macht und Reichtum Einzelner geführt wird. Im letzten Abschnitt kommt Becher auf die eigene Schreibsituation während des Zweiten Weltkriegs zu sprechen und auf die Bedeutung, die Grimmelshausen für sein literarisches Schaffen hat, denn er ist ihm Vorbild und macht ihm Mut:

> Dich ruf ich an, wenn solch ein Grauen mir
> Die Stimme würgt, daß schreiend ich ersticke,
> Dann trittst du vor, und ich begegne dir,
> Und schuldvoll steh ich da in deinem Blicke,
>
> Als hätte ich auch dir es abzubitten,
> Daß ich mich oft als zu gering erwies
> Und es vergaß, was einsam du erstritten
> In einer Zeit, die dich ins Nichts verstieß ...

Becher stützt sich auf Grimmelshausen, wenn er das Gefühl hat, vor dem Grauen des Zweiten Weltkrieges als Schriftsteller und Zeitkritiker zu versagen, denn es hat sich nicht viel geändert in den dreihundert Jahren. Das einfache Volk wird noch immer dem Ehrgeiz der Mächtigen geopfert, doch der Schriftsteller kann daran etwas ändern oder muß wenigstens versuchen, diese Zeit der Unterdrückung des Volkes zu beenden. Das gilt für Becher wie für Grimmelshausen, der mit dem *Simplicissimus* seinen Teil erfüllt hat:

> Als würde sie sich selbst ein Ende setzen,
> Die schlimme Zeit, wenn sie geschrieben ist,
> Saß er, um schreibend Blatt für Blatt zu wenden,
> Des großen Dreißigjährigen Kriegs Chronist.[136]

Das Blatt zu wenden, die Verhältnisse zu ändern ist die Absicht, die Becher schreibend verfolgt und die er auch Grimmelshausen unterstellt. Doch Grimmelshausen geht es um mehr als das. Zwar zeigt er den Krieg in all seiner Grausamkeit, doch will er damit die Schlechtigkeit der Welt und das Fehlverhalten der Menschen anprangern und nicht soziale Strukturen kritisieren. Gerade

---

[136] Ebd., S. 370.

die Ständebaum-Allegorie, die Becher in seinen Gedichtzyklus aufnimmt, zeigt ja, daß jeder Mensch für sich allein gegen alle anderen kämpft, um es möglichst weit nach oben zu bringen. Während Grimmelshausen den Ehrgeiz und die Rücksichtslosigkeit der Menschen als verkehrt darstellt, kritisiert Becher die Struktur des Baumes, der nach oben hin immer schmäler wird, und nur noch wenigen Menschen Platz bietet. Grimmelshausen will die Menschen Moral lehren und sie auf den rechten Weg zu Gott führen. Becher will den Menschen Kraft für gesellschaftliche Veränderungen geben. Wie bei anderen modernen Autoren handelt es sich auch bei Bechers Werk um eine anachronistische Vereinnahmung des *Simplicissimus* für ideologische Zwecke. Hier allerdings wird er erstmals in den Dienst des Kommunismus gestellt. Becher stellt dazu eine Kontinuität her von den Bauernaufständen über den Dreißigjährigen Krieg bis in die Gegenwart des Zweiten Weltkrieges. Grimmelshausen spielt dabei die Vermittlerrolle, denn seinem Werk ist angeblich auch jene Zeit „eingeschrieben", die Grimmelshausen nicht selbst erlebt hat. Der *Simplicissimus* enthält nach Becher schon den Ausblick auf eine bessere Zukunft, für die Becher nun schreibt.

3.3.10. Thomas Mann

Thomas Mann hat schon 1910 mit der Arbeit an den *Bekenntnissen des Hochstaplers Felix Krull* begonnen, 1922 erschien das *Buch der Kindheit* und 1954 ein überarbeiteter und fortgeführter erster Teil der Memoiren, dem jedoch kein zweiter Teil mehr folgte, da Mann im August 1955 starb.[137] In *Felix Krull* werden Elemente des Schelmenromans, des Bildungsromans und mythologische Motive miteinander verflochten. Zwar hat sich Thomas Mann erst 1944 intensiv mit dem *Simplicissimus* beschäftigt, aber dennoch liegt dem Roman von Beginn an die Struktur des Schelmenromans zugrunde,

---

[137] Im folgenden zitiert nach Thomas Mann: Die Bekenntnisse des Hochstaplers Felix Krull. Der Memoiren erster Teil, Frankfurt a.M. 1986.

da er durch die Bekenntnisse des rumänischen Hochstaplers Georges Manolescu angeregt wurde, die 1905 in Deutschland unter dem Titel *Ein Fürst der Diebe. Memoiren* erschienen.[138] Typisch für den Schelmenroman sind die zweifelhafte Herkunft des Helden, das Streben nach sozialem Aufstieg auch mit unmoralischen Mitteln, die Episodenstruktur des Romans, die Reisen des Helden und nicht zuletzt die Liebesabenteuer. Anders als im Bildungsroman macht Krull keine Entwicklung durch, er nimmt vielmehr wie ein Pikaro verschiedene Rollen an, wobei seine psychische Grundstruktur identisch bleibt. Thomas Mann selbst schreibt über das Buch: „Im übrigen gehört es zum Typ und zur Tradition des pikaresken, des Abenteuer-Romans, dessen deutsches Urbild der ‚Simplicius Simplicissimus' ist."[139] Da es hier nicht um die Tradition des Schelmenromans im Allgemeinen geht, sondern speziell um das Fortwirken des *Simplicissimus* im Felix Krull, möchte ich kurz den Inhalt des Fragments vorstellen und dann die direkten und indirekten Analogien zum *Simplicissimus* nachweisen und in ihrer Bedeutung für den Roman analysieren.

Der Ich-Erzähler Felix Krull beschreibt sein Leben aus der typischen Perspektive des älteren, zur Ruhe gekommenen Mannes, doch fehlt ihm zweifellos die Reue über seine Betrügereien und Verbrechen. Er ist vielmehr stolz auf seine außerordentlichen Leistungen und verteidigt sein unmoralisches Verhalten.

Diese Diskrepanz zwischen dem an großen Vorbildern orientierten angeblichen Konfessionscharakter des Lebensberichtes und der allenthalben ungeniert hervortretenden Tendenz zum Beschönigen macht diesen Ich-Erzähler zu einer hochironi-

---

[138] Vgl. Karl Ludwig Schneider: Der Künstler als Schelm. Zum Verhältnis von Bildungsroman und Schelmenroman in Thomas Manns „Felix Krull". In: Philobiblon 20, Heft 1 (1976), S. 3.

[139] Thomas Mann: Rückkehr. In: Reden und Aufsätze. Gesammelte Werke, Band II, Frankfurt a.M. 1960, S. 530.

schen Figur.[140]

Felix stammt zwar nicht aus sozial niederer Schicht, dafür aber aus einem moralisch liederlichen Hause. Sein Vater stellt im Rheingau Sekt her, der zwar kaum trinkbar ist, aber dafür mit einem umso edleren Etikett und dem wohlklingenden Namen „Lorley extra cuvée" versehen ist. Die Hochstapelei lernt Felix also schon von seinem Vater. Die schlechte Qualität des Schaumweines sowie die extravagante Lebensweise im Hause Krull führen zum Bankrott und dieser schließlich zum Selbstmord des Vaters. Die Mutter betreibt fortan eine Pension in Frankfurt am Main, die Schwester Olympia wird Sängerin, und Felix geht nach Paris, um das Hotelfach zu lernen, nachdem er erfolgreich der Musterungskommission einen epileptischen Anfall vorgespielt hatte. In Paris beginnt er zunächst als Liftjunge, wird dann Kellner und tauscht schließlich mit einem Marquis die Rolle und geht an dessen Stelle auf Weltreise, da sich der Marquis nicht von seiner unstandesgemäßen Geliebten trennen kann. Die Reise führt Krull zunächst nach Lissabon. Schon während der Zugfahrt nach Portugal lernt er den Paläontologen Kuckuck kennen und wird später auch mit dessen Frau und Tochter bekannt. Er verliebt sich in beide Frauen, da ihm jedoch die Mutter unerreichbar scheint, umwirbt er hartnäckig die abweisende Tochter. Er spielt seine Rolle als Marquis so glänzend, daß er sogar eine Audienz beim portugiesischen König erhält und diesen sehr beeindruckt. Noch vor seiner Abreise nach Argentinien bricht der Roman ab. In Ausblicken auf die Zukunft wird häufiger von einem Zuchthausaufenthalt gesprochen, während dessen Krull vermutlich seine Memoiren schreibt.

Schon als Kind beginnt Felix seine Diebeskarriere, indem er in einem kleinen Laden regelmäßig Süßigkeiten stiehlt. Bei seiner Ankunft in Paris entwendet er während einer Zollkontrolle der Dame neben ihm ein Schmuckkästchen, dessen wertvollen Inhalt er an

---

[140] Schneider, S. 15.

einen Hehler verkauft. Im Hotel begegnet er der von ihm bestohlenen Diane wieder und wird von ihr aufgrund seiner jugendlichen Schönheit zu einem Liebesabenteuer in ihre Suite bestellt. Als Felix oder Armand, wie er im Hotel genannt wird, ihr anschließend gesteht, daß er sie bestohlen hat, ist sie entzückt und fordert ihn auf, ihr Zimmer zu durchsuchen und Wertsachen und Bargeld mitzunehmen, bevor er geht. Diane ist es auch, die ihn zum ersten Mal als Hermes, den Gott der Diebe, bezeichnet. Felix' Ausbildung zum Liebhaber beginnt im übrigen ebenfalls noch im Hause seiner Eltern mit der Verführung durch das Zimmermädchens Genovefa und findet ihre Vervollkommnung in Frankfurt durch die Lehren einer Prostituierten, für die er vorübergehend auch den Zuhälter spielt. So ist denn auch Diane von seinen Liebeskünsten hingerissen: „O Süßester! O Engel du der Liebe, Ausgeburt der Lust! Ah, ah, du junger Teufel, glatter Knabe, wie du das kannst!"[141] und hat allen Grund, sich großzügig zu erweisen.

Krull kann sich durch den reichen Lohn für seine Liebesdienste ein Doppelleben leisten. Er mietet sich eine kleine Wohnung und kauft sich teure Kleidung, um an den Vergnügungen der Vornehmen und Reichen teilzuhaben. So begegnet er eines Abends in einem teuren Restaurant jenem Marquis, der häufig im Hotel an einem von Felix' Tischen speist. Der Marquis hält ihn für einen jungen Mann aus guter bürgerlicher Familie, der das Hotelfach von der untersten Stufe an erlernen möchte. Der Marquis erzählt ihm schließlich davon, daß seine Eltern ihn auf Weltreise schicken möchten, damit er seine Liason mit einer Cabaret-Sängerin aufgibt, und Felix bringt ihn geschickt auf die Idee, mit ihm die Rolle zu tauschen, damit der Marquis bei seiner Geliebten bleiben kann, während Felix die klassische Bildungsreise eines jungen Adligen genießt. Auch Rollenspiele hatte Felix schon in seiner Kindheit geliebt und geübt. Mit großem schauspielerischen Können hatte er sich krank gestellt oder hatte

---

[141] Felix Krull, S. 137.

mehrere Tage in der Phantasie gelebt, ein Prinz zu sein, und mit besonderer Vorliebe war er für seinen Paten Schimmelpreester, einem etwas zweifelhaften Künstler, in verschiedenen Kostümen Modell gestanden.

Auch Simplex spielt verschiedene Rollen mit Berechnung. Als man ihn um seinen Verstand bringen will, hält er sich konsequent an seine Rolle als Kalb. Als er dem Narrenkostüm entkommt, indem er in Frauenkleider schlüpft, hat er auch in dieser Rolle so großen Erfolg, daß er sich kaum vor Nachstellungen retten kann. In Paris spielt er im Theater die Rolle des Orpheus, und auf der Pilgerreise nach Einsiedeln mit seinem Freund Ulrich Hertzbruder gibt er sich als reumütiger Sünder, allerdings kocht er die Erbsen, bevor er sie zu seiner Kasteiung in die Schuhe gibt. Diese wenigen Beispiele seiner schauspielerischen Talente sollen hier genügen. Mit Felix Krull gemeinsam hat er auch seine körperliche Schönheit, die ihm großen Erfolg bei Frauen bringt. In Soest hat er mehrere Liebesverhältnisse, bevor er schließlich in die Falle gelockt und zu Ehe gezwungen wird. Felix Krulls Abenteuer mit Diane bilden eine Analogie zu Simplex' Liebesabenteuer in Paris. Beide Helden werden aufgrund ihrer Attraktivität zur Liebesnacht gebeten.[142] Felix Krull verwendet seine Diebesbeute auf die gleiche Weise wie Simplex seine Fourage-Beute, um sich einen höheren Lebensstandard zu leisten und damit einen höheren sozialen Rang zu kaufen.

Neben diesen Parallelen in der Anlage der Charaktere gibt es einige Szenen, die direkt vom *Simplicissimus* beeinflußt sind. Besonders auffällig ist Krulls erster Auftritt im Hotel Saint James and Albany. Da man ihm den Eingang für die Gepäckträger verwehrt, betritt Krull das Hotel wie die Gäste durch die Empfangshalle. An der Rezeption fordert man Krull auf zurückzutreten, sobald man

---

[142] Näheres dazu bei Guido Stein: Thomas Mann: Bekenntnisse des Hochstaplers Felix Krull. Künstler und Komödiant, Paderborn u.a. 1984, S. 63f.

erfährt, daß er ein zukünftiger Angestellter ist. Im zugewiesenen Abstand wartet er auch noch, als sich alle Gäste entfernt haben und nähert sich erst auf ausdrücklichen Befehl des Empfangschefs, der dazu rufen muß:

„Nun, und Sie?" wandte sich unter diesen Umständen der Herr mit der Zimmerfarbe an mich, der ich ferne stand.
„L'employé Felix Kroull", antwortete ich, ohne mich von der Stelle zu rühren; denn ich wollte ihn zwingen, mich zum Nähertreten einzuladen.
„So kommen Sie doch heran!" sagte er nervös. „Glauben Sie, ich habe Lust, über diesen Abstand hinweg Zurufe mit Ihnen zu tauschen?"
„Ich nahm ihn ein auf Ihren Befehl, Herr Direktor", erwiderte ich, indem ich mich bereitwillig näherte, „und habe nur auf Ihre Gegen-Order gewartet."

Krull wird nach diesem kleinen Vorspiel auf sein ungehöriges Verhalten hingewiesen und entschuldigt sich wortreich:

„Ich bitte viel tausendmal um Entschuldigung", sagte ich unterwürfig, „wenn das ein Fehler war. Ich wußte keinen anderen Weg als den frontalen durch die Drehtür und die Halle zu Ihnen. Aber ich versichere Sie, daß der schlechteste, dunkelste, geheimste und rückwärtigste Weg mir nicht zu gering gewesen wäre, um nur vor Ihr Angesicht zu gelangen."
„Was sind das für Redensarten!" entgegnete er, und wieder erglomm ein zarter Schein von Farbe auf seinen fahlen Wangen. Diese Neigung zum Erröten gefiel mir an ihm.
„Sie scheinen", fügte er hinzu, „entweder ein Narr oder ein wenig gar zu intelligent zu sein."
„Ich hoffe", erwiderte ich, „meinen Vorgesetzten rasch zu beweisen, daß meine Intelligenz sich genau in den richtigen Grenzen hält."[143]

Krull gibt durch seine gespielte Einfalt, die sich vor allem in seiner übertriebenen Unterwürfigkeit äußert und mit überraschender

---

[143] Felix Krull, S. 102.

Redegewandtheit kombiniert wird, Rätsel auf und erinnert dabei an Simplex im Kalbsfell, aus dessen Reden der Gouverneur von Hanau und dessen Gäste ebenfalls nicht schlau werden. Simplex erklärt zunächst seinem Herrn, daß dieser schwerlich mit gutem Gewissen seine Macht ausüben kann und sich entscheiden muß zwischen Herrschaft und Seligkeit. Mit Beispielen aus der Geschichte der Menschheit von Simonides über Caesar bis zu Hannibal belegt Simplex, daß ein Herrscher, sei er noch so bedeutend, es niemals seinen Untertanen recht machen kann. Da schöpft der Gouverneur Verdacht angesichts der Bildung seines Narren und stellt ihn zur Rede: „Ich weiß nicht was ich an dir habe? du bedünckest mich vor ein Kalb viel zu verständig zu seyn/ ich vermeyne schier/ du seyest unter deiner Kalbs=Haut mit einer Schalcks=Haut überzogen?"[144] Da antwortet Simplex in gespielter Empörung mit einer ausführlichen Rede über die Klugheit der Tiere, die sich selbst durch bestimmte Nahrung und Kräuter zu heilen wissen, während der Mensch sich häufig nur selbst schadet. Die Verwirrung der Zuhörerschaft ist groß und beabsichtigt:

> Hierauff fielen unterschiedliche Urtheil über mich/ die meines Herrn Tischgenossen gaben/ der Secretarius hielte davor/ ich seye vor närrisch zuhalten/ weil ich mich selbst vor ein vernünfftig Thier schätzte und dargebe/ massen die jenige so ein Sparren zu viel oder zu wenig hätten/ und sich jedoch weis zu seyn dünckten/ die aller=artlichste oder visierlichste Narren wären: Andere sagten/ wenn man mir die Imagination benehme/ daß ich ein Kalb seye/ oder mich überreden könte/ daß ich wieder zu einem Menschen worden wäre/ so würde ich vor vernünfftig oder witzig genug zu halten seyn: Mein Herr selbst sagte/ Ich halte ihn vor einen Narrn/ weil er jedem die Warheit so ungescheut sagt/ hingegen seynd seine Discursen so beschaffen/ daß solche keinem Narrn zustehen.[145]

---

[144] Simplicissimus, S. 128.
[145] Ebd., S. 130.

So wie Simplex seine Schalksnatur hinter der Kalbsmaske versteckt, tarnt sich Krull mit einfältiger Untertänigkeit, während er sich über den Empfangschef lustig macht. Sie benutzen die gleiche Methode und rufen die gleiche Reaktion hervor: Verwirrung. Der Rezeptionist errötet, der Gouverneur wird wütend.

Im Hotel steigt Felix schließlich vom Liftjungen zum Kellner auf und bezaubert die Gäste durch sein blendendes Äußeres. Dadurch kommt es zu einer Episode, die ebenfalls eine Analogie zum *Simplicissimus* bildet. Felix hat bereits mehrfach darauf hingewiesen, daß sein schöner jugendlicher Körper auch auf Männer anziehend wirkt, was diese gewöhnlich in Verwirrung stürzt. Nun kommt es dazu, daß sich gleichzeitig die siebzehn- oder achtzehnjährige Eleanor Twentyman und ein schottischer Lord Kilmarnock in ihn verlieben. Das Mädchen will gar mit ihm durchbrennen, ein Kind von ihm bekommen und so die wohlhabenden Eltern vor vollendete Tatsachen stellen. Der Lord dagegen bietet ihm eine Stellung als persönlicher Kammerdiener auf seinem Schloß an und stellt ihm sogar Adoption und Erbschaft in Aussicht. Felix wird von beiden Seiten stark unter Druck gesetzt und ist vorsichtig bedacht, daß man im Hotel nichts davon bemerkt. Er bemüht sich, dem Mädchen seine Torheit klarzumachen und den Lord auf freundliche Weise bis zu seiner Abreise hinzuhalten. Schließlich fällt es Lord Kilmarnock zu, das abgewiesene Mädchen zu trösten, aber auch er muß allein abreisen, denn Felix erwartet sich von seiner Zukunft mehr.

Bei Grimmelshausen stellt sich die Szene etwas turbulenter dar. Simplex gewinnt seine androgyne Anziehungskraft vor allem dadurch, daß er in seinem Bestreben, das Narrenkostüm loszuwerden, in Frauenkleider schlüpft. Um sich nun aber vor den Soldaten zu schützen, bittet er die Frau eines Rittmeisters um Hilfe, die ihn als Magd aufnimmt. Nun verlieben sich aber sowohl die Frau als auch der Rittmeister und dessen Knecht in die vermeintliche Jungfrau. Simplex steckt in einer ausweglosen Situation, da „Herr und Knecht eyferigst von mir begehrten/ was ich ihnen nit leisten

konte/ und der Frauen selbst mit einer schönen Manier verwai-
gerte."[146] Er versucht alle drei so lange wie möglich hinzuhalten,
aber schließlich beobachtet der Rittmeister, wie Simplex sich vom
Knecht küssen läßt und wird eifersüchtig. Er geht mit dem Degen
auf den Knecht los und schlägt Simplex, beschließt aber dann, ihn
den Reiterjungen ausliefern, die sehr schnell sein wahres Geschlecht
entdecken. Simplex wird in Ketten gelegt, da seine Verkleidung
sehr verdächtig ist. Die erotischen Verwicklungen im *Simplicissimus* werden zusätzlich dadurch ironisiert, daß sich Simplex als Frau
ausgibt. Die Frau Rittmeisterin, die für Simplex durchaus eine Versuchung darstellt, hegt eine homoerotische Liebe zu ihm, während
Simplex beim Rittmeister und seinem Knecht heterosexuelle Begierden weckt. Während Krull Eleanors oder des Lords Verlangen
nachgeben könnte, hat Simplex keine Möglichkeit, die Wünsche seiner Verehrer und seiner Verehrerin zu erfüllen.

Die Situation ist für Simplex völlig verfahren und gefährlich,
während für Felix Krull nur seine Arbeit auf dem Spiel steht. Zwar
droht auch hier die Situation aufgrund der alle sozialen Spielregeln
mißachtenden Verliebtheit des Mädchens außer Kontrolle zu geraten, doch gerade das Zusammentreffen mit dem Lord bringt sie zur
Vernunft. Bei Thomas Mann verliert die Episode mit dem Wegfall
des Kleidertauschs und Geschlechterwechsels ihre satirische Qualität. Vielmehr sind Kilmarnock und Eleanor tragische Figuren,
unglückliche Liebende, die Felix Krull Gelegenheit geben, sich als
taktvoller, mitfühlender Mensch zu zeigen, der nicht rücksichtslos
die Schwächen seiner Mitmenschen ausnutzt. Beide Protagonisten,
Felix Krull und Simplex, verleiht ihre jugendliche Schönheit eine
gewisse Androgynität, aufgrund derer sich beide Geschlechter von
ihnen angezogen fühlen.

Eine weitere Parallele zum *Simplicissimus* bildet die Audienz
beim portugiesischen König. Felix Krull verhält sich ihm gegenüber

---

[146] Ebd., S. 169.

wie Simplex beim Mummelseekönig, als dieser ihn nach dem Zustand auf der Erde befragt, um herauszufinden, ob wohl bald der Untergang der Welt bevorstehe. Simplex lügt und beschreibt ihm eine gottesfürchtige heile Menschenwelt, die mit der Realität wenig zu tun hat.[147] Felix Krull dagegen verteidigt in der Rolle des Marquis vor dem König die Feudalgesellschaft als natürliche, dem Menschen angeborene Gesellschaftsordnung. Krull scheut sich nicht vor grotesk anmutenden Übertreibungen:

> Der in Lumpen gehüllte Bettler leistet durch sein Dasein denselben Beitrag zum farbigen Bilde der Welt wie der große Herr, der in die demütig ausgestreckte Hand, deren Berührung er allerdings tunlichst vermeidet, ein Almosen legt, — und, Ew. Majestät, der Bettler weiß es; er ist sich der sonderlichen Würde bewußt, welche die Weltordnung ihm zuerteilt, und will im tiefsten Herzen nichts anders, als es ist.[148]

Bei Grimmelshausen werden Simplex' Ausführungen über das gottesfürchtige Leben der Menschen zur Satire, da die realen Zustände genau in ihr Gegenteil verkehrt werden. Bei Thomas Mann beruht die Ironie vor allem darin, daß Felix Krull ein Hochstapler ist. Er stammt aus bürgerlichem, moralisch verkommenen Hause und gibt den jungen Edelmann perfekter, als es der wirkliche Marquis getan hätte. Felix glaubt nicht an die angeborene Überlegenheit des Adels, denn sonst würde er sich nicht anmaßen, mit einem Adligen die Rolle zu tauschen und auch noch einen König um den Finger zu wickeln. Krull glaubt aber auch nicht an die Gleichheit aller Menschen, denn er hält sich selbst für einen außerordentlichen Menschen, dem aufgrund seiner auffallenden Schönheit und besonderer geistiger Fähigkeiten eine außergewöhnliche Rolle im Leben zufällt. Im Hotel äußert Felix durchaus demokratischsozialistische Ideen gegenüber anderen einfachen Angestellten, die er allerdings vor dem Hoteldirektor aufs heftigste ablehnt. Felix

---

[147] Vgl. ebd., S. 426f.
[148] Felix Krull, S. 262.

Krull ist kein Weltveränderer, er ist nur darauf aus, das Beste aus seinem Leben zu machen, und darin gleicht er dem jungen Simplex der Hanauer Zeit bzw. dem Soldaten Simplex. Interessant ist, daß Simplex und Felix aus ähnlichen Gründen den Mummelseekönig und den König von Portugal belügen. Sie wollen sie mit ihren Lügen trösten, weil die Realität, der drohende Untergang ihrer Reiche, nicht zu ändern ist. Beide suchen allerdings auch ihren Vorteil darin. Simplex will sich die Gunst des Königs erwerben, um so das Sylphenreich besser kennenzulernen und um seine in Aussicht gestellte Belohnung zu erhalten. Felix Krull genießt das Hochgefühl, selbst einen König täuschen und beeindrucken zu können. Und auch er erhält eine Belohnung in Form eines Ordens. Stein sieht eine Analogie zwischen Simplex' Reise zum Mittelpunkt der Erde und Felix Krulls Gespräch mit Professor Kuckuck und seinem Besuch im prähistorischen Naturkundemuseum.[149] Beide erweitern damit ihr Welt- und Menschenbild, auch wenn es recht unterschiedliche Weltbilder sind.

Thomas Mann läßt sich für seinen Roman *Felix Krull* vom *Simplicissimus* inspirieren. Er übernimmt das Modell des Schelmenromans und bestimmte Episoden aus dem *Simplicissimus* in sein Werk, um sie entsprechend seinen Intentionen zu modifizieren. *Felix Krull* ist nämlich gleichzeitig eine Parodie auf den Bildungsroman. Der Protagonist trägt auffällige Züge der Biographie Goethes.[150] Die Funktionalisierung der pikaresken Elemente im *Felix Krull* zum Zweck der Parodie auf den Bildungsroman wird von Schneider wie folgt dargestellt:

> Krull aber leistet als literarischer Hochstapler noch mehr. Er fälscht nicht nur Inhalt und Stil, sondern das ganze Genre. Einen Lebensverlauf, der seiner Erlebnissubstanz nach ein Schelmenroman ist, versucht er dem Leser als Bildungsroman zu offerieren. Das niedere, im Gaunermilieu spielende Genre

---

[149] Vgl. Stein, S. 64.

[150] Vgl. zu den Anleihen aus Goethes *Dichtung und Wahrheit*: Stein, S. 70f.

des Schelmenromans, soll hier also als das höhere und im besten Rufe stehende Genre des Romans von der Bildung des Künstlers an den Leser gebracht werden. Der Bildungsroman, den Krull zu erzählen versucht, wird aber permanent parodistisch aufgehoben durch den Schelmenroman, den sein Leben tatsächlich repräsentiert. Es genügt also nicht, im Hinblick auf Thomas Manns eigene Hinweise nur allgemein von einer Parodie des „Goethisch-Selbstbildnerisch-Autobiographischen" zu sprechen. Thomas Mann hat in diesem Werk einen Bildungsroman durch einen Schelmenroman parodiert. Der Verbindung von Hochstaplertum und Künstlertum in der Gestalt Krulls entspricht im formalen Aufbau die Verschränkung des Schelmenromans und des Bildungsromans. Durch die Technik der Verschränkung erweiterte der Autor übrigens den auf das Problem der Selbstformung zentrierten Künstlerroman zu einem pikaresken Panorama der europäischen Vorkriegsgesellschaft.[151]

Die Verquickung von Künstler und Verbrecher vollzieht sich besonders in der Figur des Schauspielers, der eine Illusion erzeugt, und im Memoiren schreibenden Betrüger. Beide, Felix und Simplex, sind Schauspieler, Betrüger, Schriftsteller, auf besondere Weise also auch Künstler. Thomas Mann ironisiert in *Felix Krull* ebensosehr seine eigene Künstlerexistenz wie das Goethesche Kunstverständnis. Er treibt ein geschicktes Spiel mit der literarischen Tradition von Schelmenroman und Bildungsroman, wobei der *Simplicissimus* einerseits als Urtyp des deutschen Schelmenromans interessant ist, aber auch in der Anlage der Hauptfigur und in der Gestaltung bestimmter Episoden gewissen Einfluß gewinnt.

An dieser Stelle sei auch noch Manns Verwendung des *Simplicissimus* für seine sprachhistorischen Studien in Hinblick auf den *Doktor Faustus* von 1947 hingewiesen. Da es sich allerdings wirklich nur um sprachliche und nicht literarische Übernahmen handelt,

---

[151] Schneider, S. 15.

werde ich im Rahmen dieser Arbeit nicht weiter darauf eingehen.[152]

3.3.11. Heinz Küpper

Im Jahr 1963 erscheint Heinz Küppers *Simplicius 1945*.[153] Der Titel ist die einzige direkte Anspielung auf Grimmelshausens Roman und bezieht sich auf die Hauptfigur, den Ich-Erzähler, dessen Name nicht genannt wird. Die Zahl 1945 nennt das Jahr, in dem sich der Junge seiner Einfältigkeit langsam bewußt wird und sie überwindet. Seine Simplizität besteht in seiner blinden Hitlerverehrung und in seiner Anhängerschaft an die Lehren des Nationalsozialismus. Zwar steht immer die Bewußtseinslage des Erzählers im Vordergrund, aber sie wird ständig mit dem Verhalten und den Überzeugungen seines Freundes Andreas kontrastiert. Ebenso sind Andreas' religiöse Schwester Maria und die Spielgefährtin der Jungen mit dem germanischen Namen Brünhilde als Kontrastfiguren gestaltet. Besonders in der Elterngeneration wird ein möglichst breites Bild der Gesellschaft gezeichnet, das vom Untergrundkämpfer bis zum SS-Führer reicht.

Simplicius' Hitlerbegeisterung beginnt damit, daß er am gleichen Tag wie der Führer Geburtstag hat und deshalb schon im Kindergarten immer besondere Ehren genießt. Am 20. April 1931 geboren, ist er gut sieben Jahre alt, als in einer nicht namentlich genannten fränkischen Stadt die Judenhetze ernste Ausmaße annimmt. In der Reichskristallnacht vom 9. zum 10.11.1938 werden Schaufenster eingeschlagen, die Synagoge zerstört, die meisten Juden verhaftet. Die Greueltaten, deren Zeuge Simplicius wird, amüsieren ihn nur, und er beneidet Brünhilde um ihren Onkel, den SS-Führer, als dieser Juden schikaniert:

---

[152] Näheres dazu bei Ruprecht Wimmer: Der Herr Facis et (non) Dicis. Thomas Manns Übernahmen aus Grimmelshausen. In: Thomas Mann Jahrbuch, Band 3 (1990), S. 14-49.

[153] Zitiert nach Heinz Küpper: Simplicius 45. Roman, 2. Aufl., Köln 1964.

Der Jude mußte ihm die Stiefel mit seinem schwarzen Frauenkleid abputzen und dann mit dem Bart blank reiben, und wir quietschten vor Vergnügen, wie er dabei mit dem Kopf auf- und niederschlug wie ein aufgeregtes Pferd.[154]

Simplicius haßt die Juden, weil man ihm gesagt hat, daß sie hassenswert sind, deshalb reagiert er verwirrt, als er versehentlich mit einem der wenigen verbliebenen Juden spricht. Er sieht ihm beim Melken zu, doch das macht die Kuh nervös, so daß der Mann ihn auffordert, mit seinem Rad weiterzufahren. Erst da sieht Simplicius den Judenstern und stellt überrascht fest: „Was er forderte, war vernünftig, begründet, genau so, wie die Erwachsenen überhaupt etwas von einem fordern sollten."[155] Da er einen gebrochenen Arm hat, läßt sich der Junge von dem Juden aufs Rad helfen. Später muß er sich über sich selbst wundern:

Ich betrachtete mein Schienbein, das die Hose des Juden berührt, sein Fleisch gespürt hatte. Es war völlig unverändert, nur ein paar Schrammen von irgendwann, auch die schon beigeheilt. [...] Etwas mußte mit mir nicht stimmen, da ich zu meinem Führer nicht Heil und zu einem Juden nicht Schwein gesagt hatte. Zwar bekam man auf beides von beiden keine Antwort, bekam von dem einen eine lange Rede, von dem anderen ein langes Schweigen.[156]

An diesem Textbeispiel zeigt sich auch die ironische Schreibweise des Erzählers, die typisch für den gesamten Roman ist. Als Simplicius Hitler für einen kurzen Augenblick in einem vorbeifahrenden Zug gesehen hatte, hatte er vor Spannung nicht mit der Menge „Heil" gerufen, und nun hatte er freundlich und höflich auf die Freundlichkeit eines Juden reagiert. Als ihm jedoch sein Freund

---

[154] Ebd., S. 13.
[155] Ebd., S. 24.
[156] Ebd., S. 25.

Andreas erzählt, daß er viele Juden kenne und schon mit vielen gesprochen habe, ist Simplicius empört. Mit dem Fortschreiten der Naziherrschaft und dem Beginn des Krieges nimmt auch die Verrohung des Jungen zu. Auf Gerüchte von Konzentrationslagern reagiert er mit einer gewissen Begeisterung. Andreas erzählt ihm:

> Es gäbe Lager, in denen die Alten Kämpfer die Kommunisten, die Juden und auch einige Kapläne in Schach hielten. Ein Alter Kämpfer stände mit der Pistole auf einem Stuhl in einem Saal und ließe die Volksfeinde Auf und Nieder machen. Aber nicht mit Kommandos, sondern bloß mit dem Daumen. Ich fragte, warum denn. Das wußte Andreas auch nicht, aber er war auch dagegen, daß wir Maria fragten, von der er es hatte. Es mußte wohl wegen der Gefährlichkeit der Volksfeinde sein, ungefähr wie im Zirkus mit den Raubtieren. [...] Ich vergaß es rasch wieder, nur ab und zu in Tagträumen faszinierte mich diese Vorstellung: Ein Lager, ganz zu, und darin Menschen, mit denen ich machen kann, was ich will.[157]

Beschönigungen und Mitleid sind dem Jungen fremd, auch Selbstmitleid, als er sich in der Zeit der Luftangriffe selbst in einer ähnlichen Situation befindet und mehrmals am Tag im Luftschutzkeller Schutz suchen muß: „da war ein großer Saal, oben Luftraum, unten Boden, und die US-Luftwaffe stand auf einem Stuhl, gab mit dem Daumen Kommandos, und wir machten unten Auf und Nieder." Doch selbst die Angst, die er nun spüren muß, ändert nichts an seiner Faszination am Krieg:

> Wir liebten unsere Feinde, Andreas und ich, wenn sie sich so unbekümmert johlend und mit Bordwaffen schnarrend auf ihre Objekte stürzten, wenn sie in Verbänden orgelten und wie fliegende Osterhasen ihre dicken Eier purzeln ließen, und wir liebten sie besonders, wenn sie in der Luft zerrissen wurden und mit oder ohne Fallschirm bis weit über zehn zu Boden gingen. Wir lebten am hellen Tag unserer Neigung, die dieser

---

[157] Ebd., S. 33.

Luftkrieg war, und da man nichts geschenkt bekommt, bezahlten wir mit Angst.[158]

Der Tod vieler Menschen, deren Beerdigung er lange Zeit als Jungvolkführer beiwohnt, läßt ihn kalt. Auch der Tod seines eigenen Bruders geht ihm nicht sehr nahe. Er ist vielmehr enttäuscht: „Beim ersten Feindflug war es passiert. Typisch mein Bruder. Alles fing er an und ließ es dann sofort wieder fallen, um etwas anderes zu beginnen."[159] Der Zynismus dieser Aussage ist dem erzählten Ich nicht bewußt, was charakteristisch für seine Aufnahme und Interpretation des Geschehens um ihn herum ist. Er kann es kaum erwarten, bis der Luftkrieg auch seine Heimatstadt erreicht, und nur langsam beginnt er, sich nach Frieden zu sehnen. Im Dezember 1944 vergleicht er die Amerikaner mit dem Sankt Nikolaus: „Ja, der Ami und der Heilige Mann waren furchtbar. Man mußte sie fürchten, aber man mußte auch alle Hoffnung auf sie setzen."[160] Als drei kleine Kinder, für die der Erzähler und sein Freund den Nikolaus spielen sollten, bei einem Bombenangriff getötet werden, beschließen die beiden Jungen, aus Rache einen Amerikaner zu töten. Als sie tatsächlich wenige Tage später den Abschuß eines Flugzeugs beobachten und feststellen, daß sich der Pilot mit einem Fallschirm retten konnte, laufen sie mit ihren Pistolen bewaffnet zur Abschußstelle. Als der Mann sich ergibt, vergessen sie ihren Vorsatz schnell und überlassen ihn den Soldaten. Danach zeigen sie zum ersten Mal Nerven, denn das Kriegsspiel ist plötzlich Realität geworden. Auf dem Heimweg rauchen sie die Zigaretten, die ihnen der Amerikaner geschenkt hatte: „Der Tabak war goldgelb, schwer und etwas parfümiert, und als ich zwei Lungenzüge machte, wurde mir schlecht, und da mir schlecht wurde, durfte ich losheulen."[161] Auch

---

[158] Ebd., S. 110.
[159] Ebd., S. 88.
[160] Ebd., S. 126.
[161] Ebd., S. 134.

Andreas heult mit. Dies ist der Wendepunkt in ihrer Entwicklung, denn obwohl beide es nicht erwarten können, selbst Soldaten zu werden, sehen sie plötzlich das Töten von Menschen im Krieg aus einer kritischeren Perspektive. Eine ähnliche Episode zwingt die beiden Jungen, sich mit dem Gedanken auseinanderzusetzen, vielleicht für den grausamen Tod russischer Gefangener verantwortlich zu sein. Nachts schrecken sie die russischen Plünderer ab, indem sie wahllos aus den Fenstern schießen. Erst später erfahren sie, was mit verwundeten Plünderen geschieht. Sie werden in den Hof der Kaserne gebracht und sterben dort langsam ohne Wasser und Nahrung im Schnee liegend. Manchmal dauert die Qual Tage. Die Vorstellung, daß Simplicius und Andreas dies einem russischen Gefangenen angetan haben könnten, erschreckt sie und verfolgt Simplicius noch in seinen Fieberträumen, als er wochenlang mit Grippe im Bett liegt. Der Junge wünscht sich, daß das Sterben und der Krieg aufhören, dennoch betet er für den Führer. Doch die eigentlichen Konflikte beginnen für ihn erst mit der Besetzung seiner Heimatstadt durch die amerikanischen Streitkräfte.

Andreas' Vater, der die ganze Zeit über gegen den Nationalsozialismus gewesen war und mit seinen Kinder zunächst den Juden, später Kriegsgefangenen heimlich Nahrung und andere Hilfsmittel hatte zukommen lassen, versucht amerikanischen Soldaten seine Erleichterung über das Ende des Krieges mitzuteilen: „Hitler nix gut. Krieg nix gut." Doch die gewünschte Reaktion bleibt aus: „Die Amis zeigten sich reserviert. Sie pfiffen uns und ließen ihm übersetzen, alle Deutschen sagten jetzt, Hitler nix gut." Simplicius kann sich da nicht länger zurückhalten und antwortet: „Nicht alle Deutsche."[162] Und gerade Brünhildes Vater, ein SS-Mann, herrscht ihn an, den Mund zu halten. Als Simplicius später eine Gedenktafel mit Fotos von Leichenbergen sieht, die die Amerikaner aufgestellt hatten, um das deutsche Volk mit dem Holocaust zu konfrontieren,

---

[162] Ebd., S. 167.

reagiert er ungläubig und kaltblütig:

> Die Luftsäule über eines jeden Deutschen Schultern stapelten sie voller Leichen bis hoch in die Stratosphäre. Nun gut, man brauchte bloß mit den Schultern zu zucken, dann fiel diese nichtige Last von einem. Es war ja alles nicht wahr. Sie hatten das irgendwie gestellt.[163]

Der Tod so vieler Menschen rührt ihn noch nicht, aber die Unterschrift unter der Tafel empört ihn: „Mit solchen Untaten hat Deutschland fuer immer aufgehoert, in der Reihe der Kulturvoelker zu stehen."[164] Den Begriff Kulturvolk verwendet er dann auch in seiner Diskussion mit Andreas:

> Andreas, wie hätte er anders gekonnt nach jahrelanger Verhetzung durch Maria, den Kaplan, den Doktor, glaubte es. Ich verlangte Beweise, die Wunde, in die ich meinen Finger legen konnte. Wir stritten noch abends spät, ich hatte die besseren Argumente. Daß es nicht anständig ist zu glauben, was der Feind über das eigene Volk erzählt, und daß ein solches Morden bei einem Kulturvolk gar nicht möglich ist.[165]

Damit stimmt Simplicius indirekt der Aufschrift auf der Gedenktafel zu, daß Deutschland nicht mehr zu den Kulturvölkern gerechnet werden kann, da die Massenvernichtung der Juden tatsächlich stattgefunden hatte. Nur langsam werden Simplicius die Augen geöffnet, als er beginnt, durch Vermittlung von Andreas für die Amerikaner als Dolmetscher zu arbeiten. Zunächst wird er mit einem jüdischen Offizier konfrontiert, der aus eben dieser Stadt geflohen war, als man die Juden verhaftete, und den Jungen als begeisterten Hitleranhänger kennt; doch er bekommt trotzdem die Stelle und arbeitet für Doc, den er sehr verehrt. Dagegen verachtet er Dave, den schwarzen Chauffeur, mit dem er viel unterwegs ist. Der Konflikt ist vorprogrammiert:

---

[163] Ebd., S. 176.
[164] Ebd., S. 175.
[165] Ebd., S. 177.

Dann lief ich zu Doc in das Herrenzimmer. Doc hatte meine blonden Haare, sprach das Deutsche wie ich, Doc war gut. [...] Er sagte: „Hitler ist tot! Hörst du, Junge, Hitler ist tot." Ja, Hitler war tot, aber hier traute ich mich, nun in meine deutsche Rede jenes amerikanische Wort einfließen zu lassen. Also ich weigere mich, noch länger mit Niggern in einem Jeep zu fahren und mich von Juden kommandieren zu lassen. Noch sind wir hier in Deutschland. Ich hatte meine Haare lang wachsen lassen wie Doc, wie die deutschen Landser, der Regen hatte sie dunkel gefärbt und mir in die Stirn geklebt. Natürlich war ich aufgeregt, ich stand da, schwieg und wartete auf etwas, das nun in Doc anheben mußte zu sprechen: Die Stimme des Blutes.[166]

Doc mit dem arischen Äußeren hört keine Stimme des Blutes, sondern gibt ihm eine Ohrfeige, woraufhin Simplicius ihm einen Aschenbecher an den Kopf wirft und davonläuft. Erst von Andreas erfährt er, daß auch Doc Jude ist. Dieser Vorfall befreit Simplicius von seinen Scheuklappen und erlaubt ihm allmählich, die Menschen genauer anzusehen und nicht nach ihrer Hautfarbe oder Abstammung zu beurteilen. Doc und Dave werden seine Freunde, und als Dave nach einem kurzen Standgericht exekutiert wird, weil er von Brünhilde fälschlicherweise der Vergewaltigung bezichtigt wird, wollen die Jungen ihn sogar rächen. Doch Simplicius braucht noch lange, bis er die Indoktrinierung durch den Nationalsozialismus völlig überwunden hat. Auf den letzten Seiten des Romans heißt es:

Während in meiner Seele lange Zeit noch das Gespenst zerfiel, das den Namen „Stimme des Blutes" führte, während die Geschütze verrosten, in die wir, Granaten der Zukunft, gesteckt worden sind, während ich die römische Münze suche und Andreas die Hand Gottes malt, sind die Toten tot.[167]

---

[166] Ebd., S. 190.
[167] Ebd., S. 213.

Für die Überlebenden des Dritten Reichs, besonders die Jugendlichen, beginnen erst die Schwierigkeiten, denn sie müssen sich in einer völlig veränderten Welt zurechtfinden. Andreas, der niemals ein Nationalsozialist gewesen war, findet in der Kunst und in der Religion ein sinnvolles Dasein; der Erzähler dagegen studiert Jura und macht archäologische Führungen in seiner Heimatstadt, wobei man ihm noch immer eine gewisse Arroganz nachsagt. Die Metapher der Granaten der Zukunft zieht sich durch den gesamten Roman und beruht auf einem Leseirrtum der Jungen. In ihrem Lesebuch steht der Hitlerspruch: „Ihr, meine deutschen Jungen und Mädel, seid die Garanten der Zukunft."[168] Auch nachdem sie ihren Irrtum bemerken, bleiben sie bei der Wendung Granaten der Zukunft, denn mit dem Ausdruck Garant können sie nicht viel anfangen. Da sie auch nichts lieber wollen als Soldaten zu werden, scheint ihnen die Bezeichnung passend. Auch kommt dies wohl eher dem gleich, was Hitler meinte, denn die Jugend war für ihn nicht viel mehr als Menschenmaterial für seine Welteroberungspläne: Kanonenfutter. Deutlich wird in dieser Metapher auch der ideologische Sprengstoff, der in die Köpfe der Jungen gepflanzt wird, indem man sie von Kindheit an in den Organisationen der Hitlerjugend zu künftigen Soldaten abrichtet.

Wie bereits eingangs angedeutet, sind Andreas und Simplicius als Kontrastfiguren gestaltet. Sie wachsen unter den gleichen Umständen auf, verbringen die meiste Zeit zusammen, dennoch kann sich Andreas dem Einfluß der Nazi-Propaganda entziehen, da sein Vater und seine Schwester ihm Humanität und Religiosität vorleben, während die Familie des Erzählers voll und ganz hinter Hitler steht, auch wenn sie nicht aktiv das Regime unterstützt und Andreas' Familie nicht verrät. Die Verantwortung für die unterschiedliche Entwicklung der Kinder liegt damit in erster Linie bei der Elterngeneration, die es ja Hitler ermöglicht hatte,

---

[168] Ebd., S. 27.

an die Macht zu kommen. Küpper führt an seiner Simplicius-Figur exemplarisch vor, wie ein Kind im NS-Regime systematisch durch die Propaganda-Maschinerie zu einem jedes Opfer bereitwillig erbringenden Nationalsozialisten herangezogen wird. Der Junge befürchtet sogar, daß er nicht mehr viel Gelegenheit zur Selbstaufopferung bekommen wird:

> Ich tat mir leid. Ich war nicht zum richtigen Zeitpunkt geboren. Beim Kampf um die Macht war ich teils noch gar nicht, teils nur als Baby vorhanden, beim Endkampf gegen die Welt war ich immer noch zu jung. Was gab es denn nach dem Endsieg noch für mich zu kämpfen? Ich konnte dann wie mein Vater auf Russen aufpassen. Und dabei hatte ich immerhin noch eine Hand zu opfern und mehr als das.[169]

Eine systematische Indoktrinierung erlaubt ihm nicht, hinter die Dinge zu schauen, und seine Eltern, die es besser wissen müßten, öffnen ihm nicht die Augen für die Realität, wie es Andreas's Familie tut. Für Simplicius ist die einzige Rettung die Niederlage Deutschlands und die Besetzung durch amerikanische Truppen. Es ist ein langsamer, für den Jungen qualvoll verwirrender Prozeß, der vielleicht auch in der Erzählgegenwart noch nicht ganz abgeschlossen ist. Langsam lernt er die Welt kennen, wie sie wirklich ist.

Die Titelfigur trägt zu Recht den Namen Simplicius, auch wenn sie kein Schelm ist. Vielmehr sind es die Parallelen im Lebenslauf, die die Namensgebung rechtfertigen, und die begrenzte personale Perspektivierung. Der ältere und wissende Erzähler beschränkt sich auf die Perspektive des naiven, erlebenden Kindes und berichtet über die Mißhandlungen der Juden ganz ähnlich unbekümmert und amüsiert wie Simplex über den Überfall der Soldaten auf den Hof seines Knans. Simplex beobachtet Folterungen und sieht das Leid vergewaltigter Frauen völlig teilnamslos und auch furchtlos. Besonders einfältig aber benimmt er sich bei der Tortur, die man sich für seinen Knan ausgedacht hatte:

---

[169] Ebd., S. 49.

Allein mein Knan war meinem damaligen Beduncken nach der glückseeligste/ weil er mit lachendem Mund bekennete/ was andere mit Schmertzen und jämmerlicher Weheklag sagen mußten/ und solche Ehre widerfuhr ihm ohne Zweiffel darumb/ weil er der Haußvatter war/ dann sie sezten ihn zu einem Feuer/ banden ihn/ daß er weder Händ noch Füß regen konte/ und rieben seine Fußsohlen mit angefeuchtem Salz/ welches ihm unser alte Geiß wieder ablecken/ und dadurch also kützeln mußte/ daß er vor lachen hätte zerbersten mögen; das kam so artlich/ daß ich Gesellschaft halber/ oder weil ichs nicht besser verstunde/ von Hertzen mitlachen mußte: [...].[170]

Während Simplex nun aber bald durch den Einsiedler in der Religion unterrichtet wird, wird Küppers Held ein Hitlerjunge. Beide glauben fest an die Lehren, die man ihnen beibringt, bis sie aus ihrer kleinen, heilen Welt herausfallen und mit der Realität konfrontiert werden. Sie reagieren ganz ähnlich: Simplex mahnt die Sünder in Hanau zur Besserung, der Hitlerjunge bekennt sich vor den amerikanischen Besatzern zu Hitler und zum Nationalsozialismus. Küppers Simplicius muß langsam die Verkehrtheit seiner Überzeugungen einsehen, und Grimmelshausens Simplicius muß sich zunächst in diese verkehrte Welt einfügen. Für den barocken Simplex beginnen nun erst die Abenteuer, doch Küpper läßt seinen Roman damit enden und gibt nur wenige Ausblicke auf einen geläuterten Simplicius. Nur die Tatsache, daß er seine Jugendgeschichte erzählt, und die Art, wie er das tut, zeigen seine Einsicht in sein falsches Verhalten.

Eine weitere Parallele zum *Simplicissimus* besteht in der Freundschaft zwischen Andreas, Simplicius und Brünhilde. Sie entspricht dem Verhältnis von Ulrich Hertzbruder, Simplex und Olivier. Andreas ist ist wie Hertzbruder religiös, aber dennoch patriotisch, und möchte Soldat werden. Simplicius verfällt dem Nationalsozialismus wie sein Vorfahre den Verlockungen der Welt und des Krieges, dennoch ist er nie so verdorben wie Brünhilde. Sie verursacht am Ende

---

[170] Simplicissimus, S. 19.

sogar den Tod von fünf blind ausgewählten schwarzen Soldaten, um sich für ihre Vergewaltigung zu rächen, die sie selbst provoziert hatte, indem sie sich regelmäßig mehr oder weniger nackt in die Sonne gelegt hatte und zwar an einer Stelle, die von den amerikanischen Quartieren aus gut hatte eingesehen werden können. Brünhilde ist der Gegenpol zu Andreas, wie Olivier zu Hertzbruder. Simplicius bewegt sich zwischen den beiden Polen, wenn er beispielsweise für den Führer betet. Er ist religiös und faschistisch, wie Simplex religiös ist, aber immer wieder der Sünde verfällt.

Trotz der Analogien in der Figurenkonstellation bei Küpper geht er inhaltlich ganz andere Wege als Grimmelshausen. Der Barockroman liefert dabei vor allem eine Interpretationsfolie, vor der deutlich wird, wie die Aussagen des Erzählers zu bewerten sind. Die personale Perspektive des naiven erlebenden Ichs wird niemals vom gereiften Erzähler unterbrochen, um sie zu kommentieren. Der Leser wird nur mit dem Horror der Ereignisse und noch schlimmer mit den korrespondierenden Vorgängen im Bewußtsein des Hitlerjungen konfrontiert. Gerade die konsequent durchgehaltene Perspektive des Kindes erzielt eine extrem abschreckende Wirkung.

3.3.12. Günter Grass

Anläßlich des 70. Geburtstages von Hans Werner Richter veröffentlichte Günter Grass 1979 die Erzählung *Das Treffen in Telgte*, in der er die von ihm erfundene Zusammenkunft einiger namhafter Barockdichter im Juli 1647 schildert.[171] Nicht zufällig findet sie genau 300 Jahre vor der Gründung der Gruppe 47 durch Richter statt. Die Barockdichter werden durch Simon Dach zusammengerufen, der deutliche Züge von Hans Werner Richter trägt. Grass verwischt eingangs die Grenzen von damals und heute und stellt so eine Kontinuität von Literatur und Geschichte her:

---

[171] Im folgenden zitiert nach Günter Grass: Das Treffen in Telgte. In: Günter Grass: Werkausgabe in zehn Bänden, hrsg. von Volker Neuhaus, Band VI, hrsg. von Christoph Sieger, Darmstadt, Neuwied 1987, S. 5-137.

Gestern wird sein, was morgen gewesen ist. Unsere Geschichten von heute müssen sich nicht jetzt zugetragen haben. Diese fing vor mehr als dreihundert Jahren an. Andere Geschichten auch. So lang rührt jede Geschichte her, die in Deutschland handelt. Was in Telgte begann, schreibe ich auf, weil ein Freund, der im siebenundvierzigsten Jahr unseres Jahrhunderts seinesgleichen um sich versammelt hat, seinen 70. Geburtstag feiern will; dabei ist er älter – und wir, seine gegenwärtigen Freunde, sind mit ihm alle aschgrau von dazumal.[172]

Ein Treffen, wie der Erzähler es beschreibt, hat niemals wirklich stattgefunden, dennoch hält er sich an historisch verbürgte Personen: Dach, Lauremberg, Greflinger, Weckherlin, Moscherosch, Schneuber, Czepko, Logau, Hofmannswaldau und andere Schlesier, Scheffler, Rist, der Verleger Mülben, Gryphius und der Kaufmann Wilhelm Schlegel, Buchner, Gerhardt, Zesen, Harsdörffer, Birken, der Domorganist Albert und der kursächsische Hofkapellmeister Heinrich Schütz, sowie einige weitere Buchhändler und Verleger. Viele der Poeten gehören Sprachgesellschaften an wie dem Pegnesischen Blumenorden in Nürnberg, der Fruchtbringenden Gesellschaft, die in Weimar gegründet wurde, der Deutschgesinnten Genossenschaft oder der Aufrichtigen Tannengesellschaft. Darüber hinaus ist ihnen aber allen an einer überregionalen Zusammenkunft gelegen, und sie folgen alle dem Ruf Simon Dachs zu einem dreitägigen Treffen der Dichter aus ganz Deutschland. Als sie die bestellten Quartiere in einem Wirtshaus in Oesede bei Osnabrück von Soldaten besetzt finden, tritt Gelnhausen auf, der eine Truppe Reiter und Musketiere befehligt, und führt sie nach Telgte, wo er ihnen im Wirtshaus der Libuschka, dem Brückenhof, Quartier macht. Gelnhausen trägt viele Attribute des Simplicissimus, obwohl er am Ende mit seinem richtigen Namen Hans Jacob Christoffel von Grim-

---

[172] Ebd., S. 6.

melshausen genannt wird.[173]

Die Dichter sind zusammengekommen „der so arg gebeutelten Sprache wegen und um dem Friedenshandel nah zu sein".[174] Sie lesen einander aus ihren Werken vor, diskutieren den Wert von Literatur und die Entwicklung einer neuen Literatursprache. Man beschäftigt sich mit der Frage, was die deutsche Sprache „zerstört habe und woran sie gesunden könne. Welche Regeln aufgestellt bleiben müßten und welche den Versfluß in Enge hielten."[175] Ein weiteres Problem stellen die Dialekte dar und die Frage, was „als Hochdeutsch gelten dürfe", denn die Dichter sprechen die verschiedensten Mundarten:

> So mißverständlich machten sie sich verständlich, so verwirrend reich waren sie an Sprachen, so ungesichert frei war ihr Deutsch; und noch vermögender bewiesen sie sich in allerlei Sprachtheorien. Kein Vers entkam seiner Regel.[176]

Buchner hat ein Buch über die Dichtkunst verfaßt mit dem Titel *Kurzer Weg-Weiser zur Deutschen Tichtkunst* und liest daraus vor, Birken zitiert aus seiner *Teutschen Redebind und Dicht-Kunst*, nach der „der Autor jeder Person anständige Rede in den Mund zu legen hätte", woraufhin er mit Protesten überhäuft wird. Moscherosch liest eine Satire auf den häufigen Fremdwortgebrauch vor und findet großen Beifall.[177] Viele der Dichter sind Sprachtheoretiker und vertreten recht unterschiedliche Positionen. Einige von ihnen lehnen Mundartdichtung ab, während andere sie vorziehen. Die

---

[173] Siehe ebd., S. 118.

[174] Ebd., S. 16.

[175] Ebd., S. 24f.

[176] Ebd., S. 25.

[177] Zu Grass' Quellennutzung siehe Theodor Verweyen/Gunther Witting: Polyhistors neues Glück. Zu Günter Grass' Erzählung „Das Treffen in Telgte" und ihrer Kritik. In: Germanisch-Romanische Monatsschrift 30 (1980), S. 451-465.

Reinigung und Vereinheitlichung der deutschen Sprache ist eines ihrer Hauptanliegen, aber sie finden ebensowenig zu einem Konsens wie in der Frage, wovon Literatur handeln solle. Für den frommen Paul Gerhardt besteht die wichtigste Aufgabe der Dichtung darin, einfache Texte für Kirchenlieder zu schreiben, die die Gemeinde bewegen, weil sie leicht verständlich sind. Die Nürnberger Dichter des Pegnitzordens schreiben mit Vorliebe bukolische Literatur, während Logau mit seiner beißenden Ironie häufig in der Runde Unmut weckt. Nebenbei will man auch noch ein politisches Manifest entwerfen, das die verhandelnden Kongreßteilnehmer zum Friedensschluß bewegen soll. Der Text des Manifests bleibt so lange Streitpunkt, bis fast nichts mehr davon übrig ist als die an die verhandelnden Parteien gerichtete Bitte, endlich Frieden zu schließen und Toleranz in Glaubensfragen zu üben. Alle unterschreiben begeistert, doch am Ende geht das Manifest mit dem Brückenhof in Flammen auf: „So blieb ungesagt, was doch nicht gehört worden wäre."[178]

Eine besondere Rolle spielt der Hofkapellmeister Schütz, der sich von den Dichtern Vorlagen für Opern erhofft oder auch nur Gedichte, zu denen er Melodien komponieren könne. Er wird enttäuscht, doch hat er auch Lob für einige der jüngeren Dichter, die für seine Zwecke vielversprechend scheinen. Schütz wird wegen seiner Berühmtheit von allen verehrt, auch wenn sie ihm niemals genügen können und Schütz die Musik weit über die Dichtkunst stellt. Im Gegensatz zu den weltfremden Dichtern des Treffens durchschaut er sofort Gelnhausens Lügengeschichten und fordert ihn schließlich auf, seine Geschichten niederzuschreiben statt auszuleben.

Gelnhausen ist kein offizieller Teilnehmer des Treffens, denn er hat bisher noch nichts geschrieben außer in seiner Funktion als Regimentsschreiber, doch er hört sich einige der Lesungen mit an und

---

[178] Ebd., S. 136.

mischt sich in die Diskussionen ein, wenn ihm seine Verpflichtungen Zeit dazu lassen. Er wird beschrieben als „ein rotbärtiger Kerl, [...] dessen schlaksiger Jugendlichkeit – er mochte Mitte Zwanzig sein – ein blattriges Gesicht widersprach." Außerdem heißt es über ihn: „In seinem grünen Wams unterm Federbuschhut wirkte er wie erfunden." Trotz seines närrischen Verhaltens zeigt er sich als sehr belesen und „mit Witz ausgestattet".[179] So zitiert er bei der ersten Begegnung mit den Dichtern aus der *Arkadia* nach der Übersetzung von Opitz und verblüfft damit Hoffmannswaldau. Gelnhausens Sprechweise ist angereichert mit mythologisch-astrologischen Anspielungen und Metaphern und verwirrt damit die Gelehrten noch mehr.[180] Die Courage nennt ihn Simpl oder Stoffel, und einmal bezeichnet er sich selbst als „einst berühmter Jäger von Soest".[181] Während des Treffens der Dichter übernimmt Gelnhausen die Funktion des Beschützers und Versorgers der Dichter und ist während der Lesungen ihr wenig demütiger Schüler. Da die Vorräte der Libuschka sehr gering sind, bringt Gelnhausen am zweiten Tag reiche Beute mit, denn er hat schwedische Soldaten überfallen, die zuvor einen Bauernhof geplündert und den Bauern, die Magd und den Knecht ermordet hatten. Da er allerdings die Mißbilligung der Schöngeister vorhersieht, erzählt er ihnen eine haarsträubende Lügengeschichte:

> Gelnhausen sagte, das stamme zwar alles, sogar die Gänse, Ferkel, der Hammel, aus katholischem Haus, sei aber durchweg ehrenhaft anzusehen, denn bei seinem notwendigerweise geheimnisvollen Besuch in Münster – er müsse Nebensachen noch immer verschweigen – hätten etliche Gesandte des Friedenskongresses das inzwischen bekannt gewordene Treffen der

---

[179] Ebd., S. 9.

[180] Siehe dazu auch Klaus Haberkamm: „Mit allen Weisheiten Saturns geschlagen". Glosse zu einem Aspect der Gelnhausen-Figur in Günter Grass' „Treffen in Telgte". In: Simpliciana I (1979), S. 67-78.

[181] Treffen, S. 84.

deutschen Poeten heftig begrüßt. Der päpstliche Nuntius, Monsignore Chigi, bitte um eine persönliche Widmung in sein jederzeit mitgeführtes Exemplar der Harsdörfferschen Frauenzimmer Gesprächspiele, einen einundvierziger Erstdruck. [...] Dafür habe sich umso herzlicher der Graf Johann von Nassau erwiesen, der als Vertreter des Kaisers, seit Trauttmannsdorffs Abreise, die Verhandlungen führe, weshalb der Nassauer sogleich dem hohen Kanzleibeamten Isaak Volmar den Auftrag erteilt habe, für das Wohlergehen der weitgereisten Poeten zu sorgen: Atzung, Labsal und liebliche Präsente: ein gülden Ringlein, hier für den Herrn Dach, aus Silber feingetriebene Becher, hier und hier ... Worauf sich Volmar, ausgestattet mit schriftlichen Weisungen, das nun bevorstehende Festmahl betreffend, seiner, des Gelnhausen Ortskenntnisse bedient habe.[182]

Die Poeten glauben ihm nur zu gern, da sie sich selbst so wichtig nehmen, daß sie die Ehrenbezeigungen durch die mächtigen Männer durchaus für angemessen halten. Darüber hinaus hat Gelnhausen tatsächlich einen Erstdruck der Frauenzimmer Gesprächspiele vorzuweisen, der den Monsignore Chigi als Besitzer ausweist, doch hat er das Buch gestohlen. Schütz nimmt nicht am Mahl teil, da er als einziger die Wahrheit vermutet und den Dichtern nicht den Spaß verderben will. Erst nach dem Essen, als er bereits zur Abreise fertig ist, stellt er Grimmelshausen zur Rede und bringt die Wahrheit ans Licht, so daß unter den Poeten der große Jammer ausbricht. Birken muß sich sogar übergeben. Nachdem Schütz die verstörten Dichter beschwichtigt und zum Weitermachen aufgefordert hat, nimmt er Gelnhausen beiseite und rät ihm dazu, seine Geschichten aufzuschreiben. Die Dichter sind wütend auf Gelnhausen und wollen ihm den Prozeß machen, doch findet keiner den Mut, ihn zu holen und anzuklagen. Auch Gelnhausen ist verzeifelt und tröstet sich im Bett der Courage. Als er jedoch von seinen Plänen

---

[182] Ebd., S. 83f.

erzählt, die Wirtschaft „Zum silbernen Stern" zu übernehmen, erntet er von ihr nur Spott, woraufhin er sie wüst beschimpft und androht, daß er sich mit dem Federkiel an ihr rächen wolle, indem er ihr lasterhaftes Leben niederschreibe und veröffentliche. Libuschka macht sich nun erst recht über seine literarischen Ambitionen lustig und bezahlt dafür mit einem blauen Auge. Bevor es zu einer handfesten Rauferei kommen kann, macht sich Gelnhausen aus dem Staub: „Über den mondhellen Hof, durchs Holundergebüsch lief er zur äußeren Ems hin, wo er weinend den weinenden Harstörffer traf."[183] Am nächsten Morgen dann kommt es zur offenen Auseinandersetzung, und Gelnhausen hält den selbstgerechten Literaten den Spiegel vor:

> Seit wann seien denn die Herren Poeten so trocken auf platte Wahrheit versessen? Was mache sie linker Hand stumpfsinnig, wenn sie doch mit der Rechten geübt seien, ihre Wahrheiten wohlgereimt bis ins Unglaubliche zu erdichten? Werde denn das dichterische Lügen erst dann zur Wahrheit geadelt, wenn der Verleger es drucken lasse? Oder anders gefragt: Sei etwa der in Münster nun schon ins vierte Jahr betriebene Land- und Menschenschacher tatsächlicher oder gar wahrhaftiger als der hierorts, vor Telgtes Emstor eröffnete Handel mit Versfüßen bei reichhaltigem Wort-, Kang- und Bildertausch?[184]

Die Dichter geben sich geschlagen, üben Selbstkritik und zeigen ihr Vergnügen an Gelnhausens Rede:

> Worauf Logau bat, es genug sein zu lassen: Endlich wisse man, wer man sei. Solch genauen Spiegel hätten nur Narren parat.
> Damit gab sich Greflinger nicht zufrieden: Nein! Kein Narr, das einfache Volk, welches dieser Runde nicht beisitze, habe Wahrheit gesprochen. Ihm sei der Stoffel verwandt. Auch ihn, den rumgetriebenen Bauernbub, habe zuerst das Leben gewürfelt, bevor er an Büchern hätte riechen dürfen. Wenn irgendwer den Stoffel rausschmeißen wolle, dann gehe auch er.

---

[183] Ebd., S. 105.
[184] Ebd., S. 114f.

Schließlich sagte Harsdörffer: So genarrt, wisse er endlich, was über die Eitelkeit zu schreiben sei. Es möge der Bruder Gelnhausen bitte bleiben und ihnen allen noch mehr widrige Wahrheiten trichtern.[185]

Doch Gelnhausen muß weiterziehen, aber er verspricht, in der Zukunft als Autor wieder in Erscheinung zu treten, allerdings wolle er etwas völlig anderes schreiben, „den langen Krieg als Wortgemetzel neuerdings eröffnen, alsdann ein entsetzliches Gelächter auffliegen lassen und der Sprache den Freipaß geben".[186] Der Erzähler berichtet im folgenden Kapitel über Gelnhausens simplicianisches Werk und nennt ihn bei seinem richtigen Namen, um zu zeigen, daß dieser seinen Schwur gehalten habe. Wie schon eingangs angedeutet, besteht die Figur Gelnhausen aus Elementen aus der belegbaren Biographie Grimmelshausens und aus Elementen seiner Romanfigur Simplex, doch gibt es auch Widersprüche zwischen der Handlung bei Grass und im *Simplicissimus*. Gelnhausen hat ein von Pocken vernarbtes Gesicht und hat die Sauerbrunnenepisode mit Libuschka bereits hinter sich, trotzdem ist er noch immer Soldat. Im *Simplicissimus* heiratet er nach dem Aufenthalt im Sauerbrunnen und dem Tod seines Freundes Ulrich und zieht sich vom Soldatenleben auf einen Bauernhof zurück. Gelnhausen ist nicht Simplicissimus, auch nicht halb, wie manche Interpreten meinen,[187] sondern er ist die Rekonstruktion Grimmelshausens unter der Annahme, daß er vieles selbst erlebt habe, was er später in seine Romane hat einfließen lassen. Grass verfährt hier genauso wie mit den übrigen

---

[185] Ebd., S. 115.

[186] Ebd., S. 116.

[187] Vgl. Susan C. Anderson: Grass and Grimmelshausen: Günter Grass' „Das Treffen in Telgte" and Rezeptionstheorie, Columbia 1987, S. 38; Silke Umbach: Die Wirtin vom Brückenhof. Die Libuschka in Grass' *Das Treffen in Telgte* und ihr Vorbild bei Grimmelshausen: die Landstörtzerin Courasche. In: Simpliciana XIV (1992), S. 107f; Ruprecht Wimmer: „Ich jederzeit". Zur Gestaltung der Perspektiven in Günter Grass' *Treffen in Telgte*. In: Simpliciana VI/VII (1984/85), S. 148f.

Barockpoeten, deren Persönlichkeiten er aus ihren Werken destilliert. Umbach beschreibt Gelnhausens Funktion beim Treffen mit einer Metapher aus der Biochemie:

> Dem *simplicianischen* Gelnhausen kommt in erster Linie eine katalytische Wirkung zu: als Außenseiter löst er zunächst Erkenntnisprozesse aus, auf die er im folgenden beschleunigend wirkt, um dann nahezu unverändert aus der Reaktion hervorzugehen, wofür sein tadelloses Erscheinungsbild spricht, als er sich anschickt, den Schauplatz zu verlassen [...].[188]

Eng verbunden mit der Figur Simplex ist die Figur Courage, deshalb läßt Grass auch eine reale Vorlage für den Roman *Courasche* im Leben Grimmelshausens existieren. Libuschka trägt viele Attribute der Romanfigur, auch ihren Spitznamen Courage, die Abstammung von böhmischem Adel, die Soldatenhosen, die sieben Ehemänner. Der gemeinsame Freund Springinsfeld, der Feldzug nach Mantua und viele Details mehr entstammen dem *Courasche*-Roman. Im Widerspruch zur Fiktion Grimmelshausens steht das hohe Alter der Courage im Vergleich zu Simplex, und nur bei Grass war sie Wirtin im Brückenhof und Gelnhausens „langjährige Freundin Libuschka".[189] Grimmelshausens Simplex und Courage sind nicht befreundet, sie haben eine kurze Affäre im Sauerbrunnen, wobei jeder dem anderen etwas vormacht. Nachdem das Wirtshaus niedergebrannt ist, schließt sich Grass' Libuschka den Zigeunern an, was sie auch bei Grimmelshausen tut. Nach Günter Grass' Fiktion hatte Grimmelshausen vieles selbst erlebt, worüber er später schrieb, und er kannte eine Frau, die als Vorlage für seine erfundene Courage diente. Gelnhausen schöpft aus dem Leben, aus der Wirklichkeit, während die anderen Dichter sich vor ihr in die Literatur flüchten. Als Gelnhausen und Libuschka die Dichter verlassen, um mehr Nahrung zu besorgen, heißt es über die zurückgebliebene Gesellschaft:

---

[188] Umbach, S. 110.
[189] Treffen, S. 13.

Mochten sie sich Luft machen mit ihren Wechselreden. Es würde ihnen schon gelingen, die Gefährdung des Treffens mit dactylischen Wörtern, nach denen sie allzeit auf Suche waren, kunstreich zu überspielen; ginge die Welt unter, würden sich diese Herren, inmitten Gepolter, um falsche oder richtig gesetzte Versfüße streiten. Schließlich – und das hatte nicht nur Gryphius mit dem Wortprunk seiner Sonette gesagt – war ohnehin alles eitel.[190]

Die Dichter leben ganz und gar für die Literatur, und der richtige Umgang mit Sprache ist manchem von ihnen wichtiger als die politischen und existentiellen Probleme um sie herum. Zesen liefert das beste Beispiel für die eskapistische Funktion der Literatur in Anbetracht der erschütternden Realität, als er die aneinandergefesselten Leichen eines Mannes und einer Frau in der Ems treiben sieht. Sofort beginnt er diesen Eindruck in „Wortbilder" und „Klingwörter" zu fassen, denn: „Weil von Sprache bedrängt, blieb ihm nicht die Zeit, sich zu entsetzen."[191] Hoffmeister sieht hier eine „ästhetizistische Mentalität, welche die literarische Ausbeutung des Schrecklich-Wirklichen mit Realitätsverlust und menschlicher Verarmung erkauft."[192] Gelnhausen dagegen lebt erst einmal und beginnt später, über persönlich Erfahrenes zu schreiben, wenn auch mit sehr viel Phantasie. Und damit wird er leisten, wonach die versammelten Dichter streben: die Erneuerung der deutschen Literatur. Oder wie Werner Hoffmeister es ausdrückt:

> Günter Grass hat aus dem historischen Grimmelshausen eine Kunstfigur geschaffen, die durchaus zweipolig angelegt ist: kraft seines Witzes, seines Rede- und Lügentalents ist Stoffel auch potentieller (und hoffnungsvoller) Poet, dessen

---

[190] Ebd., S. 34.

[191] Ebd., S. 38.

[192] Werner Hoffmeister: Dach, Distel und die Dichter: Günter Grass' *Das Treffen in Telgte*. In: Zeitschrift für deutsche Philologie 100 (1981), S. 281.

Phantasie sich zur Zeit der Erzählung nach damit befaßt, die
Wirklichkeit selbst zu fiktionalisieren und zu manipulieren.
[...] Er lügt bessere Mär, weil die Wirklichkeit selbst ihm Stoff
und Anlaß zur Fiktion gibt, weil sein Spiel der Phantasie mit
Wirklichkeitserfahrung gesättigt ist. Einerseits springt er mit
der Wirklichkeit um, als sei es Spiel, andererseits sind seine
Lügen so überzeugend, weil ihnen auf höchst glaubhafte Art
Bausteine der Wirklichkeit einverleibt sind.[193]

In *Das Treffen in Telgte* hält Grass der Gruppe 47 einen Spiegel vor genau wie Gelnhausen den Barockdichtern. Die Gruppe 47
wurde im September 1947 von Hans Werner Richter gegründet. Er
entschied, welche Autoren geladen wurden und wann und wo die
Treffen stattfanden. In seiner barocken Erzählung beschreibt Grass
das Verfahren bei den Lesungen der Gruppe 47. Dach repräsentiert
Richter, weil sein Name besonders symbolträchtig ist, denn die
Dichter sind in seinem Namen „wie unter einem Dache beisammen".[194] Er ruft die Dichter zum Vortrag auf, die dann vor den
versammelten Literaten auf einem Stuhl sitzend aus ihren Werken
vorlesen und anschließend die Kritik der Kollegen ohne Möglichkeit
zur Verteidigung hinnehmen müssen. Jedoch kann niemand sprechen, ohne daß Dach ihm das Wort erteilt hat, ebenso eröffnet und
beendet er jede Sitzung. Und die Dichter, die er häufig Kinder
nennt, folgen ihm aufs Wort.[195] Sicher ist diese Figur als Hommage
an Richter gestaltet, der es verstand, so viele unterschiedliche Au-
torenpersönlichkeiten zu vereinen.

Politisch motiviert läßt Grass Dachs Anliegen sein: um die
notleidende Sprache soll es gehen, und Not leidet sie durch
den Krieg und seine Folgen, zusätzlich zu den Gravamina,
die auch sonst damals bedacht wurden: fehlende Normierung,
Entwicklungsrückstände gegenüber den Nachbarländern. Um

---

[193] Ebd., S. 279.
[194] Treffen, S. 21.
[195] Zur Funktion Dachs beim Treffen siehe auch Anderson, S. 44ff.

eine neue, unverbrauchte Literatursprache, die dem erhofften politischen Neubeginn entsprechen sollte, die frei war vom Mißbrauch, der in den Jahren davor mit Sprache und Literatur getrieben worden war, ging es auch den Initiatoren der ‚Gruppe 47'; ich erinnere an ihre Reizworte „Kahlschlag" und „Kalligraphie".[196]

Richter und viele der jungen Autoren glaubten nach dem zweiten Weltkrieg, in der Literatur nach einer Stunde Null ganz von vorne anfangen zu können und zu müssen, da die Sprache und Literatur von den Nationalsozialisten mißbraucht und in bestimmten Bereichen ihrer ursprünglichen Bedeutung entfremdet worden war. Die Gruppe 47 wandte sich allerdings nicht nur gegen die noch immer wirksame Ideologie des Nationalsozialismus, sondern auch gegen die Umerziehungspolitik der Besatzer und gegen den Vorwurf einer Kollektivschuld. Die barocken Sprachreiniger wollten im zerrissenen Vaterland das Band der deutschen Hochsprache stärken, das Deutsche von Fremdwörtern reinigen und teilweise auch vom Dialekt. Sie wollten wie die Autoren der Gruppe 47 auch politisch wirksam werden und das vor allem durch die Literatur. Als die Diskussion zum ersten Entwurf des Manifests in Streit ausartet, beginnen einige der Dichter am Zweck des Treffens im allgemeinen zu zweifeln. Nicht Dach, sondern Schütz, der Komponist, nennt ihnen den Grund für ihre Versammlung: „Der geschriebenen Wörter wegen, welche nach Maßen der Kunst zu setzen einzig die Dichter begnadet seien. Auch um der Ohnmacht – er kenne sie wohl – ein leises ‚dennoch' abzunötigen."[197]

Die geistige und wirtschaftliche Situation in Deutschland nach dem Zweiten Weltkrieg ist derjenigen am Ende des Dreißigjährigen

---

[196] Hartmut Laufhütte: Die Gruppe 1647 – Erinnerung an Jüngstvergangenes im Spiegel der Historie. Günter Grass: ‚Das Treffen in Telgte' in: Literaturgeschichte als Profession. Festschrift für Dietrich Jöns, hrsg. von H. Laufhütte, Tübingen 1993, S. 375.

[197] Treffen, S. 71.

Krieges vergleichbar. 1647 wie 1947 stehen die Menschen, welche das große Morden überlebt haben, vor den Trümmern ihrer einstigen Heimat, sind in erster Linie auf ihr weiteres Überleben bedacht und stehen der Neuordnung Deutschlands mit Hoffnung und Skepsis gegenüber.[198]

Gelnhausen verkörpert die nächste Generation. Er ist das Individuum, das sehr viel später erst, nachdem es von den bedeutenden Barockdichtern gelernt hat, im Grunde deren Ziele verwirklicht, indem er Abstand nimmt von der literarischen Tradition in Deutschland und in Anlehnung an den spanischen Schelmenroman etwas Neues schafft.

Grass behauptet die Kontinuität der Geschichte und mit ihr die der Literatur, allerdings bedeutet die Eingangspassage „Gestern wird sein, was morgen gewesen ist. Unsere Geschichten von heute müssen sich nicht jetzt zugetragen haben‘[199] auch, daß sich im Grunde kaum etwas geändert hat in den letzten 300 Jahren. So kann sein Erzähler aus der Gegenwart des Jahres 1979 mühelos in die Zeit des Friedenskongresses in Münster zurückgleiten und eine Geschichte erzählen, als hätte er sie unmittelbar als Augenzeuge erlebt. Doch die Präsenz dieses Ichs beim Treffen in Telgte bleibt eine imaginierte; der Erzähler nimmt keine Identität an. Indem er den Leser mit diesem „ich“ immer wieder verblüfft, erinnert er ihn ständig an die Aktualität der Geschichte und macht sie so transparent für die Gegenwart. Der Erzähler sagt über seinen Freund, der seinen 70. Geburtstag feiert: „dabei ist er älter – und wir, seine gegenwärtigen Freunde, sind mit ihm alle aschgrau von dazumal.“[200] Sie alle, die Schriftsteller der Gruppe 47, haben ihre Wurzeln in der Vergangenheit. Obwohl die Zuordnung von Dach

---

[198] Zu weiteren Analogien und Aktualitäten zwischen der Gruppe 47 und dem Treffen der Barockpoeten siehe Laufhütte, S. 368ff.

[199] Treffen, S. 6.

[200] Ebd.

und Richter so leicht fällt, läßt sich weder Günter Grass noch ein anderes Mitglied der Gruppe 47 mit bestimmten Barockdichtern eindeutig gleichsetzen. Es geht vielmehr um Strukturanalogien der Treffen. Der Erzähler treibt ein besonderes Spiel mit dem Leser, denn er nimmt nicht wirklich Gestalt an und verhindert damit, daß der Leser in der Illusion der Geschichte verharrt, denn er wird immer wieder durch die spezifische Erzählhaltung daran erinnert, daß er mit Fiktion zu tun hat, die in der Vergangenheit spielt und von der Gegenwart handelt.

Nachdem der Erzähler anfangs erklärt hatte, daß er eine Geschichte von damals erzählen wolle, die eigentlich eine Geschichte von heute ist, taucht im vierten Kapitel erstmals wieder ein „ich" auf, allerdings in Klammern und mit einem Fragezeichen versehen: „Jemand (ich?) fragte [...]". Da der Autor der Geschichte, Günter Grass, ebenfalls Mitglied der Gruppe 47 war, könnte man ihn hinter diesem „ich" vermuten, doch der Erzähler nimmt weder Züge des Autors noch historische Gestalt an. Etwa 40 Seiten später stößt man auf das nächste „ich", wieder in Klammern aber diesmal ohne Fragezeichen: „Weder Rist noch Zesen, die beide auf Antwort drängten, wurde Erlaubnis erteilt. (Auch mir nicht, so fertig ich voller Rede war.)"[201] Sehr viel aktivere Präsenz zeigt der Ich-Erzähler erst ab Kapitel 15 und dem von Gelnhausen bestellten Festessen, indem er dem Leser das Rästel um seine Identität direkt stellt:

> Woher ich das alles weiß? Ich saß dazwischen, war dabei. Mir blieb nicht verborgen, daß die Wirtin Libuschka eine ihrer Mägde in die Stadt schickte, etliche Dirnen für die Nacht anzuwerben. Wer ich gewesen bin? Weder Logau noch Gelnhausen. [...] Als wer auch immer, ich wußte, daß die Fässer Wein Meßwein waren. Mein Ohr fing auf, was sich die kaiserlichen Musketiere beim Zerlegen der Gänse und Ferkel, beim Anschneiden des Hammels zuriefen. [...] Ich wußte sogar,

---

[201] Ebd., S. 65.

was niemand sonst wußte, daß in Münster, während im Telgter Brückenhof das Festmahl der deutschen Poeten begann, die bayerischen Abgesandten das Elsaß an Frankreich verbrieften und dafür (mit dem Versprechen der Kurwürde) die Pfalz bekamen.[202]

Der Erzähler befindet sich unter den Dichtern, aber er hat ein übernatürliches Wahrnehmungsvermögen: er sieht, was sonst niemand sehen, und er hört, was sonst niemand hören kann. Er ist gleichzeitig Ich-Erzähler und auktorialer Erzähler, der über Wissen verfügt, über das niemand der Anwesenden hätte verfügen können. Allmählich fällt er aus der Rolle des Beobachters und des Wissenden und beginnt nun seine eigenen Handlungen konkret zu erzählen; er lacht und verschränkt mit den anderen seine Hände zum Gebet.[203] Nach dem Ende der Mahlzeit tritt der Erzähler zum ersten Mal in Interaktion mit einer seiner Figuren, allerdings wieder in Parenthese: „(Nur mit Mühe gelang es mir, Zesen zurückzuhalten, der ans Emsufer wollte: Leichen treiben sehen.)".[204] Später teilt der Erzähler die Gefühle der Gruppe, wenn er über die Wirkung des Vollmondes schreibt: „Ich hätte ihn anbellen, hätte heulen mögen mit den Hunden des Brückenhofes. Doch mit den Herren trug ich den Streit samt Thesen und Gegenthesen durch Gänge und über Treppen."[205] Schon wenige Sätze später wird deutlich, daß er zwar unter ihnen ist, aber keiner von ihnen, wenn er schreibt: „Denn fromm waren sie alle."[206] Anfang des zwanzigsten Kapitels kehrt der Erzähler in die Gegenwart zurück und und erzählt dem Leser von Grimmelshausens Werken *Courasche* und *Simplicissimus* mit den einleitenden Worten: „Da ich seit damals mehr weiß, als die Libuschka, grau vor Haß, in der Wirtshaustür ahnen konnte, will

---

[202] Ebd., S. 87.

[203] Vgl. Ebd., S. 87.

[204] Ebd., S. 94.

[205] Ebd., S. 100.

[206] Ebd., S. 101.

ich für den Stoffel sprechen."[207] Wenig später, nach dem Vortrag Weckherlins, identifiziert er sich mit den jüngeren Autoren: „Wir Jungen hatten den Alten schon tot geglaubt. Überrascht waren wir gewesen, den Vorläufer unserer noch jungen Kunst so quick zu sehen".[208] Hier fehlt dem Erzähler wieder völlig die Allwissenheit, die er auch am Schluß negiert:

> Alle kamen wir an. Doch hat uns in jenem Jahrhundert nie wieder jemand in Telgte oder an anderem Ort versammelt. Ich weiß, wie sehr uns weitere Treffen gefehlt haben. Ich weiß, wer ich damals gewesen bin. Ich weiß noch mehr. Nur wer den Brückenhof hat in Flammen aufgehen lassen, weiß ich nicht, weiß ich nicht ...[209]

Das hier ausgedrückte Bedauern, daß es keine weiteren Treffen gegeben hatte, spielt auf die Auflösung der Gruppe 47 an. Die Feststellung, daß er weiß, wer er damals gewesen sei, stößt den Leser wieder auf das Rätsel um seine Identität und bedeutet doch vielmehr, daß er seine eigenen Wurzeln in der Literatur der Vergangenheit kennt, er weiß auch noch mehr über Vergangenheit und Gegenwart, aber er ist kein allwissender Erzähler, denn er weiß nicht, wer den Brückenhof in Brand gesetzt und die Dichter zu einem überstürzten Aufbruch gezwungen hat.

Grass stellt die Barockdichter auch in ihren kindlichen Streitereien, in ihrer Scheinheiligkeit und Überheblichkeit als liebenswerte Charaktere dar. Der Austausch zwischen den Literaten bedeutet ihnen allen sehr viel, auch wenn sie meist fest in ihren gegensätzlichen Positionen verharren. Als die wichtigste Funktion der Gruppe 47 stellt Grass im Spiegelbild des barocken Dichtertreffens die gegenseitige kritische Unterstützung im Bemühen um die deutsche Sprache und Literatur dar. Ihre Wirkung besteht vorrangig

---

[207] Ebd., S. 118.
[208] Ebd., S. 123.
[209] Ebd., S. 137.

in ihrem Einfluß auf künftige Literatur, die durch Grimmelshausen verkörpert wird. In *Das Treffen in Telgte* dankt Grass Hans Werner Richter für seine Verdienste um die Gruppe 47, zeigt ihre Schwächen und Stärken auf und drückt sein Bedauern über ihr Ende aus: „Ich weiß, wie sehr uns weitere Treffen gefehlt haben.“[210]

3.3.13. Volker Braun

Volker Brauns *Simplex Deutsch* trägt den Untertitel „Szenen über die Unmündigkeit“. Die Uraufführung erfolgte 1980 durch das Berliner Ensemble, und im gleichen Jahr wurde das Stück in der Zeitschrift *Theater der Zeit* erstmals gedruckt.[211] Das Stück besteht aus drei Teilen von recht unterschiedlichem Unfang. Der erste Teil mit dem Titel „Simplex Deutsch“ enthält fünf Szenen, der zweite Teil ist mit „Hans im Glück“ überschrieben und gliedert sich in vier Szenen, während der letzte Teil „Befreiung“ nur zwei Szenen enthält. Nur wenige Figuren treten in mehreren Szenen auf, so zum Beispiel August Bebel, der Sozialist, und Andreas Kragler, der Faschist. Sie repräsentieren in unserem Jahrhundert die beiden Ideologien, die den Menschen am wirkungsvollsten entmündigen, denn darum geht es in den Ausschnitten und Szenen, die Braun dem Leser vorstellt.

Braun zeigt einen auffälligen und für die Gattung ungewöhnlichen Hang zu narrativer Vermittlung. Das heißt, die Handlung bzw. das Geschehen wird nicht unmittelbar dialogisch-szenisch (durch dramatis personae) präsentiert, sondern erzählt: in Form von Texten ohne Sprecherangabe, von Texten, die von dramatis personae zu realisieren sind, vom Autor aber nicht bestimmten zugewiesen bzw. auf verschiedene

---

[210] Ebd., S. 137.

[211] Hier wird die überarbeitete Fassung aus der Werkausgabe von 1991 zitiert: Volker Braun: Simplex Deutsch. In: Texte, Band 6, Halle und Leipzig 1991, S. 95-155.

verteilt werden, und schließlich in Form von Monologen.[212]

Der erste Teil trägt denselben Titel wie das Stück „Simplex Deutsch" insgesamt, und die erste Szene darin ist mit „Sächsischer Simplicius" überschrieben. Dies sind die einzigen direkten Bezugnahmen auf den *Simplicissimus*. Im April 1945, kurz vor Ende des Krieges, beschließt der Soldat Schmidt, endlich selbst seine Entscheidungen zu treffen und nicht mehr weiterzukämpfen. Dazu muß er die Frau seines Hauptmanns erschießen, seinen Kameraden zum Mitmachen zwingen und eine SS-Patrouille niederschießen. Sein Kamerad Sigusch hat keine Angst vor den sich nähernden russischen Truppen, da die Leichen der SS-Leute beweisen, daß sie Überläufer sind. Doch dann passiert das Unglaubliche:

> Zwei Stunden später, angesichts des Feinds, aber griff Schmidt wieder zur Waffe, indem sein Pflichtgefühl erwachte, ohne Befehl und Kommando, aus eingeübtem Gehorsam, und eröffnete vor den Augen des heulenden Kameraden das Feuer. Die Russen schossen zurück. In der ersten Salve fiel Sigusch, wenig später Schmidt, von Schüssen durchsiebt, am Ende des Krieges.[213]

Der Name Simplex Deutsch repräsentiert hier die Masse der einfachen Soldaten, die blind Gehorsam leisten, obwohl sie sich der Sinnlosigkeit ihres Tuns bewußt sind. Bei Braun wird Simplex, von Grimmelshausens Werk stark abstrahiert, zur Metapher für den unmündigen, naiven Menschen, der in seinem Urteil von anderen abhängig ist, aber doch gelegentlich einen Versuch in Richtung Selbstbestimmung wagt. Schmidt gelingt der Befreiungsschlag nur für zwei Stunden, dann folgt er wieder seinem Pflichtbewußtsein bis in den Tod, ohne auch nur darüber nachzudenken. Grimmelshausens Simplicissimus Teutsch ist ebenfalls eine exemplarische Figur,

---

[212] Wolfgang Seibel: Die Formenwelt der Fertigteile. Künstlerische Montagetechnik und ihre Anwendung im Drama, Würzburg 1988, S. 253.

[213] Simplex Deutsch, S. 96.

jedoch steht er stellvertretend für jeden Christen, der sich und seinen Glauben in einer verkehrten Welt behaupten und den Weg zu Gott finden muß. Dieser Simplex ist kein Unmündiger, er ist ein Mensch, der Versuchungen ausgeliefert ist, ihnen oft nachgibt, aber am Ende stark genug ist, ihnen zu widerstehen und nur noch sein Seelenheil zu suchen.

Die zweite Szene mit dem Titel „Polenblut" handelt vom Rassenhaß, dem eine Deutsche und ein polnischer Kriegsgefangener während des Dritten Reichs zum Opfer fallen, weil sie sich lieben. Ihre Hinrichtung am Galgen wird in makaberer Weise als ihre Hochzeit beschrieben. Zwei haben es gewagt, selbst zu entscheiden, was falsch und richtig ist, und werden dafür vom Regime vernichtet.

Die folgende Szene „Trommeln in der Nacht, 6" soll als sechster Akt eine Ergänzung zu Bert Brechts Drama *Trommeln der Nacht* bilden. Andree Kragler kehrt während des Spartakusaufstandes 1919 aus dem Krieg zurück nach Berlin. Seine Freundin Anna hatte vier Jahre lang ohne Nachricht von ihm gewartet, obwohl man ihr mitgeteilt hatte, daß er vermutlich erschossen worden sei. In der Nacht seiner Rückkehr hatte sie auf Drängen ihrer Eltern der Verlobung mit dem Kriegsgewinnler Friedrich Murk zugestimmt, da sie von ihm ein Kind erwartet. Am Ende des Brechtstückes finden Anna und Andree doch noch zusammen, verlassen den Tumult der Revolution und machen sich gemeinsam auf den Heimweg. Bei Braun nimmt die Geschichte einen komplizierteren Weg. Vor dem Hotel Eden, in dem Rosa Luxemburg später ermordet wurde verstößt Kragler die untreue Anna, weil sie das Kind eines anderen trägt. Er will einem konterrevolutionären Freikorps beitreten und erschlägt die Prostituierte Auguste unter einer roten Fahne, denn sie fungiert als Rosa Luxemburg. Damit beweist er, daß er kein Sozialist ist und auch vor Mord nicht zurückschreckt. So wird er bereitwillig aufgenommen. Kragler ist ein Verwirrter, der tut, was man von ihm zu erwarten scheint, ohne bewußt eine bestimmte Überzeugung für sich zu wählen. Mit Brechts Figur läßt sich dieses

Verhalten insoweit vereinbaren, als Kragler seit seiner Rückkehr aus der Kriegsgefangenschaft in Afrika ein verwirrter, zerrissener Mensch ist, der nur von dem Gedanken an Anna angetrieben wird. Als ihm die Illusion seiner großen Liebe genommen wird, folgt er willenlos den Anweisungen anderer. So kann Braun den von Brecht gewählten Schluß ändern und Kragler als weiteren Simplex Deutsch in sein Werk einreihen.

In der vierten Szene, dem „Kommentar 1: Heimatkunde", wird die Situation der Bauern während der russischen Revolution beschrieben. Sie werden von der roten Armee der Sozialisten befreit und von den zaristischen, weißen Soldaten wieder unterworfen, weil ihr Führer sie verläßt, um sich Order vom Kollektiv zu holen. Erst nachdem die Bauern von den Soldaten beider Seiten völlig ausgeplündert und ihre Äcker verbrannt sind, treffen sie selbständig die Entscheidung, entgegen der Weisung der roten Soldaten ihren Führer nicht zu töten, sondern bei ihnen zu behalten. Die Soldaten akzeptieren die Entscheidung und ziehen weiter in die Schlacht.

Die letzte Szene des ersten Teils trägt die Überschrift „BEBEL oder DAS NEUE LEBEN / MUSS ANDERS WERDEN. EINE KOMÖDIE". Sie zeigt August Bebel als Marionette seiner Vorgesetzten, denn er gerät in Konflikt zwischen seiner Liebe zu einer verheirateten Fabrikarbeiterin und seiner Pflicht als Werksleiter. Die übergeordnete Leitung stellt ihn vor die Entscheidung „Die Frau oder der Sozialismus, Bebel"[214] in Anlehnung an das von Bebel 1883 veröffentlichte Buch *Die Frau und der Sozialismus*. Bebel entläßt die Frau, will aber auch selbst gehen, doch man läßt ihn nicht: „Halt. In dieser Haltung? Die Du gezeigt hast, bist du hier gebunden. In dir hat man den Kader jetzt gefunden."[215] Bebel verrät seine Liebe und macht dadurch Karriere, denn er hat bewiesen, daß er eine Marionette ist, die sich von der übergeordneten

---

[214] Ebd., S. 124.
[215] Ebd., S. 125.

Leitung nach Belieben bewegen läßt. Doch auch er versucht einen kurzen Augenblick, seinen eigenen Weg zu gehen, als er seine Arbeit aufgeben will.

Die Figuren des ersten Teils sind Unmündige, die sich den übergeordneten Mächten beugen. Die Deutsche und der Pole dagegen beugen sich nicht, sie entscheiden sich für ihre Liebe, aber dafür müssen sie sterben. Die russischen Bauern lassen sich immer wieder hin- und hergeschubsen und ausgeplündern, doch als sie schließlich eine eigenständige Entscheidung treffen, akzeptiert man diese. Sie sind aber doch erst am Anfang eines langen Weges in die Mündigkeit. Für alle Figuren wurde die Metapher Simplex gewählt, weil sie naiv sind, sich in der Welt herumstoßen lassen oder immer wieder gegen besseres Wissen mitmachen, obwohl sie doch ausbrechen wollen.

Der zweite Teil ist mit „Hans im Glück" überschrieben und beginnt mit „Auftritt Godot". Samuel Beckett unter einer Maske gibt sich als Godot aus und begibt sich zu Estragon und Wladimir, die als Hippies ausstaffiert sind, auf die Bühne, doch die beiden warten gar nicht auf ihn, wie sie es im Beckett-Stück *Warten auf Godot* ohne Erfolg tun. Estragon interessiert sich nur noch für Gras, das er in seine Hose stopft oder ißt, während Wladimir gar nichts mehr ißt, sich dafür aber mit einer aufblasbaren Frauenpuppe vergnügt, die er am Ende Beckett schenkt und ihn drauflegt, wobei sie dann wie eine Seifenblase platzt. Estragon und Wladimir glauben an nichts, erwarten nichts, leben für nichts. Sie machen nicht mit.

Verweigerung anderer Art leistet Ulrike in der zweiten Szene. Sie ist die Tochter Anna Kraglers, die doch noch von Andreas geheiratet wurde. Ulrike, die nicht zufällig denselben Vornamen wie Ulrike Meinhof trägt, kann ihre Eltern nicht mehr ertragen und erschießt sie. Im folgenden Abschnitt treten schwangere Frauen auf, die ihre Macht, die aus ihrer Fruchtbarkeit erwächst, feiern und den Weg des Terrorismus verdammen. Im Anschluß daran wird Ulrike in der Isolierzelle einer Nervenheilanstalt gezeigt. Sie ist nun nur noch auf sich selbst verwiesen und bringt sich schließlich mit einem Starkstromkabel selbst um.

In der dritten Szene wird das Märchen von Hans im Glück erzählt, der seinen Goldklumpen gegen eine Kuh, diese gegen ein Schwein und das wiederum gegen eine Gans tauscht. Am Ende hat er noch einen Schleifstein, doch als ihm der zu schwer wird, wirft er ihn in einen Brunnen und ist endlich: „Los und ledig. Frei von aller Last."[216] Hans will nichts mehr besitzen und verweigert sich der Marktwirtschaft und dem Materialismus.

August Bebels Sohn verweigert sich in der vierten Szene dem Sozialismus, er macht seine Arbeit als Dreher und verachtet seinen Vater, der keine Ahnung vom realen Sozialismus hat. Seine Frau wenigstens kann er aus Liebe wählen, doch dann macht er den Fehler, ihr das Buch *Die Frau und der Sozialismus* zu schenken, und verliert sie an den Sozialismus. Sie studiert und macht Karriere als Staatsanwältin, nur ein Kind will sie nicht, auf das ihr Mann alle Hoffnung für die Zukunft setzt. Das Ehepaar hat kein Privatleben mehr, da beschließt Bebels Sohn die eigene Frau zu vergewaltigen, um so ihr Interesse als Gewaltverbrecher zu gewinnen. Nach dem dritten Mal läßt sie ihn in eine Anstalt bringen, aber sie ist auch schwanger. August Bebel junior hat sein Ziel erreicht und kann für seinen Sohn hoffen.

Den Szenen der Unterwerfung des ersten Teils sind im zweiten Teil Szenen der Verweigerung gegenübergestellt. Mit Hans im Glück werden diese Figuren gleichgesetzt, denn sie haben aufgegeben, wollen nichts mehr für sich, machen nicht mehr mit und stehen am Ende vor dem Nichts. Der dritte Teil ist mit „Befreiung" überschrieben und läßt nun Bebels Sohn und Kragler zusammen auftreten. Sie graben sich aus einem Trümmerkrater, gefüllt mit Toten, und sollten eigentlich selbst tot sein. Kragler, der Faschist, wird nun, da der Krieg vorbei ist, Sozialist, nicht weil er seine

---

[216] Ebd., S. 140.

Weltanschauung geändert hat, sondern weil es opportun ist. Bebel fordert er auf, sich zu erhängen, was dieser auch macht. Bebel stirbt aber nicht, stattdessen erheben sich auch die anderen Toten. Soldaten der Roten Armee schneiden Bebel ab und fordern ihn zum Weiterleben auf, doch Bebel rührt sich nicht. Er will im Tod seine Freiheit finden.

Die letzte Szene besteht aus drei Abschnitten. Im ersten klagt ein Sohn seinen Vater, den ewigen Soldaten und Mörder, an. Komplementär dazu will ein Vater seinen Sohn, den Revolutionär des Prager Frühlings, vernichten. Der letzte Abschnitt zeigt einen frustrierten Liebhaber, der von seiner Frau am Festtag der Befreiung der Tschechoslowakei durch sowjetisches Truppen verlassen wird, weil ihr die Propagandaveranstaltungen wichtiger sind. In alledem gibt es keine Befreiung, Bebel weigert sich weiterzuleben, der verlassene Liebhaber tritt im Park als Exhibitionist auf und befreit sich so von den gesellschaftlichen Zwängen: aber in ihrem Protest gegen die Unfreiheit gewinnen sie keine Freiheit. Solange die Massen aus sehr privaten Interessen Ideologien anhängen, statt selbst zu denken, gibt es auch für das Individuum, das die Ideologie nicht mitträgt, keine Freiheit sondern nur Isolation. Der Tag der Befreiung vom Nationalsozialismus wurde zum Tag der Versklavung durch den Kommunismus in der Tschechoslowakei.

Nun heißt das Buch von der Unmündigkeit *Simplex Deutsch*, weil auch Simplex im Kampf der Ideologien, in seinem Fall der verschiedenen christlichen Konfessionen, herumgestoßen und in den Krieg gezwungen wird. Auch er erkennt schließlich, daß es falsch ist, sich immer anzupassen, und daß er seine eigene Entscheidung treffen muß. Er verweigert sich der verkehrten Welt, indem er sich zunächst auf seinen Bauernhof zurückzieht, von wo aus er aber noch einmal in den Krieg gelockt wird, um sich schließlich als Einsiedler auf dem Mooskopf niederzulassen. Aber wie Volker Brauns sächsischer Simplicius wird er wieder rückfällig und zieht in die Welt. Erst auf seiner Kreuzinsel kann Simplex sich erfolgreich der Welt verweigern, weil sie weit entfernt ist, und nach seinen christlichen Vorstellungen leben. Brauns Figuren versuchen die Verweigerung, doch mit unterschiedlichem Erfolg. Sie erreichen nicht annähernd Simplex' Unabhängigkeit auf seiner Insel.

3.3.14. Harald Gerlach

Harald Gerlach wude 1940 in Bunzlau in Schlesien geboren, machte zunächst eine Schriftsetzerlehre, später eine Ausbildung zum Theatermeister. Von 1968 bis 1984 war er am Theater Erfurt tätig und arbeitet seither als freier Schriftsteller. Im Jahr 1984 veröffentlichte er den Gedichtband *Nachricht aus Grimmelshausen*. Im Vorwort findet man folgendes Grimmelshausenzitat ohne vollständige Quellenangabe:

> ob zwar
> die Wahrheit zu bekennen
> nicht ohn ist
>
> Johann Jakob Christoffel[217]

Das Gedicht „Nachricht aus Grimmelshausen", das dem Band seinen Titel gegeben hat, besteht aus zwei Strophen mit jeweils vier Versen in Kreuzreimen und wird hier wegen seiner Kürze vollständig wiedergegeben:

> Krumm buckelt vorm Wind, der ihn meidet,
> der Berg, bis zum Rand ausgebucht.
> Ein Kunde am Wegweiser schneidet
> als Zinken ein: Freiplatz gesucht.
>
> Es stehn die zum Schweigen Verführten
> am Mooskopf, zu Füßen das Land.
> Betrachten, die Grenzen berührten,
> die Linien in müder Hand.[218]

---

[217] Harald Gerlach: Nachricht aus Grimmelshausen. Gedichte, Berlin/Weimar 1984, S. 5.

[218] Ebd., S. 28.

Das Gedicht bezieht sich auf Simplex' Rückzug aus der Welt auf den Mooskopf. Es beklagt, daß der Berg inzwischen völlig ausgebucht ist, und Menschen auf Plätze warten. Dabei werden der Berg und das Buckeln vor dem Wind zu Metaphern für Weltflucht und Resignation ohne den im *Simplicissimus* gegebenen religiösen Hintergrund. In der zweiten Strophe erfährt der Leser, wie dieses Verhalten zu bewerten ist, denn die Menschen auf dem Mooskopf werden als zum Schweigen Verführte bezeichnet. Verführt wird man aber nur zu etwas, das man eigentlich nicht will oder nicht tun soll. Sie blicken aus der Ferne auf das Land, das die Welt repräsentiert, und blicken zurück auf ihr Leben, indem sie ihre müde Hand betrachten. Die Menschen sind müde vom Treiben der Welt, deshalb sehnen sie sich nach Ruhe und Frieden, wie einst Grimmelshausens Figur Simplex. Doch dieser Weg des Verstummens und der Vereinzelung ist falsch. So hat auch Grimmelshausen diesen Weg für sich abgelehnt und stattdessen einen Roman geschrieben, um „die Wahrheit zu bekennen".

Gerlach wehrt sich gegen die Resignation und das Verstummen der Menschen. Wer sich dem Wind, also den Schwierigkeiten des Lebens, nicht stellt, wird krumm und lebensuntüchtig. Auf dem windgeschützten Berg findet kein Leben statt, die Menschen stehen und schweigen und blicken zurück in die Vergangenheit, denn die Gegenwart hat keine Bedeutung. Und doch wünschen sich immer mehr Menschen einen Platz auf dem Berg, wollen vor den Problemen und der Verantwortung des Lebens fliehen. Davor warnt Gerlach in Anlehnung an Grimmelshausen und benutzt Simplex' Rückzug auf den Mooskopf als Metapher. Simplex ist hier wie in der *Continuatio* ein Negativbeispiel, denn sein Einsiedlerleben ist sinnlos, sobald er seine Andacht verloren hat. Er betrachtet die Welt mit seinem Fernrohr, läßt sich von den Bauern, die in der Nähe leben, aufs beste verpflegen. Es ist das verantwortungslose, angenehme Leben eines Parasiten, doch schließlich wird es ihm zu langweilig, und es zieht ihn wieder in die Welt. Die Klage über die

Verkehrtheit der Welt am Ende des fünften Buches interessiert Gerlach nicht, er schreibt nicht über die Welt und das Leben, er prangert die Flucht vor dem Leben an, die ihm als Massenphänomen erscheint. Das Gedicht macht jenen kleinen Auszug aus dem ersten Kapitel der *Continuatio*, Simplex' Einsiedelei auf dem Mooskopf, zur Metapher für ein modernes, kollektives Verhaltensphänomen.

Eine Reihe weiterer Gedichte in diesem Band beschäftigt sich mit Desillusionierung und Resignation. Gerlach verwendet den Namen Grimmelshausen im Gedicht- und Buchtitel als Ortsmetapher für die von ihm kritisierten Verhaltensweisen des Verstummens und der Selbsttäuschung, wie beispielsweise im "Szenar", sowie der Feigheit und Anpassung wie im Gedicht "Labyrinth". Gerlach liest die Szene aus Grimmelshausens Werk als Verstecken vor den Schwierigkeiten des Lebens, während in Wirklichkeit Grimmelshausens Figur aus religiösen Gründen die Einsamkeit sucht und nicht aus Lebensuntüchtigkeit. Für Gerlach ist „Grimmelshausen" überall da, wo sich die Menschen ohne Kampf mit ihrer Situation abfinden und diese vielleicht auch noch beschönigen, um besser damit leben zu können.

3.3.15. Gerhard Mensching

Gerhard Mensching veröffentlicht im Jahr 1989 den Sammelband *Die violetten Briefe* mit dem Untertitel „Drei kriminelle Novellen", von denen eine den Titel trägt: *Grimmelshausen und der Mörder von Soest.* In seiner Grimmelshausen- bzw. *Simplicissimus*-Adaption geht Mensching einen ungewöhnlichen Weg. Er läßt den Buchhändler Ellinghaus aus Soest auf der Frankfurter Buchmesse mit einem rothaarigen Mann in Knickerbockern zusammenstoßen, der sich als der Dichter Grimmelshausen vorstellt. Bei mehreren Tassen Kaffee erzählt der Mann, der eigentlich Pfeiffer heißt, dem Buchhändler, wie er sich bei der Lektüre des *Simplicissimus* allmählich bewußt geworden sei, daß er selbst die Geschichte vor drei Jahrhunderten geschrieben habe. Langsam sei die Erinnerung an sein früheres Leben zurückgekehrt. Ellinghaus glaubt ihm natürlich nicht, doch die Geschichte fasziniert ihn. Auf die Frage, ob es sich um Reinkarnation handle, antwortet Pfeiffer: „Es ist mir gleichgültig, wie man es nennt, wenn sich ein Mensch wiederfindet, aber es ist ein eigenartiges Erlebnis."[219] Pfeiffer erzählt in Kurzfassung seine Lebensgeschichte als Grimmelshausen.

Einige Rätsel aus dem Leben und Wirken des Barockdichters lösen sich in der Fiktion Menschings naturgemäß eher als in der literaturwissenschaftlichten Forschung, die einen Mangel an aufschlußreichen Dokumenten zu beklagen hat und häufig auf Spekulationen angewiesen ist.[220]

Pfeiffer weist auch auf die besondere Rolle seines damaligen Freundes Ulrich Bruder hin, der eigentlich das Vorbild für Simplex als Jäger von Soest gewesen sei, und den er als Ulrich Hertzbruder im Roman „aus Dankbarkeit und Liebe zur untadeligsten Person" gemacht habe. Ulrich habe ihn nämlich zum Schreiben ermutigt und ihm dabei den *Guzman de Alfarache* von Mateo Aleman als Vorbild nahegelegt, denn der Roman sollte „unterhaltsam sein und fürs Volk geeignet".[221] Die Episode dagegen, in der Simplex einen Schatz findet, gehe auf die Erzählung eines anderen Soldaten namens Lindorf zurück, der im Winterquartier in Soest mit Grimmelshausen den Schlafraum geteilt habe. Grimmelshausen habe ihn bei der Begutachtung seines Schatzes beobachtet, deshalb habe Lindorf gedroht, ihn umzubringen, wenn er jemand davon erzählen sollte. Grimmelshausen habe geschwiegen und stattdessen die Geschichte, die ihm Lindorf aufgetischt habe, im *Simplicissimus* verarbeitet.

---

[219] Gerhard Mensching: Grimmelshausen und der Mörder von Soest. In: Die violetten Briefe, Zürich 1989, S. 7-86, S. 11.

[220] Peter Heßelmann: *Grimmelshausen und der Mörder von Soest.* Eine Kriminalnovelle von Gerhard Mensching. In: Simpliciana XI (1989), S. 202.

[221] Grimmelshausen und der Mörder von Soest, S. 24.

Pfeiffer lädt den Buchhändler zum Essen in ein chinesisches Restaurant ein, weil er ihm eine Geschichte erzählen möchte, die er niemals aufgeschrieben und die sich ebenfalls in Soest zugetragen habe. Obwohl der Buchhändler eigentlich noch ein volles Programm auf der Buchmesse zu absolvieren hat, läßt er sich verlocken. Da Pfeiffer nur einen 500-Mark-Schein bei sich hat, muß Ellinghaus die Taxifahrt bezahlen. Pfeiffer verspeist mehrere Gerichte und erzählt dabei eine Mordgeschichte, die mit Lindorf und dem Schatzfund zusammenhängt.

Im Juli 1671 erhält Grimmelshausen eine Einladung zu einer Dichterlesung in Soest von dem Buchhändler Schucan, dem es gelungen war, sein anagrammatisch verschlüsseltes Pseudonym aufzulösen und den Dichter des *Simplicissimus* ausfindig zu machen. Ein Mijnheer van Veen, der als holländischer Kaufmann eine Niederlassung in Soest hat, finanziert ihm die Reise und bietet ihm 10.000 Reichstaler als Lohn an. Natürlich fühlt sich Grimmelshausen geschmeichelt, und die hohe Summe verlockt ihn erst recht. Auf einem Schiff des Kaufmanns reist er nach Soest und kann sich unterwegs als Weinkenner nützlich erweisen, als man in Bacharach eine Ladung Wein an Bord nehmen will, sich aber nicht über Qualität und Preis des Weines einigen kann. Grimmelshausen kostet und analysiert ihn:

> Wie ich schon sagte: ein ungewöhnlicher Wein. Da muß sich einer schon auskennen, um solch einen zu machen. Aber noch mehr muß einer sich auskennen, wenn er den wahren Kern dieses Weinchens herausschälen will aus seiner Verkleidung. Ich will dir sagen, was das hier in diesem Fasse ist: ein verzuckerter 70er, der künstlich alt gemacht wurde.[222]

Mensching spielt hier auf das Pillengleichnis aus der *Continuatio*[223] an, das wiederum eine Anleitung für die richtige Auslegung des

---

[222] Ebd., S. 48.

[223] Vgl. Simplicissimus, S. 472.

Simplicissimus und seiner allegorischen Bedeutungsebene ist.

In Soest angelangt, wird Grimmelshausen bei dem Buchhändler Schucan fürstlich untergebracht. Dieser handelt auch mit Reliquien, antiken Waffen und anderen Raritäten, wobei er häufig selbst Fälschungen herstellt und Expertisen dazu. Grimmelshausen kann aber niemals allein das Haus verlassen und wundert sich darüber. Nachts darf er sich unter den schönen Dienerinnen Schucans eine Bettgefährtin wählen und wird auch sonst in jeder Hinsicht verwöhnt. Seinen Mäzen trifft er allerdings nicht, da dieser angeblich verreist ist. Die Lesung findet in einem Haus außerhalb der Stadtmauern vor einem ausgewählten Publikum statt. Schucan wählt für ihn die Stellen aus, die er lesen soll. Als Einstieg dient die Episode vom Speckdiebstahl im zweiten Buch, dann liest er die Geschichte vom Schatzfund im dritten Buch und schließlich die Pariser Abenteuer des vierten Buchs, doch dabei verwandelt sich die Lesung in eine Orgie, da sich die Mägde unter die Gäste mischen und von ihnen langsam entkleidet werden:

> Als ich schließlich endete, klatschten die Herren mir Beifall auf den Hinterbacken der Mägde, und alsbald strebten sie alle hinaus und mit den Weibern die Treppe hinan, denn hübsch angeschwollen wie sie waren, wollte jeder sein Sach im Kämmerlein zum Abschluß bringen.[224]

Zum ersten Mal seit seiner Ankunft wird Grimmelshausen nun für einen kurzen Augenblick im Garten allein gelassen, da sich keiner der Gäste mehr für ihn interessiert. In diesem Moment wird er angegriffen, kann sich jedoch wehren, bis Schucan ihm zu Hilfe kommt. Der festgenommene Angreifer sagt schließlich aus, daß er von einem Herrn Pohlmann den Auftrag erhalten habe, Grimmelshausen umzubringen. In der Nacht kann der Attentäter allerdings fliehen. Grimmelshausen besteht darauf, mit Pohlmann zu sprechen, und geht am nächsten Tag zu ihm. Dieser erzählt ihm, daß er in van

---

[224] Grimmelshauen und der Mörder von Soest, S. 34.

Veen Lindorf erkannt habe, der damals im Winter 1636/37 Pohlmanns Tochter dazu gezwungen habe, ihm das Versteck des Schatzes zu verraten, und sie anschließend umgebracht habe. Doch niemand will ihm glauben, denn van Veen hat einflußreiche Freunde. Da Pohlmann jedoch nicht aufhört, ihn zu beschuldigen, will man ihm nun offensichtlich einen Mordversuch anlasten. Grimmelshausen erklärt sich bereit, bei den Behörden eine Gegenüberstellung mit van Veen zu fordern, doch als Pohlmann den Raum verläßt, wird er ermordet. Grimmelshausen wird als sein Mörder verhaftet, doch schon in der ersten Nacht vom Attentäter aus dem Gefängnis befreit und zu van Veen gebracht. Es handelt sich wirklich um Lindorf, der ihm nun den Mord gesteht. Er hatte Grimmelshausen unter seinem Pseudonym German Schleiffheim von Sulsfort anreisen lassen, damit die Bürger der Stadt ihn persönlich für den Jäger von Soest halten sollten, der zwar den Schatz gefunden hatte, aber mit dem Mord an Pohlmanns Tochter nichts zu tun hatte. Durch den vorgetäuschten Anschlag auf Grimmelshausens Leben hatte er beabsichtigt, Pohlmann endlich in ein Narrenhaus einsperren zu lassen, was ihm bisher nicht gelungen war. Weil Grimmelshausen aber mit Pohlmann gesprochen hatte, mußte dieser sterben. Grimmelshausen wird verschont und bekommt doppeltes Honorar, weil er sein Wort gehalten und über die Vorfälle geschwiegen hatte. Grimmelshausen kann das Geld aber in Renchen nicht ausgeben, da man sich fragen würde, wie er dazu gekommen sei. Er vergräbt es, als Ludwig XIV. im Jahr 1672 Süddeutschland angreift und Grimmelshausen wieder in den Krieg zieht. Er stirbt im Jahr 1676, bevor er das Vermögen wieder ausgraben kann.

Das Verbrechen hat noch einmal gesiegt. Lindorf kommt mit einem zweiten Mord davon und kann seinen gestohlenen Reichtum weiter genießen. Und Grimmelshausen hat ihm unwissentlich dabei geholfen. Die Geschichte ist ein Gegenentwuf zu dem Weltbild, das Grimmelshausen im *Simplicissimus* entwickelt. Bei Mensching gewinnt der Verbrecher dauerhaft, während sich Grimmelshausen so durchschlägt. Im *Simplicissimus* verliert Simplex den Schatz bald wieder, denn die Welt ist unbeständig, auf Glück folgt Unglück und umgekehrt. Menschings Grimmelshausen hat darüber eine Diskussion mit einem angeblichen Weinbauer Knörenschild bei einem Aufenthalt in Bonn während der Anreise. Knörenschild ist in Wirklichkeit Lindorf und möchte sich nur unauffällig den Dichter besehen. Sie unterhalten sich darüber, wie man reich wird. Grimmelshausen setzt auf Sparsamkeit, Knörenschild auf Krieg, Raub und Betrug. Am Ende erinnert Lindorf ihn an dieses Gespräch und meint: „Wollen mal sehn, wer Recht behält.“[225] Während des wenig später beginnenden Kriegs mit Frankreich stirbt Grimmelshausen, ohne daß er sein Vermögen hätte genießen können. Von einem mächtigen Mann und kaltblütigen Mörder wie Lindorf kann man wohl annehmen, daß er aus diesem neuen Krieg wieder Kapital schlagen kann.

Als Pfeiffer mit dem Essen und Erzählen fertig ist, denkt Ellinghaus nicht mehr an seine Geschäfte, sondern möchte lieber noch den Abend mit Pfeiffer verbringen, doch Pfeiffer kehrt nicht von der Toilette zurück und ist in dem Lokal völlig unbekannt, das doch sein bevorzugtes chinesisches Restaurant sein soll. Niemand hatte ihn fortgehen sehen. So bleibt Ellinghaus nichts anderes übrig, als die Rechnung zu bezahlen.

Mensching leistet zum einen durch Pfeiffer eine fiktive Rekonstruktion der Biographie und der Mentalität des Autors Grimmelshausens, die wenig mit der Figur Simplicissimus gemein hat, zum anderen projiziert er in Pfeiffer seine Vorstellung von Grimmelshausen in die Gegenwart. Laut Pfeiffer war Grimmelshausen kein Abenteurer, sondern durch den Einfluß des Großvaters ein Büchermensch geworden, der sich nie durch großen Mut oder besondere List ausgezeichnet habe. Sein Freund Ulrich und Lindorf hätten viel mehr als Vorlage für Simplex gedient als er selbst.

---

[225] Ebd., S. 83.

So läßt sich Grimmelshausen dann auch von Lindorf einfach wieder nach Hause schicken und versucht gar nicht erst, den Mörder zu überführen. Für Pfeiffer ist der *Simplicissimus* das vollkommenste Werk aus der Feder Grimmelshausens, obwohl er ihn gern noch einmal überarbeiten würde. Über Pfeiffer erfährt der Leser wenig. Er muß nicht arbeiten, da er über ausreichend Geldmittel verfügt. Er besucht die Buchmesse, obwohl er nur Sachbücher, keine Belletristik liest, und er schreibt auch nicht. Dafür aber erzählt er einem empfänglichen Menschen eine phantastische Geschichte. Durch simple Tricks übertölpelt er den Buchhändler und bringt ihn im Gegenzug für die Erzählung dazu, ihm Kaffee, Cognac, die Taxifahrt und ein mehr als üppiges Mittagessen zu bezahlen. In gewissem Sinne ist er also doch Autor und handelt mit Literatur für geringen Lohn. Nur ist er dabei ein Betrüger. Pfeiffer hat einiges von Grimmelshausen gelernt, nämlich wie leicht man die Menschen mit Geschichten verführen kann, auch wenn sie nicht an ihre Wahrheit glauben, wie leicht man die Menschen täuschen und betrügen kann, und so zeigt seine Geschichte wie auch sein Handeln, daß der „Wahn betreugt".[226] Pfeiffer ist eine simplicianische Figur, aber kein moderner Grimmelshausen. Er bringt den Literaturbetrieb durcheinander, indem er, vielleicht absichtlich, Ellinghaus anrempelt und dabei seine Prospekte verliert. Die beiden sammeln auf, was sie im Gewühl finden können, und verursachen dadurch kein geringes Chaos:

Auch der Rote senkte sich nun in die Hocke, und so bildeten sie für einige Augenblicke eine Insel im Strom der flutenden Beine, die nun genötigt waren, ihnen auszuweichen. Sie hatten fast alles wieder aufgelesen und wollten sich gerade wieder erheben, als eine Woge japanischer Messebesucher, die herdenhaft einem Anführer nachrauschte, sich über ihnen brach, so daß sie beide wieder hinabgerissen wurden, wobei sie unfreiwillig einen allgemeinen Strudel erzeugten, der für einiges

---

[226] Vogelnest, S. 72.

Aufsehen an den nächstgelegenen Ständen sorgte. Es kam zu einer Stockung und Stauung des Verkehrs, denn dem Niedertorkeln folgte ein Aufrappeln und diesem ein vielfaches Bücken und Tauchen nach Verlorenem, und es dauerte ein Weilchen, ehe sich die Ordnung wieder hergestellt hatte und der Strom, nun wesentlich dichter, wieder zu fließen begann.[227]

Die Buchmesse und mit ihr der gesamte Literaturbetrieb ist zu einer Maschinerie, einem Massenbetrieb geworden, in welchem für eine gute Geschichte kaum noch Platz ist. Bis zum Ende widerstrebt es Ellinghaus, Pfeiffer zuzuhören, weil er doch eigentlich auf der Messe sein müßte, von der er noch kaum etwas gesehen hat. Er verdächtigt Pfeiffer, mit seiner Geschichte einen Verleger finden zu wollen, doch auf das nächstliegende, den simplen Betrug, kommt er nicht. Pfeiffer verkauft dem Buchhändler eine Geschichte, und dieser genießt sie, nur darauf sollte es im Grunde in der Literatur ankommen, und dabei erteilt Pfeiffer Ellinghaus auch noch eine Lektion fürs Leben.

Grimmelshausen wird hier nicht als der religiöse Moralist wiedererweckt, sondern als der Autor einer unterhaltsamen Geschichte, die aus dem Leben gegriffen, wenn auch nicht autobiographisch ist. Indem Pfeiffer sich seinen berühmten Namen ausleihen muß, um Interesse zu wecken, demonstriert er, daß es heute vor allem auf große Namen im Literaturbetrieb ankommt und weniger auf gute Geschichten. Zu Grimmelshausens Zeiten dagegen versteckte man seine Identität noch hinter Pseudonymen und Anagrammen, und die Geschichte stand im Vordergrund.

---

[227] Grimmelshausen und der Mörder von Soest, S. 9.

4. Auswertung

Auf Grundlage der vorangegangenen Einzelanalysen lassen sich nun Verbindungen und Traditionslinien in der produktiven Grimmelshausen-Rezeption aufzeigen. Die gewichtigsten Themenbereiche, die sich über mehr als 300 Jahre hinweg verfolgen lassen, sind Krieg und Frieden, Narrheit, Selbst- und Welterkenntnis. Zu den am häufigsten verwendeten Motiven gehören Einsiedelei, verkehrte Welt, die Jupiter-Episode, Märchenmotive, Simplex und sein Schöpfer als Figuren in späterer Dichtung. Im folgenden wird die Entwicklung der verschiedenen Traditionslinien nachgezeichnet.

4.1. Krieg

In Barock und Frühaufklärung steht das Thema Krieg im *Französischen Kriegs-Simplicissimus* und im *Simplicissimus Redivivus* im Vordergund. In beiden Romanen tragen die Hauptfiguren den Namen Simplicissimus – zu unrecht. Der Lebenslauf des französischen Simplicissimus weist zwar Parallelen zu Grimmelshausens Figur auf, aber es handelt sich hier um eine Vermarktungsstrategie. In erster Linie wird der Französisch-niederländische Krieg in seinen politischen, wirtschaftlichen und finanziellen Voraussetzungen analysiert und aus der Perspektive einfacher Soldaten beschrieben. Schielen schreibt eine Kriegschronik, die durch einen simplicianischen Erzähler aufgelockert werden soll, und damit sieht er sich in der Tradition des *Simplicissimus* und läßt seinen Erzähler dem Grimmelshausens verwandt sein. Der unbekannte Verfasser des *Simplicissimus Redivivus* läßt Simplex wieder auferstehen, um über einen neuen Krieg, den Österreichischen Erbfolgekrieg und die Besetzung Prags zu berichten. Hier wird allerdings keine Kriegschronik mehr geleistet, sondern eine unverhohlene Schmähschrift auf die französischen Aggressoren verfaßt. Der Name Simplex dient Werbezwecken und läßt sich kaum durch die Handlung rechtfertigen.

In Daniel Speers *Ungarischem oder Dacianischem Simplicissimus* spielt der Befreiungskrieg gegen die Türken eine untergeordnete

Rolle, allerdings kommt es bei diesem Thema zur stärksten inhaltlichen Annäherung an Grimmelshausens Werk. Nach kläglichen Anfängen erweist sich der ungarische Simplex als tapferer Soldat, macht gute Beute, wird eitel und schafft sich viele Neider. Schließlich wird auch er gefangengenommen und verliert dadurch sein Vermögen.

Krieg ist in Schnabels *Wunderlichen FATA* der vielfach gesteigerte Ausdruck der verkehrten, sündhaften Welt, vor der Cyrillo und nach ihm Albert und seine Nachkommen sich schützen wollen. Selbst auf der Insel Felsenburg sind die Menschen nicht vor Angriffen sicher, doch ist dieses irdische Paradies so gestaltet, daß die Verteidigung der kleinen, frommen Gemeinde keine Schwierigkeiten bereitet. Die Felsenburger haben den Krieg mit allen menschlichen Lastern aus ihrer Welt ausgeschlossen.

In der Romantik wird Grimmelshausens Werk im Zusammenhang mit Napoleons Eroberungsfeldzügen und den Befreiungskriegen wieder interessant. Tiecks *Tagebuch* beschäftigt sich mit der menschlichen Aggression im allgemeinen als Zeichen von Narrheit und einer verkehrten Welt. In Arnims *Wintergarten* wird im Rekurs auf Grimmelshausens und Moscherosch' Darstellung des Dreißigjährigen Krieges ein abschreckendes Bild vom Krieg gezeichnet. Der Erzähler ist Veteran und Invalide, der die Verklärung des Krieges in der Kunst nicht ertragen kann, denn der Krieg bedroht die menschliche Gesellschaft und die Freiheit der Kunst. Die Gefährdung der Poesie durch den Krieg ist auch in Brentanos *Märchen vom Schulmeister Klopfstock und seinen fünf Söhnen* gegenwärtig. Die Entführung der Prinzessin von Glockotonia ist zwar für Trilltrall und seine Brüder eine Möglichkeit zur Bewährung und der Weg zum Glück, doch gefährdet der Krieg mit dem Nachtwächterkönig die Poesie, die durch die Prinzessin personifiziert wird.

Im von zwei Weltkriegen erschütterten 20. Jahrhundert kann es nicht verwundern, daß der *Simplicissimus* und die *Courasche* als Kriegsbücher rezipiert werden und Einfluß auf die deutsche Literatur nehmen. In der Satirezeitschrift *Simplicissimus* tritt Simplex in mehreren graphischen Darstellungen als der Kriegsveteran des Dreißigjährigen Krieges auf, der auf das verwüstete Land blickt. Einmal staunt er erschüttert, aber spottend über die Zerstörungskraft der modernen Kriegsmaschinerie, ein anderes Mal wird er mit dem deutschen Volk identifiziert, das durch den Ersten Weltkrieg Elend und Zerstörung erfahren hat. Eine einzigartige, völlig konträre Einstellung zum Krieg findet man bei Stadler, der Simplicius den Krieg als aufregendes Abenteuer und Dienst an Gott darstellen läßt. Filek gestaltet die Zeit nach dem Westfälischen Frieden als Spiegelbild der Schreibgegenwart. Seine Hauptfigur Melander ist vom Krieg völlig verroht und weiß nicht recht mit dem Frieden umzugehen. Nur langsam findet er zu sich selbst zurück, lernt wieder Menschlichkeit, Verantwortung und Liebe. In der Arbeit für den Wiederaufbau des Landes findet er Erfüllung. Ludwig Renn beschreibt die Erlebnisse eines einfachen Soldaten im Ersten Weltkrieg, die Ohnmacht, das fehlende Verständnis für die Militäraktionen, das sinnlose Sterben um ihn herum. Er verliert in diesem Krieg jeden Glauben, nur die Vaterlandsliebe treibt ihn in seiner unbeirrbaren Pflichterfüllung an. Renns Reaktion auf die *Simplicissimus*-Lektüre zeigt, daß sich nicht viel geändert hat seit dem Dreißigjährigen Krieg. Simplex' Kriegserlebnisse sind für ihn aktuell.

In der Erzählung *Zum silbernen Stern* finden sich zwei nicht zu vereinbarende Bewertungen des Krieges. Einerseits wird die Romanfigur Grimmelshausen von bösen Erinnerungen an den Dreißigjährigen Krieg verfolgt, so daß er sie nur schreibend bewältigen kann, andererseits sehnt er sich gegen Ende des Werkes danach, am sich abzeichnenden Krieg gegen Frankreich teilzunehmen. Hermann Eris Busse mißbraucht Grimmelshausen und den *Simplicissimus*, um für den Zweiten Weltkrieg zu werben. In Bechers Drama *Winterschlacht* werden die Grausamkeit und menschenverachtende

Ideologie des nationalsozialistischen Regimes und gleichzeitig der Konflikt der vaterlandsliebenden Regimegegner vorgeführt. Die Niederlage des Dritten Reiches gegen Rußland wird als Deutschlands Befreiung durch den und zum Kommunismus gefeiert. Der Krieg wird dabei als falsch und ungerecht beurteilt, gerade weil er sich auch gegen das menschlichere Rußland richtet. In seinem Gedicht *Grimmelshausen* gestaltet Becher die Kontinuität der deutschen Geschichte von den Bauernaufständen im 16. Jahrhundert über den Dreißigjährigen Krieg bis in die Gegenwart des Zweiten Weltkrieges. In allen Kriegen ist die eigentliche Motivation immer der Gewinn, der materielle und der Machtgewinn. Aus Grimmelshausens Werk schöpft der Erzähler Kraft für die eigene schriftstellerische Bewältigung des Krieges und das Wissen über die Vergangenheit des Dreißigjährigen Krieges. Ganz ähnlich ist auch Brechts Umgang mit dem *Courasche*-Roman von Grimmelhausen zu verstehen. Er dient ihm einerseits – wie auch der *Simplicissimus* – als historische Quelle, andererseits vertritt er in *Mutter Courage* die gleiche Auffassung wie Becher, daß Kriege immer nur um den Profit geführt werden. Er zeigt dabei, wie auch die einfachen Leute mitverdienen wollen, aber doch nur verlieren können. Mutter Courage läßt sich auf den Krieg ein und verliert ihre Kinder.

In *Simplicius 45* geht es nicht um soziale Analysen, sondern um die psychische Verfassung eines Jungen, der im Dritten Reich aufwächst und mit nationalsozialistischen Ideologien indoktriniert wird. Der Krieg ist für ihn ein großes Abenteuer, die Judenverfolgung ein Spaß. Es ist die Naivität des jungen Simplex auf dem Bauernhof seines Knans. Die Hitlerverehrung des modernen Simplex nimmt beinah religiöse Dimension an und reicht über den Zusammenbruch des Dritten Reiches hinaus. Nur langsam lernt er danach die wirkliche Welt kennen und lernt aus eigener Erfahrung, daß Juden und Farbige ganz normale Menschen sind. Es ist ein schwieriger Prozeß der Selbst- und Welterkenntnis, der am Ende des Romans noch nicht abgeschlossen ist. *Simplicius 45* ist kein Antikriegsbuch, sondern die Beschreibung des Zweiten Weltkrieges aus der eingeschränkten Perspektive eines noch nicht wehrtüchtigen Jungen, wobei es viel mehr um die psychologische Gestaltung der Auswirkungen der Nazi-Ideologie geht als um das eigentliche Kriegsgeschehen.

Auch Grass stellt die Analogie her zwischen Dreißigjährigem Krieg und Zweitem Weltkrieg, um zu zeigen, daß sich in den 300 Jahren, die dazwischen liegen, nichts verändert hat. Volker Braun setzt die Kriege der deutschen Vergangenheit über den Titel *Simplex Deutsch* zueinander in Beziehung. Er sieht allerdings nicht die Profitgier als Motivation, sondern die Machtkämpfe verschiedener Ideologien, die allesamt den Menschen unterdrücken. Einen dauerhaften Kriegsgewinnler läßt Mensching in seiner Novelle *Grimmelshausen und der Mörder von Soest* auftreten. Lindorf bringt ein junges Mädchen um, um einen Schatz zu stehlen. Damit baut er sich ein erfolgreiches Geschäft auf, mordet weiter, wenn notwendig, und freut sich schon auf die Profite aus dem nächsten Krieg. Ganz anders als im *Simplicissimus* bleibt hier dem Mörder das Glück dauerhaft wohlgesonnen.

4.2. Religion und Einsiedelei

Grimmelshausens simplicianisches Werk ist eine Darstellung der Unbeständigkeit menschlichen Verhaltens angesichts religiöser Gewissheiten, die in vergleichbarer Intensität bei keinem seiner Nachfolger zu finden ist. In einer lasterhaften, von Krieg und Habgier geprägten Welt sucht Simplex nach einem Weg, das Leben auf Erden so zu bewältigen, daß es mit einem Leben nach dem Tod belohnt wird. Im *Frantzösischen Kriegs-Simplicissimus* werden zwar die Laster getadelt und besonders auch Kritik an der römisch-katholischen Kirche geübt, aber mit Simplex' Hinwendung zu Gott und seiner Reue über begangene Sünden scheint für Schielen auch die Versuchung zu weiteren Sünden vorüber zu sein. Auch in Speers Haspel-Hannß führt religiöse Einsicht zur Umkehr der simplicianischen Figur und zur Beständigkeit im Glauben, die ihr einmal das ewige Heil sichern wird.

Nur bei Johann Beer, der sich in vieler Hinsicht von Grimmelshausen anregen ließ, findet man einen ähnlichen Konflikt zwischen menschlichem Verhalten und religiöser Überzeugung. Beers Jan Rebhu verstrickt sich wie Simplex immer wieder in Sünde, bereut und versucht sich zu bessern. Dazu begibt er sich zweimal in die Einsiedelei, um so fern den Verlockungen der Welt gottesfürchtig zu leben. Am Ende jedoch führt er mit seiner Frau ein freudenreiches, aber gemäßigtes Leben auf dem Gut, das er von seiner Schwiegermutter geerbt hat. Anders in den *Winternächten* oder *Sommertägen*, wo zwar das Einsiedlerleben auch kritisch betrachtet wird, aber dennoch am Ende beider Romane jeweils eine der Hauptfiguren ein frommes und bescheidenes Leben in der Einsamkeit des Waldes beginnt. Auch der Bruder Blau-Mantel begibt sich nach einem ereignisreichen Leben mit seinem Freund in die Einsiedelei, um fern der lasterhaften Welt seinem Glauben gemäß zu leben. Der Insel-Ermit im *Verkehrten Staatsmann* denkt gar nicht daran, mit den Seeleuten, die auf seine Insel kommen, nach Europa zurückzukehren, denn er kann sich kein besseres Leben wünschen.

Printz' verfolgt in seinem *Güldenen Hund* dieselbe Methode wie Grimmelshausen im *Wunderbarlichen Vogelnest*. Der Mensch in Hundegestalt beobachtet unauffällig die Laster der Menschen und kommt dadurch zu einer tieferen religösen Einsicht. Nachdem er sich von dem Zauber befreit hat, beginnt er ein besseres Leben fern seiner Heimat. Dieselbe Wirkung soll das Werk auch auf den Leser ausüben, der Zeuge der Lasterrevue wird. Schnabels religiöse Figuren haben andere Probleme mit der lasterhaften Welt. Sie geraten kaum in Versuchung, sondern leiden unter der Verdorbenheit der menschlichen Gesellschaft. Sie wählen die Inseleinsiedelei nicht, um den Verlockungen des Teufels zu entkommen, sondern den Nachstellungen ihrer Feinde. Auf Felsenburg können sie endlich ihren

Glauben in der Gemeinschaft Gleichgesinnter leben. Daß Schnabel dennoch aus dem *Simplicissimus* Ideen geschöpft hat, zeigen die Parallelen im Lebenslauf Cyrillos mit dem Lebenslauf Simplex' sowie die Analogien in der Beschreibung der Insel.

Außer bei Eichendorff finden sich in der romantischen Rezeption Grimmelshausens kaum noch religiöse Elemente. Allerdings spielt das Einsiedler-Motiv in mehreren Werken eine bedeutende Rolle. Im *Prinz Zerbino* stellt das Waldleben des Einsiedlers, der das Nachtigallenlied aus dem *Simplicissimus* singt, und der beiden Liebespaare eine Gegenwelt zur chaotischen, von der Aufklärung gespaltenen Gesellschaft am Hofe Gottliebs dar. In Brentanos *Märchen vom Schulmeister Klopfstock und seinen fünf Söhnen* ist im Einsiedlermotiv Religion durch die Vogelsprache ersetzt, welche die Poesie symbolisiert. Trilltrall kehrt dann auch nach dem Tod des Holzapfelklausners mit der Prinzessin zurück in die Waldeinsamkeit, um dessen Werk fortzuführen. Chamissos Peter Schlemihl dagegen betreibt in seinem eremitischen Leben Naturforschung, um so der Gesellschaft zu nützen, die er zuvor durch den Besitz des Glückssäckels betrogen hatte. In *Peter Schlemihl* ist Religion durch bürgerliche Moral ersetzt, allerdings basiert diese auf christlichen Wertvorstellungen.

Eichendorffs Einsiedler sind wiederum tief religiöse Menschen, die allerdings viel mehr die Gefährdung des Glaubens in nachaufklärerischer Zeit bewegt als die Frage nach der richtigen Lebensweise auf Erden. Friedrich und Leontin wählen einmal das Kloster und einmal das ferne Amerika, um ihren Glauben zu leben. In *Dichter und ihre Gesellen* geht der außerordentliche Dichter Victor, nachdem er in der Einsiedelei seinen Glauben gestärkt hat, als Missionar in die Welt, um den Menschen den christlichen Glauben zurückzubringen oder ihn zu stärken. Die Erzählung *Eine Meerfahrt* lehnt sich wieder stärker an das eindeutige Vorbild Simplex' auf der Kreuzinsel an. Eichendorff läßt Don Diego auf seiner einsamen Insel ebenfalls mehrere Kreuze errichten und Gärten anlegen.

Er gibt ihm ein ähnliches Aussehen und läßt ihn seine Lebensgeschichte erzählen. Wie Simplex gerät er zunächst unfreiwillig auf die Insel, doch dann will auch Don Diego nicht mehr nach Europa zurückkehren. Dem Spanier geht es allerdings nicht darum, endlich frei von Versuchungen zur Sünde zu leben, sondern um seine Ruhe und seinen Seelenfrieden. Er hat mit seinem irdischen Leben abgeschlossen und setzt seine Hoffnungen auf den Tod. Die Abgeschiedenheit seiner Insel ist der angenehmste Ort, um sein Lebensende zu erwarten.

In den untersuchten Werken des 20. Jahrhundert spielt das Thema Religion nur noch eine untergeordnete Rolle. Interessant sind hier vor allem jene Werke, die Grimmelshausen oder Simplex als Figuren auftreten lassen. Bei Stadler beispielsweise findet eine extreme Transformation von Simplex' christlichen Vorstellungen statt. Simplicius versteht sein Soldatenleben als Dienst an Gott und ist sich seines ewigen Seelenheils gewiß. Bei Filek ist Grimmelshausen nicht an Religion interessiert, bzw. zeigt sich dezidiert antichristlich eingestellt. Sehr viel werkgetreuer stellt Hermann Eris Busse Grimmelshausen als frommen, moralischen Mann dar, der den *Simplicissimus* schreibt, um seine sündhafte Vergangenheit zu bewältigen und die Leser vom Bösen abzuschrecken. Brecht entlarvt in seiner *Mutter Courage* den Religionsstreit als Vorwand für einen Krieg, der nur aus Gewinnstreben geführt wird. Brecht ersetzt den Einfluß des Teufels durch die Habgier des Menschen.

Nur in zwei Romanen, die im 20. Jahrhundert handeln, spielt der Glaube eine Rolle. Ludwig Renn verliert im Ersten Weltkrieg seinen Glauben, nicht nur an Gott, sondern auch an die Menschen und an alles, was bisher in seinem Leben Verbindlichkeit besessen hatte. Er sucht in philosophischen Büchern nach einer neuen Orientierung, findet aber keine. Küpper wiederum zeigt durch die Religiosität seines Simplicius dessen Naivität und erzielt groteske Kontraste, indem er ihn zu Gott beten und um Schutz für seine Familie und Adolf Hitler bitten läßt. Niemals tritt sein christlicher Glaube in Konflikt mit seinen nationalsozialistischen Überzeugungen. Im Gegensatz dazu bewirkt der Glaube bei seinem Freund Andreas und dessen Schwester eine Ablehnung des Nationalsozialismus. Sie helfen den Verfolgten und den Kriegsgefangenen, nehmen an verbotenen Treffen teil und versuchen, in düsteren Zeiten die Menschlichkeit zu bewahren.

Das Motiv der Einsiedelei tritt außer bei Stadler nur unabhängig von religiösen Motiven auf. Kayßlers Simplicius lebt in paradiesischer Unwissenheit im Wald, doch als er von seiner Seele erfährt, die ihm die Fähigkeit zur Liebe, zur Phantasie und zur Sehnsucht verleiht, zieht er in die Welt. Die Seele ist nicht mehr der Teil des Menschen, den es über den Tod hinaus zu retten gilt, indem man sich auf dem Prüfstein Erde bewährt. Sie bewirkt vielmehr, daß sich Simplicius nach mehr sehnt, als er auf Erden finden kann, und schließlich seine Seele durch Selbstmord aus diesem Dasein erlöst. In *Nachricht aus Grimmelshausen* erklärt Gerlach Simplex' Flucht aus der Welt auf den Mooskopf zu einem Massenphänomen in moderner Zeit. Anders als im *Simplicissimus* bedeutet hier die Einsiedelei nicht religöse Einkehr und Frömmigkeit, sondern Resignation vor den Schwierigkeiten des Lebens und ein Verstummen, obwohl doch vieles gesagt werden müßte.

4.3. Grimmelshausen und Simplicissimus

In barocken Werken finden wir einige simplicianische Figuren, einen französischen und einen ungarischen sowie einen wiederauferstandenen Simplex. In der Romantik dagegen gibt es nur einen sehr farblosen Simplicissimus in der Novelle von Hermann Kurz. Eine Vielzahl von Simplex- und Grimmelshausenfiguren treten dagegen im 20. Jahrhundert auf, wobei häufig Autor und Figur identifiziert werden, eine Auffassung, die auch in der Germanistik in der ersten Hälfte des Jahrhunderts verbreitet war.[1]

---

[1] So zum Beispiel bei Arthur Bechtold: Johann Jacob Christoph v. Grim-

Zunächst wurde im Anschluß an Grimmelshausens Erfolgsroman das Etikett simplicianisch oder der Name Simplicissimus im Titel von Barockromanen verwendet, um den Lesern des *Simplicissimus* zu signalisieren, daß es sich um inhaltlich verwandte Werke handle, was selten angemessen war. Im *Frantzösischen Kriegs-Simplicissimus* findet man nach einem der Tradition des Schelmenromans entsprechenden Lebenslauf eine plumpe Mischung von Kriegsberichten und Schelmenstücken. Auch Daniel Speer nennt seinen Erzähler Simplex, weil er in seine Reiseberichte auch gelegentlich einige Streiche integriert. Um einen Namensmißbrauch handelt es sich eindeutig beim *Simplicissimus Redivivus*, der kaum noch und dann nur geringfügige Gemeinsamkeiten mit dem *Simplicissimus* aufweist.

Bescheidener geben sich die Romane, die im Titel das Adjektiv simplicianisch verwenden, und stehen doch dem *Simplicissimus* näher als die oben genannten. Speers *Simplicianischer Haspel-Hannß* profitiert stark vom *Simplicissimus* und erzählt doch eine neue, eigenständige Geschichte. Mit dem *Simplicissimus* verbindet das Werk nicht nur die Episodenstruktur, die auf das Modell des Schlemenromans zurückgeht. Als Junge spielt Hannß den Einfältigen, um seinen Vetter zu entlarven, er spielt Streiche und ist sehr einfallsreich, wenn es darum geht, Geld, Essen oder Unterkunft aufzutreiben. Und schließlich wird in diesem Werk das Leben der Studenten an den Universitäten als lasterhaft und verkehrt dargestellt. Johann Beers *Simplicianischer Welt-Kucker* steht in noch engerer Verbindung zum *Simplicissimus*. Beer übernimmt viele Motive aus dem *Simplicissimus*, ahmt Grimmelshausens Schreibweise nach, auch wenn er mehr Gewicht auf die Unterhaltung des Lesers legt als auf dessen Belehrung. Vor allem aber beschäftigen ihn ähnliche Themen und Probleme wie Grimmelshausen. Viele wei-

---

melshausen und seine Zeit. Heidelberg 1914; Gustav Könnecke: Quellen und Forschungen zur Lebensgeschichte Grimmelshausens, hrsg. v. Jan Hendrik Scholte, 2 Bde., Weimar 1926/28.

tere Werke Beers sind teilweise vom *Simplicissimus* abhängig, doch kein anderes bezieht sich im Titel direkt auf das Vorbild.

In der Literatur des 20. Jahrhunderts findet man wieder interessante, Varianten des Simplicissimus, und auch Grimmelshausen tritt nun als Figur auf. Den Anfang nimmt diese neue Tradition mit der Zeitschrift *Simplicissimus*, die sowohl die Figur als auch ihren Schöpfer Kritik an der modernen Gesellschaft üben läßt. Dabei tritt Simplex gewöhnlich als weiser Narr oder Kriegsveteran auf und Grimmelshausen als Satiriker, der die Menschen in ihrer Scheinheiligkeit durchschaut und entlarvt. In Kayßlers *Simplicius*-Drama wird der einfältige Junge zum Sinnsucher, der in die Welt zieht, um Liebe zu finden, und dadurch sich selbst und die Welt kennenlernt, aber dennoch keinen Halt in dieser Welt findet. Ohne Glauben und Hoffnung kann er auch im Wald, weit weg von menschlicher Gesellschaft, keine Zufriedenheit finden und beendet sein Leben freiwillig. Stadlers Interpretation der Simplicissimus-Figur nimmt einige wenige Elemente aus dem Originaltext und stellt sie in völlig andere Deutungszusammenhänge.

In dem Roman *Krieg* wird die Hauptfigur Renn mit Simplex verglichen, aber darüber hinaus wird vor allem die Aktualität des *Simplicissimus* für die Zeit des Ersten Weltkrieges festgestellt. In Bechers Gedicht *Grimmelshausen* wird Simplex' Geschichte stark gerafft nacherzählt. Becher geht es darum, den Dichter in seinem Werk zu erkennen, aus seinem Werk Kraft für die eigene Arbeit zu schöpfen und die deutsche Geschichte von den Bauernaufständen im 16. Jahrhundert bis in die Gegenwart des Zweiten Weltkriegs in einen Zusammenhang zu stellen.

Bei Küpper finden wir wieder eine Simplicius-Figur, die mit ähnlichen Voraussetzungen wie Simplex als naiver Junge den Zweiten Weltkrieg erlebt. Auch der Simplicius im Dritten Reich ist eine exemplarische Figur, an der nun nicht mehr die Anfälligkeit des Menschen für die Sünde demonstriert wird, sondern die Verführbarkeit durch menschenverachtende Ideologien, die perfekte Indoktrinierung eines Kindes, das dem nichts entgegenzusetzen hat. In Volker Brauns *Simplex Deutsch* wird Simplex zur Metapher für die Unterdrückung des unmündigen Menschen, die im besten Fall zur Verweigerung und zum Ausbruchsversuch führt. So lange die Massen sich jedoch Ideologien verschreiben, kann Freiheit nur in der Isolation erlebt werden. Für Harald Gerlach dient Simplex auf dem Mooskopf als Negativ-Beispiel für Resignation und Lebensuntüchtigkeit. Er übt damit Kritik an der Haltung vieler DDR-Bürger, die sich dem Druck der kommunistischen Diktatur beugen, sie tolerieren und damit sich selbst um ein wahres Leben bringen.

Die modernen Simplex-Figuren könnten kaum unterschiedlicher angelegt und funktionalisiert worden sein. Mit Grimmelshausens Simplex haben sie oft nur Teilaspekte gemein. Ähnliche Veränderungen erlebt auch die Figur der Courage im 20. Jahrhundert. Mehring läßt Johanna ähnliches erleben wie die Courage; sie dient ihm als Modell, aber in der Erzählung kommt es ihm vor allem auf die Unterschiede zwischen den beiden Frauen an. Bert Brecht stattet seine Mutter Courage nur mit wenigen Zügen der Libuschka aus: sie ist Marketenderin und versucht so, aus dem Krieg Gewinn zu ziehen. Sie lebt ihre Sexualität frei aus, bekommt aber im Gegensatz zum Vorbild drei Kinder, die sie alle an den Krieg verliert. Wesentlich enger an das Original von Grimmelshausen hält sich Günter Grass, der Libuschka zur Wirtin des Brückenhofes macht und in Haßliebe mit Gelnhausen verbindet.

Auch Grimmelshausen selbst wird in diesem Jahrhundert zum Gegenstand von Literatur, wobei er häufig seiner Romanfigur Simplex nachgestaltet wird. Egid Fileks Grimmelshausenfigur ist ein Schelm und Abenteurer, unverschämt und opportunistisch. Im *Simplicissimus* fiktionalisiert er die Wirklichkeit und bezeichnet seine Kunst selbst als Lügen. Grimmelshausen hat kein Interesse an Gott und glaubt stattdessen an die eigene Kraft. Filek gestaltet ihn zum Vorbild an Stärke und Selbstsicherheit für Melander und das deutsche Volk, das gerade den Ersten Weltkrieg überstanden hat. Die Erzählung *Zum silbernen Stern* versucht die Rekonstruktion der Persönlichkeit Grimmelshausens mittels dokumentierter Informationen über sein Leben, einer gelungenen Interpretation seines Werkes und fiktiver Details und Episoden. Hermann Eris Busse entwirft das Psychogramm eines Schriftstellers, der hin- und hergerissen ist zwischen den Anforderungen des täglichen Lebens und der Leidenschaft zu schreiben. Auch dieser Grimmelshausen verwertet Erlebtes, Erfundenes und Geträumtes in seiner Arbeit. Leider schlägt dieser Versuch einer Annäherung an Werk und Autor in Kriegspropaganda um, die im völligen Gegensatz zu Grimmelshausens Werk steht.

Günter Grass zeigt durch den Namen Gelnhausen an, daß er nicht den Anspruch erhebt, den realen Grimmelshausen nachzugestalten, denn er verleiht seiner Figur Eigenschaften des Simplex und läßt ihn ähnliches erleben. Er hat den Überfall auf den Bauernhof seiner Eltern mit knapper Not überlebt, indem er in den Wald geflüchtet ist. Er war der Jäger von Soest und der Geliebte der Courage. Andererseits ist Gelnhausen wie der echte Grimmelshausen Regimentsschreiber und der künftige Verfasser des *Simplicissimus* und der *Courage*. Gelnhausen schöpft für seine Kunst aus dem wahren Leben, aber seine eigentliche Stärke sind seine plausiblen Lügengeschichten. Die jüngste Grimmelshausenfigur in Menschings Novelle *Grimmelshausen und der Mörder von Soest* unterscheidet sich von seinen Vorgängern vor allem dadurch, daß sie kaum Ähnlichkeit mit Simplex aufweist. Grimmelshausen ist kein Abenteurer und Soldat, sondern vielmehr ein Bücherliebhaber. Entsprechungen existieren allerdings auch hier. Grimmelshausens Reinkarnation Pfeiffer ist nun wiederum ein Meister der Lügengeschichten und des Betrügens. Mit seinen Geschichten bringt er dem Verleger aus Soest vor allem eine Lektion bei: Der Wahn betrügt!

4.4. Narrentum und Satire

Das Narrenmotiv findet unter den frühen Nachahmern außer im *Simplicianischen Haspel-Hannß* nur bei Johann Beer Aufnahme, allerdings hier immer gleich in gesteigerter Form. Im *Jucundus Jucundissimus* treten insgesamt sechs Narren auf, von denen fünf Studenten sind, die sich überstudiert haben, der sechste erinnert mehr an den Narren Jupiter aus dem *Simplicissimus*, denn er hält sich für einen Prinzen. Im *Narren-Spital* zeichnet Beer zunächst den faulen Lorenz als Narren und konfrontiert ihn und eine kleine adlige Gesellschaft mit den Insassen eines Narren-Spitals. Dieser Besuch sollte der Belustigung dienen, allerdings erkennen die Voyeure in den Geisteskranken ihre eigenen Laster und Fehler in gesteigerter Form wieder. Auch Herr Lorenz erkennt nun seine Torheit und verspricht Besserung, doch fällt er bald wieder in seine alten Gewohnheiten zurück. Beer benutzt seine Narrenrevuen, um die Verkehrtheit und Lasterhaftigkeit der Welt auf humorvolle Weise zu demonstrieren. Speers Haspel-Hannß kommt als einfältiger Junge zu seinem Vetter, der sich von Haspelinsky nennt. Er lernt schnell, den falschen Schein, mit dem sich sein Vetter umgibt, zu durchschauen und stellt ihn bloß, indem er den Narren spielt.

Interessant wird die Verwendung des Narrenmotivs in der Romantik. Tiecks Erzählung *Ein Tagebuch* macht die Torheit der Menschen zum zentralen Thema. Die Schwierigkeit, andere Narren und die eigene Narrheit zu erkennen, beschäftigt den Tagebuchschreiber während seiner gesamten Ausführungen. Damit verbunden sind seine Reflexionen über die Wirkung von Satire, die am Beispiel der Diskussion mit dem Reformer demonstriert wird. Der Tagebuchschreiber sieht in ihm den Narren Jupiter aus dem *Simplicissimus* gespiegelt, doch als er dem Reformer die Episode vorliest, erkennen zwar die anderen Zuhörer die Verwandtschaft, nicht aber der von der Kritik Betroffene. Es gelingt dem Tagebuchschreiber, seinen Kontrahenten lächerlich zu machen, aber er kann ihn nicht zur Einsicht führen. Damit scheint die Satire ihre Wirkung zu verfehlen, und dennoch schreibt Tieck selbst eine satirische Erzählung. Immerhin lernt der Erzähler selbst aus seiner Erfahrung und erkennt seine eigene Torheit. Schließlich erklärt er alle Menschen für närrisch und die Welt, in der die Narrheit die Normalität ist, als eine verkehrte. Auch im *Prinz Zerbino* ist die Narrenepidemie Ausdruck einer verkehrten Welt, einer Welt, die mit der Aufklärung aus den Fugen geraten ist. Zu Narren werden die Menschen, die in der aufgeklärten Gesellschaft am Hofe Gottliebs keinen geistigen Halt finden und deshalb kein sinnvolles Dasein führen können. Sie spielen verrückt. Die voraufklärerische Zeit, die der Einsiedler im Wald verkörpert, wird als unerreichbare, vergangene Utopie gestaltet, während die Gegenwart Zerbino zur Integration zwingt. Die Narrheit ist in diesem Drama positiv gedeutet, als Zeichen des Leidens an der modernen Welt, die für einige der Figuren Sinnverlust bedeutet, während andere sich bequem darin einrichten, und als Auflehnung dagegen.

Hakens satirische Analogisierung von Jupiters Phantasie eines deutschen Helden mit Napoleon behauptet eine Aktualität der Episode aus dem *Simplicissimus* in der Zeit der französischen Besatzung Deutschlands. Aber eine Zeit, in der es möglich ist, daß sich die mehr als hundert Jahre alte, fiktive Prophezeiung eines Narren erfüllt, ist eine verrückte Zeit. Haken erklärt wie Tieck vor ihm die ganze Welt als närrisch und verkehrt. Daß es Napoleon gelingen konnte, halb Europa zu erobern, ist sein Beweis dafür. In Fileks Roman *Die wundersame Wandlung des Herrn Melander* wird zwar die Jupiterepisode zitiert, aber ohne den Phantasten als solchen erscheinen zu lassen. Die Vision vom deutschen Helden, der Europa befrieden und einen wird, ist als ernstgemeinte Utopie für die Entwicklung Melanders wichtig.

In der Satirezeitschrift *Simplicissimus* dient die Narrenpose dazu, einer verkehrten Welt auf humorvolle Weise den Spiegel vorzuhalten. Wie Grimmelshausen wollen auch Albert Langen und seine

Mitarbeiter mit Lachen die Wahrheit sagen, und dabei eignet sich der weise Narr besonders gut als Sprachrohr. Der Namen Simplicissimus wird vor allem dadurch gerechtfertigt. Auch der Koch Oberkofler spielt nur den Narren, um so in halb närrischen, halb klugen Reden, die er aus dem *Simplicissimus* gelernt hat, die Menschen zu verunsichern und unterschwellig zu beeinflussen. Er übt in seiner Narrenfreiheit offen Kritik und spottet über die Scheinheiligkeit der wahren Kriegsgewinner. Er gibt denen Mut und Hilfestellung, die die rechte Gesinnung haben, aber nicht wissen, wie sie den Krieg bekämpfen und gleichzeitig ihr Vaterland schützen können. Oberkofler wird der Anführer derer, die dem Hitler-Regime ihre Gefolgschaft verweigern. Ganz andere, eigennützige Absichten verfolgt Felix Krull, wenn er den Narren vor der Musterungskommission spielt, um nicht eingezogen zu werden. Aus verletzter Eitelkeit gibt er sich dem Empfangschef im Pariser Hotel gegenüber einfältig und rächt sich so an ihm für dessen Unfreundlichkeit, ohne daß es dieser merkt. Grass schließlich zeichnet seine Gelnhausenfigur in Anlehnung an Simplex im Kalbsfell als halb närrisch, halb weise.

4.5. Resumée

Als durchgehend relevant haben sich die Themen Krieg, Narrentum und verkehrte Welt und Religion erwiesen. Simplex und gelegentlich auch die Courage, sowie ihr Erfinder Grimmelshausen treten seit dem Barock immer wieder als Figuren in den Werken anderer Autoren auf. Gelegentlich wird auch nur das Grundhandlungsschema des *Simplicissimus* übertragen, demzufolge ein naives, weltunerfahrenes Kind mit einer gefährlichen, verkehrten Welt konfrontiert wird, in der es sich zurechtfinden muß. Häufig wird dabei die Episodenstruktur übernommen, die für den Schelmenroman typisch ist. Die Verbingung von Humor und Moral erfreut sich besonderer Beliebtheit im Barock, wenn auch häufig nicht mit vergleichbar ernsthaften Absichten wie bei Grimmelshausen. Darüber hinaus finden viele Motive aus Grimmelshausens simplicianischem

Werk Aufnahme in der nachfolgenden deutschen Literatur. Dazu gehört das Nachtigallenlied des Einsiedlers, das „Adieu Welt" Guevaras, die Verkleidung in Frauenkleider, das Schreiben des eigenen Lebenslaufes, der Mißbrauch von Kirchen durch Räuber und Mörder, aber auch für Hochzeitsfeste, Liebesabenteuer in Paris, die Verschleppung in die Sklaverei und Pilgerreisen. Einige wenige Episoden aus dem *Simplicissimus* werden nacherzählt, diskutiert oder nachgeahmt, so vor allem die Zigeunerepisode aus dem *Springinsfeld*, die Jupiterepisode, Simplex Reise in den Mummelsee oder das unsichtbare Vogelnest.

Grimmelshausen hat ein Werk geschaffen, das über mehr als 300 Jahre hinweg Schriftsteller inspirierte und zur Nachahmung anregte. Je nach historischem und philosophischem Hintergrund wurden unterschiedliche Aspekte des simplicianischen Werkes interessant. Besonders in Kriegszeiten erlebte der *Simplicissimus* immer wieder eine Phase gesteigerter produktiver Rezeption, die eine erneute Aktualität des Werkes in der Schreibgegenwart behauptete. Grimmelshausens religiöse Anliegen dagegen traten schon vor der Aufklärung immer stärker in den Hintergrund und waren im 20. Jahrhundert kaum noch von Interesse für Literaturschaffende. Dagegen wurden *Simplicissimus* und *Courage* von verschiedene Ideologien vereinnahmt und in anachronistischer Weise mißbraucht. Der *Simplicissimus* gehört zu den wenigen Werken des Barock, die auch heute noch gelesen werden. Es bleibt zu hoffen, daß er auch weiterhin in der deutschen Literatur nachwirkt und interessante Produktionen anregt.

5. Literaturverzeichnis

5.1. Primärliteratur

Grimmelshausen: Der Abentheuerliche Simplicissimus Teutsch und Continuatio des abentheuerlichen Simplicissimi, hrsg. von Rolf Tarot, Tübingen 1984.

Grimmelshausen: Lebensbeschreibung der Ertzbetrügerin und Landstörtzerin Courasche, hrsg. von Wolfgang Bender, Tübingen 1967.

Grimmelshausen: Der seltzame Springinsfeld, hrsg. von Franz Günter Sieveke, Tübingen 1969.

Grimmelshausen: Das wunderbarliche Vogelnest, hrsg. von Rolf Tarot, Tübingen 1970.

Achim von Arnim: Der Wintergarten. In: Ludwig Achim von Arnim: Die Erzählungen und Romane, hrsg. von Hans Georg Werner, 1. Band, Leipzig 1981.

Achim von Arnim und Clemens Brenatano: Des Knaben Wunderhorn. Alte deutsche Lieder. In: Clemens Brentano: Sämtliche Werke und Briefe, Band 6, hrsg. von Jürgen Behrens u.a., Stuttgart 1975.

Johannes R. Becher: Grimmelshausen 1625-1676. In: Johannes R. Becher: Gesammelte Werke, Band 7, hrsg. vom Johannes R. Becher Archiv der Deutschen Akademie der Künste zu Berlin, Berlin/Weimar 1968, S. 357-371.

Johannes R. Becher: Winterschlacht (Schlacht um Moskau). In: Johannes R. Becher: Werke in drei Bänden, Band 2, Berlin/Weimar 1976, S. 445-558.

Johann Beer: Der Simplicianische Welt-Kucker. In: Sämtliche Werke, hrsg. von Ferdinand van Ingen und Hans-Gert Roloff, Band 1, Bern u.a. 1981.

Johann Beer: Ritter Spiridon. In: Sämtliche Werke, hrsg. von Ferdinand van Ingen und Hans-Gert Roloff, Band 2, Bern u.a. 1992, S. 71-195.

Johann Beer: Corylo. In: Sämtliche Werke, hrsg. von Ferdinand van Ingen und Hans-Gert Roloff, Band 3, Bern u.a. 1986.

Johann Beer: Jucundus Jucundissimus. In: Sämtliche Werke, hrsg. von Ferdinand van Ingen und Hans-Gert Roloff, Band 4, Bern u.a. 1992, S. 101-186.

Johann Beer: Narren-Spital. In: Sämtliche Werke, hrsg. von Ferdinand van Ingen und Hans-Gert Roloff, Band 5, Bern u.a. 1991, S. 140-210.

Johann Beer: Teutsche Winternächte. In: Sämtliche Werke, hrsg. von Ferdinand van Ingen und Hans-Gert Roloff, Band 7, Bern u.a. 1994.

Johann Beer: Die kurzweiligen Sommer=Täge. In: Die teutschen Winter=Nächte & Die kurzweiligen Sommer=Täge, hrsg. von Richard Alewyn. Frankfurt am Main 1963.

Johann Beer: Der kurtzweilige Bruder Blau-Mantel, hrsg. von Manfred K. Kremer, Bern, Frankfurt am Main, Las Vegas 1979 (Faksimiledruck der Ausgabe von 1700).

Johann Beer: Der verkehrte Staatsmann, unveränderter Nachdruck, Frankfurt am Main 1970.

Johann Beer: *Der Verliebte Österreicher*, hrsg. von James N. Hardin, Bern, Frankfurt am Main, Las Vegas 1978.

Volker Braun: Simplex Deutsch. In: Texte, Band 6, Halle und Leipzig 1991, S. 95-155.

Bertolt Brecht: Mutter Courage und ihre Kinder. Eine Chronik aus dem Dreißigjährigen Krieg. Frankfurt am Main 1963.

Clemens Brentano: Das Märchen von dem Schulmeister Klopfstock und seinen fünf Söhnen. In: Clemens Brentano Werke, Dritter Band, München 1965, S. 439-483.

Hermann Eris Busse: Zum silbernen Stern, Leipzig 1940.

Centi-Folium Stultorum In Quarto. Oder hundert Ausbündige Narren/ In Folio. Reprographischer Nachdruck, Dortmund 1978, mit einem Nachwort von Wilfried Deufert.

Adelbert von Chamisso: Peter Schlemihls wundersame Geschichte, Frankfurt am Main 1973.

Joseph von Eichendorff: Ahnung und Gegenwart. In: Werke. Band II: Romane, Erzählungen, München 1970.

Joseph von Eichendorff: Dichter und ihre Gesellen. In: Werke. Band II: Romane, Erzählungen, München 1970.

Joseph von Eichendorff: Eine Meerfahrt. In: Werke. Band II: Romane, Erzählungen, München 1970.

Johann Christoph Ettner von Eiteritz: Deß getreuen Eckarths Medicinischer Maul=Affe Oder der Entlarvte Marckt=Schreyer, Franckfurth und Leipzig 1719.

Johann Christoph Ettner von Eiteritz: Deß getreuen Eckharts unwürdiger Doctor, Augspurg und Leipzig 1697.

Johann Christoph Ettner von Eiteritz: Deß getreuen Eckharts entlauffener Chymicus, Augspurg und Leipzig 1697.

Johann Christoph Ettner von Eiteritz: Deß getreuen Eckardts verwegener Chirurgus, Augspurg und Leipzig 1698.

Egid Filek: Die wundersame Wandlung des Herrn Melander, Wien und Leipzig 1921.

Harald Gerlach: Nachricht aus Grimmelshausen. Gedichte, Berlin und Weimar 1984.

Johann Christoph Gottsched: Versuch einer Critischen Dichtkunst vor die Deutschen, Leipzig 1730.

Günter Grass: Das Treffen in Telgte. In: Günter Grass: Werkausgabe in zehn Bänden, hrsg. von Volker Neuhaus, Band VI, hrsg. von Christoph Sieger, Darmstadt, Neuwied 1987, S. 5-137.

Jakob und Wilhelm Grimm: Deutsche Sagen, erster Band, hrsg. von Herman Grimm, 3. Aufl., Berlin 1891.

Johann Christian Ludwig Haken: Der Held des neunzehnten Jahrhunderts, eine Apokalypse des siebenzehnten: oder die erfüllteste Weissagung neuerer Zeiten. Kommentiert und erläutert, Magdeburg 1809.

Friedrich Kayßler: Simplicius. Tragisches Märchen in 5 Akten. Berlin 1905.

Heinz Küpper: Simplicius 45. Roman, Köln 2. Aufl. 1964.

Hermann Kurz: Simplicissimus. In: Morgenblatt für gebildete Stände, 2. bis 7. Mai 1836, Nr. 105: S. 418/419, Nr. 106: S. 422-424, Nr. 107: S. 425/426, Nr. 108: S. 430, Nr. 109: S. 433-434, Nr. 110: S. 438-439.

Thomas Mann: Die Bekenntnisse des Hochstaplers Felix Krull. Der Memoiren erster Teil, Frankfurt a.M. 1986.

Thomas Mann: Rückkehr. In: Reden und Aufsätze. Gesammelte Werke, Band II, Frankfurt a.M. 1960.

Walter Mehring: Müller. Chronik einer deutschen Sippe, Frankfurt/M. et. al. 1980.

Gerhard Mensching: Grimmelshausen und der Mörder von Soest. In: Die violetten Briefe, Zürich 1989, S. 7-86.

Novalis: Die Christenheit oder Europa. In: Novalis. Schriften, hrsg. von J. Minor, 2. Band, Jena 1923, S. 22-45.

Wolfgang Caspar Printz: Güldener Hund. In: Wolfgang Caspar Printz. Ausgewählte Werke, Band 2, hrsg. von Helmut K. Krause, Berlin, New York 1979, S. 2-131.

Prokop von Templin OFMCap (1608-1680) ENCAENIALE, Das ist: Hundert Kirch-Tag-Predigen (1671). Photomechanischer Nachdruck und Bibliographie von Dieter Bitterli, 2 Bände, Amsterdam, Maarssen 1990.

Ludwig Renn: Krieg, Frankfurt am Main 1929.

Johann Georg Schielen: Deß Frantzösischen Kriegs-Simplicissimi Hoch-verwunderlicher Lebens-Lauff. (2. Auflage) Freiburg 1683.

Friedrich Schlegel: Kritische Schriften, hrsg. von Wolfdietrich Rasch, 3. Aufl., München 1971.

Johann Gottfried Schnabel: Insel Felsenburg, hrsg. von Volker Meid und Ingeborg Springer-Strand, Stuttgart 1985.

Johann Gottfried Schnabel: Wunderliche FATA einiger See-Fahrer. 1.-4. Teil; Fotomechanischer Nachdruck; Hildesheim/New York 1973.

Justus Georgius Schottelius: FriedensSieg. Ein Friedensspiel (1648), hrsg. von Friedrich Koldewey, Halle 1900.

Simplicissimus Redivivus. Das ist: Der in Franckreich wieder belebte und curieus bekörperte alte Simplicius, welcher mit der Französischen Armée nach Prag marchiret ist, dabey viele wunderliche Abendtheuer erlebt hat, wo unter andern Kriegs=Particularitäten, historischen Erzehlungen, darüber gemachten politischen Reflexionen und Satyrischen Einfällen, auch der Französische Medicus, Chirurgus und Mund=Koch wahrhaft und lustig beschrieben werden von Ihm Selbst. 1743. (Simplicissimus Redivivus I)

Der Mit seinem entlehnten Körper sich noch in dem Kriege befindliche Simplicissimus redivivus, Schreibet von Straßburg an einen vertrauten Caffée-Sieder nach Prag, 1744. (Simplicissimus Redivivus II)

Ernst Stadler: Dichtungen, Schriften, Briefe. Kritische Ausgabe, hrsg. von Klaus Hurlebusch und Karl Ludwig Schneider, München 1983.

Ludwig Tieck: Ein Tagebuch. In: Ludwig Tieck's Schriften. Fünfzehnter Band. Erzählungen, Berlin 1966 (unveränderter photomechanischer Nachdruck der Ausgabe: Berlin 1829), S. 291-362.

Ludwig Tieck: Prinz Zerbino, oder Die Reise nach dem guten Geschmack. In: Ludwig Tieck's Schriften. Zehnter Band, Berlin 1966 (unveränderter photomechanischer Nachdruck der Ausgabe: Berlin 1829), S. 291-362.

Ungarischer oder dacianischer Simplicissimus (1683), hrsg. von Marian Szyrocki und Konrad Gajek, Wiener Neudrucke Band 3, Wien 1973.

Türckischer Vagant/ oder: Umschweiffend-Türckischer Handels-Mann/ Welcher eine Reise mit zweyen Calogeris (oder Griechischen München) und drey Griechischen Kauff-Leuthen in Constantinopeln angetretten/ und durch Aegypten/ das Gelobte Land: item, auf dem Euphrath durch die sandigte Wüsten Arabiae/ und andere viel Türckische Örther mehr kommen. Endlich auch nach drey Jahren wiederum in die Christenheit gelanget. Um wunderlichen Begebenheiten begierig und nutzlich zu lesen. Gedruckt/ im Jahr Christi 1683.

Simplicianischer/ Lustig-Politischer Haspel-Hannß/ oder/ H. Hannß Haspelinsky von Fadenstätt auf Garnwinden und Gunckelhausen/ Nachdenckliche Hasen Sprünge/ So er auf XV Universitäten, als: Zu Krakaw/ Königsberg/ Rostock/ Gripswaldt/ Franckfurth/ Wien/ Prag/ Leipzig/ Jena/ Altdorf/ Heydelberg/

Tübingen/ Straßburg/ Basel/ und zu Leyden; fleißig zusammen getragen. Anjetzo in Druck herauß gelassen von Einem Seines Gleichen. Im Jahre 1684.

5.2. Sekundärliteratur

Richard Alewyn: Johann Beer. Studien zum Roman des 17. Jahrhunderts, Leipzig 1932.

Susan C. Anderson: Grass and Grimmelshausen: Günter Grass' „Das Treffen in Telgte" and Rezeptionstheorie, Columbia 1987.

Herbert A. Arnold: Moralisch-didaktische Elemente und ihre Darstellung in Grimmelshausens Roman ‚Courasche' Beitrag zu einer möglichen Interpretation. In: Zeitschrift für deutsche Philologie 88 (1969), S. 521-560.

Robert Aylett: Alewyn Revisited: Realism in Grimmelshausen and Beer. In: Daphnis 19 (1990), S. 81-104.

Italo Michele Battafarano: Formen der Moralsatire zwischen Barock und Aufklärung. In: Annali – Studi Tedeschi 27 (1984), Nr. 3, S. 25-43.

Italo Michele Battafarano: Das Barock und die Spy Story. Simplicianisches bei John le Carré. In: Simpliciana IX (1987), S. 163-169.

Italo Michele Battafarano: Literarische Skatologie als Therapie literarischer Melancholie: Johann Beers *Der Berühmte Narren-Spital*. In: Simpliciana XIII (1991), S. 191-210.

Barbara Bauer: Ritterabenteuer und moralische Reflexion. Zur narrativen Technik im *Simplicianischen Welt-Kucker* Johann Beers (1677/79). In: Euphorion 87, H. 2/3 (1993), S. 225-249.

Arthur Bechtold: Grimmelshausens Schriften in den Messkatalogen 1660-1675. In: Der Simplizissimus-Dichter und sein Werk, hrsg. von Günther Weydt, Darmstadt 1969, S. 82-88. (Dieser Aufsatz erschien erstmals in Euphorion 23 (1921), S. 496-499.)

Arthur Bechtold: Johann Jacob Christoph v. Grimmelshausen und seine Zeit. Heidelberg 1914.

Anil Bhatti: Clemens Brentano und die Barocktradition, München 1971.

John C. Blankenagel: Die Hauptmerkmale der deutschen Romantik. In: Begriffsbestimmung der Romantik, hrsg. von Helmut Prang, Darmstadt 1972.

Philip Brady: Grimmelshausen und die Prediger. Gemeinsamkeiten auf Distanz. In: Simpliciana VI/VII (1984/85), S. 81-98.

Rolf Wilhelm Brednich: Der Edelmann als Hund. Eine Sensationsmeldung des 17. Jahrhunderts und ihr Weg durch die Medien der Zeit. In: Fabula 26 (1985), S. 29-57.

Fritz Brüggemann: Utopie und Robinsonade. Untersuchungen zu Schnabels Insel Felsenburg (1731-1743), Weimar 1914.

Felix Burkhardt: Der ‚Ungarische Simplicissimus'. Vom Leben und Schaffen Daniel Speers aus Breslau, Schlesien. In: Organ des Kulturwerks Schlesien 1 (1969), S. 15-20.

Walter Busch: Hans Jakob Christoffel von Grimmelshausen. Der abentheuerliche Simplicissimus Teutsch, Frankfurt am Main 1988.

Gerhard Dünnhaupt: Bibliographisches Handbuch der Barockliteratur, 3 Bde., Stuttgart 1980-1981.

Wolfgang Eckart: Medizinkritik in einigen Romanen der Barockzeit – Albertinus, Grimmelshausen, Lesage, Ettner. In: Wolfgang Eckart und Johanna Geyer-Kordesch: Heilberufe und Kranke im 17. und 18. Jahrhundert. Die Quellen- und Forschungssituation, Münster 1982.

Mathias Feldges: Grimmelshausens „Landstörtzerin Courasche". Eine Interpretation nach der Methode des vierfachen Schriftsinnes, Basler Studien zur deutschen Sprache und Literatur 38, Bern 1969.

Bernhard Fischer: Der moralische Naturzustand und die Vernunft der Familie. Eine Studie zu Schnabels *Wunderlichen FATA*. In:

Deutsche Vierteljahrsschrift für Literaturwissenschaft und Geistesgeschichte 61 (1987), S. 68-88.

Winfried Freund: Adelbert von Chamisso „Peter Schlemihl", Geld
und Geist: ein bürgerlicher Bewußtseinsspiegel, Paderborn et al.
1980.

Konrad Gajek: Daniel Speers romanhafte und publizistische Schriften, Wroclaw 1988.

Guillaume van Gemert: Die Jungfrau von Magdeburg. Walther
Mehring und Grimmelshausen. In: Morgen-Glantz 4 (1994), S.
211-240.

Dietrich Grohnert: Schnabels ‚Insel Felsenburg' Aufbau und Verfall
eines literarischen sozialutopischen Modells. In: Weimarer Beiträge
35/1 (1989), S. 602-617.

Kuno Gurtner: „Ich hab ein Korb voll Obst beisammen". Studien
zur Poetik der Romane Johann Beers, Bern 1993.

Kuno Gurtner: „Bald droben, bald drunten, bald gar verschwunden" — Bilder der Gesellschaft im Werk Johann Beers. In: Simpliciana XIII (1991), S. 109-124.

Daryl Gustafson: Ludwig Renn — the Simplicissimus of the World
War I? In: Simpliciana I (1979), S. 50-53.

Klaus Haberkamm: „Fußpfad" oder „Fahrweg"? Zur Allegorese
der Wegewahl bei Grimmelshausen. In: Rezeption und Produktion
zwischen 1570 und 1730. Festschrift für Günther Weydt zum 65.
Geburtstag, hrsg. von Wolfdietrich Rasch, Hans Geulen und Klaus
Haberkamm, Bern und München 1972.

Klaus Haberkamm: „Mit allen Weisheiten Saturns geschlagen".
Glosse zu einem Aspect der Gelnhausen-Figur in Günter Grass'
„Treffen in Telgte". In: Simpliciana I (1979), S. 67-78.

Urs Herzog: Der Roman auf der Kanzel. Prokop von Templin (um 1608-1680), ein erster Leser von Grimmelshausens *Simplicissimus.* In: Simpliciana VI/VII (1984/85), S. 99-110.

Peter Heßelmann: Gaukelpredigt. Simplicianische Poetologie und Didaxe. Zu allegorischen und emblematischen Strukturen in Grimmelshausens Zehn-Bücher-Zyklus, Frankfurt am Main, Bern, New York, Paris 1988.

Peter Heßelmann: *Grimmelshausen und der Mörder von Soest.* Eine Kriminalnovelle von Gerhard Mensching. In: Simpliciana XI (1989), S. 201-202.

Peter Heßelmann: Zur Rezeptionsgeschichte Grimmelshausens im Spätbarock: Das Werk Johann Christoph Ettners. In: Simpliciana XII (1990), S. 229-266.

Peter Heßelmann: Simplicissimus Redivivus. Eine kommentierte Dokumentation der Rezeptionsgeschichte Grimmelshausens im 17. und 18. Jahrhundert (1667-1800), Frankfurt am Main 1992.

Walter Hinck: Mutter Courage und ihre Kinder: Ein kritisches Volksstück. In: Brechts Dramen. Neue Interpretationen, hrsg. von Walter Hinderer, Stuttgart 1984, S. 162-177.

Arnold Hirsch: Bürgertum und Barock im deutschen Roman. Ein Beitrag zur Entstehungsgeschichte des bürgerlichen Weltbildes, 2. Aufl., Köln 1957.

Anna Hofer: Daniel Speers Nachahmungen des Simplicissimus von Grimmelshausen, Wien 1940.

Werner Hoffmeister: Dach, Distel und die Dichter: Günter Grass' *Das Treffen in Telgte.* In: Zeitschrift für deutsche Philologie 100 (1981), S. 174-287.

Ambros Horber: Echtheitsfragen bei Abraham a Sancta Clara, Weimar 1929.

Giles R. Hoyt: Metamorphosis as Bourgeois Satire. Printz' *Gülde-ner Hund*. In: „Der Buchstab tödt – der Geist macht lebendig". Festschrift zum 60. Geburtstag von Hans-Gert Roloff, Band II, hrsg. von James Hardin und Jörg Jungmayr, Bern et. al. 1992, S. 863-871.

Ferdinand van Ingen: Spielformen der ‚Satirischen Schreibart'. Zum Autor-Leser-Verhältnis bei Grimmelshausen und Johann Beer. In: Simpliciana XIII (1991), S. 125-142.

Jürgen Jacobs: Der deutsche Schelmenroman, München und Zürich 1983.

Jürgen Jacobs: Prosa der Aufklärung. Kommentar zu einer Epoche, München 1976.

Christian Juranek: *Simplicissimus Teutsch* und „Simplicissimus" – ein Urahn und sein Nachfahr. In: Simplicissimus heute. Ein barocker Schelm in der Kunst des 20. Jahrhunderts, hrsg. von Martin Bircher und Christian Juranek, Wolfenbüttel 1990, S. 43-55.

Knut Kiesant: Die *Bauern-Opera* — Zur Literatursatire bei Johann Beer. In: Simpliciana XIII (1991), S. 177-189.

Knut Kiesant: Zur Rezeption der Literatur des 17. Jahrhunderts durch die Romantik. In: Weimarer Beiträge 26 (1980), Heft 12, S. 36-48.

Kenneth Knight: Die Träume des Simplicius, Philanders und Jan Rebhus. In: Daphnis 5 (1976), S. 267-274.

Kenneth Knight: Grimmelshausen, Beer und die politische Satire. In: Simpliciana XIII (1991), S. 29-46.

Jan Knopf: Brecht-Handbuch. Theater. Eine Ästhetik der Widersprüche, Stuttgart 1986.

Jakob Koeman: Die Grimmelshausen-Rezeption in der fiktionalen Literatur der deutschen Romantik, Amsterdam, Atlanta 1993.

Gustav Könneke: Quellen und Forschungen zur Lebensgeschichte Grimmelshausens, hrsg. von Jan Hendrik Scholte, 2 Bände, Weimar, Leipzig, 1926 und 1928.

Manfred Koschlig: Grimmelshausens Schriften in den Messkatalogen 1665-1675. In: Der Simplizissimus-Dichter und sein Werk, hrsg. von Günther Weydt, Darmstadt 1969, S. 103-110. (Dieser Aufsatz erschien erstmals unter dem Titel „Grimmelshausen und seine Verleger. Untersuchungen über die Chronologie seiner Schriften und den Echtheitscharakter der frühen Ausgaben" in Palaestra 218, Leipzig 1939, S. 1-5.)

Manfred Koschlig: Der ‚Frantzösische Kriegs-Simplicissimus‘ oder: Die ‚Schreiberey‘ des Ulmer Bibliotheksadjunkten Johann Georg Schielen (1633-1684). In: Jahrbuch der deutschen Schillergesellschaft XVIII (1974), S. 148-220.

Manfred Koschlig: Daniel Speer und die Ulmer Bücherzensur. In: Archiv für die Geschichte des Buchwesens 15 (1975), Sp. 1201-1288.

Jörg Krämer: Johann Beers Romane. Poetologie, immanente Poetik und Rezeption „niederer" Texte im späten 17. Jahrhundert, Frankfurt am Main 1991.

Manfred Kremer: Die Satire bei Johann Beer, Düsseldorf 1964.

Manfred Kremer: Vom Pikaro zum Landadligen: Johann Beers *Jucundus Jucundissimus*. In: Der deutsche Schelmenroman im europäischen Kontext: Rezeption, Interpretation, Bibliographie, hrsg. von Gerhart Hoffmeister, Amsterdam 1987.

Hartmut Laufhütte: Die Gruppe 1647 – Erinnerung an Jüngstvergangenes im Spiegel der Historie. Günter Grass: ‚Das Treffen in Telgte‘ in: Literaturgeschichte als Profession. Festschrift für Dietrich Jöns, hrsg. von H. Laufhütte, Tübingen 1993, S. 359-384.

Literaturlexikon. Autoren und Werke deutscher Sprache, hrsg. v. Walther Killy, München 1991.

Bruni Mahlberg-Gräper: Starke Typen. 100 Jahre Simplicissimus, Eupen 1996.

Axel Marquardt: Der Lebensweg Grimmelshausens. In: Simplicius Simplicissimus, hrsg. vom Westfälischen Landesmuseum für Kunst und Kulturgeschichte Münster in Zusammenarbeit mit dem Germanistischen Institut der Westfälischen Wilhelms-Universität, Münster 1976, S. 69-75.

Volker Meid: Grimmelshausen: Epoche – Werk – Wirkung, München 1984.

Hans Joachim Moser: Der Musiker Daniel Speer als Barockdichter. In: Euphorion 34 (1933), S. 293-305.

Jörg-Jochen Müller [Berns]: Studien zu den Willenhag-Romanen Johann Beers, Marburg 1965.

Peter Horst Neumann: Zum Verhältnis von Kunst und Religion in Eichendorffs poetologischem Roman *Ahnung und Gegenwart*. In: Aurora 57 (1997), S. 1-6.

Jürgen H. Petersen: Formen der Ich-Erzählung in Grimmelshausens Simplicianischen Schriften. In: Zeitschrift für deutsche Philologie 93 (1974), 481-507.

Wolfgang Rath: Ludwig Tieck: Das Vergessene Genie. Studien zu seinem Erzählwerk, Paderborn et al. 1996.

Hubert Rausse: Grimmelshausen und die Romantik. In: Germania 25, wissenschaftliche Beilage vom 23. Juni 1910, S. 191-195.

Hubert Rausse: Zur Geschichte der Simpliziaden. In: Zeitschrift für Bücherfreunde 4 (1912), S. 195-215.

Frank Riederer: Ludwig Tiecks Beziehungen zur deutschen Literatur des 17. Jahrhunderts, Greifswald 1915.

Heinz Rölleke: Brentanos „Märchen von dem Schulmeister Klopfstock" als literarhistorische Allegorie. In: Ders.: ‚Nebeninschriften'

Brüder Grimm — Arnim und Brentano — Droste-Hülshoff. Literarhistorische Studien, Bonn 1980, S. 139-152.

Gertrud Maria Rösch: Exzellenz Goethe. Dichterjubiläen im Simplicissimus 1918-1933. In: Dies.: Simplicissimus. Glanz und Elend der Satire in Deutschland, Regensburg 1996, S. 174-192.

Maria C. Roth: Der Schelm als Soldat: *Der Frantzösische Kriegs-Simplicissimus* und *Schwejk*. In: Der deutsche Schelmenroman im europäischen Kontext. Rezeption, Interpretation, Bibliographie, hrsg. von Gerhart Hoffmeister, Amsterdam 1987, S. 113-126.

Hans Gerd Rötzer: Der Schelmenroman und seine Nachfolge. In: Handbuch des deutschen Romans, hrsg. von Helmut Koopmann, Düsseldorf 1983.

Hans Gerd Rötzer: Der Roman des Barock. 1600-1700. Kommentar zu einer Epoche, München 1972.

Peter Rusterholz: Die Weisheit in Johann Beers *Narren-Spital*. In: From Wolfram and Petrach to Goethe and Grass. Studies in Literature in Honour of Leonard Forster, hrsg. von D.H. Green, L.P. Johnson und Dieter Wuttke, Baden-Baden 1982.

Walter Ernst Schäfer: Moscherosch und Grimmelshausen im Urteil Tiecks und Eichendorffs. Ansätze für eine vergleichende Rezeptionsforschung. In: Europäische Barock-Rezeption, Teil I, hrsg. von Klaus Garber, Wiesbaden 1991, S. 513-526.

Manfred Schier: Die literarische Nachwirkung Grimmelshausens. In: Simplicius Simplicissimus, hrsg. v. Westfälischen Landesmuseum für Kunst und Kulturgeschichte Münster in Zusammenarbeit mit dem Germanistischen Institut der Westfälischen Wilhelms-Universität, Münster 1976, S.203-216.

Karl Ludwig Schneider: Der Künstler als Schelm. Zum Verhältnis von Bildungsroman und Schelmenroman in Thomas Manns „Felix Krull". In: Philobiblon 20, Heft 1 (1976), S. 2-18.

Jan Hendrik Scholte: Der Sinn des Wunderbarlichen Vogelnests. In: Euphorion 32 (1931), S. 141-145.

Jan Hendrik Scholte: Das finstere Licht. Grimmelshausen-Studie. In: Deutsche Vierteljahrsschrift für Literaturwissenschaft und Geistesgeschichte 22 (1944), S. 355-381.

Egon Schwarz: Joseph von Eichendorff: *Ahnung und Gegenwart*. In: Interpretationen. Romane des 19. Jahrhunderts, Stuttgart 1992, S. 174-202.

Wolfgang Seibel: Die Formenwelt der Fertigteile. Künstlerische Montagetechnik und ihre Anwendung im Drama, Würzburg 1988.

Wulf Segebrecht: Die Thematik des Krieges in Achim von Arnims „Wintergarten". In: Aurora 45 (1985), S. 310-316.

Simplicissimus heute. Ein barocker Schelm in der Kunst des 20. Jahrhunderts, hrsg. von Martin Bircher und Christian Juranek, Wolfenbüttel 1990

Simplicius Simplicissimus, hrsg. vom Westfälischen Landesmuseum für Kunst und Kulturgeschichte Münster in Zusammenarbeit mit dem Germanistischen Institut der Westfälischen Wilhelms-Universität, Münster 1976.

Timothy Sodmann: Zeitgenössische „Nachahmungen". In: Simplicius Simplicissimus, hrsg. vom Westfälischen Landesmuseum für Kunst und Kulturgeschichte Münster in Zusammenarbeit mit dem Germanistischen Institut der Westfälischen Wilhelms-Universität, Münster 1976, S. 193-201.

Andreas Solbach: Gesellschaftsethik und Romantheorie. Studien zu Grimmelshausen, Weise und Beer, New York 1994.

Speter, Max: Grimmelshausens Simplicissimus-Flugblätter. In: Zeitschrift für Bücherfreunde N.F. 18 (1926), S. 119-120.

Guido Stein: Thomas Mann: Bekenntnisse des Hochstaplers Felix Krull. Künstler und Komödiant, Paderborn u.a. 1984.

Theodorus Cornelis van Stockum: Robinson Crusoe, Vorrobinsonaden und Robinsonaden. In: Von Friedrich Nicolai bis Thomas Mann. Aufsätze zur deutschen und vergleichenden Literaturgeschichte, Groningen 1962, S. 24-38.

Marian Szyrocki: Die Dichter des Dreißigjährigen Krieges in Bechers Werk. In: Annäherung und Distanz: DDR-Literatur in der polnischen Literaturkritik, hrsg. von Manfred Diersch und Hubert Orlowski, Halle u.a. 1983, S. 439-449.

Rolf Tarot: NOSCE TE IPSUM. Lebenslehre und Lebensweg in Grimmelshausens *Simplicissimus Teutsch*. In: Daphnis 5 (1976), S. 499-530.

Stefan Trappen: Grimmelshausen und die menippeische Satire. Eine Studie zu den historischen Voraussetzungen der Prosasatire im Barock. Tübingen 1994.

Stefan Trappen: *Metzger- und Becker-Streit* – eine vergessene Simpliziade. In: Simpliciana XI (1989), S. 9-15.

Silke Umbach: Die Wirtin vom Brückenhof. Die Libuschka in Grass' *Das Treffen in Telgte* und ihr Vorbild bei Grimmelshausen: die Landstörtzerin Courasche. In: Simpliciana XIV (1992), S. 105-129.

Theodor Verweyen/Gunther Witting: Polyhistors neues Glück. Zu Günter Grass' Erzählung „Das Treffen in Telgte" und ihrer Kritik. In: Germanisch-Romanische Monatsschrift 30 (1980), S. 451-465.

Wilhelm Voßkamp: ‚Ein irdisches Paradies': Johann Gottfried Schnabels *Insel Felsenburg*. In: Literarische Utopien von Morus bis zur Gegenwart, hrsg. von Klaus L. Berghahn und Hans Ulrich Seeber, Königstein/Ts. 1983, S. 95-104.

Hans Wagener: Perspektiven und Perspektivismus in Grimmelshausens Wunderbarlichem Vogelnest. In: The German Quarterly 49 (1976), S. 1-12.

Wambach, Annemarie: „Fortunati Wünschhütlein und Glückssäckel" in neuem Gewand: Adelbert von Chamissos *Peter Schlemihl*. In: The German Quarterly 67 (1994), S. 173-184.

Josef Wastl: Ettner von Eiteritz ein deutscher Arzt und Schriftsteller der Barockzeit nebst einer Darstellung seiner Grundsätze der Wundbehandlung, Diss. München 1940.

Alexander Weber: Günter Grass's Use of Baroque Literature, London 1995.

Harald Weinrich: Chamissos Gedächtnis. In: Der gefundene Schatten. Chamisso-Reden 1985-1993, hrsg. von Dietrich Krusche, München 1993, S. 127-146.

Günther Weydt: Nachahmung und Schöpfung im Barock. Studien um Grimmelshausen, Bern und München 1968.

Conrad Wiedemann: Die Herberge des alten Simplicissimus. In: Germanisch-Romanische Monatsschrift, Neue Folge 33 (1983), S. 394-409.

Ruprecht Wimmer: Der Herr Facis et (non) Dicis. Thomas Manns Übernahmen aus Grimmelshausen. In: Thomas Mann Jahrbuch, Band 3 (1990), S. 14-49.

Ruprecht Wimmer: „Ich jederzeit". Zur Gestaltung der Perspektiven in Günter Grass' *Treffen in Telgte*. In: Simpliciana VI/VII (1984/85), S. 139-150.

Ruprecht Wimmer: Die Wiederentdeckung Grimmelshausens. In: Simplicius Simplicissimus, hrsg. vom Westfälischen Landesmuseum für Kunst und Kulturgeschichte Münster in Zusammenarbeit mit dem Germanistischen Institut der Westfälischen Wilhelms-Universität, Münster 1976, S. 225-228.

Lebenslauf

Edith Parzefall wurde am 10. Dezember 1967 in Regensburg geboren. Nach dem Abitur im Jahr 1987 begann sie eine kaufmännische Lehre, die sie Anfang 1990 abschloß.

Zum Wintersemester 1990/91 nahm sie das Studium der Germanistik und Amerikanistik an der Universität Passau auf. Die Magisterprüfung legte sie im Sommer 1995 ab und begann anschließend das Promotionsstudium, das sie am 25. Februar 2000 mit der letzten mündlichen Prüfung des Rigorosums erfolgreich beendete.